获湖北大学新闻传播学重点学科建设经费资助出版

湖北省新闻传播事业发展研究报告

（2019）

主　编　廖声武

副主编　杨翠芳　聂远征　黎　明

武汉大学出版社

图书在版编目(CIP)数据

湖北省新闻传播事业发展研究报告.2019/廖声武主编.—武汉：武汉大学出版社,2020.1
ISBN 978-7-307-21247-3

Ⅰ.湖… Ⅱ.廖… Ⅲ.新闻事业—发展—研究报告—湖北—2019 Ⅳ.G219.276.3

中国版本图书馆 CIP 数据核字(2019)第 237195 号

责任编辑：陈　豪　　责任校对：李孟潇　　整体设计：马　佳

出版发行：武汉大学出版社　（430072　武昌　珞珈山）
（电子邮箱：cbs22@whu.edu.cn　网址：www.wdp.com.cn）
印刷：湖北恒泰印务有限公司
开本：720×1000　1/16　印张：20.75　字数：418 千字　插页：1
版次：2020 年 1 月第 1 版　　2020 年 1 月第 1 次印刷
ISBN 978-7-307-21247-3　　定价：70.00 元

版权所有，不得翻印；凡购我社的图书，如有质量问题，请与当地图书销售部门联系调换。

目 录

总报告

湖北省新闻事业发展概况 ……………………………………………………… 3

专题研究

湖北地区领导干部媒介素养调查报告 ………………………………………… 33
湖北省新闻工作者思想状况调查报告 ………………………………………… 47
2017年度湖北网络传播创新案例研究 ………………………………………… 60
湖北省居民微信使用现状和特点调查研究报告 ……………………………… 65
武汉地区高校官方微信公众平台现状调查 …………………………………… 86

行业组织现状

湖北省新闻工作者协会 ………………………………………………………… 97
湖北省广播电视学会 …………………………………………………………… 103
湖北省记协市州报委员会 ……………………………………………………… 109
湖北省专业报记者协会 ………………………………………………………… 111
湖北省老新闻工作者协会 ……………………………………………………… 114
武汉新闻工作者协会 …………………………………………………………… 119
武汉广播电视学会 ……………………………………………………………… 121
襄阳市新闻工作者协会 ………………………………………………………… 123
湖北省新闻工作者协会高校分会 ……………………………………………… 125
湖北新闻与传播教育专业委员会 ……………………………………………… 127

主要媒体掠影

湖北日报传媒集团 ……………………………………………………………… 133
　　附：湖北日报传媒集团社会责任报告(2017年度) ……………………… 135
湖北广播电视台(集团) ………………………………………………………… 147
　　附：湖北广播电视台社会责任报告(2017年度) ………………………… 148

长江日报(报业集团) ……………………………………………………………… 157
武汉广播电视台(集团) …………………………………………………………… 163
武汉教育电视台 …………………………………………………………………… 165
黄石日报传媒集团 ………………………………………………………………… 167
十堰日报社(十堰日报传媒集团) ………………………………………………… 169
荆州日报传媒集团 ………………………………………………………………… 172
荆州广播电视台(集团) …………………………………………………………… 175
三峡日报传媒集团 ………………………………………………………………… 178
襄阳日报社 ………………………………………………………………………… 179
襄阳广播电视台 …………………………………………………………………… 181
荆门日报传媒集团 ………………………………………………………………… 184
荆门广播电视台(集团) …………………………………………………………… 186
黄冈日报社 ………………………………………………………………………… 188
黄冈广播电视台 …………………………………………………………………… 190
鄂州日报社 ………………………………………………………………………… 194
咸宁日报传媒集团(咸宁日报社) ………………………………………………… 196
咸宁广播电视台 …………………………………………………………………… 198
孝感日报传媒集团 ………………………………………………………………… 201
恩施日报(传媒集团) ……………………………………………………………… 203
天门日报社 ………………………………………………………………………… 206
仙桃日报社 ………………………………………………………………………… 208
潜江日报社 ………………………………………………………………………… 211
潜江广播电视台 …………………………………………………………………… 213
神农架广播电视台 ………………………………………………………………… 217

新闻界人物

勤耕荆楚办新闻——卢吉安 …………………………………………………………… 221

中国新闻奖获奖名录

湖北媒体获中国新闻奖作品目录(2000—2018年) ………………………………… 237

新闻传播教育状况

(一)部属院校 ………………………………………………………………………… 251
  武汉大学 …………………………………………………………………………… 251
  华中科技大学 ……………………………………………………………………… 252

华中师范大学 …………………………………………………………… 253
中南财经政法大学 ………………………………………………… 254
武汉理工大学 ………………………………………………………… 255
中国地质大学(武汉) ……………………………………………… 256
华中农业大学 ………………………………………………………… 256
中南民族大学 ………………………………………………………… 257

(二)省属高校 ………………………………………………………………… 259
湖北大学 ……………………………………………………………… 259
三峡大学 ……………………………………………………………… 260
长江大学 ……………………………………………………………… 260
江汉大学 ……………………………………………………………… 261
湖北工业大学 ………………………………………………………… 261
武汉工程大学 ………………………………………………………… 261
武汉纺织大学 ………………………………………………………… 262
武汉轻工大学 ………………………………………………………… 263
湖北师范大学 ………………………………………………………… 264
湖北民族学院 ………………………………………………………… 264
湖北经济学院 ………………………………………………………… 265
武汉体育学院 ………………………………………………………… 265
湖北文理学院 ………………………………………………………… 266
湖北工程学院 ………………………………………………………… 267
湖北科技学院 ………………………………………………………… 268
黄冈师范学院 ………………………………………………………… 268
湖北理工学院 ………………………………………………………… 269
湖北第二师范学院 ………………………………………………… 269
荆楚理工学院 ………………………………………………………… 270
汉江师范学院 ………………………………………………………… 271

(三)独立学院、民办高校 ……………………………………………… 272
武汉东湖学院 ………………………………………………………… 272
汉口学院 ……………………………………………………………… 272
武汉工商学院 ………………………………………………………… 273
武昌工学院 …………………………………………………………… 273
文华学院 ……………………………………………………………… 274
武汉工程科技学院 ………………………………………………… 275
武昌首义学院 ………………………………………………………… 276

3

武汉学院 …… 276
武汉设计工程学院 …… 277
武汉华夏理工学院 …… 278
武汉传媒学院 …… 278
武汉晴川学院 …… 280
湖北大学知行学院 …… 280
三峡大学科技学院 …… 281
长江大学文理学院 …… 281
湖北工业大学工程技术学院 …… 282
湖北民族大学科技学院 …… 282
湖北经济学院法商学院 …… 283
武汉体育学院体育科技学院 …… 283
湖北师范大学文理学院 …… 284
湖北文理学院理工学院 …… 284
湖北工程学院新技术学院 …… 284
江汉大学文理学院 …… 285

学术研究成果概览

近三年来湖北省新闻传播研究情况 …… 289

政　策

湖北省广播电视条例 …… 319

后记 …… 327

总报告

湖北省新闻事业发展概况

一、新 闻 事 业

截至2017年12月，湖北省共有新闻单位240家，中央、外埠驻鄂媒体108家，持证新闻采编人员约8500人，从业人员超过6万人。

（一）报业

2017年，湖北省发行报纸129种，与上一年相比无变化；报纸总印数123247.7693万份，同比基本持平；定价总金额113324.59万元，同比下降16%。全省报纸从业人员总数为6853人，其中采编人员3414人，广告人员1202人。报刊机构目录见表1。

表1　　　　　　　　　　　　湖北省报刊机构目录

报纸名称	刊号	负责人	地址	邮编
湖北日报	CN42-0001	陈剑文	湖北省武汉市武昌区东湖路181号	430077
长江日报	CN42-0002	陈　光	湖北省武汉市江汉区长江日报路2号	430015
湖北广播电视报	CN42-0005	朱华姿 黄　慧	湖北省武汉市解放大道1223号	430077
潜江日报	CN42-0006	严　勤 李建锋	湖北省潜江市章华中路5号	433199
江汉石油报	CN42-0007	郑运策	湖北潜江市广华江汉油田江汉石油报社	433124
华中电力报	CN42-0008	卫红军	湖北省洪山区徐东大街227号	430077
湖北邮电报	CN42-0009	段小川	湖北省武汉市江汉区长青路158号	430022
大江报	CN42-0010	吴　刚 冯和平	湖北省黄石市杭州西路208号	435000
孝感日报	CN42-0011	李少锋 胡光辉	湖北省孝感市孝南区黄陂大道特1号	432000

续表

报纸名称	刊号	负责人	地址	邮编
荆州晚报	CN42-0012	代志武 邓凤奎	湖北省荆州市沙市区太岳北路35号	434000
楚天民报	CN42-0013	周对葵 刘振雄	湖北省荆州市沙市区柳垸一路4号	434000
人民长江报	CN42-0016	胡志刚	湖北省武汉市解放大道1863号	430010
小学生辅导报	CN42-0018	刘胜平	湖北省武汉市武昌区东亭路附5号	430021
孝感晚报	CN42-0019	胡 剑	湖北孝感市孝南区黄陂大道路特1号	432000
武汉商报	CN42-0020	翁晓波	湖北省武汉市江岸区长江日报路2号	430015
化妆品报	CN42-0021	杜宏俊	湖北省武汉市江岸区黎黄陂路10号	430014
武钢工人报	CN42-0023	李立鸿	湖北省武汉市青山区钢花新村118街	430081
十堰晚报	CN42-0024	李东晖 胡庆东	湖北省十堰市茅箭区人民中路58号	430081
三峡日报	CN42-0025	罗春烺 范长敏	湖北省宜昌市东山大道119号	443000
随州日报	CN42-0026	罗 毅 桂运东	湖北省随州市沿河大道122号	441300
桥梁建设报	CN42-0027	赵志刚	湖北省武汉市汉阳区汉阳大道38号	430050
湖北电力报	CN42-0028	张建中	湖北省洪山区徐东大街227号	430077
荆门日报	CN42-0029	赖建权 冀常胜	湖北省荆门市掇刀区月亮湖路40号	448000
荆门晚报	CN42-0032	赖建权 丁 川	湖北省荆门市掇刀区月亮湖路40号	448000
家长报	CN42-0033	杨明春	湖北省武汉市硚口区中山大道278号	430030
楚天都市报	CN42-0035	陈剑文 赵洪松	湖北省武汉市武昌区东湖路181号	430077
农村新报	CN42-0036	陈剑文 柯冬林	湖北省武汉市武昌区东湖路181号	430066
黄冈日报	CN42-0037	蔡志勇 袁 桥	湖北省黄冈市黄州区八一路76号	438000
三峡晚报	CN42-0038	任 浩 贺少雄	湖北省宜昌市西陵区胜利四路46号	443000
咸宁日报	CN42-0039	陈宽瑜 黄 胜	湖北省咸宁市温泉路26号	437100

续表

报纸名称	刊号	负责人	地址	邮编
荆州日报	CN42-0044	代志武 黄道培	湖北省荆州市沙市区太岳北路35号	434000
襄阳日报	CN42-0048	王正强 顾振华	湖北省襄阳市襄城区新街7号	441021
第1生活	CN42-0051	周末水 祝正旭	湖北省武汉市武昌区东湖路169号	430077
恩施日报	CN42-0052	唐敦权 曾彬文	湖北省恩施市东风大道22号	445000
长江商报	CN42-0053	蒋经韬 刘义忠	湖北省武汉市武昌区东湖路169号	430077
武汉晚报	CN42-0054	蔡传雄	湖北省武汉市江岸区建设大道760号	430010
现代少年报	CN42-0055	王伟宁	湖北省武汉市江汉区天门墩路91号	430015
恩施晚报	CN42-0057	罗 杰	湖北省恩施市东风大道22号	430000
中国水运报	CN42-0058	施 华 罗 鹏	湖北省武汉市江岸区青岛路7号15楼	430014
葛洲坝集团报	CN42-0059	石家铭	湖北省宜昌市西陵区石子岭路5号	443002
鄂州日报	CN42-0061	陈远程	湖北省鄂州市鄂城区南塔路12号	436099
书法报	CN42-0062	周恒发	湖北省武汉市武昌区东湖路翠柳1号	430077
东风汽车报	CN42-0063	祝卫国	湖北省武汉市东风三路东合中心B座901号	430056
黄石日报	CN42-0065	吴 刚 贾方军	湖北省黄石市杭州西路208号	435000
十堰日报	CN42-0066	李东晖 王 清	湖北省十堰市人民中路58号	442000
大家文摘报	CN42-0067	潘 洁	湖北省武汉市珞瑜路78号长江传媒大厦20楼	430079
新周报	CN42-0071	周末水 高英雄	湖北省武汉市武昌区东湖路169号	430077
人物汇报	CN42-0072	鲍根喜	湖北省武汉市江汉区长江日报路2号	430015
武汉晨报	CN42-0073	胡 俊	湖北省武汉市江汉区长江日报路2号	430015
老年文汇报	CN42-0074	朱向梅 刘 珊	湖北省武汉市江汉区新华路490号	430015
现代健康报	CN42-0077	陈自力	湖北省武汉市江岸区建设大道760号	430010
武汉科技报	CN42-0081	陈海涛	湖北省武汉市天津路30号	430017

5

续表

报纸名称	刊号	负责人	地址	邮编
科技信息快报	CN42-0083	夏春木 赵　军	湖北省武昌区洪山路2号	430071
楚天时报	CN42-0084	黄林中 毛光勇	湖北省黄石市团城山石榴园华盛大厦	435000
三峡商报	CN42-0086	罗春烺 唐和清	湖北省宜昌市西陵区东山大道119号	444000
天门日报	CN42-0091	姚超益 李立学	湖北省天门市鸿渐路173号	431700
江汉商报	CN42-0092	李晓鸣 史少雄	湖北省荆州市沙市区碧波路15号	434000
仙桃日报	CN42-0093	尹业勇 丁浩宇	湖北省仙桃市汉江路77号	433000
考试指南报	CN42-0094	周新华	湖北省武汉市江汉区长江日报2号	430015
新闻信息报	CN42-0096	朱向梅 刘　珊	湖北省武汉市江汉区新华路490号	430015
中国三峡工程报	CN42-0097	王东红	湖北省宜昌市西陵区西坝建设路1号	443002
楚天金报	CN42-0102	陈剑文 卢齐平	湖北省武汉市东湖路181号	430077
楚天快报	CN42-0103	孔祥福 付　祥	湖北省襄阳市襄州区交通路34号	441100
襄阳晚报	CN42-0105	王正强 高　翔	湖北省襄阳市襄城区新街7号报社	441021
投资时报	CN42-0107	王久陵 熊展平	湖北省武汉市江汉区长江日报路2号	430015
东楚晚报	CN42-0109	吴　刚 华　夏	湖北省黄石市杭州西路208号	435000
围棋报	CN42-0110	周洪文 钱国柱	湖北省武昌区张之洞路220号首义中学内	430060
鄂东晚报	CN42-0113	蔡志勇 刘彦友	湖北省黄冈市黄州区八一路76号	438000
楚天声屏报·襄阳版	CN42-0114/01	吉　虹 王志勇	湖北省襄阳市襄城檀溪路广播电视中心6楼	441021

续表

报纸名称	刊号	负责人	地址	邮编
楚天声屏报·黄石版	CN42-0114/02	柯　敏	湖北省黄石市团城山开发区广会路1号	435000
楚天声屏报·十堰版	CN42-0114/03	夏维军	湖北省十堰市张湾区北京北路40号	442000
楚天声屏报·荆州版	CN42-0114/04	徐　军 杨小龙	湖北省荆州市沙市区江津西路266号	434000
楚天声屏报·荆门版	CN42-0114/05	王　锋 吴国祥	湖北省荆门市象山大道116号	448000
楚天声屏报·孝感版	CN42-0114/06	杨叶林	湖北省孝感市长征路116号	432000
楚天声屏报·宜昌版	CN42-0114/07	胡亚冬	湖北省宜昌市西陵区西陵二路88号	443000
楚天声屏报·黄冈版	CN42-0114/08	卢国胜	湖北省黄冈市东门路169号	438000
楚天声屏报·鄂州版	CN42-0114/09	董晓平	湖北省鄂州市滨湖南路5号	436000
楚天声屏报·咸宁版	CN42-0114/10	龙　鸣	湖北省咸宁市温泉路38号	437100
楚天声屏报·恩施版	CN42-0114/11	朱自强	湖北省恩施市东风大道278号7楼	445000
楚天声屏·随州版	CN42-0114/12	何　东 王文虎	湖北省曾都区沿河大道202号	441300
楚天声屏报·潜江版	CN42-0114/13	卢贤凯 康　璇	湖北省潜江市章华南路42号	433100
楚天声屏报·仙桃版	CN42-0114/14	许新红 许祖国	湖北省仙桃市仙桃大道47号	433000
楚天声屏报·天门版	CN42-0114/15	田越福	湖北省天门市天门区钟惺大道路16号	431700
学语文报	CN42-0701/F	邓正兵 徐慧萍	湖北省武汉市经济技术开发区江汉大学	430056
武汉大学报	CN42-0801/G	杨欣欣	湖北省武汉市珞珈山	430072
华中科技大学周报	CN42-0802/G	万　霞	湖北省武汉市华中科技大学新闻中心楼	430074

续表

报纸名称	刊号	负责人	地址	邮编
中国地质大学报	CN42-0804/G	曹南燕	湖北省武汉市洪山区鲁磨路388号	430074
中南财经政法大学报	CN42-0806/G	陈 博	湖北省武汉市东湖高新区南湖大道182号	430073
华中农业大学报	CN42-0807/(G)	王景刚	湖北省武汉市洪山区狮子山1号	430070
湖北大学报	CN42-0808/(G)	王义芳	湖北省武汉市武昌区友谊大道路368号	430062
华中师大报	CN42-0812/G	程秀莉	湖北省武汉市洪山区珞瑜路152号	430079
武汉理工大学报	CN42-0813/G	罗益群	湖北省武汉市武昌区珞狮路122号	430070
干部教育报	CN42-0814/G	张秋实 邹德文	湖北省武汉市江汉区万松园路18号	430022
武汉科技大学报	CN42-0815/G	李灿华	武汉科技大学	430081
湖北美术学院报	CN42-0816/(G)	彭柱武	湖北省武汉市江夏区藏龙岛科技园栗庙路6号	430205
中南民族大学报	CN42-0817/G	冉春桃	湖北省武汉市洪山区民族大道182号	430073
武汉音乐学院报	CN42-0818/G	李红对	湖北省武汉市武昌区解放路255号	430060
湖北民族学院报	CN42-0819/G	吴建清	湖北省恩施市学院路39号	445000
湖北经济学院报	CN42-0820/(G)	尹青山	湖北省武汉市江夏区杨桥湖大道路8号	430205
湖北第二师范学院报	CN42-0822/G	方 喻	湖北省武汉市东湖高新区高新二路129号	430205
武汉纺织大学报	CN42-0823/G	高建勋 刘 欣	湖北省武汉市江夏区阳光大道路1号	430200
三峡大学报	CN42-0825/G	简邦俊 张丽超	湖北省宜昌市西陵区大学路8号	443002
武汉体院报	CN42-0827(G)	姜劲晖 邱 珊	湖北省武汉市洪山区珞瑜路461号	430079
鄂州大学报	CN42-0828/G	舒丽慧	湖北省鄂州市鄂城区凤凰路78号	436000
湖北经大报	CN42-0830/G	马发生 何志武	湖北省武汉市洪山区雄楚大街918号	430074
湖北汽院报	CN42-0831/G	徐 梅	湖北省十堰市张湾区车城西路167号	443002
湖北医药学院报	CN42-0832/(G)	孔祥清	湖北省十堰市人民南路30号	442000
郧阳师专报	CN42-0833/G	任自玲	湖北省十堰市茅箭区北京南路18号	442000
师范生周报	CN42-0836/G	贺 军 张建华	湖北省仙桃市工业园区纺织大道8号	433000
湖北中医学院报	CN42-0837/(G)	张子龙 杨 联	湖北省武汉市洪山区黄家湖西路1号	430065

续表

报纸名称	刊号	负责人	地址	邮编
武汉工程大学报	CN42-0838/G	任 兵 陈 欣	湖北省武汉市东湖高新区流芳大道特1号	430205
湖北警官学院报	CN42-0839/G	董国祥	湖北省武汉市硚口区南泥湾大道99号	430034
湖北电大报	CN42-0840/G	刘继美	湖北省武汉市东湖高新区软件园路2号	430073
湖北师范学院校报	CN42-0841/(G)	安向清	湖北省黄石市磁湖路11号	435002
湖北理工学院报	CN42-0842/G	涂立桥 吴凤庭	湖北省黄石市下陆区桂林北路16号	435003
江汉大学报	CN42-0844/G	雷慧萍	湖北省武汉市蔡甸区三角湖路8号	430056
咸宁学院报	CN42-0849/G	彭育园 商文斌	湖北省咸宁市咸宁大道88号	437100
黄冈师院报	CN42-0850/G	宋文生	湖北省黄冈市开发区新港二路146号	438000
长江大学报	CN42-0853/(G)	张晓明 晏 亮	湖北省荆州市荆州区南环路1号	435002
湖北工程学院报	CN42-0856/G	王 平	湖北省孝感市孝南区交通路272号	435003
湖北开放职业学院报	CN42-0857/G	袁 森	湖北省武汉市洪山区民院路15号	730074
湖北文理学院报	CN42-0858/G	黄 海	湖北省襄阳市隆中路296号	441053
湖北工业职院报	CN42-0859/(G)	周元国	湖北省十堰市茅箭区北京中路38号	442000
荆楚理工学院报	CN42-0860/(G)	全 展 裴金华	湖北省荆门市东宝区象山大道路33号	448000
武汉轻工大学报	CN42-0861/(G)	苏维佳	湖北省武汉市东西湖区学府南路68号	430023
湖北工业大学报	CN42-0862/(G)	陈 凌	湖北省武汉市洪山区南李路28号	430068
香城都市报	CN42-0115	徐伟颂 李建文	湖北省咸宁市温泉路26号	437100
寰球物流报	CN42-0116	宋 颖	湖北省武汉市汉口沿江大道69号	430021
大健康报	CN42-0117	刘胜平	湖北省武汉市洪山区珞瑜路78号长江传媒大厦	430079

湖北日报社于2001年4月组建湖北日报报业集团,2007年4月更名为湖北日报传媒集团。目前旗下拥有8报8刊、13家网站、5个客户端、90个官方微博微信及第三方平台号。2017年,集团报刊期发量640多万份,其中,《湖北日报》日平均期发量42.7万份,同比下降0.9%;《楚天都市报》日平均发行量23.5万份,

居全国都市报类报纸前列、华中地区首位;《农村新报》日平均发行量14.8万份,在全国省级三农类纸媒中居前列;《特别关注》平均期发189万份,保持全国杂志期发行量第一;《楚天金报》于2017年12月休刊。

在国家新闻出版广电总局2017年发布的全国报业综合排名中,湖北日报传媒集团居第7位。《楚天都市报》连续14年上榜"中国最具价值品牌500强",品牌价值达95.05亿元。

长江日报报业集团成立于2003年12月,现旗下有11报1刊、4家网站、1个移动新媒体平台矩阵,覆盖人群800万人。其中,《长江日报》在中国报刊广告投放价值排行榜中继续位居"全国城市日报10强"第三名。近6年来,《长江日报》共有11件作品获得中国新闻奖,获奖总量和一等奖件数在全国副省级城市中名列第一。2016年,集团整合"两报一网"资源,成立武汉晚报传媒有限公司,打造非时政类媒体传播价值链。

宜昌三峡日报传媒集团组建于2008年10月,旗下有2报3刊、3家网站、2个移动客户端,所有媒体覆盖用户(受众)超过200万人。2016年,集团完成65年《三峡日报》共10亿文字量的历史报纸数字化工作。

襄阳日报传媒集团旗下包括襄阳日报、襄阳晚报、汉江网三大新闻机构,《襄阳日报》成功入驻人民日报全国党媒信息公共平台,成为全国首批接入全国党媒信息公共平台的地市级党报。

(二)广播电视业

2017年,湖北省有广播电视机构91家,比上年新增2家。其中广播电台6座,电视台6座,广播电视台77座(省级1座、市级7座、县级69座),教育电视台2座。新增市(地)级广播节目3套,2座县(市)级广播电视台获准开办广播节目。全省播出机构目录见表2。

表2　　　　　　　　　　湖北省广播电视机构目录

级别	台名	许可证编号	节目设置
省级播出机构	湖北广播电视台	3217001	电视节目:1.综合频道(高标清同播),2.文艺频道,3.经济频道,4.美嘉购物频道,5.影视频道,6.生活频道,7.教育频道,8.公共·新闻频道,9.垄上频道,10.休闲指南 广播节目:1.新闻综合广播,2.经济广播,3.文艺广播,4.生活广播,5.体育旅游广播,6.楚天交通广播,7.楚天音乐广播,8.楚天资讯广播,9.农村广播,10.妇女儿童广播

续表

级别	台名	许可证编号	节目设置
市州播出机构	武汉市广播电视台	2317002	电视节目：1. 新闻综合频道，2. 电视剧频道（高标清同播），3. 科技生活频道，4. 经济频道，5. 文体频道，6. 外语频道，7. 少儿频道，8. 广通购物频道 广播节目：1. 综合广播，2. 音乐广播，3. 经济广播，4. 交通广播，5. 青少广播
	黄石市电视台	2317003	1. 新闻综合频道，2. 都市频道，3. 公共频道
	孝感市电视台	2317004	1. 新闻综合频道，2. 公共频道
	宜昌三峡电视台	2317007	1. 综合频道，2. 旅游生活频道，3. 公共频道
	荆州市电视台	2317008	1. 新闻频道，2. 垄上频道，3. 公共频道
	黄冈市电视台	2317011	1. 新闻频道，2. 公共频道
	恩施土家族苗族自治州电视台	2317013	1. 新闻综合频道，2. 公共频道
	恩施土家族苗族自治州人民广播电台	1317004	综合广播
	孝感市人民广播电台	1317006	1. 综合广播，2. 交通音乐广播
	宜昌市人民广播电台	1317007	1. 新闻综合广播，2. 都市生活广播，3. 交通广播
	黄石市人民广播电台	1317010	1. 综合广播，2. 经济广播
	荆州市人民广播电台	1317011	1. 综合广播，2. 交通音乐广播
	黄冈市人民广播电台	3317011	1. 新闻综合广播，2. 交通音乐广播
	鄂州市广播电视台	3317010	电视节目：1. 新闻综合频道，2. 公共频道 广播节目：1. 综合广播
	荆门市广播电视台	3317006	电视节目：1. 新闻频道，2. 教育频道，3. 公共频道 广播节目：1. 综合广播，2. 交通音乐广播
	十堰市广播电视台	3317009	电视节目：1. 新闻频道，2. 经济旅游频道，3. 公共频道 广播节目：1. 综合广播，2. 交通音乐广播
	襄阳市广播电视台	3317005	电视节目：1. 综合频道，2. 经济生活频道，3. 公共频道 广播节目：1. 综合广播，2. 交通音乐广播
	随州市广播电视台	3317014	电视节目：1. 综合频道，2. 农村频道 广播节目：1. 综合广播，2. 交通经济广播
	咸宁市广播电视台	3317012	电视节目：1. 综合频道，2. 公共频道 广播节目：1. 综合广播，2. 交通音乐广播

续表

级别		台名	许可证编号	节目设置
县级播出机构	武汉（四区）	黄陂区广播电视台	3417067	1.广播节目（有线），2.电视节目：在电视公共频道的预留时段内插播当地新闻、经济类、科技类、法制类、农业类、重大活动类专题，有地方特色的文艺节目以及广告等（有线）
		江夏区广播电视台	3417068	1.广播节目（无线和有线），2.电视节目：在电视公共频道的预留时段内插播当地新闻、经济类、科技类、法制类、农业类、重大活动类专题，有地方特色的文艺节目以及广告等（有线）
		蔡甸区广播电视台	3417069	1.广播节目（有线），2.电视节目：在电视公共频道的预留时段内插播当地新闻、经济类、科技类、法制类、农业类、重大活动类专题，有地方特色的文艺节目以及广告等（有线）
		新洲区广播电视台	3417001	1.广播节目（无线和有线），2.电视节目：在电视公共频道的预留时段内插播当地新闻、经济类、科技类、法制类、农业类、重大活动类专题，有地方特色的文艺节目以及广告等（有线）
	黄石（一县一市）	大冶市广播电视台	3417018	1.广播节目（无线和有线），2.电视节目：在电视公共频道的预留时段内插播当地新闻、经济类、科技类、法制类、农业类、重大活动类专题，有地方特色的文艺节目以及广告等（无线和有线）
		阳新县广播电视台	3417046	1.广播节目（无线和有线），2.电视节目：在电视公共频道的预留时段内插播当地新闻、经济类、科技类、法制类、农业类、重大活动类专题，有地方特色的文艺节目以及广告等（有线）
	十堰（五县一市）	丹江口市广播电视台	3417011	1.广播节目（无线和有线），2.电视节目：在电视公共频道的预留时段内插播当地新闻、经济类、科技类、法制类、农业类、重大活动类专题，有地方特色的文艺节目以及广告等（无线和有线）
		竹溪县广播电视台	3417017	1.广播节目（无线和有线），2.电视节目：在电视公共频道的预留时段内插播当地新闻、经济类、科技类、法制类、农业类、重大活动类专题，有地方特色的文艺节目以及广告等（有线）
		郧阳区广播电视台	3417050	1.广播节目（无线和有线），2.电视节目：在电视公共频道的预留时段内插播当地新闻、经济类、科技类、法制类、农业类、重大活动类专题，有地方特色的文艺节目以及广告等（有线）

续表

级别		台名	许可证编号	节目设置
县级播出机构	十堰（五县一市）	房县广播电视台	3417052	1. 广播节目(无线和有线)，2. 电视节目：在电视公共频道的预留时段内插播当地新闻，经济类、科技类、法制类、农业类、重大活动类专题，有地方特色的文艺节目以及广告等(有线)
		郧西县广播电视台	3417053	1. 广播节目(无线和有线)，2. 电视节目：在电视公共频道的预留时段内插播当地新闻，经济类、科技类、法制类、农业类、重大活动类专题，有地方特色的文艺节目以及广告等(有线)
		竹山县广播电视台	3417051	1. 广播节目(有线)，2. 电视节目：在电视公共频道的预留时段内插播当地新闻，经济类、科技类、法制类、农业类、重大活动类专题，有地方特色的文艺节目以及广告等(有线)
	襄阳（三县三市一区）	襄州区广播电视台	3417008	1. 广播节目(无线和有线)，2. 电视节目：在电视公共频道的预留时段内插播当地新闻，经济类、科技类、法制类、农业类、重大活动类专题，有地方特色的文艺节目以及广告等(无线和有线)
		枣阳市广播电视台	3417005	1. 广播节目(无线和有线)，2. 电视节目：在电视公共频道的预留时段内插播当地新闻，经济类、科技类、法制类、农业类、重大活动类专题，有地方特色的文艺节目以及广告等(无线和有线)
		老河口市广播电视台	3417006	1. 广播节目(无线和有线)，2. 电视节目：在电视公共频道的预留时段内插播当地新闻，经济类、科技类、法制类、农业类、重大活动类专题，有地方特色的文艺节目以及广告等(无线和有线)
		宜城市广播电视台	3417042	1. 广播节目(无线和有线)，2. 电视节目：在电视公共频道的预留时段内插播当地新闻，经济类、科技类、法制类、农业类、重大活动类专题，有地方特色的文艺节目以及广告等(无线和有线)
		南漳县广播电视台	3417040	1. 广播节目(无线和有线)，2. 电视节目：在电视公共频道的预留时段内插播当地新闻，经济类、科技类、法制类、农业类、重大活动类专题，有地方特色的文艺节目以及广告等(无线和有线)
		谷城县广播电视台	3417041	1. 广播节目(无线和有线)，2. 电视节目：在电视公共频道的预留时段内插播当地新闻，经济类、科技类、法制类、农业类、重大活动类专题，有地方特色的文艺节目以及广告等(无线和有线)

续表

级别		台名	许可证编号	节目设置
县级播出机构	襄阳(三县三市一区)	保康县广播电视台	3417047	1.广播节目(有线),2.电视节目:在电视公共频道的预留时段内插播当地新闻,经济类、科技类、法制类、农业类、重大活动类专题,有地方特色的文艺节目以及广告等(有线)
	宜昌(五县三市一区)	夷陵区广播电视台	3417007	1.广播节目(无线和有线),2.电视节目:在电视公共频道的预留时段内插播当地新闻,经济类、科技类、法制类、农业类、重大活动类专题,有地方特色的文艺节目以及广告等(无线和有线)
		宜都市广播电视台	3417014	1.广播节目(无线和有线),2.电视节目:在电视公共频道的预留时段内插播当地新闻,经济类、科技类、法制类、农业类、重大活动类专题,有地方特色的文艺节目以及广告等(无线和有线)
		枝江市广播电视台	3417009	1.广播节目(无线和有线),2.电视节目:在电视公共频道的预留时段内插播当地新闻,经济类、科技类、法制类、农业类、重大活动类专题,有地方特色的文艺节目以及广告等(无线和有线)
		当阳市广播电视台	3417010	1.广播节目(无线和有线),2.电视节目:在电视公共频道的预留时段内插播当地新闻,经济类、科技类、法制类、农业类、重大活动类专题,有地方特色的文艺节目以及广告等(无线和有线)
		五峰土家族自治县广播电视台	3417065	1.广播节目,2.电视节目:在电视公共频道的预留时段内插播当地新闻,经济类、科技类、法制类、农业类、重大活动类专题,有地方特色的文艺节目以及广告等(有线)
		远安县广播电视台	3417030	1.广播节目(无线和有线),2.电视节目:在电视公共频道的预留时段内插播当地新闻,经济类、科技类、法制类、农业类、重大活动类专题,有地方特色的文艺节目以及广告等(无线和有线)
		长阳土家族自治县广播电视台	3417031	1.广播节目(无线和有线),2.电视节目:在电视公共频道的预留时段内插播当地新闻,经济类、科技类、法制类、农业类、重大活动类专题,有地方特色的文艺节目以及广告等(无线和有线)
		秭归县广播电视台	3417032	1.广播节目(无线和有线),2.电视节目:在电视公共频道的预留时段内插播当地新闻,经济类、科技类、法制类、农业类、重大活动类专题,有地方特色的文艺节目以及广告等(有线)

续表

级别		台名	许可证编号	节目设置
县级播出机构	宜昌9(五县三市一区)	兴山县广播电视台	3417054	1.广播节目(无线和有线),2.电视节目:在电视公共频道的预留时段内插播当地新闻,经济类、科技类、法制类、农业类、重大活动类专题,有地方特色的文艺节目以及广告等(有线)
	荆州(三县三市)	洪湖市广播电视台	3417004	1.广播节目(无线和有线),2.电视节目:在电视公共频道的预留时段内插播当地新闻,经济类、科技类、法制类、农业类、重大活动类专题,有地方特色的文艺节目以及广告等(无线和有线)
		石首市广播电视台	3417016	1.广播节目(无线和有线),2.电视节目:在电视公共频道的预留时段内插播当地新闻,经济类、科技类、法制类、农业类、重大活动类专题,有地方特色的文艺节目以及广告等(无线和有线)
		松滋市广播电视台	3417025	1.广播节目(无线和有线),2.电视节目:在电视公共频道的预留时段内插播当地新闻,经济类、科技类、法制类、农业类、重大活动类专题,有地方特色的文艺节目以及广告等(无线和有线)
		监利县广播电视台	3417023	1.广播节目(无线和有线),2.电视节目:在电视公共频道的预留时段内插播当地新闻,经济类、科技类、法制类、农业类、重大活动类专题,有地方特色的文艺节目以及广告等(有线)
		公安县广播电视台	3417024	1.广播节目(无线和有线),2.电视节目:在电视公共频道的预留时段内插播当地新闻,经济类、科技类、法制类、农业类、重大活动类专题,有地方特色的文艺节目以及广告等(无线和有线)
		江陵县广播电视台	3417048	1.广播节目,2.电视节目:在电视公共频道的预留时段内插播当地新闻,经济类、科技类、法制类、农业类、重大活动类专题,有地方特色的文艺节目以及广告等(有线)
	荆门(二县一市)	钟祥市广播电视台	3417045	1.广播节目(无线和有线),2.电视节目:在电视公共频道的预留时段内插播当地新闻,经济类、科技类、法制类、农业类、重大活动类专题,有地方特色的文艺节目以及广告等(无线和有线)
		京山县广播电视台	3417026	1.广播节目(无线和有线),2.电视节目:在电视公共频道的预留时段内插播当地新闻,经济类、科技类、法制类、农业类、重大活动类专题,有地方特色的文艺节目以及广告等(无线和有线)

续表

级别		台名	许可证编号	节目设置
县级播出机构	荆门(二县一市)	沙洋县广播电视台	3417049	电视节目：在电视公共频道的预留时段内插播当地新闻，经济类、科技类、法制类、农业类、重大活动类专题，有地方特色的文艺节目以及广告等(有线)
	孝感(三县三市)	汉川市广播电视台	3417036	1. 广播节目(无线和有线)，2. 电视节目：在电视公共频道的预留时段内插播当地新闻，经济类、科技类、法制类、农业类、重大活动类专题，有地方特色的文艺节目以及广告等(无线和有线)
		应城市广播电视台	3417013	1. 广播节目(无线和有线)，2. 电视节目：在电视公共频道的预留时段内插播当地新闻，经济类、科技类、法制类、农业类、重大活动类专题，有地方特色的文艺节目以及广告等(无线和有线)
		安陆市广播电视台	3417033	1. 广播节目(无线和有线)，2. 电视节目：在电视公共频道的预留时段内插播当地新闻，经济类、科技类、法制类、农业类、重大活动类专题，有地方特色的文艺节目以及广告等(无线和有线)
		云梦县广播电视台	3417035	1. 广播节目(无线和有线)，2. 电视节目：在电视公共频道的预留时段内插播当地新闻，经济类、科技类、法制类、农业类、重大活动类专题，有地方特色的文艺节目以及广告等(无线和有线)
		大悟县广播电视台	3417055	1. 广播节目(有线)，2. 电视节目：在电视公共频道的预留时段内插播当地新闻，经济类、科技类、法制类、农业类、重大活动类专题，有地方特色的文艺节目以及广告等(有线)
		孝昌县广播电视台	3417056	1. 广播节目(无线和有线)，2. 电视节目：在电视公共频道的预留时段内插播当地新闻，经济类、科技类、法制类、农业类、重大活动类专题，有地方特色的文艺节目以及广告等(有线)
	黄冈(七县二市)	麻城市广播电视台	3417003	1. 广播节目(无线和有线)，2. 电视节目：在电视公共频道的预留时段内插播当地新闻，经济类、科技类、法制类、农业类、重大活动类专题，有地方特色的文艺节目以及广告等(无线和有线)
		武穴市广播电视台	3417021	1. 广播节目(无线和有线)，2. 电视节目：在电视公共频道的预留时段内插播当地新闻，经济类、科技类、法制类、农业类、重大活动类专题，有地方特色的文艺节目以及广告等(无线和有线)

续表

级别		台名	许可证编号	节目设置
县级播出机构	黄冈（七县二市）	罗田县广播电视台	3417015	1.广播节目(无线和有线)，2.电视节目：在电视公共频道的预留时段内插播当地新闻，经济类、科技类、法制类、农业类、重大活动类专题，有地方特色的文艺节目以及广告等(有线)
		蕲春县广播电视台	3417043	1.广播节目(无线和有线)，2.电视节目：在电视公共频道的预留时段内插播当地新闻，经济类、科技类、法制类、农业类、重大活动类专题，有地方特色的文艺节目以及广告等(有线)
		红安县广播电视台	3417022	1.广播节目(有线)，2.电视节目：在电视公共频道的预留时段内插播当地新闻，经济类、科技类、法制类、农业类、重大活动类专题，有地方特色的文艺节目以及广告等(无线和有线)
		团风县广播电视台	3417058	1.广播节目(有线)，2.电视节目：在电视公共频道的预留时段内插播当地新闻，经济类、科技类、法制类、农业类、重大活动类专题，有地方特色的文艺节目以及广告等(有线)
		浠水县广播电视台	3417019	1.广播节目(无线和有线)，2.电视节目：在电视公共频道的预留时段内插播当地新闻，经济类、科技类、法制类、农业类、重大活动类专题，有地方特色的文艺节目以及广告等(有线)
		黄梅县广播电视台	3417020	1.广播节目(无线和有线)，2.电视节目：在电视公共频道的预留时段内插播当地新闻，经济类、科技类、法制类、农业类、重大活动类专题，有地方特色的文艺节目以及广告等(无线和有线)
		英山县广播电视台	3417057	1.广播节目(无线和有线)，2.电视节目：在电视公共频道的预留时段内插播当地新闻，经济类、科技类、法制类、农业类、重大活动类专题，有地方特色的文艺节目以及广告等(有线)
	咸宁（四县一市）	赤壁市广播电视台	3417012	1.广播节目(无线和有线)，2.电视节目：在电视公共频道的预留时段内插播当地新闻，经济类、科技类、法制类、农业类、重大活动类专题，有地方特色的文艺节目以及广告等(无线和有线)
		嘉鱼县广播电视台	3417027	1.广播节目(无线和有线)，2.电视节目：在电视公共频道的预留时段内插播当地新闻，经济类、科技类、法制类、农业类、重大活动类专题，有地方特色的文艺节目以及广告等(无线和有线)

续表

级别		台名	许可证编号	节目设置
县级播出机构	咸宁（四县一市）	崇阳县广播电视台	3417060	1. 广播节目(无线和有线)，2. 电视节目：在电视公共频道的预留时段内插播当地新闻，经济类、科技类、法制类、农业类、重大活动类专题，有地方特色的文艺节目以及广告等(有线)
		通城县广播电视台	3417061	1. 广播节目(无线和有线)，2. 电视节目：在电视公共频道的预留时段内插播当地新闻，经济类、科技类、法制类、农业类、重大活动类专题，有地方特色的文艺节目以及广告等(有线)
		通山县广播电视台	3417059	1. 广播节目(有线)，2. 电视节目：在电视公共频道的预留时段内插播当地新闻，经济类、科技类、法制类、农业类、重大活动类专题，有地方特色的文艺节目以及广告等(有线)
	随州1（一市）	广水市广播电视台	3417034	1. 广播节目(无线和有线)，2. 电视节目：在电视公共频道的预留时段内插播当地新闻，经济类、科技类、法制类、农业类、重大活动类专题，有地方特色的文艺节目以及广告等(无线和有线)
	恩施（六县一市）	利川市广播电视台	3417029	电视节目：在电视公共频道的预留时段内插播当地新闻，经济类、科技类、法制类、农业类、重大活动类专题，有地方特色的文艺节目以及广告等(无线和有线)
		建始县广播电视台	3417028	电视节目：在电视公共频道的预留时段内插播当地新闻，经济类、科技类、法制类、农业类、重大活动类专题，有地方特色的文艺节目以及广告等(无线和有线)
		咸丰县广播电视台	3417044	1. 广播节目(无线和有线)，2. 电视节目：在电视公共频道的预留时段内插播当地新闻，经济类、科技类、法制类、农业类、重大活动类专题，有地方特色的文艺节目以及广告等(有线)
		来凤县广播电视台	3417062	电视节目：在电视公共频道的预留时段内插播当地新闻，经济类、科技类、法制类、农业类、重大活动类专题，有地方特色的文艺节目以及广告等(有线)
		巴东县广播电视台	3417063	1. 广播节目(有线)，2. 电视节目：在电视公共频道的预留时段内插播当地新闻，经济类、科技类、法制类、农业类、重大活动类专题，有地方特色的文艺节目以及广告等(有线)

续表

级别		台名	许可证编号	节目设置
县级播出机构	恩施（六县一市）	宣恩县广播电视台	3417064	电视节目：在电视公共频道的预留时段内插播当地新闻，经济类、科技类、法制类、农业类、重大活动类专题，有地方特色的文艺节目以及广告等（有线）
		鹤峰县广播电视台	3417002	1.广播节目（无线和有线），2.电视节目：在电视公共频道的预留时段内插播当地新闻，经济类、科技类、法制类、农业类、重大活动类专题，有地方特色的文艺节目以及广告等（有线）
	仙桃	仙桃市广播电视台	3417037	1.广播节目（无线和有线），2.电视节目：在电视公共频道的预留时段内插播当地新闻，经济类、科技类、法制类、农业类、重大活动类专题，有地方特色的文艺节目以及广告等（无线和有线）
	天门	天门市广播电视台	3417038	1.广播节目（无线和有线），2.电视节目：在电视公共频道的预留时段内插播当地新闻，经济类、科技类、法制类、农业类、重大活动类专题，有地方特色的文艺节目以及广告等（无线和有线）
	潜江	潜江市广播电视台	3417039	1.广播节目（无线和有线），2.电视节目：在电视公共频道的预留时段内插播当地新闻，经济类、科技类、法制类、农业类、重大活动类专题，有地方特色的文艺节目以及广告等（无线和有线）
	神农架	神农架林区广播电视台	3417066	1.广播节目（有线），2.电视节目：在电视公共频道的预留时段内插播当地新闻，经济类、科技类、法制类、农业类、重大活动类专题，有地方特色的文艺节目以及广告等（有线）
	教育电视台	武汉市教育电视台	4317001	教育教学节目
		十堰市教育电视台	4317002	教育教学节目

2017年，湖北省广播电视全年行业总收入140.52亿元，比上年增长27.69%，增长幅度较大的原因是2017年将全省的影院纳入基本统计单位进行统计。实际创收收入82.12亿元，比上年减少10.02%，实现增加值49.45亿元，比上年增长27.68%。全行业固定资产原值为137.43亿元，比上年增长12.71%。

截至2017年12月，全行业从业人员为43161人，比上年增加3162人，增长幅度较大的原因是2017年将全省的影院纳入基本统计单位进行统计。

2017年，省政府印发《关于加快推进全省广播电视村村通向户户通升级工作的实施意见》。全省"户户通"安装开通131万余套，开通率90.7%；全省"村村响"已建成县级平台92个，村级广播系统2.4万余个，安装音柱和喇叭26万余只，完成率95.09%。

湖北广播电视台(湖北长江广电传媒集团)目前拥有10个电视频道、10套广播频率、13个所属事业单位以及45个全资、参股、控股公司,总资产220亿元人民币。

长江广电传媒集团连续多年蝉联全国"文化企业30强"。湖北广播电视台旗下湖北卫视全国35城市组平均收视率连续五年跻身省级卫视前十,电视综合频道省网收视全天排名第一,湖北经视连续七年获得TV地标"年度最具综合实力省级地面频道"称号,湖北垄上频道首次荣获TV地标"年度最具综合实力省级地面频道",楚天交通广播稳居全国省级交通类综合收听率十强,楚天音乐广播进入音乐类综合收听率五强。

武汉广播电视台(集团)现有5个广播频率、8个电视频道,开设了5个新媒体传播平台,开通了地铁电视,总资产约40亿元人民币,已发展成为集广播、电视、新媒体、报刊、广告经营、资本运作和其他服务于一身的综合性现代文化传媒实体,连续多年获得"全国城市电视台品牌10强""最具创新影响力城市台"等荣誉。

(三)新媒体

截至2016年11月,湖北省共有互联网新闻信息服务单位96家(具体名录见表3),"两微一端"政务新媒体7300多个,新闻网站从业人员1500多名。

表3　　　　　　　湖北省互联网新闻信息服务单位目录

网站名称	网站域名	主办单位
湖北日报网	www.cnhubei.com	湖北日报社
长江网	www.cjn.cn	长江日报社
湖北网台	trs.hbtv.com.cn	湖北广播电视台
三峡宜昌网	www.cn3x.com.cn	三峡日报传媒集团
知音网	www.zhiyin.cn	知音网络传媒有限责任公司
湖北教育信息网	www.e21.cn	湖北教育信息发展中心
今日湖北网	www.hubeitoday.com.cn	今日湖北杂志社
科技快报网	www.kjkbw.com	科技快报社
楚天都市网	www.ctdsb.net	楚天都市报社
一财金网(已改为武汉扎克)	www.ctjin.com	楚天金报社
党员生活网	www.hbdysh.com	湖北党员生活杂志社
黄鹤TV(原武汉广电网)	www.whtv.com.cn	武汉网络电视股份有限公司

续表

网站名称	网站域名	主办单位
汉网	www.cnhan.com	长江日报传媒集团有限公司
九派新闻网	www.jiupaicn.com	长江日报社、武汉广电
东楚网	www.hsdcw.com	黄石日报社
黄石声屏网	www.hsgd.net.cn	黄石新视听网络传播有限公司
秦楚网	www.10yan.com	十堰日报传媒集团
十堰新媒体网	www.syiptv.com	十堰广播电视台
水都网	www.hbdjk.com	丹江口市委宣传部
今日竹山	www.zhushan.cn	竹山县新闻工作办公室
郧西在线	www.yxol.net	郧西县外宣办
竹溪新闻网	www.zxwww.com	竹溪县委机关杂志社
今日房县	www.fangxian.gov.cn	房县新闻中心
房县新闻网	www.fxwww.net	房县广播电影电视局
郧阳网	www.hbyunyang.net	十堰市郧阳区信息宣传中心
茅箭新闻网	www.symaojian.gov.cn	十堰市茅箭区新闻中心
竹山网络电视网	www.zsiptv.com	竹山县广播电影电视局
汉江网	www.hj.cn	襄阳日报社
襄阳网络电视	www.xyrtv.com	襄阳广播电视台
楚天襄阳网	www.xywww.cn	湖北日报传媒集团襄阳分社
楚都宜城网	www.yichengnews.com	宜城市委宣传部
今日老河口	www.laohekou.com.cn	老河口市委、市政府
南漳新闻网	www.nzxww.com	南漳县互联网管理办公室
襄阳襄州网	www.zgxy.gov.cn	襄州区委宣传部
保康新闻网	www.bkxww.com	保康县新闻中心
谷城县新闻网	www.guchengnews.com	谷城县广播电视台
三峡广电网	www.3xgd.com	宜昌三峡广播电视总台
三峡新闻网	www.sxxw.net	湖北日报传媒集团三峡分社
湖北宜都网	www.hbyidu.com	宜都市广播电影电视局
中国长阳网	www.changyang.gov.cn	长阳土家族自治县政府新闻办公室

续表

网站名称	网站域名	主办单位
湖北当阳网	www.hbdangyang.com	当阳市委宣传部
三峡枝江网	www.zhijiang.gov.cn	枝江市人民政府新闻办公室
三峡秭归在线	www.zigui.gov.cn	秭归县委宣传部
中国远安政府门户网	www.yuanan.gov.cn	远安县政府办公室
中国夷陵网	www.yiling.gov.cn	夷陵区广播电影电视局
宜昌点军网(原三峡点军网)	www.dianjun.gov.cn	点军区委宣传部
三峡西陵网	www.sxxl.gov.cn	西陵区人民政府
伍家岗新闻网	www.news.ycwjg.gov.cn	伍家岗区委宣传部
荆州新闻网	www.jznews.com.cn	荆州电视台
楚网	www.cnchu.com	荆州日报社
荆州广播网	www.jzdt.com.cn	荆州人民广播电台
荆州市沙市区人民政府网	www.shashi.gov.cn	沙市区信息中心
公安新闻网	www.ganews.tv	公安县广播电影电视局
荆门新闻网	www.jmnews.cn	荆门日报传媒集团
荆彩网	www.jmtv.com.cn	荆门广播电视台
钟视网	www.zxtv.com.cn	钟祥电视台
今日钟祥网	www.zxnews.net	钟祥市新闻中心
今日京山	www.jingshan.gov.cn	京山县新闻中心
鄂州新闻网	www.eznews.cn	鄂州日报社
鄂网	www.ezgd.net	鄂州广播电视台
孝感网	www.xgrb.cn	孝感日报传媒集团有限责任公司
应城网	www.yingchengnet.com	应城市人民新闻办公室
汉川新闻网	www.hc-news.com	汉川市广播电影电视局、汉川新闻网站
孝昌传媒网(原孝昌网)	www.hbxc.cn	孝昌县广播电视台
孝南网	www.xiaonan.gov.cn	孝南区电子政务管理办公室
云梦政府门户网	www.yunmeng.gov.cn	云梦网络传媒电视台
安陆新闻网	www.anlunews.cn	安陆市委宣传部
孝感新闻网	www.xgnews.cn	孝感广电传媒集团有限公司

续表

网站名称	网站域名	主办单位
黄冈新闻网	www.hgdaily.com.cn	黄冈日报社
黄冈新视窗	www.hgitv.com	黄冈广播电视台
湖北武穴网	www.hbwuxue.com	武穴广播电视台
英山新闻网	www.ysxw.cn	英山县广播电影电视局
麻城信息港	www.macheng.com.cn	麻城市广播电影电视局
罗田新闻网	www.luotiannews.com	罗田县委宣传部
蕲春网(原罗田宽带信息港)	www.cnqichun.com	蕲春县新闻中心
黄梅新闻网	www.hbhmnews.com	黄梅县新闻中心
浠水新闻网(原湖北黄梅网)	www.cnxishui.net	浠水县信息中心
红安网	www.redhongan.com	红安县信息中心
咸宁新闻网	www.xnnews.com.cn	咸宁日报社
咸宁广电网	www.hbxntv.com	咸宁广播电影电视台
赤壁网	www.chibi.com.cn	赤壁市广播电影电视局
中国通山网	www.tongshan.com	通山网站
随州网	www.suiw.cn	随州日报社
恩施新闻网	www.enshi.cn	恩施日报社
恩施网络电视(原恩施传媒网)	www.estv.com.cn	恩施州广播影视传媒集团有限责任公司
中国硒都网	www.hbenshi.gov.cn	恩施市新闻中心
中国利川网	www.lc-news.com	利川市新闻中心
中国建始网	www.hbjs.gov.cn	建始县新闻中心
长江巴东网	www.cjbd.com.cn	巴东县新闻中心
鹤峰网	www.hf.gov.cn	鹤峰县新闻中心
中国宣恩网	www.xuanen.gov.cn	宣恩县新闻中心
咸丰县新闻网	www.xfxw.com.cn	咸丰县新闻中心
来凤新闻网	www.laifeng.net	来凤县新闻中心
中国仙桃网	www.cnxiantao.com	仙桃市网络新闻中心
天门网	www.tmwcn.com	天门日报社
潜江新闻网	www.cnqjw.com	潜江市网络新闻中心

湖北日报传媒集团新媒体受众日均5500多万人。湖北日报客户端用户达到500万,官方微博粉丝329万;楚天都市报"看楚天"APP用户达40万,官方微信粉丝115万,官方微博粉丝突破1000万,影响力、活跃度、用户数均居全国媒体自建平台十强、华中地区第一。湖北省政府门户网连续六年进入全国省级政府网站前十,连续三年居中部第一。

2016年2月,湖北广播电视台(集团)按照省委决定,建成覆盖全省、互联互通的长江云移动政务新媒体平台,成为业内关注的"湖北模式"。长江云平台获得广电媒体融合发展创新榜最高奖——"特别推广奖""全国广电媒体融合创新案例20佳"等荣誉。长江云集广播、电视、报纸、PC网站、手机网站、微博、微信、客户端八位一体,目前已汇聚广播电视频道、电子报、网站和两微一端产品8112个。长江云构建贯通省市县三级的"政务大厅",开通在线发布和政务直播平台,已入驻各级党政部门1941家,其中省直部门74家,全省17个市州及103个所辖县(市)以长江云"云上系列"命名的官方客户端已全部建成上线,接入各级公积金、交管、医疗、户政、打车等垂直领域的58类152项通用政务和民生服务项目。截至2017年12月,长江云平台接入产品的用户总数达到7800万,长江云APP客户端在苹果市场外的下载量达到660万。

《长江日报》官方微博粉丝量突破百万、微信粉丝突破50万。《长江日报》"武汉城市留言板"上线,共有118家机关事业单位在线驻守,获首届全国副省级城市党报媒体融合最佳案例奖。《长江日报》新闻客户端上线,实现了政务发布、民意沟通、民生服务三大功能集聚,17个城区(功能区)入驻,汇集了全市50多个政务微博微信账号。

武汉广播电视台"掌上武汉"手机客户端用户数超过200万户,荣获2017年中国地市级最强APP十强。襄阳日报传媒集团与人民日报中央厨房签订合作协议,在襄阳成立人民日报中央厨房"汉江工作室",成为央地媒体融合样板。宜昌确定6家新媒体为市级新媒体,明确了主管主办单位,理顺了宜昌新媒体建设发展的体制机制。

湖北省各市、州及汉江流域沿线24家城市党报成立新媒体联盟。

二、新闻宣传

2017年,湖北省新闻战线围绕迎接、宣传、贯彻党的十九大这条主线,深入学习宣传贯彻习近平新时代中国特色社会主义思想,坚持正确政治方向,遵循新闻规律,创新传播手段,新闻舆论传播力、引导力、影响力、公信力持续增强。湖北省7件新闻作品获第二十七届中国新闻奖,其中二等奖3件、三等奖4件。湖北广播电视台电视新闻上央视共计1500多条,比上年多300多条,位列省级台前列,其中上《新闻联播》182条,比上年多42条,居中部第一;广播新闻上央广共计248条,上《央广报摘》和《全国新闻联播》40余条。

(一)主题宣传

湖北省宣传主管部门围绕中央精神和湖北省委省政府中心工作,引导湖北新闻战线开展37项重大主题报道,充分展示湖北科学发展、跨越式发展的生动实践,营造强大气场。

习近平新时代中国特色社会主义思想宣传方面,全省开展"新时代湖北讲习所"活动,各级报、网、台全媒体开设专栏专题,大规模开展宣讲报道,及时转发转播中央主要媒体重要报道、重要文章;开展"新时代 新气象 新作为"主题采访报道,展示各地各单位贯彻落实习近平新时代中国特色社会主义思想的生动实践、丰硕成果。《湖北日报》推出"治国理政新思想新实践""学习贯彻习近平总书记7·26重要讲话精神""新时代 新征程"等专栏、专版。特别是"新时代湖北讲习所"报道,报、端、网同步刊发、推送"讲习"文章,在全国形成特色,中宣部《新闻阅评》予以充分肯定。长江云建设"新时代湖北讲习所"网上学习阵地,打造湖北省学习习近平新时代中国特色社会主义思想的"云平台",制作的"新时代湖北讲习所"微信公众号和专区上线一个月来推文146篇,阅读量150万。《长江日报》在新华社播发的通稿中,率先提炼推出"习近平新时代中国特色社会主义思想"这一标题,是全国党委机关报中第一家。

十九大报道方面,《湖北日报》"十九大特别报道"累计推出"十九大时光""壮美湖北""荆楚回响"等21个专题专栏230多篇文图报道;新媒体平台推出"讲个故事给党听""圆桌谈""融媒体360"等7大类200多个新媒体产品,滚动发稿2000多篇,浏览量突破3000多万人次。《新时代!刚刚,习近平给出一个重大论断!》等重点报道总阅读量达400多万。湖北广播电视台推出"砥砺奋进的五年""开启新征程""十九大代表风采"等系列报道,牢牢把握正确的政治方向、舆论导向,凸显政治站位。围绕十九大胜利召开,《长江日报》一共投入100余个整版,发稿500多篇,新媒体推送稿件200多篇。《武汉晚报》《武汉晨报》发稿200个多整版,推动学习宣传贯彻党的十九大精神热潮持续升温。市州各媒体推出"砥砺奋进的五年""喜迎十九大 踏上新征程""百名记者进百家 喜看新变化""领航新征程——深入学习贯彻党的十九大精神"等专栏,形成强大的报道声势。

服务地方党委中心工作方面,《湖北日报》推出"喜迎党代会 荆楚新跨越""聚焦深化供给侧结构性改革""拥抱开放新时代""冲刺全年目标"等专栏,为湖北"建成支点 走在前列"、建设社会主义现代化强省营造了强大气场。《农村新报》承办全省"推进实施乡村振兴战略"座谈会,进一步提升了在"三农"领域的影响力。湖北广播电视台推出的特写稿《生态优先绿色发展:把湖北故事讲给全世界听》,全方位向世界展示了湖北创造性贯彻落实党中央一系列决策部署的做法和成效，系列报道《牢记嘱托 奋力跨越》从四年来的变化入手，深刻反映湖北牢记总书记嘱托，奋发有为的精神面貌和生动实践。"开启新征程""深化供给侧结构性改革""精准扶贫 不落一人"等多个专栏、微党课、广播剧，生动展示湖北砥砺奋进的火热实践。"喜迎十九大·文脉颂中华"非物质文化遗产大型网络传播湖北行采访活动，联合30家中央、省内媒体记者，实地采访湖北六地20余项非物质文化遗产的相关情况，报道全网浏览量超过1.6亿。沙画《不忘初心 砥柱中流》在北京"砥砺奋进的五年"大型成就展展出，其网络点击量超过2亿次。长江日报报业集团、武汉广播电视台深入宣传复兴大武汉新征程的创新实践，推出"赶超拼搏""武汉长江主轴""招商引资一号工程""四水共治""百万大学生留汉创业就业计划"等一系列重点报道；通过全媒体报道"汉马""斗鱼嘉年华"、武汉"7·16"渡江节、聚焦军运会誓师大会、国际航联世界飞行者大会等，在当地产生了广泛影响。

（二）典型报道

2017年，湖北新闻媒体推出的"中国核潜艇之父"黄旭华、"八一"勋章获得者马伟明、因公牺牲的武汉市委组织部部长杨汉军等一批重大典型报道，引发社会各界强烈共鸣，产生强大影响力。对杨汉军先进事迹，《湖北日报》在客户端、官方微信推出新媒体产品《看哭！组织部长杨汉军生命的最后13天》，被《人民日报》客户端转载，"两端"6小时点击阅读量超200万次。《湖北日报》持续开设"荆楚劳模风采""荆楚楷模""核心价值观"等栏目，推出"现代乡贤故事录""敬业诚信奉献·职工职业道德风采"等系列报道，生动展现各行各业先进典型的时代风采与精神风貌。湖北广播电视台推出的"大写湖北人""荆楚楷模""楚天匠才""湖北最美警察"等一大批栏目，将典型报道与政务品牌结合起来，打通舆论场，搭建连心桥。《襄阳日报》推出"拼命三郎"王世军、90后"抱火哥"万文韬、樊城民警王惠全等一批在全国引起广泛关注的基层人物，部分入选"荆楚楷模""中国好人"。宜昌《三峡日报》推出了"乡村啄木鸟"刘景贵、"故事乡长"徐荣耀、"英雄司机"邓艾民等一批有影响的典型人物，推出了峰岩村"支部主导、党员主事、群众主干、企业主推"的"四主"党建模式报道，在社会上产生了较大影响。

（三）服务社会

聚焦精准扶贫。湖北日报传媒集团围绕精准扶贫主题，深入库区山区老区蹲点调研，走遍8市20县市区60多个乡镇村，反映我省精准扶贫工作的热点、难点、痛点，促进解决了一批重难点问题。湖北广播电视台全年开辟"打赢扶贫攻坚战""精准扶贫 不落一人"等10个专栏，播报道114篇；交通广播部承办全国交通广播"畅行中国 走进大别山"大型新闻纪实行动，组织全国45家媒体近百名记者，深入脱贫攻坚一线现场报道，节目受众超3亿人次，系列新媒体产品整体关注量达到2200万，得到中宣部《新闻阅评》的充分肯定。垄上频道开展"农机扶贫"大型公益行动，联合全省17个地市州、80多家农机合作社、700多名机手，免费、优惠、优先为农户收割水稻10万多亩，为农户节支增收上千万元。

解决民生难题。《湖北日报》"党报热线365"形成报网互动的常态化机制，全年接到群众来信来电1000多件，接待群众来访500多人次，为广大群众和党委政府搭建了良好的沟通、交流平台。湖北广播电视台开展公益帮销，创新直播100多场，成功帮助武汉瓜农、荆州菜农、长阳渔民等销售滞销果蔬、河鲜千万余斤；全年为3000多名留守儿童、贫困学子、农民工等困难群众提供媒体帮扶，与省人社厅合作开展"清欠大行动"，帮上千名工人讨回血汗钱约千万。武汉广播电视台"电视问政""现在督办"等栏目搭建城市公共治理平台，关注百姓生存状况，回应百姓关切，解决百姓诉求；"大爱武汉"志愿者公益行动和同名电视栏目每年吸引数万好心市民和数十家企业为弱势群体奉献大爱。《长江日报》"城市留言板"共接到群众投诉、建议、留言60多万件，按期办结率达99.32%。

参与社会公益。《湖北日报》与省直相关部门合作开办"健康湖北""法治视点""档案解密"等专栏，宣传相关政策法规及科普知识；作为湖北公益文化品牌的楚天名医大讲堂，2017年春节前夕登上"暖冬行动"爱心专列，为1500名返乡的外地务工人员开展特别讲座；开展"开工月工地行"系列活动，为外来务工人员免费体检；关注儿童先心病问题，为湖北恩施100多名儿童带去爱"心"呵护。《楚天都市报》连续18年开展"资助贫困大学生"大型公益活动，累计募集各方善款逾2.1亿元，帮助6万多名贫困大学生圆了大学梦，其中2017年募集资金1200万元，资助大学生3000多人。湖北广播电视台"谈笑爱心基金"收到社会各界的爱心款226万元，全年支出198万元；开展助学行动、电影圆梦、支援乡村艺术教育等系列爱心活动，救助贫困家庭近千户；携手湖北省慈善总会为"99公益日"项目倾力摄制视频短片和H5，筹集善款700多万元；联合省市多家职能部门、企业、公益性社会团体成立"1078大家帮帮扶联盟"；全年开讲"垄上公益课"，线上直播56场，涉及农业技术、法律、青少年健康三大领域，服务用户总计约168.4万人次。

(四) 国际传播

湖北主要新闻媒体精心组织参与"2017俄罗斯·湖北传媒周"大型文化交流活动。湖北广播电视台推出的全媒体现场直播"大江大河的对话——桥的故事"在线观看超过30万人次，今日俄罗斯通讯社、俄罗斯卫星通讯社进行全程报道。湖北广播电视台与俄罗斯、波兰主要媒体签订合作协议，"长江新闻号""点赞湖北"等栏目在俄罗斯落地播出，并向俄罗斯金砖国家TV输出《长江之水天际流》《灵秀湖北》等六部作品版权。

湖北垄上频道创新推出"2017年中国·海上丝绸之路沿线国家农民春晚"节目，展现"一带一路"地区新农村新风貌，并在马来西亚落地播出。

三、经营管理

（一）产业经营

2017年，湖北日报传媒集团全年实现营业收入27.2亿元，利润9446万元，同比分别增长28.24%和41.39%。其中，《湖北日报》广告经营大幅增长，全年见报量突破1.3亿元、现金回款1.18亿元，同比分别增长35%和38%，创历史新高。《楚天都市报》实现利润1147.89万元，在全国都市报中"风景这边独好"。《支点》杂志实现经营收入291.86万元，同比增长28%。集团多元产业营收合计20.32亿元，同比增长41.31%。文化投资板块各项投资收益4744万元。楚天181创意产业园入驻率保持100%，逐步从物业管理型园区向多功能综合性服务型园区转变。

湖北广播电视台(集团)总资产突破220亿元，2017年前三季度，合并报表营业收入42.05亿元，同比增加1.03亿元，合并报表净利润2.07亿元，同比增加4520万元。北京长江文化公司入选新三板创新层，国有资产增值近28倍。

（二）传媒管理

湖北日报传媒集团按照"一媒体一公司"方式，完善集团公司治理体系，集团事企分开改革从顶层设计向中微观操作推进。集团围绕突出主业、增强核心竞争力，强力推进"三去一降一补"。《楚天金报》平稳休刊；荆楚网络科技公司精减富余人员104人；三峡分社撤销、合并内设部门及下属亏损经营实体7个；特别关注传媒公司、襄阳分社稳妥分流冗余人员；8家亏损企业及15家小微企业实施关停并转。

湖北广播电视台根据中央要求，修订长江广电传媒集团公司章程，设立公司党委和公司纪律检查委员会，确定公司党委的职权。台(集团)全资和控股企业将党建工作写入章程。制定并落实《台(集团)出资企业职业经理人履职待遇和业务支出实施细则》，初步拟订了《台(集团)对外投资管理办法(试行)》《台(集团)投资项目后评价管理办法》。开展企业精细化目标管理推进情况的检查及整改工作，确保各企业落实年度计划。根据国务院文件精神，进一步完善所属企业法人治理结构，提出和办理所属企业的董、监、高人员变更手续20余人次。

长江日报报业集团打造都市类媒体价值链，稳步推进武汉晚报传媒有限公司深化改革。《武汉晚报》《武汉晨报》、汉网三家媒体整合，实现一体化运作，新的中央厨房式媒体运作体系起步运行，新的经营体系架构搭建完成，岗位与身份初步实现分开管理。整合后，队伍由原来的558人精简至330人，部门由原来的31个精简至23个，中层以上管理人员由近60人精简至44人。

武汉广播电视台推进中心城市品牌计划，运用"节目+产业链"的经营方式，做大创收平台，做强实体产业。

襄阳日报传媒集团成立全媒体策划中心，从集团层面统筹形象宣传和广告发稿；成立"三创"项目孵化中心，助推产业转型和创新型项目孵化。

三峡日报传媒集团组建星云数据公司，推进内容数据的挖掘利用；组建星云精准传播平台(DSP项目)，推进信息的精准传播；组建成立湖北三峡书局有限公司，发展个性化出版项目。

(三) 媒体融合

湖北日报传媒集团全媒体指挥中心和全媒体采编系统基本建成并投入使用，报、端、网、微一体化的传播新格局初步形成。湖北日报调整组建融媒体中心，出台《全媒体绩效考评实施细则》，初步理顺了报纸、网络、各新媒体平台间的职能关系，中国新闻出版广电报以《"道"以通为要 "端"以质为重》为题给予肯定。全国两会报道，湖北日报全媒体平台浏览量达1.15亿人次，在《新闻战线》发布的全国两会省级党报官号社交传播力榜中最高居第1位。

湖北广播电视台长江云平台新增长江号、政情、新版VMS、搜索热词、评论、微信矩阵、内容管家、移动端第四套模板、活动报名等新功能，实现技术迭代186次，综合用户达1204万，成立短视频工作室，联手二更公司搭建外围PGC生产力量，召开"更湖北"城市联盟启动大会，打造湖北专业、顶尖的城市运行新媒体平台。湖北广电长江新媒体集团正式更名为湖北长江云新媒体集团，被认定为湖北省高新技术企业，经营收入、利润大幅增长。

长江日报报业集团开辟统一物理空间，所有采编部门值班主任集中办公，初步建立中央厨房运行机制。集团媒体融合以视频为突破口，推出"武汉三分钟"新视频栏目等新媒体产品，获得了一致好评。《武汉晚报》开创全新栏目——"蝴蝶视频"，全年共生产视频195条，全平台累计播放量2024万，"蝴蝶视频"官方微博粉丝量突破29.6万。

襄阳日报传媒集团建成全媒体采编平台，出台全媒体报道流程、全媒体绩效考核办法等配套制度，开展流程再造。宜昌三峡日报传媒集团进一步构建完善"中央厨房"运行机制，形成统分结合的人员调度和供稿流程。同时，建立"央厨+特色小厨"生产发布机制，依托"四务通"农村服务平台，在全省首个实施"党报进农家"项目，实现了互联网时代传统纸媒与电视的有机融合。

四、队伍建设

2017年,湖北省新闻采编人员共有48人获正高职称。

湖北日报传媒集团推动"两学一做"学习教育常态化制度化,采取党委中心组学习、专题研学、楚天传媒大讲堂、基层党组织"三会一课"等多种形式学习。严格执纪办案,全年查办各类信访件、自办案件29件。严肃查处荆楚网络公司8人违规兼职开公司行为,集中排查党的十八大以来受到处分的45人次的处分执行、期满考核、回访教育情况,全年共实施问责8人次,对6名处级干部进行谈话批评,实施诫勉谈话4人,约谈提醒39人,创造风清气正的干事创业环境。

湖北广播电视台组织播音员主持参加国家广电总局、中视协举办的培训班,台(集团)内部举办"播音要素谈""为播报注入灵魂"等四次播音员主持人专业培训讲座。连续四年开展"查隐患、找不足、强基础"专项整治行动,2017年发布整治通报49期,累计查处播音员念错音、画面不达标等不符合技术标准的工作差错1132起,并给予相关责任人相应处罚。差错事故同比下降8%。

长江日报报业集团建立新的人才引进机制,全年3次引进新媒体人才。通过专题培训、实战演练、业务研讨等方式实战培训,推动现有人员向全媒人才转型。打通报纸和新媒体人才使用通道,推动名记者、名编辑到新媒体平台上开办原创栏目。

襄阳日报传媒集团积极参与事业单位养老保险改革,180多名在职在编人员开始缴纳养老保险,80名离退休人员全部纳入社会养老。

湖北记协面向全省新闻战线举办融媒体技术培训班、县级媒体负责人培训班等5期培训,参训人员约600人次。

(湖北记协 李炳伟供稿)

专题研究

湖北地区领导干部媒介素养调查报告

廖声武　刘　倩

领导干部是党和国家事业的中坚力量，担负着为国家和地方发展提供决策的重任。在一个十三亿多人的社会主义大国中，领导干部既要政治过硬，也要本领高强。媒体素养如何，是领导干部本领高强与否的一个重要衡量指标。在党的新闻舆论工作座谈会上的讲话中，习近平总书记指出，"运用舆论工具宣传真理、动员群众、传播经验、指导工作，应成为领导干部的一项基本功。我们不少领导干部不愿意面对媒体、甚至躲避媒体，这种状况必须改变。领导干部要增强同媒体打交道的能力，善于运用媒体宣讲政策主张、了解社情民意、发现矛盾问题、引导社会情绪、动员人民群众、推动实际工作。"①总书记的讲话，对领导干部提高媒介素养，善于利用媒体开展工作，推动新时代中国特色社会主义事业向前发展提出了要求。

媒介素养的概念最早是由英国学者利维斯于20世纪30年代提出来的。根据美国媒介素养研究中心1992年"阿斯彭媒介领袖会议"的定义，媒介素养是指人们对于媒介信息的选择、理解、质疑、评估的能力，以及制作和生产媒介信息的能力。②

在我国，随着媒介事件的频繁发生，领导干部的媒介素养受到关注。有论文指出，领导干部的媒介素养应包含的主要内容：一是准确认识不同传媒的种类、性质、特征及功能。二是正确解读传媒所传递和表达的各种信息。三是有效利用传媒并以此作为提高执政效能的重要手段，借助传媒获取有价值的信息，包括借助传媒发布信息和党务政务公开、进行舆论监督和营造舆论影响力等。四是正确与媒介互动，并游刃有余地与媒介打交道。五是科学看待境外传媒并准确解读其传播的信息。③

有学者认为，领导干部对媒介的认知体系包括对媒介的认知系统和对媒介的运

---

① 中共中央文献研究室编：《习近平总书记重要讲话文章选编》第440页，中央文献出版社2016年版。

② Aufderheide. P. (ed.): Media Literacy: A report of the national leadership conference on media literacy, Aspen, CO: Aspen Institute, 1993.

③ 郭小平：《我国党政干部媒介素养研究》，[D]四川大学，2006年。

用系统两部分，包括四个方面的主要内容：对传播环境的认知、对传播事业的认知、对传播过程的认知和对传播效果的认知。①

有论文认为，领导干部媒介素养的内涵有三：一是能正确认识传媒的性质和功能；二是对媒介信息具有系统批判性意识；三是能够利用传媒来提高执政能力。②

赵振宇教授认为，领导干部提高媒介素养，学会同媒体打交道，既是一项新的任务，也是对新时期干部素质的一项新要求：第一，正确认识新闻媒体；第二，学会在媒体面前表达自己的思想和意见。③

也有学者就领导干部的媒介素养做过调查。丁柏铨、彭姝在研究过程中对240名南京市局级领导干部进行了媒介素养问卷调查，通过对数据进行统计和解读后认为，接受问卷调查的领导干部，其媒介素养所达到的水平是符合当时现实对他们的要求，然而，相对于在认知层面、态度层面体现的较高素养，在行为层面和实践层面，却存在着一些不足之处。④

郑欣在南京市所有处级以上干部中随机抽取了700名作为问卷调查样本，分别从媒介认知、媒介接触、媒介使用和媒介环境适应四个方面，对政府官员的媒介素养情况进行了系统考察，发现了较为突出的表现和问题：对新闻基础知识和业务知识掌握的表面化、概念化倾向，知识框架尚未成型，实际操作经验有待增强；对我国社会主义体制下新闻事业的特殊性及其社会转型背景下政府与媒体关系的转变尚未给予足够重视；政府官员在新媒体使用方面表现出相对的"滞后性"。⑤

这些研究成果，对领导干部的媒介素养的内涵、领导干部的媒介素养的作用等做了较为深入的分析。有学者做了实际调查，对领导干部的媒介素养现状进行较为透彻的了解，提出了相关的提升其媒介素养的策略。这些研究为我们进行新时代领导干部媒介素养研究提供了思路和借鉴。

新时代领导干部的媒介素养，涉及领导干部接触、选择、获取、认知、判断、评估相关媒介及其信息和使用媒介的能力。湖北地处中部腹地，经济总量居全国前7名，人文荟萃，湖北也是舆情事件多发地区。那么，湖北省的领导干部的媒介素养现状怎样呢？他们是如何接触、分析、评判媒介，如何参与各种媒介信息提供的呢？他们又是怎样利用媒体开展工作的呢？基于这样的一些问题，我们对湖北省领

---

① 骆正林：《党政干部的媒介素养与执政能力建设》，《岭南学刊》2010年第2期。
② 伍皓：《领导干部的人文素养与媒介素养》，《红河探索》2011年第5期。
③ 赵振宇：《领导干部媒介素养论析》，《湖北大学学报（哲学社会科学版）》2013年第1期。
④ 丁柏铨，彭姝：《领导干部媒介素养考察报告——基于一项对南京市局级领导干部的调查分析》（上）（下），《当代传播》2010年第3、4期。
⑤ 郑欣：《政府官员：一个特殊群体的媒介认知及其应对行为研究——以700名处级以上干部媒介素养调查为例》，《新闻与传播研究》2008年第3期。

导干部的媒介素养做了一次调查。

一、本次调查的基本情况及样本特征

(一)本次调查的基本情况

在 2017 年 5 月至 7 月,我们对湖北省范围内 75 名厅级干部、259 名处级干部及 172 名科级干部(这些科级干部主要是基层担任主要领导职务的正科级干部)进行了一次较大规模的领导干部媒介素养的调查。

本调查共计发放问卷 525 份,共回收 507 份,回收率为 96.57%。其中有效问卷 494 份,分别为:厅级干部 70 份,处级干部 256 份,科级干部 168 份。有效率为 97.4%。

根据本次调查问卷,共设置了七个部分,主要内容包括:(1)领导干部的媒介接触情况及动机。(2)对新闻传播知识的了解情况。(3)对现实新闻报道的看法。(4)对西方新闻媒体的看法。(5)与媒体打交道的相关实践。(6)对网络媒介的看法。(7)受调查者的基本信息。

(二)样本特征分析

受调查者就职于武汉市(包含省直机关)的有 220 人,占 44.53%,工作于市州的有 115 人,占 23.28%,工作于县区的有 63 人,占 12.75%,工作于乡镇的有 96 人,占 19.43%。

此次调查的对象中,供职于党委、政府和事业单位的领导干部有 423 名,占 85.6%,其余大多供职于省属国有企业。

从样本的学历构成来看:硕士研究生及以上文化程度 155 人,占 31.38%;本科毕业 297 人,占 60.12%。两者相加达到 91.5%。

二、问卷调查主要发现

(一)领导干部媒介接触情况

1. 领导干部接触媒介的类型及途径分析

从调查结果看,湖北省领导干部经常接触的媒介类型,排前三位的分别为:网站(421 人)、电视(307 人)、报纸(197 人)(如图 1 所示)。由此可见,网站是领导干部最常接触的媒介类型。

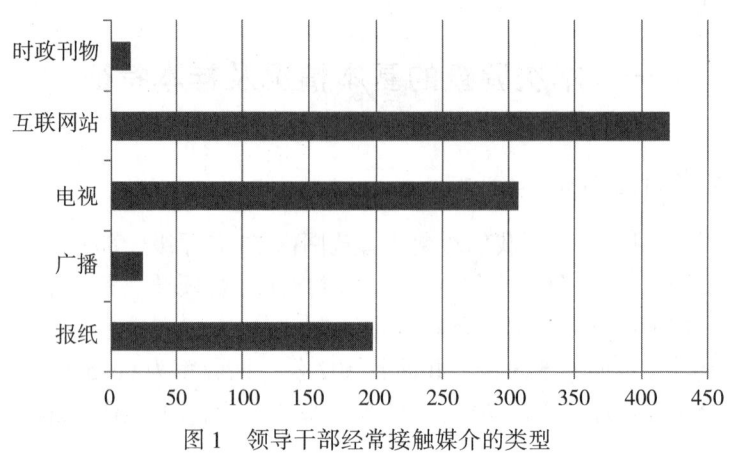

图 1 领导干部经常接触媒介的类型

通过交叉分析，综合考察经常接触的媒介类型与文化程度这两个因素发现，经常接触互联网媒体的硕士研究生及以上学历受调查者占这一层级学历受调查者的 89.03%，而接触互联网媒体的本科学历受调查者占这一层级学历受调查者的 84.85%。同时，接触互联网媒体的大专学历受调查者占这一层级学历受调查者的 70.2%。

在对接触报纸媒体与受调查者的文化程度的交叉分析中发现，硕士研究生及以上学历者中经常接触报纸的受调查者占 43.87%，本科学历者中经常接触报纸的受调查者占 38.04%，大专学历者中经常接触报纸的受调查者占 37.8%。从这两组数据中可以看出：学历越高接触互联网媒体与报纸类媒体的比例就越高。

然而在文化程度与电视这一媒体的交叉分析中却发现，硕士研究生及以上学历者接触电视的比例为 54.8%，本科学历者为 63.6%，大专学历者为 81.08%。这表明学历越高的受调查者经常收看电视的比例越低。

在对所使用的上网工具的调查中发现，在 494 位受调查者中，使用手机进行上网的有 292 人，占 59.11%，使用 PC 个人电脑上网的仅有 195 人，占 39.47%，而用 iPad 等其他互联网终端进行上网的仅有 7 人。这表明智能手机这一移动互联网终端，由于其便携性、移动性、及时性已成为领导干部上网的首选。如图 2 所示。

在对有关网站的跟进问题中，我们了解到，领导干部在新闻网站（如新华网、人民网、荆楚网、长江网等）获取信息的有 350 人，排第 1 位。通过商业门户网站（如新浪、搜狐、网易、腾讯等）获取信息的有 326 人，排第 2 位。通过微信、微博和客户端获取信息的有 217 人，排第 3 位。这表明受传统新闻媒体公信力及内容生产能力的影响，传统媒体的新媒体形式如新华网、人民网、荆楚网、长江网比起其他网站形式更受领导干部的关注。此外，微信、微博等社交媒体的信息传播也受到领导干部重视。如图 3 所示。

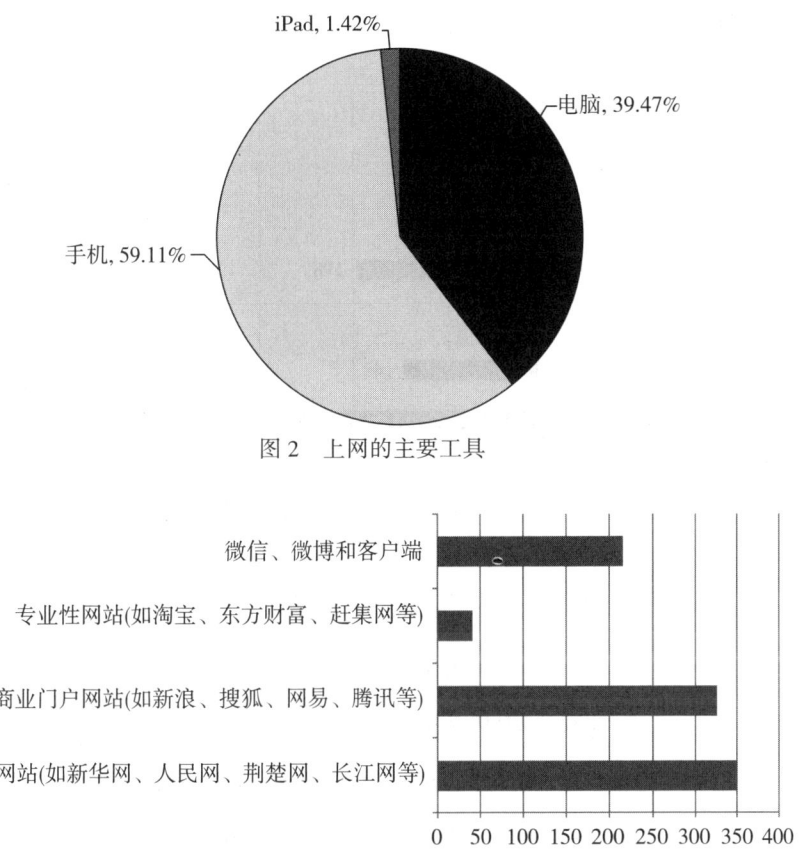

图 2　上网的主要工具

图 3　经常从哪些渠道获取信息

同样，在对电视媒体的跟进问卷调查中，经常收看电视的新闻类节目的有 438 人，经常收看纪录片节目的有 198 人，经常收看访谈节目的有 148 人，经常收看影视剧的有 119 人。在这些数据中，经常收看纪录片的人数排第 2 位。经过观察发现，在我们进行问卷调查之时，正是《将改革进行到底》《法治中国》《大国外交》《巡视利剑》等大型专题纪录片播放的档期。可见，除去新闻信息，领导干部对有关国家动态、主题宣传的专题纪录片也非常敏感。如图 4 所示。

在对报纸媒体的跟进问卷调查中，各级党报、都市类报纸、文摘类报纸在领导干部经常接触的报纸类型中占前三位。

2. 领导干部媒介接触的目的考察

对领导干部接触媒介获取信息的目的进行考察，可以了解他们接触新闻媒介获取信息的动机。通过调查发现,领导干部获取信息的目的排第 1 位的是"了解新闻",共有 324 人,排第 2 位的是"工作需要",有 286 人,排第 3 位的是"学习知识",有 241 人。这表明领导干部了解新闻信息的主动性较高。如图 5 所示。

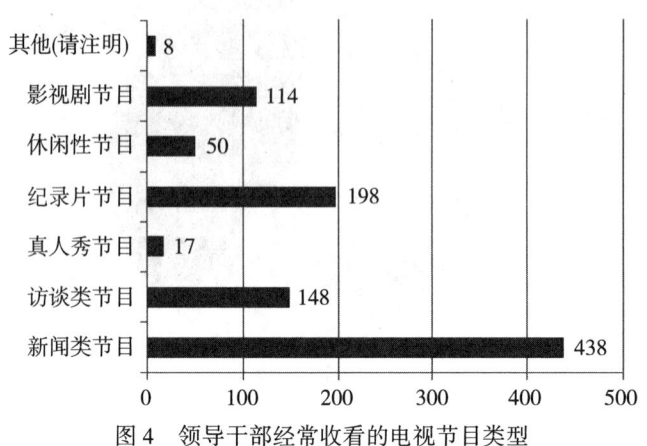

图 4　领导干部经常收看的电视节目类型

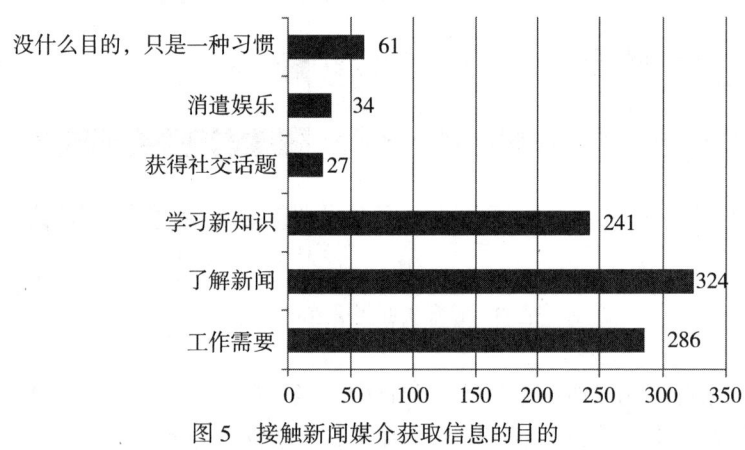

图 5　接触新闻媒介获取信息的目的

在对"经常使用互联网的目的"这一问题的回答中,答"浏览新闻信息"的有 451 人,"搜索信息"的有 340 人,远远高于其他选项。如图 6 所示。

(二)领导干部对新闻传播知识的了解程度

通过对一些基本新闻知识的了解程度可以判断领导干部基本的媒介素养,因此我们的问卷设计了一些关于新闻基本概念和基础知识的问题。

关于对新闻定义的了解,通过调查发现,57.89%的受调查者选择了不正确的定义。如图 7 所示。

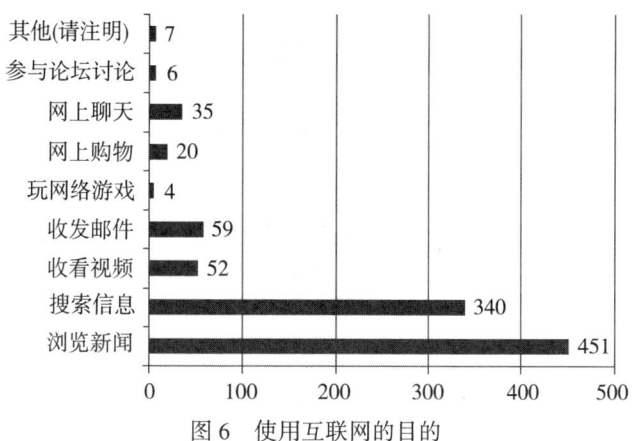

图6 使用互联网的目的

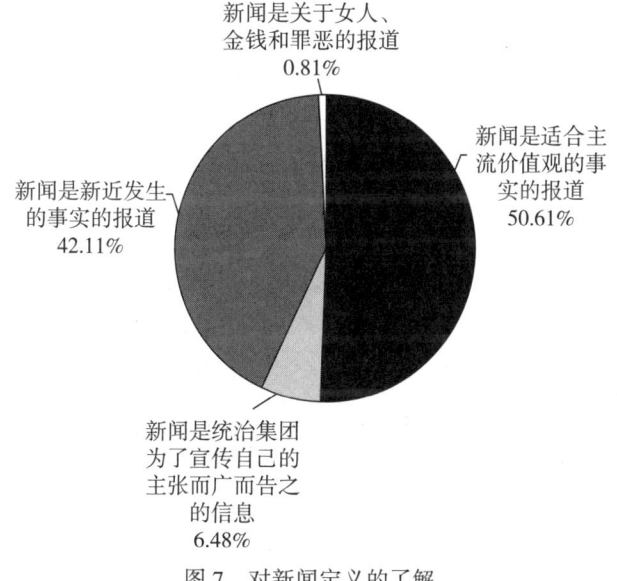

图7 对新闻定义的了解

在对"新闻价值"的调查中发现,只有35.43%的受调查者选择了正确的答案,64.57%的受调查者漏选或错选。

在关于新闻与宣传关系的调查中,只有59.32%的受调查者不同意"新闻就是宣传,宣传就是新闻"的说法。这一比例并不占有压倒性的优势,表明部分领导干部对新闻与宣传的关系不甚清晰。如图8所示。

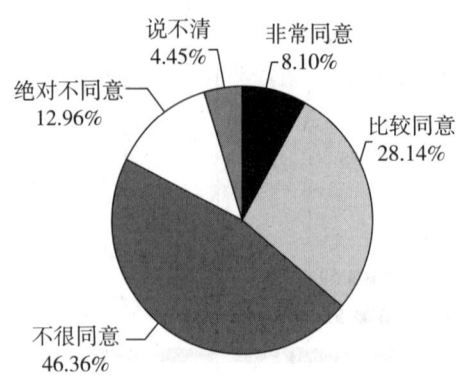

图8　新闻与宣传的关系是：新闻就是宣传，宣传就是新闻

同样在对新闻与宣传的目的的问卷调查中发现，50%的受调查者比较同意"新闻报道的主要目的是告知，宣传的主要目的是劝服"，12.96%的受调查者持非常同意的态度，不很同意、绝对不同意的占33.8%，3.24%的受调查者表示说不清楚。如图9所示。

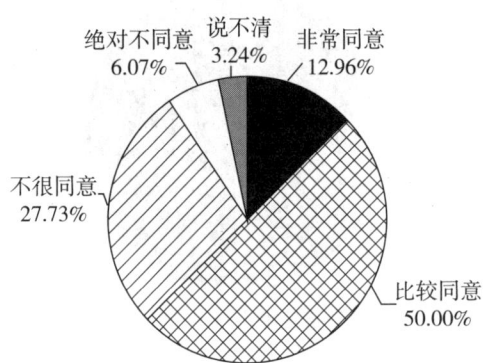

图9　新闻报道的主要目的是告知，宣传的主要目的是劝服

在跟进问题中，在对"所在单位是否开展过新闻传播知识的学习教育活动"的回答中，21.05%的受调查者表示所在单位从未开展过新闻传播知识的学习教育活动，57.69%的受调查者表示所在单位偶尔开展新闻传播知识的学习教育活动，只有21.26%的受调查者表示所在单位经常开展新闻传播知识的学习教育活动。这表明，行政、事业、企业单位对所在单位的领导干部的新闻传播知识的学习教育活动开展得不够。

(三)领导干部对新闻报道的看法

在"您认为新闻报道最权威、最有公信力的是哪种媒体(限填2项)"的调查中，受调查者认为最权威、最具公信力的媒体是广播电视和报纸,分别有406人选择广播电视、397人选择报纸,排前2位。网站虽排第3,但选择的人数只有80人,与前两者差距较大(见图10)。这表明,虽然在图4所涉及的问题中,领导干部对经常接触媒介的类型选择最多的是网站,但在此问题中,又显示出他们对网站中新闻报道的权威性和公信力持保留态度。这表明,在公信力和权威性方面,传统媒体(广播电视、报纸)还是具有不可替代的优势(出于同属传统电子媒体的考虑,在设计问卷时,没有将广播电视区分开来)。

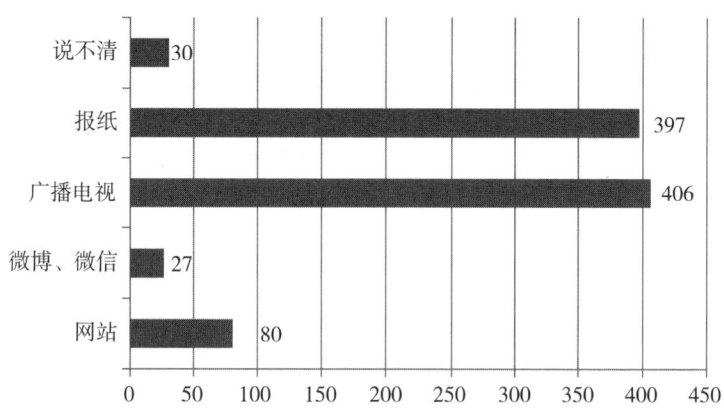

图10 您认为新闻报道最权威、最有公信力的是哪种媒体(限填2项)

在对媒体新闻宣传中存在的主要问题的调查中,形式不新颖、缺乏个性、内容不够丰富、不太贴近群众、报道不够及时排前5位。受调查者选择事实不够真实准确、信息来源不权威的较少。这表明领导干部对新闻宣传真实性与权威性认同度较高,但对其创新性、个性、丰富性、及时性及群众贴近性认同度较低。这一结果与我们早先在普通受众中开展的另一项调查结果相吻合。

在"我国应通过何种方式管理新闻传媒"的调查中,问卷给出的供选择的答案有"行政手段、法治方式、行业自律和其他"4种,77.53%的受调查者选择了"法治方式",这表明领导干部希望用法治的方式对媒体进行管理。如图11所示。

在对西方国家的新闻与宣传的认识中,91.09%的受调查者绝对不同意或不很同意"西方国家媒体只有新闻,没有宣传"的说法。说明领导干部对西方国家的新闻宣传情况有相对较为清醒客观的认知。

(四)领导干部与媒体打交道的相关实践

领导干部与新闻媒体打交道的相关实践主要涉及新闻发布会和接受记者采访。针对这两方面我们设置了四个相关问题。

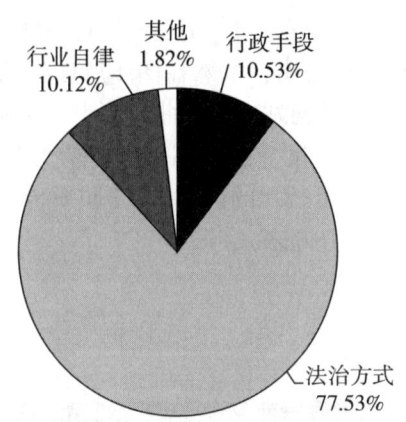

图 11　我国应通过何种方式管理新闻传媒

在"履职中是否召开过新闻发布会,频率如何"这一调查中,72.87%的受调查者表示在履职中从未召开过新闻发布会,每年召开 1～2 次的占 22.47%,每年召开 3～5 次以上的占 3.85%。

在"是否接受过记者采访"的相关调查中,50.2%的受调查者表示从未接受过记者的采访。在"是否拒绝过媒体记者的采访、拒绝采访的理由"的调查中,除了不愿说的"其他"原因之外,"不想做公众人物、对问题不了解、不愿和媒体打交道"排拒绝采访理由的前 3 位。

以上数据表明,领导干部缺乏与媒介打交道的相关实践,运用、指导、参与媒介的积极性、主动性也不高,不愿做公众人物、不愿与媒体打交道的思想还普遍存在。因此,领导干部在与媒体打交道方面有相当大的提升空间,运用媒介推动、引导现实工作的能力有待进一步加强。

(五)领导干部对网络媒介的看法

在"网络的影响力大小及是否需加强控制"的调查中,83.4%的受调查者比较同意或非常同意"网络的影响力比较大,应该加强控制"。78.34%的受调查者不很同意或绝对不同意"网络并不可靠,不妨忽略网络意见"。95.74%的受调查者认为"应当主动使用网络平台进行舆论引导"。在如何看待网络舆论监督这一调查中,"网络是一面镜子,可以用来警示干部自己"(474 人)、"网络时代在媒体面前说话就是对老百姓说话"(411 人)、"网络是强大的,随时可以把不法官员拉下马"(364 人)这三项选择结果占绝对优势。

三、调查总结

领导干部是社会发展的规划者，政策的制定者，也是各项政策的实践者。其对媒介信息的接近、获取、选择、认知、评估、判断、使用，关系到党和政府能否利用媒体引导舆论、设置议程、管理公共事务的能力，关系到领导干部在民众心目中的形象，关系到政府的公信力。

这次问卷调查获得了湖北地区领导干部的494份有效问卷，在这些受调查者中，91.5%具有本科及以上学历，其中，硕士研究生及以上文化程度者占31.38%。同时，他们的执政经验也相对丰富，受调查者中，任现职5年以上的占51%，任现职10年以上的占18%。

通过对领导干部媒介素养的调查得知，湖北地区领导干部在接触、选择、获取媒介信息的能力方面媒介素养较高，但在认知、判断、评估媒介信息及创造生产媒介内容的能力方面普遍存在欠缺。

（一）领导干部接触、选择、获取相关信息的媒介素养较高

1. 接触媒介的主动性较强

调查表明，领导干部通过大众媒介获取信息的目的是"了解新闻"的有324人，占65.58%，选择"工作需要"的有286人，占57.89%，选择"学习新知识"的有241人，占48.78%。排前3位的这几个选项远远高于"只是一种习惯"（61人选择），"消遣娱乐"（34人选择）。同样，在"经常使用互联网的目的"这一调查中，选择"浏览新闻信息"的有451人（占比为91.29%，这一比例高于同期中国网民使用互联网看新闻的83.1%[①]），"搜索信息"的有340人，同样远远高出"收发邮件"（59人选择）、"观看视频"（52人选择）、"网上聊天"（35人选择）、"网上购物"（20人选择）等选项。这表明领导干部大多是主动接触媒介，而非出于习惯、作为消遣。

2. 选择信息能力较强，对新兴媒体影响力的认识较为客观、正向

对网络新兴媒体的看法，领导干部的认识是较为客观的。他们最经常接触的媒介类型是网站（图1），但又对网络中新闻报道的权威性和公信力有所警惕（图8）；他们既认识到网络的影响力较大，需要加强控制（83.4%选择"比较同意"或"非常

[①] CNNIC：2017年第40次中国互联网络发展状况统计报告．见 http://www.199it.com/archives/619812.html．

同意"),又认识到了"网络不可靠,但不能忽略其意见"(78.34%认为这样)。同时他们又注意到应主动利用网络平台进行舆论引导(95.74 选择"非常同意"或"比较同意")。另外,他们对待网络舆论监督的态度是肯定的。这表明领导干部选择信息的能力较强,同时对新兴媒体的影响力具有客观、正向的认识。

3. 大多能充分利用媒介获取信息

调查表明,领导干部每天通过上网、读报刊、看电视、听广播了解新闻信息的情况为:22.47%的受调查者每天花1个小时以上的时间获取新闻信息,34.21%的受调查者每天花30分钟至1个小时的时间获取新闻信息,35.83%的受调查者每天花费15~30分钟的时间了解新闻信息。

同时正如前文所述,湖北地区领导干部在获取新闻信息所接触的媒介类型中,网络占第一位,59.11%的受调查者使用手机上网,比使用个人电脑上网的占比39.47%高出将近20个百分点。

(二)领导干部新闻传播知识缺失,认知与使用媒介的素养存在不足

1. 对新闻传播媒介的认知不全面,新闻传播学基本知识缺乏

调查发现湖北地区领导干部新闻传播基本知识缺乏,对新闻传播媒介的认知不全面。在对"什么是新闻"的定义的选择中,选择"新闻是新近发生的事实的报道"的仅有42.11%。在回答"新闻价值包含哪几个要素"时,只有35.43%的受调查者选择了正确的答案,64.57%的受调查者漏选或错选。这表明领导干部对新闻学的基本概念尚不清楚,更谈不上具有基本的知识框架。

2. 与媒介打交道的意愿不足,甚至存在障碍

调查发现,50.2%的受调查者表示从未接受过记者的采访,在他们拒绝记者采访的理由中,除了没有明说的"其他"理由之外,"不想做公众人物"与"不愿和媒体打交道"分别排在第2位和第4位。因此,领导干部与媒介打交道还存在心理障碍,要做到"善用媒介",即运用媒介造势,推动现实工作,还有进一步改善的地方。

3. 与媒体打交道的实践不足

调查结果表明,湖北地区领导干部与媒体打交道的实践相对不足。在我们的调查中,着重从是否召开过新闻发布会和是否接受过记者的采访两方面了解领导干部与媒体打交道的相关实践。调查发现,每年召开1~2次新闻发布会的占22.47%,每年召开3次以上的占4.66%,有72.87%的受调查者表示在履职中从未召开过新闻发布会。在是否接受过记者采访的调查中,50.2%的受调查者表示从未接受过记者的采访。这一比例表明领导干部与媒介打交道的相关实践严重不足。

4. 对领导干部的新闻传播知识的培训教育不够

调查发现，湖北地区领导干部新闻传播基本知识缺乏、不愿与媒介打交道，其原因在于对领导干部的新闻传播学基础知识的培训的缺位。在受调查者中，21.05%的人表示其所在单位从未开展新闻传播知识的学习教育活动，57.69%的受调查者表示所在单位偶尔开展新闻传播知识的学习教育活动。这表明在对领导干部的新闻传播知识的培训教育方面具有较大提升空间。

四、提升领导干部媒介素养的路径建议

根据此次问卷调查的相关结果，笔者认为，面对湖北地区领导干部对新闻传媒的认知、新闻传播基本知识和新闻传播规律的认知不全面，与媒体打交道的实践不足等方面存在欠缺的问题，应从以下几方面着手解决。

（一）开展领导干部媒介素养专题培训

一是相关部门应重视对领导干部新闻传播学知识、媒介素养方面的培训。可以会代训，也可举办专题培训班，邀请高校新闻传播院系、媒体方面的相关学者、专家进行辅导。

二是在党校、行政学院主体班培训中增加新闻传播相关知识的课程，通过课程讲解、案例教学、模拟演练等相关形式使领导干部加深对新闻传媒的认知，加强对马克思主义新闻观和新时代习近平新闻舆论思想的学习，增强对新闻传播规律的了解。

三是新闻宣传部门和相关单位可以适时组织相关专题研讨会或培训班，通过短期研讨培训的形式将各个单位主要负责同志集中起来，相互探讨，相互交流，提升运用媒体开展工作的能力。

（二）加强领导干部与媒体的相关交流

加强领导干部与媒体之间的交流就要消除其交流的壁垒，畅通媒体工作人员与领导干部交流的渠道。领导干部要主动深入媒体进行调研、座谈，了解当今媒介发展的现状，提升利用媒体开展工作的主动性和积极性。

（三）增加领导干部与媒体打交道的相关实践

调查表明，湖北地区领导干部与媒介打交道的相关实践较为缺乏。笔者建议，应不断提高政府工作公开透明度，继续稳步推行电视问政、网络问政，并扩大电视

问政、网络问政的范围，形成一种氛围和机制，让领导干部学会接近和使用媒介。

（四）增加领导干部自我知识更新的主动性，提升其与媒体打交道的自觉性

领导干部的媒介素养水平如何，与自身的学习能力与水平密不可分。要提高领导干部的媒介素养，其自身的自我学习、自我提升的主动性尤为重要。内因是事物发展的动力，只有领导干部自身具有自我知识更新的意识和自觉性，才能在繁忙的公务工作中，学会适应新兴媒体发展的新形势，自我革新，主动实践，进一步提升与媒体打交道的能力和水平。

湖北省新闻工作者思想状况调查报告

廖声武

当前，随着传播技术不断进步，新兴媒体一派生机。新兴媒体发展带来媒体融合发展已成趋势，各家媒体都推出相应的举措，促进改革发展。新媒体的发展给新闻生产的环境、过程带来变化，新闻工作者的地位也由此发生改变。

那么，新闻从业人员的工作状态、职业认同感、职业压力、对理想和现实的期望、自我价值判断、自信心、与同事的关系、家庭状况对工作的影响等真实情况究竟如何？为弄清这些问题，更好地进一步加强党在新形势下对新闻工作的领导，调动新闻工作者的积极性和主动性，进一步做好新闻舆论工作，受湖北省新闻工作者协会的委托，我们组成课题组开展了融媒体形势下湖北省新闻工作者思想状况调查。

一、本次调查的基本情况及样本特征

（一）基本情况

2017年9月，受湖北省记协委托，我们承担了"融媒体时期新闻从业人员思想状况研究"项目。随后，课题组开展了相关调查。经过精心准备，我们从2017年11月至2018年2月，对湖北广播电视台、武汉广播电视台、楚天都市报、长江日报、武汉晚报公司、长江网、腾讯·大楚网、宜昌日报、恩施日报、襄阳日报、十堰日报、仙桃日报、潜江电视台、仙桃电视台省内14家媒体进行随机抽样问卷调查。共发放调查问卷390份，回收有效问卷358份，有效率为91.8%。

本次问卷调查范围包括省会武汉市、市州和省直管城市；媒体包括报纸、广播电视、网站。问卷内容共设置了四个部分：(1)基本信息，(2)职业满意度，(3)工作与思想状况，(4)生活与思想状况。

（二）样本特征

本次受调查者男性为43.58%，女性为56.42%。工作在武汉市媒体的占

54.75%，工作在市州媒体的占 45.25%。

受调查者的年龄区间：30 周岁以下的占 33.8%，31~45 周岁的占 51.12%，45 周岁以上的占 15.08%。如图 1 所示。

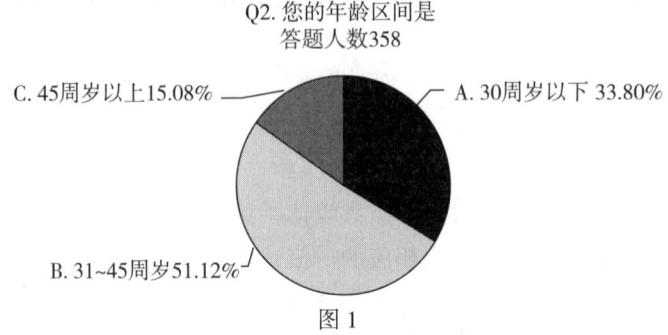

图 1

调查样本中，在广播电视机构工作的占 25.97%，在报纸工作的占 58.1%，在网站工作的占 15.92%。在媒体工作 5 年时间以内的占 31.56%，6~10 年的占 25.7%，11~20 年的占 30.73%，21 年以上的占 12.01%。

此次调查的样本中，大学本科毕业占 75.42%，硕士研究生及以上占 13.41%，两者相加占 88.83%。如图 2 所示。

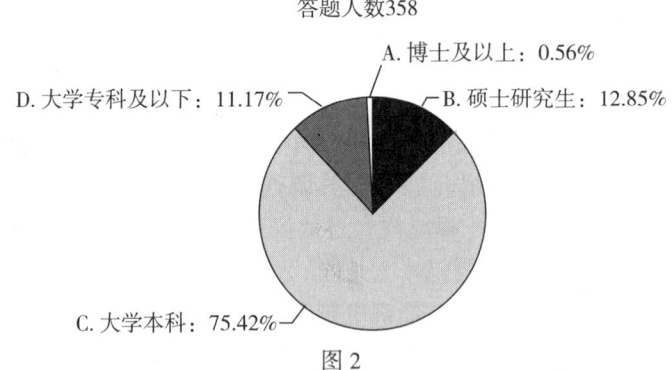

图 2

样本中新闻从业者的专业背景，学新闻传播类专业的占 41.9%，文史哲的占 18.16%，经济管理类的占 12.57%，理工科类的占 7.54%，法学类的占 3.07%，其他占 16.76%。

样本中新闻从业者的工作岗位，编辑占 27.37%，记者占 29.89%，新闻媒体员工占 17.04%，管理人员占 15.92%，广告经营人员占 9.78%。如图 3 所示。

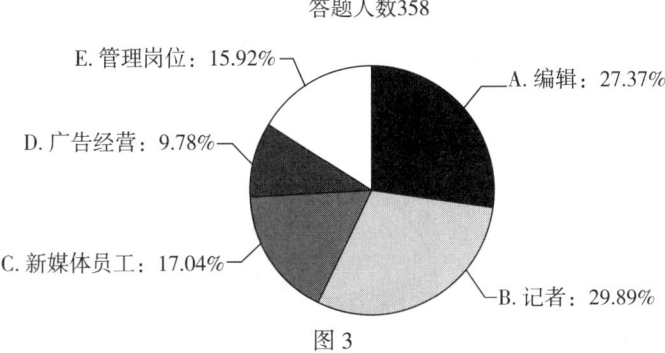

图 3

调查表明，样本中的新闻工作者事业编制的占 24.02%，媒体单位编制长期聘用的占 46.93%，有部门聘用的占 29.05%。后两者相加，聘用人员达 75.98%。

二、主要发现

（一）我省新闻工作者的工作状态

1. 职业认同感

调查中，我们设计了新闻工作者的职业认同选项，在问到"您是否热爱现在自己所从事的岗位工作"时，选择"非常热爱"的占 27.09%，"比较喜欢"的占 51.4%，两者相加占 78.49%。如图 4 所示。

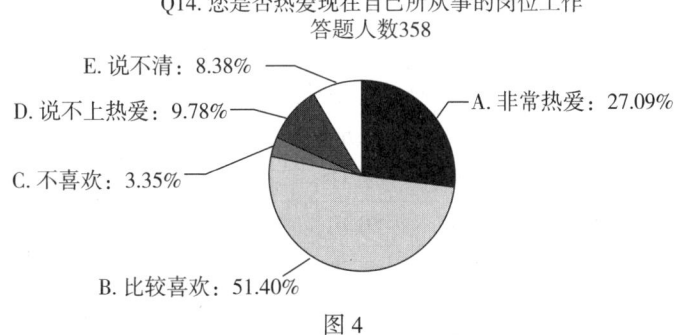

图 4

在问到"您认为您所供职的媒体吸引您的地方是什么"时，回答是"工作具有挑战性"的占 23.18%，回答是"工作能够发挥自己的专业特长，学以致用"的占 36.03%，两者相加占 59.21%。还有比较重要的因素是"单位文化氛围"(7.54%)和"年轻人成长环境"(7.26%)。如图 5 所示。

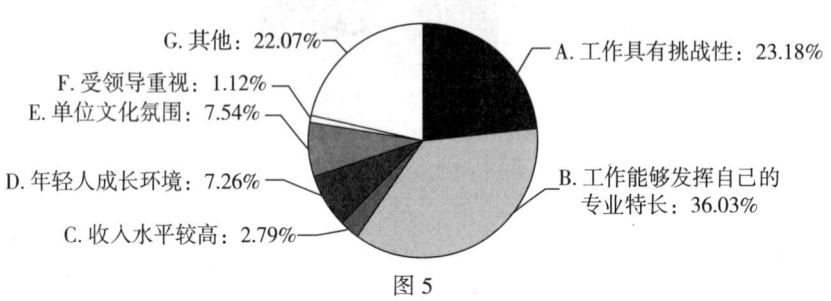

图 5

为了解新闻工作者的工作状况，我们设计了与工作相关联的 11 个要素和 1 个综合要素，涉及个人对工作的认可度、对领导的认可度、与同事的关系、个人的发展、工作时间的分配、工作的报酬等方面以及对所从事的工作的总体感受，分别给出了"极不满意"到"非常满意"5 个等级的选项供选择。问卷结果如表 1 所示。

表 1

	极不满意	不满意	一般	满意	非常满意
报酬收入	7.82%	15.92%	49.72%	24.86%	1.68%
学习新知识的机会	2.23%	11.73%	37.99%	41.62%	6.42%
同事关系	0.56%	0.56%	17.88%	66.20%	14.80%
主管领导的能力	0.84%	2.51%	19.55%	56.98%	20.11%
工作中的自主程度	0.84%	2.79%	32.96%	51.40%	12.01%
工作中主动创新的机会	0.56%	5.31%	34.08%	48.60%	11.45%
工作的社会影响	0.84%	3.63%	32.68%	48.88%	13.97%
工作的成就感	1.12%	4.47%	39.66%	43.85%	10.89%
提拔或升职称的机会	4.75%	10.61%	50.00%	28.77%	5.87%
工作时间的弹性	3.91%	9.78%	39.66%	37.43%	9.22%
福利待遇	6.98%	16.20%	39.39%	31.01%	6.42%
综合满意度	1.12%	8.38%	41.34%	41.06%	8.10%

回答人数：358

从表1可以看出，受调查者认为一般、满意和非常满意的正向度百分比，除了"报酬收入"和"福利待遇"两项在76%，"提拔或升职的机会"在84%以外，其他各指标认为一般、满意和非常满意的正向度百分比都在86%以上。全部受调查者对工作状况的总体满意度从一般、满意和非常满意的正向度百分比在90.5%。

2. 工作状况与职业压力

在问及"以您目前的知识水平和业务能力能否胜任您所从事的岗位工作"时，受调查者回答"能力超过了工作要求""胜任"和"基本胜任"的占98.05%，表明几乎全部受调查者对自己从事的工作充满了自信。如图6所示。

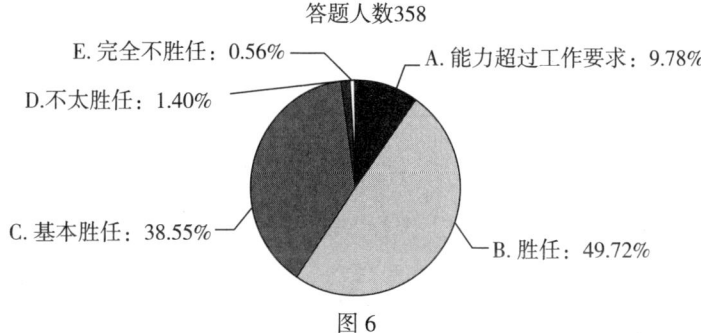

图6

在回答"您的工作压力主要来自于什么"的时候，"工作需要不断创新""工作任务繁重""个人能力不足"是居于前三位的因素。这里，"个人能力不足"与前述认为自己的知识水平和业务能力能够胜任所从事的岗位工作稍有偏差。如图7所示。

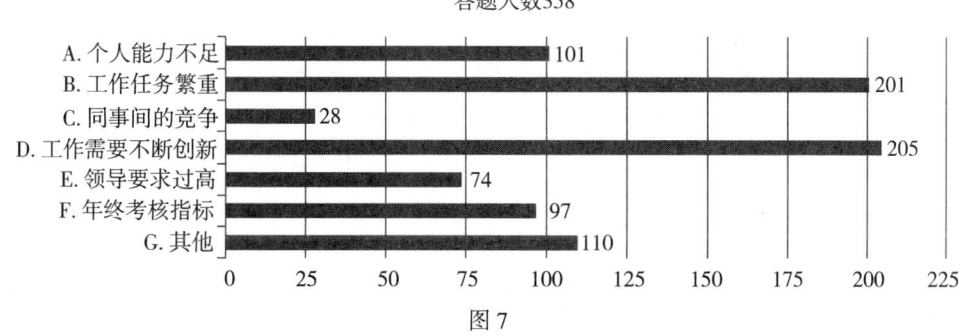

图7

在问到"如果您的工作能力不能充分发挥，您认为最主要的原因是什么"时，回答前三位的是："受管理体制机制的制约"占 57.26%，"发展机会较少"占 38.83%，"自身专业特长和岗位职能要求不匹配"占 35.2%。如表 2 所示。

表 2

选项	回复情况
A. 自身专业特长和岗位职能要求不匹配	35.20%
B. 受管理体制机制的制约	57.26%
C. 领导任人唯亲，看不到升职希望	8.38%
D. 所在单位氛围不和谐	8.66%
E. 个人家庭琐事牵扯较大精力	14.53%
F. 发展机会较少	38.83%
G. 其他	34.36%

有关媒体工作者对工作的自主程度的评价，在回答"对政府部门打招呼的稿子，会尽量考虑到他们的要求"时，选择"考虑"（63.69%）和"可能考虑"（31.84%）的超过 95%。

在回答"对经营部门打招呼的稿子，会尽量考虑到他们的要求"时，选择"考虑"（63.97%）和"可能考虑"（29.33%）的接近 95%。

在回答"在想法和领导不一致时，会尽量按自己的判断去处理"，选择"考虑"（38.83%）和"可能考虑"（18.16%）的接近 57%。

这表明，新闻工作者在处理稿件时能够从工作大局出发、从媒体利益出发考虑问题，但在与领导意见不一致时（如在技术处理、专业技巧等方面）表现出较强的自主性。如表 3 所示。

表 3

	不可能	考虑	可能
对政府部门打招呼的稿子，会尽量考虑到他们的要求	4.47%	63.69%	31.84%
对经营部门打招呼的稿子，会尽量考虑到他们的要求	6.70%	63.97%	29.33%
在想法和领导不一致时，会尽量按自己的判断去处理	43.02%	38.83%	18.16%

(二) 我省新闻工作者的职业发展

有关新闻工作者的自我发展问题，在问及"您对所供职的媒体提供的学习机会是否满意"时，回答"满意"的占 32.4%，表示"一般"的占 46.37%；有 21.23% 的调查者对媒体提供的学习机会不满意。如图 8 所示。

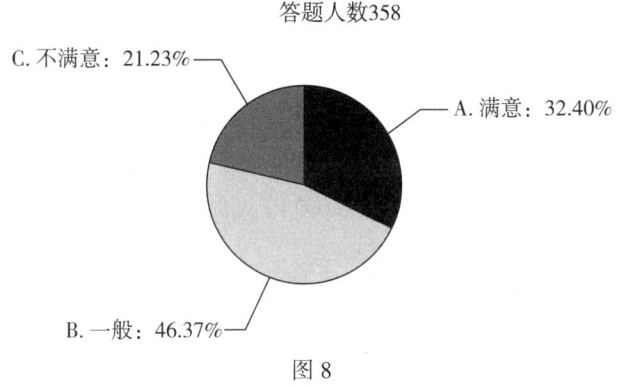

图 8

在问到"您对所供职的媒体的升职机会的感受"时，回答"非常满意"的占 8.66%，"比较满意"的占 20.67%，"一般"的占 50%，不满意和很不满意的占 20.67%。如图 9 所示。

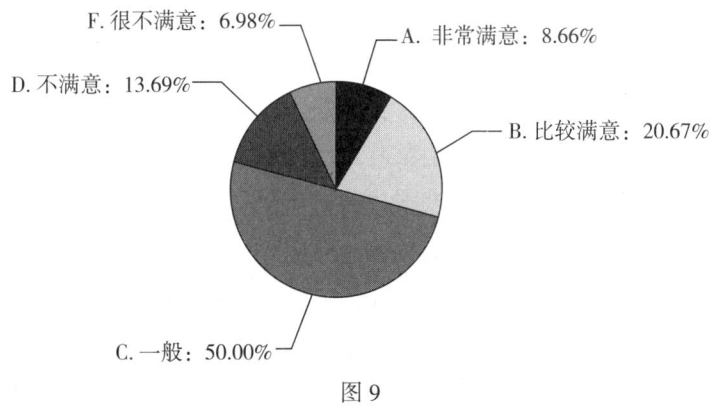

图 9

在问到"您认为影响您晋升的最主要原因是什么"时，回答"竞争岗位少""竞争机会不多""竞争渠道不畅"是占前三位的主要原因。如图 10 所示。

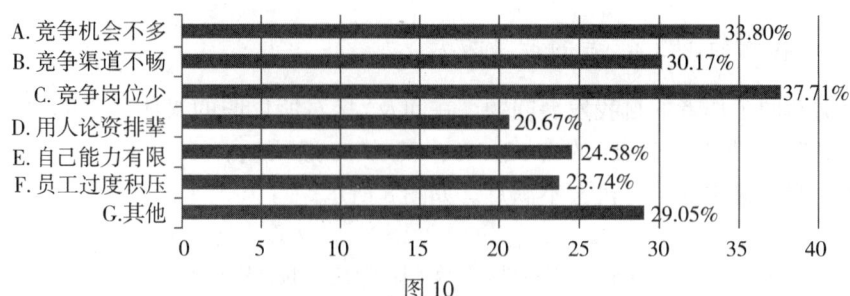

图 10

在问到"您希望在哪些方面得到您所供职媒体的支持与培养"时，回答"提供学习进修和参加培训的机会"（65.36%）、"领导信任，鼓励和支持我做好工作"（52.51%）、"帮助解决成长和工作中遇到的困难"（48.6%）占前三位。"提供实践锻炼的机会，经常对我委以重任"（32.96%）、"提供职务或职称公平竞争的机会"（26.82%）也占一定比例。如图11所示。

从调查样本中可以看到，媒体从业者迫切希望进一步学习进修或参加培训，以提高工作业务能力和水平。

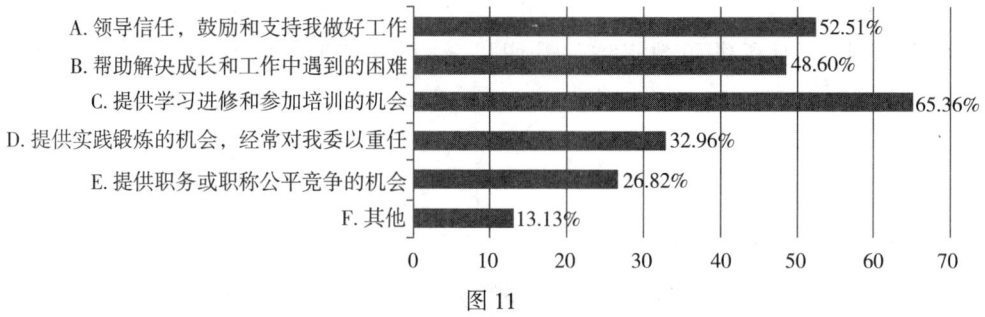

图 11

（三）我省新闻工作者的自我价值判断

新闻工作者对自己的工作状态和幸福感的总体判断是正向的。在综合评价自己的幸福度的调查中，81.85%的人认为自己是非常幸福和比较幸福的。如图12所示。

在"下列哪一项最能体现自己人生价值"的8个选项中，"新闻作品获奖、有更高的收入和福利待遇、成为业务骨干独当一面、领导和同事的认可"位列前四，占比近70%。如图13所示。

新闻工作者在面对具有挑战性的工作时表现出积极的态度。在问及"当领导委任您一项很有意义但又具有挑战性、难度很大的工作，您的态度怎样"时，回答"非常愿意尝试"的人占75.14%。如图14所示。

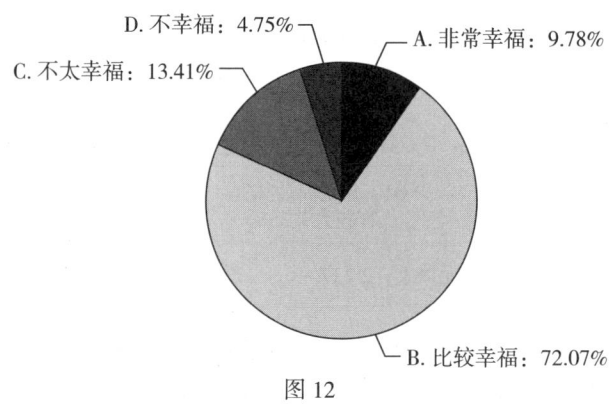

图 12

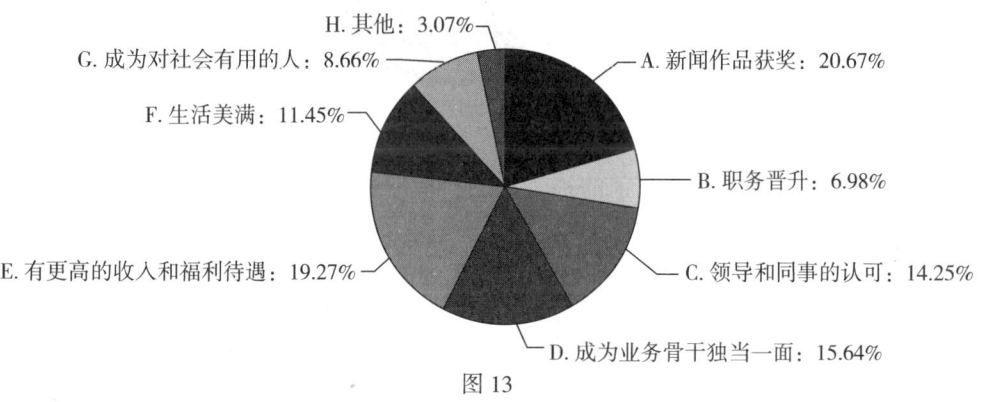

图 13

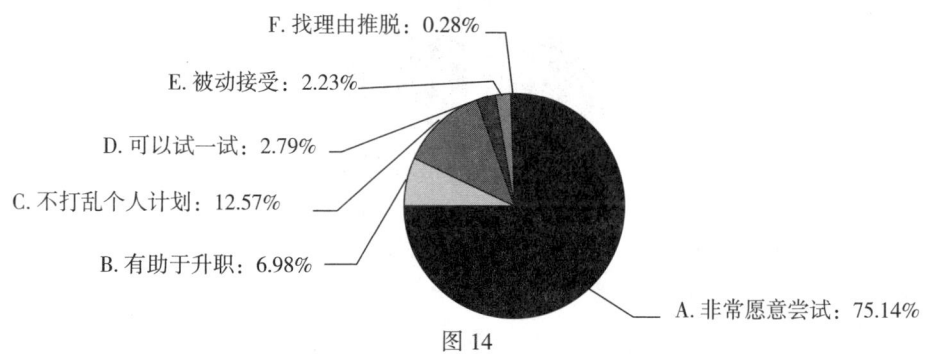

图 14

（四）我省新闻工作者的生活状况及其对思想的影响

关于新闻工作者的生活状况，调查表明，60.34%的受调查者月收入在5000元以下，37.43%的受调查者月收入在5000~10000元，2.23%的受调查者月收入在10000元以上。如图15所示。

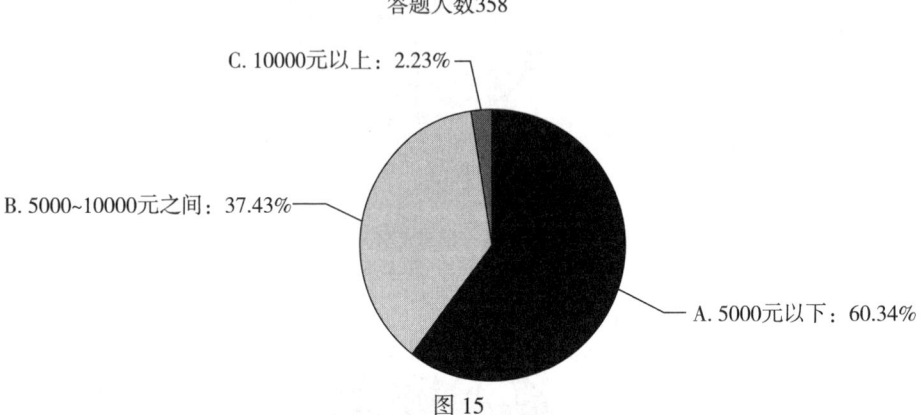

图15

在问到"您是否满足于当前的福利待遇"时，回答"不满意"的占24.3%，回答"一般"的占43.3%，回答"非常满意"和"比较满意"的占32.4%。

调查中，在问到"对您而言，来自生活的最大压力与烦恼是什么"时，回答"收入不太能满足开支"的占30.45%，回答"赡养父母、抚育子女""购房(还贷款)压力"的都占19.83%，回答"担忧健康状况"的占10.89%。如图16所示。

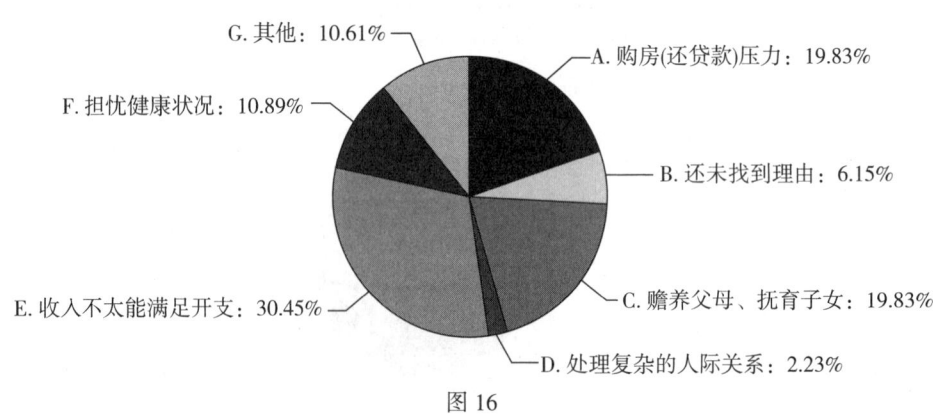

图16

在问到"您现在最迫切的愿望是什么"时，回答占比最高的依次是"提高薪酬待遇""休息时间充裕""身体状况良好"。如图17所示。

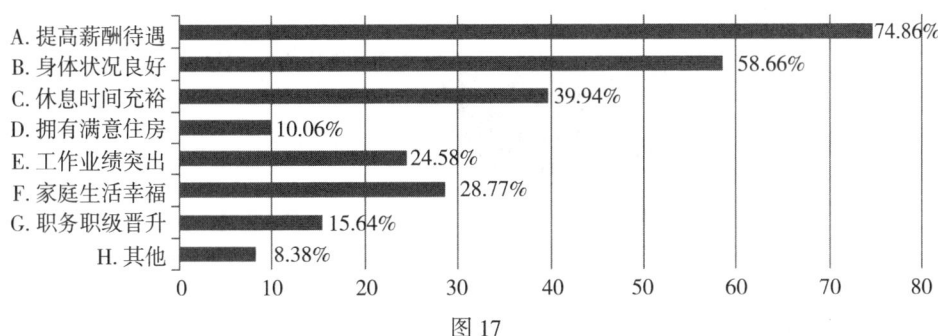

图17

从回答的占比情况看，媒体从业者"现在最迫切的愿望是什么"和"来自生活的最大压力与烦恼是什么"两者是互为映衬的，表明受访者关心的是一个实实在在的问题。

对于个人生活中的压力和烦恼，在问到"您通常的倾诉对象是谁"时，回答"朋友""家人"和"同事"排在前三位。如图18所示。

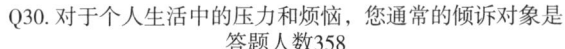

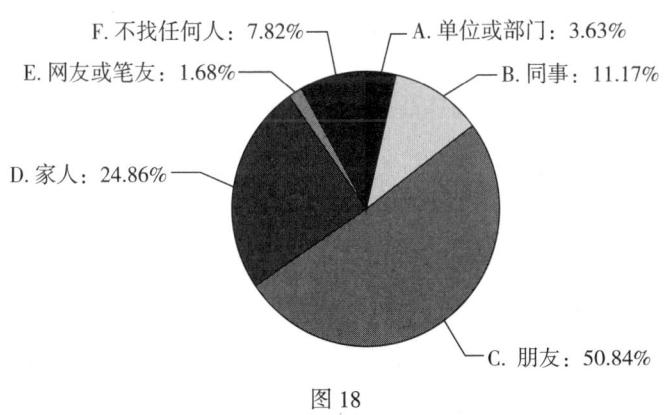

图18

在问到"您觉得自己目前的身体状况如何"时，回答"经常感觉疲倦，处于亚健康状态"的人占40.5%，"健康状况堪忧，多项指标有问题"的为9.78%。

回答"身体正常，没有造成困扰"的人占比为35.75%，"身体状况良好，精力充沛有活力"的为12.57%。

两相比较，健康状况负向指向的占比超过50%，表明新闻工作者的健康状况值得引起重视。如图19所示。

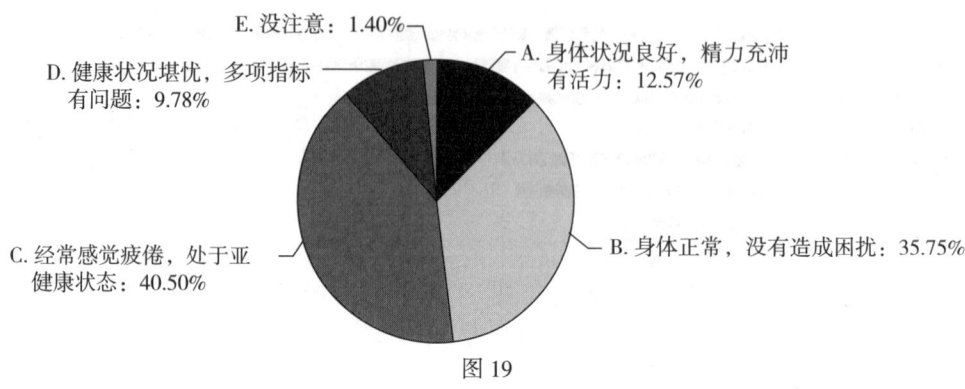

图19

在问到"最近一年中，是否有时间锻炼和休闲娱乐"时，回答"偶尔有时间"的占57.54%，回答"几乎没时间"的占25.42%，"完全没时间"的占5.59%。

三、调查中突出的问题

（1）从调查样本和深度访谈看，新闻从业者要求最多、呼声最高的是提高薪酬，增加收入，保证福利。这一点上，几乎每一家媒体的从业者都有较为强烈的要求。

（2）受调查者中，从业者要求突出的是，在媒体融合环境下，希望单位能够为员工提供专业进修培训机会。

（3）加强媒体融合，希望媒体各岗位对未来有前瞻性的判断和设定，以应对时代发展和技术进步带来的冲击。

（4）解决编制问题，由于单位员工有事业编制，有媒体长期聘用编制，有部门聘用编制，编制不同导致福利待遇和升职机会都不同，部分员工的积极性受到影响。

（5）注意企业文化的建设，组织员工开展活动，增强企业的凝聚力和归属感。

（6）希望媒体领导能理解和体谅职工，工作上多鼓励、生活和学习上多关心。

（7）加强和优化内部管理，提供弹性工作时间，尽量少一些不必要的加班；在职工晋升、稿子打分计酬上做到公开、透明、公平。

四、建　议

（1）从调查样本来看，今年80%的新闻工作者对自己所从事的工作是喜欢和比较喜欢的,他们愿意立足本职,开展创造性的工作,并希望能够做出体现个人价值的成就,获得领导的认可和同事的关注。互联网时代,知识更新快,信息丰富多样,面对新的信息环境,如何做好报道,如何创造性地开展工作,确实是新闻工作者面临的实际问题。媒体主管部门和媒体单位要从实际出发,从长远着眼,按照习总书记要"加快培养造就一支政治坚定、业务精湛、作风优良、党和人民放心的新闻舆论工作队伍"的要求,采取各种形式,对新闻从业者展开培训,以提高他们的马克思主义新闻理论水平,提高他们的信息把控能力和新闻业务能力。

(2)受调查的新闻工作者,超过50%的人在31~45岁,这部分员工是家庭的主心骨,上有老下有小,还有购房或还贷的压力;他们又是单位的业务骨干力量。受调查者中,60.34%的人月收入在5000元以下,37.43%的人在5000~10000元。深度访谈中,有多家媒体员工认为,单位所给的报酬不能体现实际劳动的付出。因此,建议媒体应充分重视这种状况,尊重编辑记者的劳动,要采取相关措施,提高薪酬,让他们感到薪酬与劳动付出相匹配,具有职业优越感。

(3)媒体是事业单位、企业化管理,在企业化管理的同时,要注意现代企业文化建设。目前的媒体由于职工的身份复杂多样,有的是事业编制,有的是长期聘用制,有的是临时聘用制。让各种类型的员工能有共同的身份认同,建设企业文化精神,具有重要意义。媒体单位要因势利导,组织相关活动,丰富职工业余生活,增加企业凝聚力,增强单位归属感。

(4)在关心职工物质生活、提高生活待遇的同时,要注意关心职工的思想状况。新闻工作者劳动强度大,有写稿、制片的压力,也有晋升职称和职务的压力。媒体要正视问题,创造宽松的工作环境,积极探索缓解职工心理压力的策略与方法。

(5)加强年轻骨干的培养。年轻人是媒体的未来,年轻人的素质和精神状态,决定了媒体未来的发展,要在政治上、业务上培养年轻骨干,让他们尽快成长。

2017年度湖北网络传播创新案例研究

聂远征

2017年，围绕学习宣传贯彻党的十九大精神及湖北省十一次党代会，湖北省网络宣传涌现出了一批新媒体创新作品，呈现出以下特点：

一、围绕"正能量是总要求"，选材多元，视角新颖

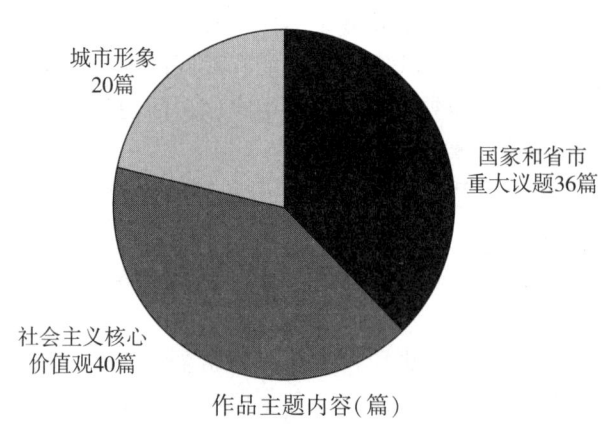

作品主题内容（篇）

（一）聚焦国家和省市重大议题

各家媒体围绕"十九大"和省十一次党代会主题，主动设置议程，切实加强网上宣传的统筹策划，唱响网上主旋律，巩固壮大网上主流思想舆论。同时，通过优势资源进行最大限度和最广泛的传播，使学习贯彻十九大精神更加深入群众，更加贴近民心。湖北日报融媒体中心作品《党代表漫话十九大》采用原创动漫与采访原声相结合的形式，让湖北地区党代表现身说法，并结合自己的工作领域，对十九大报告精神从不同侧面进行解读宣讲。作品在十九大闭幕当天推出，具有时效性、新鲜性；动漫元素的加入，使得画面充满趣味性。

凤凰网湖北频道作品《朗读十九大报告　践行十九大精神　新时代有新作为：

武昌区学习贯彻十九大精神奋进前行》巧妙利用朗读者的身份，通过武昌区家喻户晓的新闻人物，在朗诵十九大报告内容之后，讲解报告的精神实质和丰富内涵，让重大政治题材报道走近基层民众，打造出一个有情感、有温度的视听精品。作品策划意识强，设计精巧，给用户带来了全新的阅读体验；客观上还达到了宣传本地区先进模范人物的传播效果，亲切感强，认同度高。

长江生态保护是湖北近年来一以贯之的中心工作。湖北省政府网站作品《生态长江湖北担当》关注这一重大主题，推出了相关报道。该报道配以大气磅礴的音乐，运用可视化手段，通过浏览地图的形式，将抽象的工作呈现在一幅地图长卷上，展示了湖北境内沿长江八个市州县生态保护所取得的成就和发展规划。作品将复杂的内容以直观可感的形式呈现出来，简洁明快，一目了然。

(二) 聚焦社会主义核心价值观

网络公益是近年来中央网信办大力倡导、人民群众积极参与的网络文化活动。对待弱者的态度衡量着一个地方的文明程度，一个地方的公益事业是一座城市温暖的传递。腾讯·大楚网作品《关注自闭症儿童·"老友记"项目》关注特殊群体的价值诉求，以视频形式原生态地呈现了自闭症儿童的生活学习场景。该作品结合线上传播与线下建设，从公益传播走向公益援助，社会反响大，传播效果好。该案例彰显了新媒体时代公益传播的社会价值，体现了线上公益传播与线下公益活动相结合的新思路。

三峡宜昌网、宜昌发布、三峡宜昌客户端等宜昌市级新媒体围绕宜昌争创全国文明城市"三连冠"网络主题宣传，充分发挥新兴媒体在传播中的交互性、娱乐性特点，根据不同用户群体的需求，以融媒体方式推出不同的内容产品，将争创全国文明城市"三连冠"主题宣传活动，办成全市人民主动积极参与的节庆活动，让市民在互动参与中接受主流价值理念，取得了润物无声、成风化人的效果。

(三) 聚焦塑造城市形象

充分运用网络新技术和全媒体展现形式，做好城市形象策划与宣传。上策新媒互动科技(武汉)有限公司作品《腾讯游戏英雄联盟全球总决赛黄鹤楼"变色"系列作品》将电竞和城市地标相结合，打通了虚拟与现实的最后一公里。在为现代化城市赋予"魔幻记忆"的同时，无形之中拓展了人们的生活空间和文化想象力。游戏虚拟世界与城市现实文化的结合，让商业价值与文化价值完美衔接，让城市的古典文化元素焕发出时尚感。正如网友评论所言：一座城市新的图腾已然日渐清晰。作品为武汉这座城市注入了年轻、时尚、青春、活力的元素，是城市形象传播的经典之作。

黄石日报传媒集团新媒体中心作品《工业旅游创新大会·H5解开这根绳子，

你会有惊奇的发现!》以历史老照片为主体,串起黄石工业发展的一个个精彩瞬间,让昔日的"工业明珠"绽放出城市的魅力和风采。

二、紧跟互联网技术发展,新闻产品力求形式创新,注重用户体验

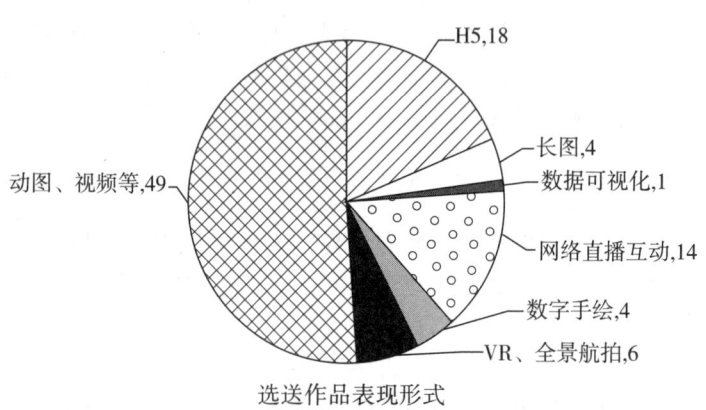

选送作品表现形式

(一)H5 线上造势与线下宣传齐发力

在新媒体作品中,运用 H5 技术实现新闻报道可视化、动态化,促使受众形成关系链,对新闻报道进行讨论,激发读者产生情感共鸣,强化用户的代入感。如长江云作品《牢记嘱托奋进湖北》通过 H5 的形式,沿着当年习总书记视察湖北的路线进行回访,充分利用新闻的第二落点,融合视频和图文,让湖北的巨变在采访者与被采访者的娓娓交谈中展现出来。

新华网湖北频道作品《一键浏览中共历次代表大会会址该》采用一键到底的 H5 创新形式,图文并茂,呈现出中国共产党历次全国代表大会会址和时间的画页,古朴的色彩凸显厚重的历史感。从嘉兴南湖到北京人民大会堂,"长按"键引领用户"一键"穿越历史,具有"强传播属性",让用户接受革命历史知识的同时,产生交互创意的体验感。

(二)长图场景,呈现宏大气势

长图画面具有视觉冲击。九派新闻作品《这周末谁过生日?排场这么大!竟有千万人赶来为他庆祝!》文章以长图场景作品的表现形式,以江北向江南延伸的画面移动方式,将长江大桥雄伟威严的桥体结构徐徐展开,给人以强烈的视觉震撼,

完美地将历史、人文、经济、科技融入了市民的生活路线图,兼具大格局与微内容,实现了历史文化价值和审美价值的融合。

(三)数据可视化形式呈现

以数据分析和信息可视化为核心,打造具有传播力和影响力的可视化融媒体作品。镝次元作品《数据中国》试图从纷繁复杂的数据中发现真问题,并获取有效线索,将关系到国计民生的产业进行数据化和可视化呈现的同时,辅以适当的交互设计,为读者带来知识和参与感,为讲好中国故事提供了新的可能性。

(四)直播互动,场景体验

"直播+"形式得到广泛应用,时效性和参与感尤为突出。武汉斗鱼网络科技有限公司发挥平台优势,《秋韵·秋季大丰收》系列直播宣传农业、宣传农产品,直播农村秋天的美景、农民丰收的喜悦,让网友"边看边买",打造了一场共享丰收喜悦的"嘉年华"。该平台开创了"直播+农业+电商"的模式,探索出一条网络直播技术服务"三农"的好路子。

(五)数字手绘艺术绽放光彩

数字手绘艺术能展示出作品的品质和独特形象。武汉铁路局作品《武铁萌图三人行之二十:我的春运我的年》通过"数字手绘+诗朗诵+音乐"等制作的 AE 视频,很好地展现了春运中坚守岗位、默默奉献的铁路人的精神风貌,给人温馨、喜庆的感觉,增强了用户的情感认同,具有强烈的感染力。

襄阳广电新媒体部(云上襄阳)作品《我爱你,襄阳》创造性地使用手绘漫画的形式,呈现襄阳的经典景致与地标,让受众有熟悉感、亲切感,将襄阳的人文历史与现代新媒体结合,既突出了古城的厚重,又展现了现代的活力。

(六)VR、全景航拍技术应用逐渐增多

VR、全景航拍技术以其独特的视角、沉浸式的媒介体验和强大的参与性,改变了受众对新闻事件的认知方式和新闻报道的呈现方式。新浪网湖北频道作品《武汉地铁嘉年华》基于虚拟现实技术实现 360 度真实场景还原,大景深、轴对称的拍摄手法将不同主题的地铁内部设计一一呈现,用户可以根据不同的场景需求进行交互式观看。

三、探索媒体融合,融媒体传播平台建设初见成效

随着新媒体日新月异的发展,媒体融合已经从理念转变为越来越多媒体的行

动。湖北省市级媒体为提升媒体融合发展的实力和水平，致力于融媒体改革的实践，探索出不同特色的发展之路。

湖北日报中央厨房将党报集团的公信力与互联网时代新技术的传播力有机融合，坚持一体化融合传播理念，以全媒体新闻采编系统为基础，以互联网和移动互联网为交互方式，以全媒体信息服务为核心，建立了以全媒体新闻业务、融媒体指挥中心和视频直录播云平台为一体的现代立体传播平台，初步形成"报端网微"融合传播的新格局。

湖北广电长江云强化互联网技术创新应用，开创性地实现了面向全省地市州"云上系列"的联通融合，形成了省级区域媒体融合新生态，打造了信息、政务、媒体的云聚合、云服务平台，推出了诸多"现象级"融媒体创意产品，为国内广电媒体的融合发展起到了很好的示范作用。

长江网武汉城市留言板畅通民意表达渠道，是充分连接受众、政府、媒体、社会各界的融合平台，也是城市管理媒体化运营的创新实践。

荆州日报党报聚合云媒体坚持内容融合生产的模块化运作，专注打造荆云直播、荆州微视、荆女郎等创新品牌，形成以文创中心、云中央厨房、融媒实验室为载体的融合格局，并以"中央厨房"的运作模式成功实现了市州党报的融合发展，成为全国率先实现媒体融合改革的地市党报媒体之一。

宜昌市级新媒体集群平台打造区域品牌，运用新媒体拓展舆论阵地，聚合了市级报纸、电视、网站、"双微"等政务信息及新媒体资源，实现了市级媒体的"打通融合"。

湖北反邪教"四合一"网上宣传阵地积极探索建立"互联网+"反邪教宣传新模式，使平台成为宣传反邪教知识、普及科学文化、弘扬正能量的有效手段。

四、民营新媒体企业打造城市正能量品牌

2017年，我们选取了网络传播技术层面各具代表的一批民营新媒体企业作为"正能量工作室"，共同做好正能量的生产传播。一年来，它们在汇聚城市力量、助力城市发展等方面发挥了积极作用，体现出各方力量共同引领网络文化、传播正能量的责任与担当。

湖北省居民微信使用现状和特点调查研究报告

杨翠芳　杨焱雯

微信(WeChat)是腾讯公司在2011年推出的一个为智能终端提供即时通信服务的免费应用程序，因其多语言、多系统、多网络环境的强大兼容性以及操作的便利性，一经推出就受到广大网友欢迎。2012年8月，腾讯公司推出了微信公众平台，微信逐渐转变为通信类社交公众平台。作为社交媒体，微信注重用户圈子的维系，用户在圈子当中可以相互交流和分享信息，更倾向于社会化关系网络。截至2017年12月，微信活跃用户已近10亿人，微信朋友圈用户使用率已达87.3%，既是亚洲地区最大用户群体的移动即时通信软件，也已成为4G时代最受欢迎的社交信息平台和移动端应用的一大入口①。

互联网正深刻地影响和改变着当下中国社会，据CNNIC中国互联网络信息中心第41次《中国互联网络发展状况统计报告》显示，截至2017年12月，我国网民规模达7.72亿，普及率达到55.8%，其中手机网民规模达7.53亿，占比达97.5%，移动网络促进"万物互联"。"各类社交平台功能日趋完善，媒体传播影响力显著提升。社交网络正发展为'连接一切'的生态平台。社交应用功能日益丰富，从即时沟通到新闻推送、视频直播、支付交易、游戏、公共服务等，都可以在社交应用上实现，覆盖多领域的平台化发展趋势明显，用户黏性不断增强。"②"社交媒体已成为互联网媒体中最为流行的媒体类型之一，凭借用户基数大、信息传播快、互动功能强等特点，成为网上内容传播的重要力量。"③"以微信为代表的即时通信产品对于各类生活服务的连接能力仍在持续拓展。④"

---

①　中国互联网络信息中心(CNNIC)：第41次中国互联网络发展状况统计报告[N]. 2018年1月发布.

②　中国互联网络信息中心(CNNIC)：第41次中国互联网络发展状况统计报告[N]. 2018年1月发布.

③　中国互联网络信息中心(CNNIC)：第41次中国互联网络发展状况统计报告[N]. 2018年1月发布.

④　中国互联网络信息中心(CNNIC)：第41次中国互联网络发展状况统计报告[N]. 2018年1月发布.

随着微信、微博等社交媒体的广泛使用，我们也面临着更加复杂的舆论生态环境。着眼于国际形势的深刻变化和国家发展的历史新方位，习近平同志对当前新闻舆论工作提出了新的任务和要求，他指出："要研究把握现代新闻传播规律和新兴媒体发展规律，强化互联网思维和一体化发展理念。"①在十九大报告中，习近平总书记亦多次提及互联网。以手机为中心的智能设备，成为"万物互联"的基础。传统媒体与网络和电信业的融合，使手机媒体以不可逆转的态势，扮演着进一步填平数字鸿沟、缩小社会差距、淡化个体差异以及平衡群体利益的角色，微信因突破了传统网络交友媒介的身份，为人们广泛使用。

"网络信息技术的发展和移动智能终端的普及，不仅带来生产生活方式和社会关系结构的改变，也导致舆论生态的深度调整。"②当前，面临各种新的媒体形态、媒介终端和信息传播平台的不断出现，新闻传播日益呈现人人传播、多向传播、海量传播的特征，这些都使网上舆论工作在新闻舆论整体格局中的地位和重要性日益凸显。如何适应舆论生态变化，积极抢占新兴舆论阵地？一方面，主流媒体要把影响力向网络空间延伸，增强主动性，掌握主动权；另一方面，要想方设法提高媒体接受者、新兴媒体使用者的媒介素养，帮助他们判断和甄别互联网上的各种信息，理性看待网络管理。

湖北地处我国中部，目前，全省有常住人口近6000万，处于同样的媒介环境之中，舆论引导工作面临巨大挑战。近年来，随着中部省份和地区发展的步伐加快，湖北既面临着新的发展机遇，也遇到了各种挑战。湖北属于教育大省，也拥有极为丰富的新闻资源，报纸、广电及网络传媒都极为发达，仅省会城市武汉就有6家日报，这在其他省市较为少见。由于整个大环境的原因，媒介素养教育在全省范围内仍存在着诸多薄弱环节。如何整合既有的新闻资源，引导好复杂网络生态下的舆论，同时，抓好湖北受众的媒介素养教育，是关系到整个湖北和谐、稳定、加快发展的一件大事。

为了解微信这种社交媒体在湖北省的接受与使用状况，对人们生活、工作有着怎样的影响，课题组以面向湖北地区大众开展媒介调查、了解和熟悉省情为己任，为省委省政府对互联网络、社交媒体管理决策提供参考，从2017年11月到2018年3月，历时五个月，走访全省20多个市、县、乡（镇），访问近1000人，发放问卷700余份，回收有效问卷550份，在全省范围内进行了一次湖北省微信使用现状和特点专项调查。

---

① 习近平在视察解放军报社时强调　坚持军报姓党坚持强军为本坚持创新为要　为实现中国梦强军梦提供思想舆论支持[N].人民日报.2015-12-27.

② 新华通讯社课题组.习近平新闻舆论思想要论[M].北京：新华出版社，2017, 12: 200.

本次问卷调查共设计了52道问题,分为三个方面:调查对象基本情况调查(Q1~Q6)、微信使用基础情况调查(Q7~Q18)和微信使用行为及态度调查(Q19~Q52)。

一、调查对象的整体情况

本次问卷调查共对550位受访者进行了问卷调查,其中,男性274人(49.82%),女性276人(50.18%)。如图1所示。

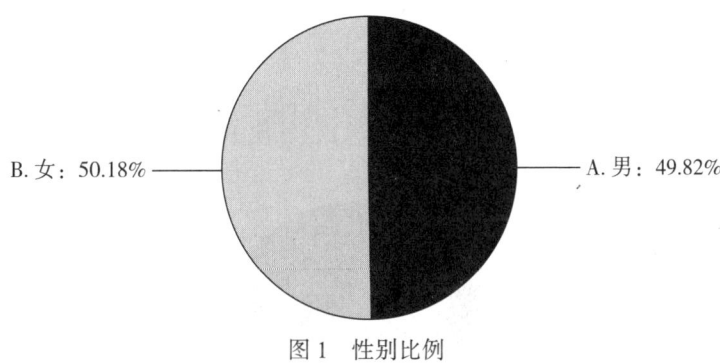

图1 性别比例

被调查者的年龄情况为:18~30岁218人(39.64%),31~40岁110人(20%),41~50岁145人(26.36%),50岁及以上77人(14%)。如图2所示。

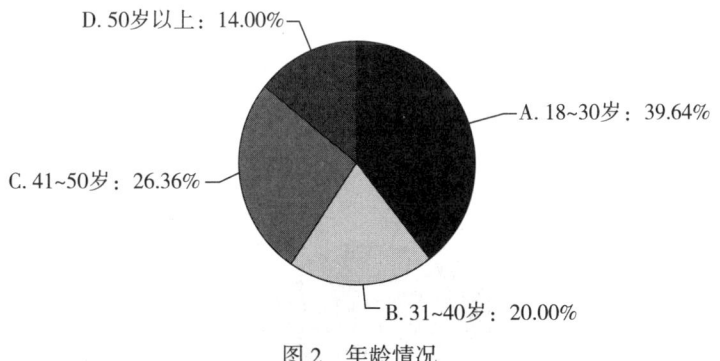

图2 年龄情况

被调查者的文化程度为:高中毕业及以下16人(2.91%),中专或大专83人(15.09%),本科300人(54.55%),硕士及以上151人(27.45%)。如图3所示。

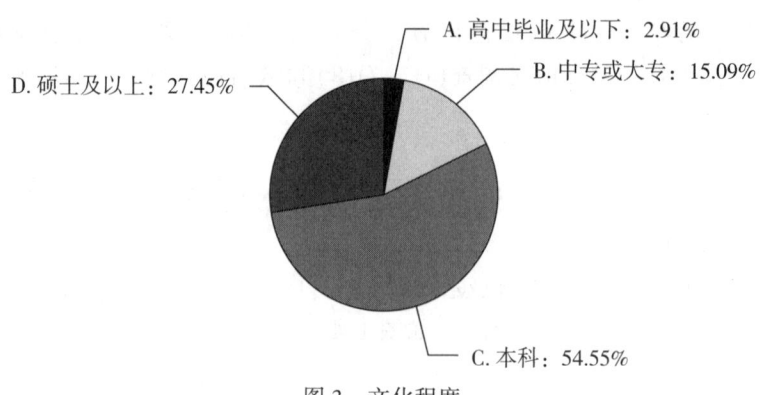

图 3　文化程度

被调查者职业情况为：公务员 160 人(29.09%)，事业单位 103 人(18.73%)，企业 92 人(16.73%)，个体从业者 8 人(1.45%)，其他 187 人(34%)。如图 4 所示。

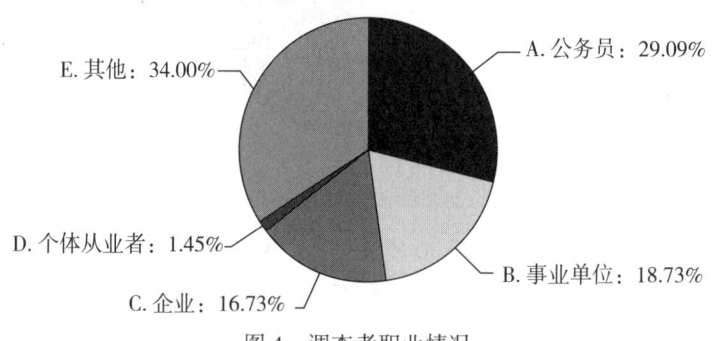

图 4　调查者职业情况

取样地区分布情况为：省会城市 339 人(61.64%)，地级市 101 人(18.36%)，县级市 53 人(9.64%)，县 37 人(6.73%)，乡镇 20 人(3.64%)。如图 5 所示。

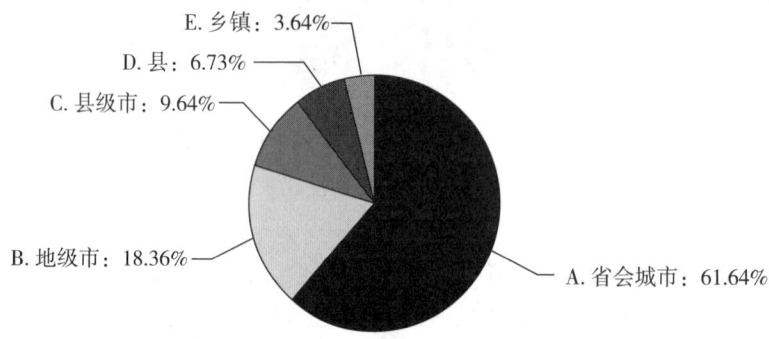

图 5　取样地区分布

被调查者月收入情况为：1000元以下133人(24.18%)，2000~3000元92人(16.73%)，3000~5000元207人(37.64%)，5000~10000元99人(18%)，10000元以上19人(3.45%)。如图6所示。

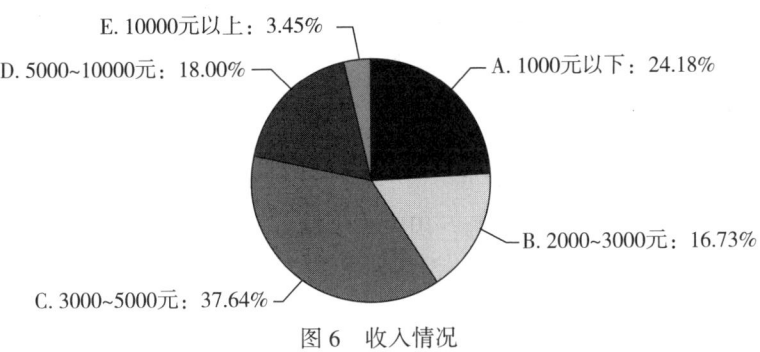

图6 收入情况

以上数据显示，本次调查虽然是随机抽样，除取样地区外，调查样本各方面数据比例分布与湖北省人口数据分布情况比较接近，因而较有代表性。

二、调查对象的微信使用基础情况

该部分内容由12道问题构成，主要对调查对象的微信使用基础情况进行调研，以此了解受访者对微信基本功能的使用状况。

1. 受访者是否使用微信(Q7)

受访者是否使用微信选择情况为：正在使用541人(98.36%)；没有，但有朋友在用7人(1.27%)，从未了解过2人(0.36%)。如图7所示。

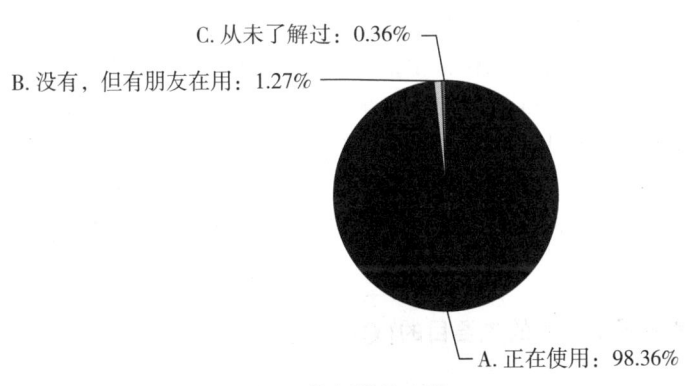

图7 使用微信人数

数据显示,整体来看微信是湖北省内民众普遍使用的社交工具,在他们目前所使用的社交软件工具中占第一位。据进一步统计,社交媒体中受众使用频繁的软件按照从高到低的顺序排列,依次为微信、QQ、微博、贴吧,其中,微信占比73.57%。由此可见,对于微信的使用现状调查有着较为充分的调研基础及社会意义。调查中进一步了解到,不使用微信的受访者,其原因不是微信这种社交工具本身"功能不完善",而是因为"已有其他聊天工具""不感兴趣"等主观原因,因此对本调研不构成干扰。

2. 受访者使用微信所花费的时间(Q10)

受访者使用微信的用时情况为:用时1小时以下的175人(32.35%),用时1~3小时的264人(48.80%),用时3~5小时的70人(12.94%),用时5~7小时的20人(3.70%),7小时以上的12人(2.22%)。如图8所示。

数据显示,32.35%的受访者每天使用微信的时长在1小时以下,每天使用时长在1~3小时的受访者占48.80%,排名第一。

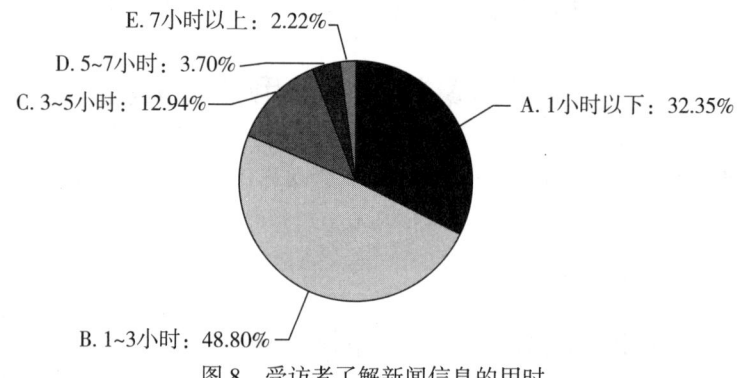

图8 受访者了解新闻信息的用时

性别构成中,每天在微信上用时1小时及以上的选择者中女性比例高于男性,显示出女性更愿意多花时间在微信上。年龄上,使用微信时长在1小时及以下的选择者分别是:18~30岁(25.7%)、31~40岁(31.8%)、41~50岁(33.1%)、50岁以上(46.8%),可以看出,越年轻的群体越倾向于在微信上花更多时间。从学历上来看,1~3小时与3~5小时的时长选择者中硕士及以上群体比例最高,说明高学历者每天使用微信时间较长。职业上,选择各个时间的人群与调查人群整体分布一致。

3. 受访者使用微信时的主要目的(Q13)

受访者使用微信的主要目的分别为:选择聊天交友396人,选择休闲娱乐271

人,选择浏览新闻266人,选择使用打车软件56人,选择网上学习146人,选择进行商业活动42人,选择其他101人。如图9所示。

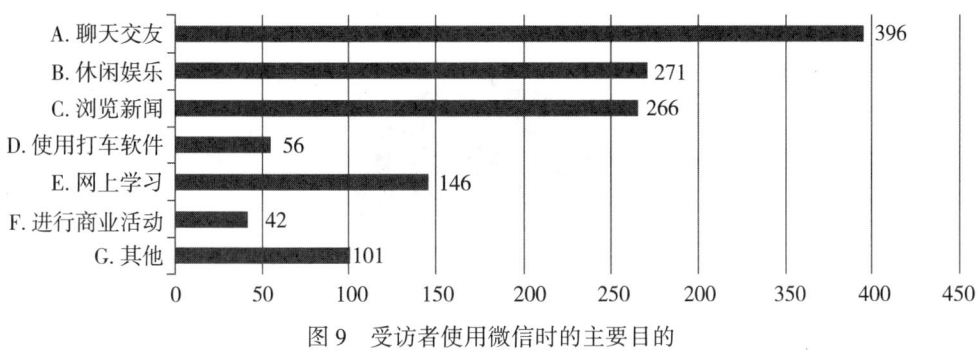

图9 受访者使用微信时的主要目的

选择聊天交友的人群占比最高,由此可见微信的社交属性较强。

4. 受访者使用微信的常用功能(**Q14**)

受访者使用微信的常用功能情况为:选择文字、语音聊天467人,选择视频、图片传送307人,选择摇一摇、扫一扫66人,选择朋友圈381人,选择微信公众号284人,选择购物61人,选择游戏11人。如图10所示。

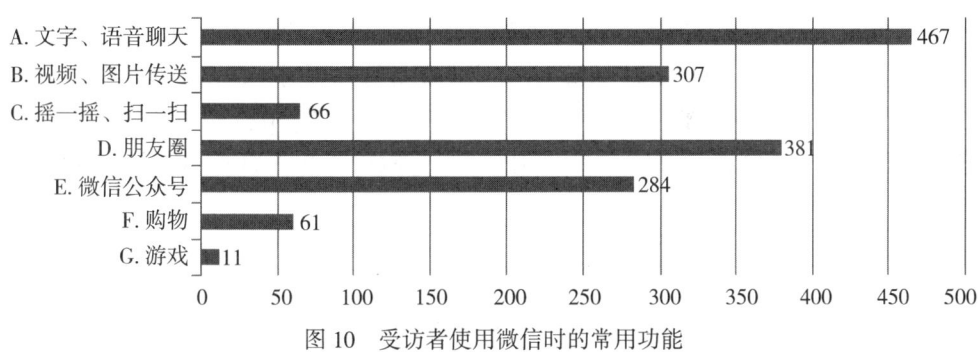

图10 受访者使用微信时的常用功能

数据显示,用文字、语音聊天是微信最常用的功能,其次是朋友圈功能,由此可见,微信相对来说是一个私人社交化属性产品,联系人大多是亲属、朋友等亲密关系互动者,在该软件上搭建陌生关系、进行生意往来并非该软件使用的主流。

5. 受访者微信好友相关情况(**Q15**)

受访者微信好友人数情况为:50人及以下144人(26.62%),51~150人223

人(41.22%)，151~300人121人(22.37%)，301~500人35人(6.47%)，500人及以上18人(3.33%)。如图11所示。

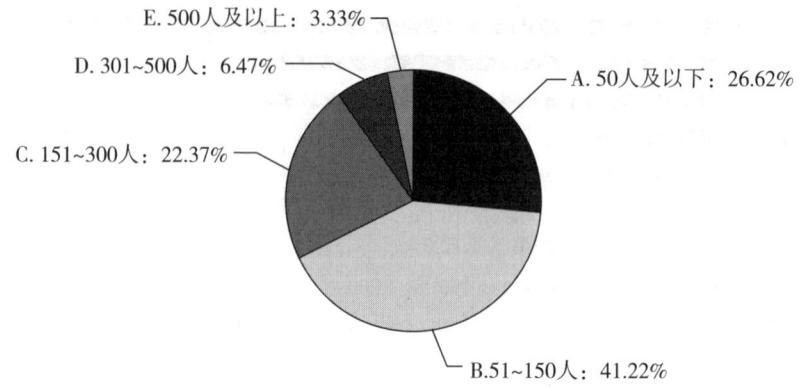

图11 受访者微信好友人数

数据显示，受访者微信好友人数在51~150人的最多(41.22%)，50人以下或151~300人两类的人数占比相仿，这三类共占总人数的90.2%，因此微信好友在300人及以内的受访者占受访人群的大多数。据受访者好友构成情况统计，选择朋友、同学或老师、同事、亲人四个选项的受访者共计占总人数的77.8%，选择合作伙伴及陌生人的占总人数的22.2%。

性别上，微信好友在50人以下、好友在301~500人的使用者中，男性比例明显高于女性，好友在500人及以上的男女比例相等，说明男性比女性的微信好友人数更多地呈现出"两极分化"的现象。年龄上，微信好友在50人以下或者微信好友在500人以上的选择者中最多为41~50岁人群，微信好友在51~150人的选择者中多为18~30岁人群。

6. 受访者微信群相关情况(Q17)

受访者加入微信群个数情况为：加入微信群在5~10个的360人(66.54%)，10~20个131人(24.21%)，20~30个35人(6.47%)，30个以上15人(2.77%)。如图12所示。

数据显示，受访者加入的微信群数在5~10个的占66.54%，比重最大，加入群数为10~20个的占24.21%，因此加入群数在5~20个的占受访总人数的较大多数；而受访者加入的群中，同学群、单位同事群、老乡同学群、家长群占多数，还有部分商业群、各种咨询群、娱乐群。

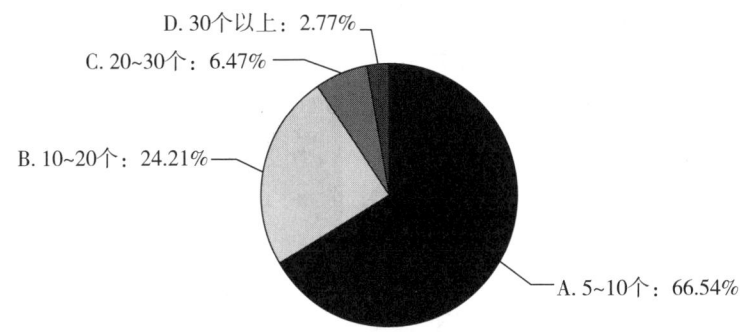

图 12　受访者加入微信群个数

值得注意的是，在"您所在的群是否有群规"问题中，267人选择"没有"，占49.3%；选择"不清楚"的有108人，占20%；只有166人选择有群规这一选项，占总人数的30.7%。年龄上，不清楚微信群是否有群规的选择者中，50岁及以上人群所占比例较大(24.7%)，而18~30岁、31~40岁、41~50岁三个群体中选择"不清楚"的人数都在20%以内，说明年轻人对新媒体的规章制度敏感性更高。学历上，不清楚是否有群规的选择者中高中毕业及以下的占比为31.25%，明显大于其他学历的群体(均在19.9%及以下)，说明高学历者更容易关注与网络相关的规章制度。

同时，有339人没有担任任何一个群的群主(62.66%)，150人是1~2个群的群主(27.73%)，担任3个及以上群的群主的受访者较少。性别上，担任1个及以上群的群主中，女性比例均大于同类型中的男性比例，没有担任群主的男性比例高于女性，说明女性更愿意成为微信群的管理者。

三、受访者微信使用行为及态度调查

本部分内容由34道问题构成，主要对调查对象的微信使用行为及态度情况进行调研，以此了解湖北民众在微信使用过程中的表现和呈现出的相关特点。

1. 受访者发朋友圈的频率(Q21)

受访者发朋友圈的频率为：经常90人(16.64%)，偶尔271人(50.09%)，很少122人(22.55%)，几乎没有58人(10.72%)。如图13所示。

数据显示，超过半数(66.73%)的受访者会发朋友圈，频率较高，不常发朋友圈的仅占受访者总人数的33.27%，约为1/3。

朋友圈的内容为分享个人生活、转载文章的占多数，部分是发布即时讯息和其他，较少选择从事商业活动。这与调查对象的微信基础情况中所体现的微信属于私

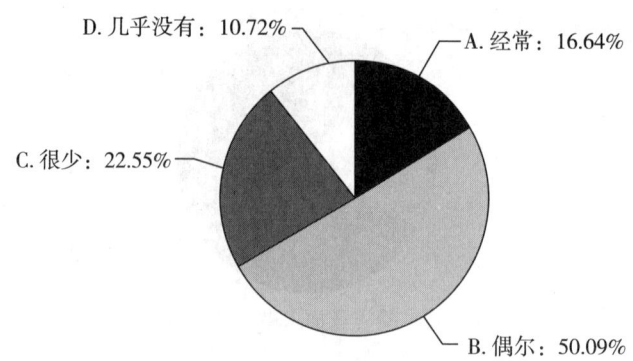

图 13 受访者发朋友圈的频率

人社交化属性产品的结论相吻合。在性别上,选择分享个人生活的女性比例明显高于男性,而选择发布即时讯息和其他的男性比例高于女性,说明女性的微信使用习惯更倾向于日常生活状态的表达。收入上,从事商业活动选项中月收入在 2000~3000 元的人群比重最大。学历方面,发布朋友圈内容的各类别的人数分布与调查人群整体分布基本一致。

在如何甄别朋友圈信息真假问题上,385 人选择基于自己的经验判断,占总人数的 71.16%;有 125 人选择相信权威媒体发布的信息,占 23.11%;而有较少部分的受访者(共占 5.73%),选择基于周围同事朋友亲人的看法以及网络大众的评价。性别上,甄别朋友圈分享的信息真假的方式选择中,男女比例与调查人群整体分布一致,没有显著差异。年龄上,选择基于自己经验判断的人群中,18~30 岁所占比重明显高于其他年龄段人群,说明青年人对网上信息更倾向于主观判断;选择参考周围同事朋友亲人的看法的人群中,41~50 岁所占比重略高于其他年龄段人群,此年龄段的中年人与周边亲朋的信息黏合度较高,主观因素较年轻人降低。学历上,选择基于自己判断的人群中本科和硕士及以上群体所占比重高于本科以下学历人群,可以看出高学历者更倾向于独立分析判断。而各分析表中所显示的选择相信权威媒体发布的消息中人群比重与调查人群整体分布一致,没有显著差异,说明人群的性别、年龄、学历、职业等对权威媒体的态度不具有直接影响。

数据显示,有 327 人(60.44%)会无视微信好友在朋友圈发布的商业促销广告信息,123 人(22.74%)会屏蔽相关动态,因此大多数受访者对于朋友圈发布商业广告的行为呈现中性或负面态度。在如何看待微信好友通过群发方式要求点赞、求红包、求投票等行为的问题上,有 234 人持理解态度,31 人支持,这两项共占总人数的 48.98%,显示出近半数受访者对此类行为持正向态度,而持"无所谓""反对"态度的人数分别为 196 人(36.23%)和 80 人(14.79%)。

2. 受访者是否通过漂流瓶、摇一摇结交微信上的陌生人(Q26)

数据显示,不会通过漂流瓶、摇一摇结交微信上的陌生人的有 480 人(88.72%),"偶尔会"有 56 人(10.35%),仅 5 人选择"会"(0.92%)。如图 14 所示。

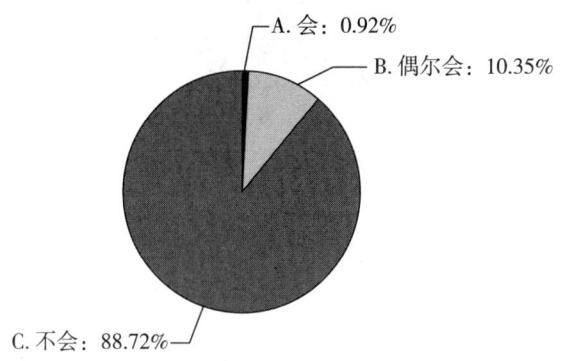

图 14 受访者是否通过漂流瓶、摇一摇结交微信上的陌生人

年龄上,"是否通过漂流瓶、摇一摇结交微信上的陌生人"的选择者中,各年龄段分布为:18~30 岁(13.3%)、31~40 岁(11.8%)、41~50 岁(9.7%)、50 岁以上(6.5%)。所占比重分别随年龄增长而递减,说明年长者在通过微信结交陌生人方面更趋向于保守和传统。学历和职业上,是否通过微信结交陌生人的人群分布与调查人群整体分布一致,没有显著差异。

在如何看待有人利用微信"约炮"的问题上,271 人明确表示"反对,不合道德,有伤风化",147 人表示"没有听说过",表示理解成年人的正常生理需求的有 106 人,仅有 17 名被受访人选择支持。性别上,选择支持或理解的受访者中男性(30%)比例大于女性(14.9%);年龄上,选择支持或理解的人群中 18~30 岁的比例大于其他人群。调查显示,男性或者年轻人在这一问题上态度更为开放。

3. 受访者如何看待微信众筹活动(Q28)

在如何看待微信众筹活动中,选择偶尔参加的人数最多,达到 214 人(39.56%),选择从不相信、从不参加 93 人(17.19%),选择将信将疑 152 人(28.10%),选择不理睬 82 人(15.16%)。如图 15 所示。

性别上,对微信众筹活动从不相信、从不参加以及将信将疑的女性比例高于男性比例,说明男性在微信众筹项目上的认可度更高;学历上,选择偶尔参加选项的人群中硕士及以上比例在其群体中占比(50.3%)明显高于其他群体;职业上,选择偶尔参加的人群占比较大的是公务员(41.25%)、事业单位(42.7%)及其他(39%)。从该项选择的结果来看,微信众筹活动还属于新兴事物,但在学历较高、职业较为稳定的社会群体里,已有一定的接受度。

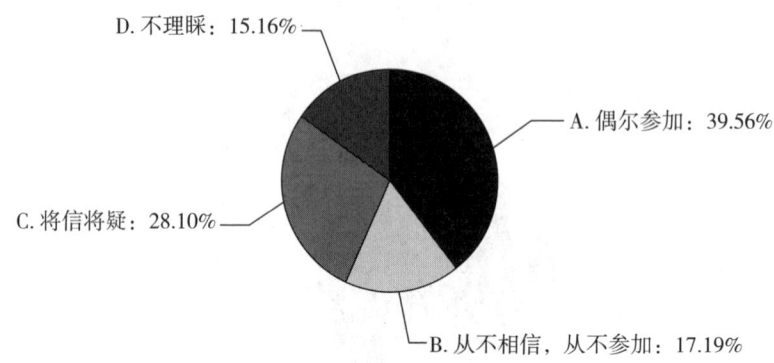

图15　受访者如何看待微信众筹活动

受访者在"是否会与通过微信结识的好友在线下见面"问题中,选择不见面,仅仅在微信上聊天的占绝大多数,有465人;选择会见面的72人,会定期举办活动的有20人。而在"是否会参加微商举办的线下活动"问题中,从不参加(91.13%)人数最多,为493人,会偶尔参加的48人(8.87%)。

在"是否参加微信里组织的各种活动"问题中,从不参加的人数占了较大比重,为454人(83.92%),偶尔参加商家组织的活动有50人(9.24%),经常参加如体育文娱等微信活动的37人(6.84%)。

以上两个问题都涉及微信社交媒体的线下延伸,从调查结果来看,人们更习惯于在网上虚拟空间里进行交流,对线下活动尤其是商业活动,并不是非常热衷。

4. 受访者关注的微信公众号数量(Q31)

数据显示,受访者关注的微信公众号的数量在11~50个的人数最多,为265人(48.98%),10个及以下240人(44.36%),51~100个有28人(5.18%),100及以上8人(1.48%)。如图16所示。

受访者"关注哪种类型的微信公众号最多"多选问题中,关注时事政治321人,健康养生247人,体育82人,购物旅游133人,学习就业268人,时尚娱乐193人,其他86人。这一系列数据说明,人们在微信获取最多的是关于时事政治类资讯。

在"关注的公众号推送是否会每日浏览"问题中,398人(73.57%)选择只会点开自己感兴趣的内容,75人(13.865%)不会每日浏览,68人(12.57%)每日必看。

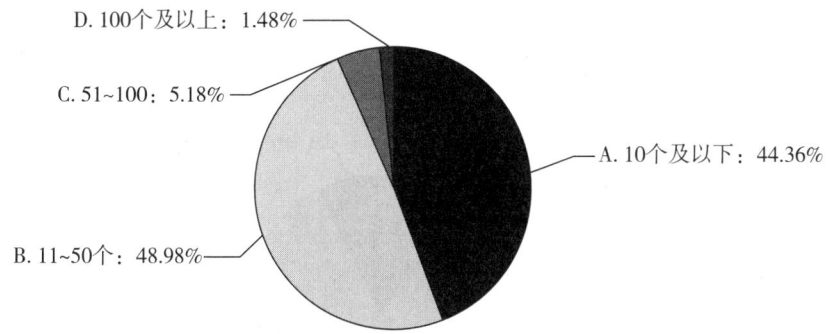

图16 受访者关注的微信公众号数量

在"您是否拥有自己的公众号"问题中,486人表示没有(89.83%),仅55人(10.17%)拥有。

在这55人中,每日更新微信公众号推送的有8人(14.55%),一周更新2~4次的有8人(14.5%),每月更新几次的有19人(34.55%),几乎不更新的有20人(36.36%)。

而微信公众号粉丝数量,有100个粉丝以下的占绝大多数,有47人(85.45%),有101~1000个粉丝的有4人(7.27%),有1001~10000个粉丝的3人(5.45%),10000个粉丝以上1人(1.82%)。

微信公众号推送浏览量100以下的占绝大多数,有41人(74.55%),浏览量101~1000的有9人(16.36%),1001~10000的有4人(7.27%),有1人浏览量在10万以上(1.82%)。

前百度公司副总裁李靖在北京大学百年讲堂做过主题为"2016,新媒体不是媒体"的演讲,他说,任何一个成功的产品,必须具备"持续性获取注意"的能力——假设市场部解散,它仍然能够被人想起来购买。调查结果无疑给55人(10.17%)拥有自己公众号的受访者乃至营销型微信公众号一些启发。

5. 受访者是否知道"微信十条"(Q38)

在是否知道"微信十条"选项中,"不知道"的有435人(80.41%),"听说过但不了解"的有64人(11.83%),"知道"的有42人(7.76%)。如图17所示。

在"是否知道《互联网新闻信息服务管理规定》从2017年6月1日起施行"问题中,"知道"的84人(15.53%),"听说过但不了解"有129人(23.84%),"不知道"的占受访者总数的极大比重,有328人(60.63%)。性别上,"是否知道《互联网新闻信息服务管理规定》从2017年6月1日起施行"问题中,选择"知道"的男性比例高于女性。学历上,"知道"或"听说过但不了解"的选择者中,本科、硕士及以上学历比例的人群高于其他学历人群,说明高学历者对此项规定更为关注。职业上,企业和个体从业者选择"知道"或"听说过但不了解"的人数比例高于其他职业人群比重。

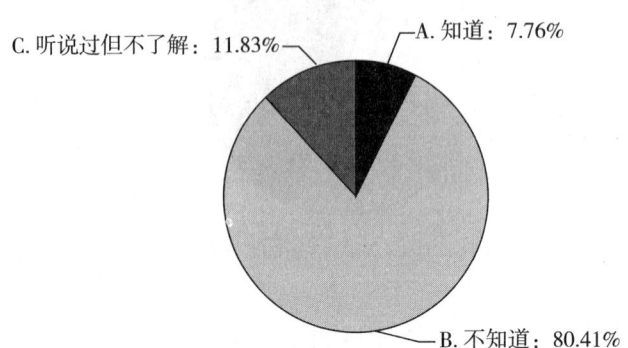

图 17 受访者是否知道"微信十条"

在"一般来说,会怎样对待微信上面的内容"多选题中,"看看就行不会转发"的有 250 人,"有些内容随手转发"的 172 人,而"转发的时候会考虑信息是否属实"的 232 人,"不怎么看微信、只是用来联系他人的工具"的有 66 人。

在使用微信心得体会中,认为"很好用很喜欢"的 291 人,选择"离不开,大家都在用,不用不行"的 236 人,选择"无所谓"的 167 人,觉得"影响了生活、成为负担"的 35 人。这一组数字说明,不管是主动还是被动,微信已经成为人们经常使用的交流工具。

在"看到微信上'被和谐''被 404'的字样时的反应"问题中,"知道是敏感信息"的 219 人(40.48%),"无所谓"的 209 人(38.63%),"很想知道但很无奈"的 58 人(10.72%),选择"更想知道、会通过其他途径去了解该内容"的 39 人(7.21%),选择"对管理员很生气,不希望被删掉"的 16 人(2.96%)。该数据表明,对于微信上传播内容的管理,大多数人还是能够理解的。

性别上,看到微信上"被和谐""被 404"的字样时的反应是"知道是敏感信息"的女性比例略高于男性,选择"很生气,不希望管理员删掉"的男性比例略高于女性,说明男性对微信信息管理的反应比女性更激烈。年龄上,"知道是敏感信息"的选择者中 18~30 岁、31~40 岁的人群比例明显高于 40 岁以上人群,"无所谓"的选择者中 50 岁以上人群(49.4%)明显高于其他年龄比例人群,说明年轻人较年长者对微信管理更为敏感。学历上,"知道是敏感信息"的选择者中硕士及以上学历比例高于其他学历人群。"无所谓"的选择者中高中毕业及以下、中专或大专人数比例明显高于其他学历人群,说明高学历者对微信信息管理情况更具关注意识。职业上,看到微信上"被和谐""被 404"的字样时的反应,各职业人群比例与调查人群整体分布一致,没有显著差异。

6. 受访者使用微信支付频率(Q38)

数据显示,在使用微信支付频率问题中,偶尔使用的人数最多,为280人(51.76%),经常使用的214人(39.56%),从不使用的47人(8.69%)。如图18所示。

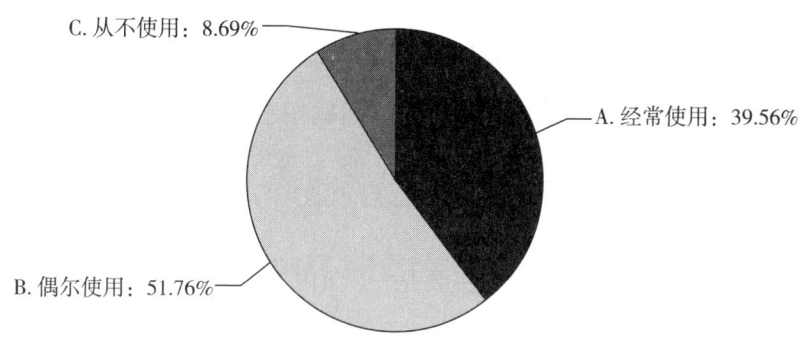

图18 受访者微信使用频率

性别上,经常使用微信支付的女性比例明显高于男性,选择"偶尔使用""从不使用"的男性比例均高于女性,说明女性更愿意使用微信进行支付。收入上,月收入在1000元以下的人群是唯一一类无人选择"从不使用"微信支付的人群。

在微信是否绑定银行卡问题中,405人绑定了银行卡(74.86%),没有绑定银行卡的有136人(25.14%)。在"使用微信支付和支付宝支付哪个更多一些"的问题中,选择"两个都用、哪个方便用哪个"的有240人(44.36%),选择"用支付宝更多"的有192人(35.49%),选择"用微信支付更多"的有68人(12.57%),选择"微信支付,仅用于发红包"的有41人(7.58%)。性别上,选择微信支付的女性比例明显高于男性,而选择"两个都用,哪个方便用哪个""微信支付仅用于发红包"的男性比例高于女性。收入上,选择"支付宝支付更多"比重更大的为月收入1000元以下的人群,达到该群类的55.6%,选择"微信支付更多"比重更大的为月收入10000元以上的人群,达到该群类的31.6%。

在问及"您对微信红包的态度"中,选择"无所谓,好玩而已"的人数最多,达到362人;认为"抢到红包很高兴"的275人,认为"发红包很有成就感"的100人,认为"有负面影响,感觉有时候自己不发不好意思"的38人,选择"只抢不发"的25人,选择"从不抢红包也不发红包"的21人,选择"只发不抢"的12人。这一组数字表明人们对微信红包大多持好玩的态度。

在"抢到的红包中最大的金额"问题中,1~2元有59人(10.91%),3~5元有61人(11.28%),5~10元有81人(14.97%),10~20元有95人(17.56%),20~30

元有38人(7.02%),30~50元有63人(11.65%),50元以上人数最多,有144人(26.62%)。

在"微信红包一般会发给谁"的多选问题中,受访者选择"家人"的有472人,选择"朋友同学"的473人,选择"同事"的263人,选择"商业上的合作伙伴"的25人,选择"陌生的群友"的4人。说明微信红包往往在家人和朋友等熟悉的人之间发放和流动。

7. 受访者对微信使用环境的态度(Q49)

数据显示,受访者觉得微信的使用环境问题"比较宽松、比较自由"的有395人(73.01%),觉得"无所谓"的81人(14.97%),觉得"以前还好,现在束缚较多"的54人(9.98%),觉得"限制较多"的11人(2.03%)。说明大部分人对微信的使用环境总体满意。如图19所示。

受访者觉得微信里传播的信息主要是"正面内容居多"的有265人(48.98%),觉得"正面负面各半"的132人(20.40%),觉得"不太清楚、说不上来"的125人(23.11%),觉得"负面内容居多"的有19人(3.51%)。

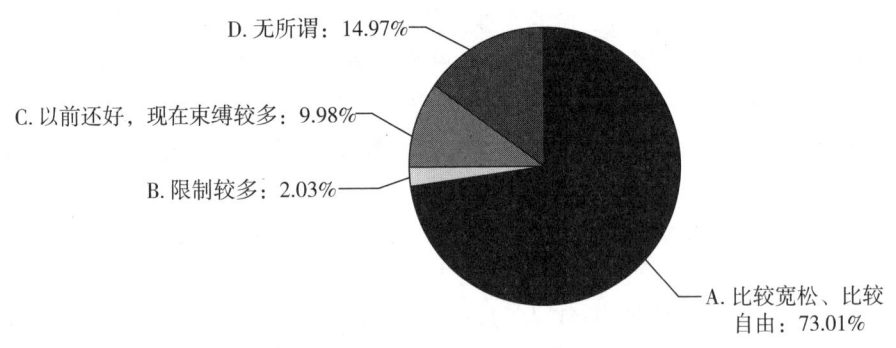

图19 受访者微信使用环境的态度

性别上,认为微信里传播的信息主要是"正面内容居多"或"负面内容居多"的两极选项的男性人数比例高于女性,选择"正负内容各半"的女性人数比例高于男性,说明男性对微信传播信息的反馈更为激进。年龄上,选择"正面内容居多"的人群中41~50岁占最大比重,选择"正负内容各半"的人群中18~30岁人群明显高于其他年龄段人群,说明年轻人对于微信传播信息更具批判性,而中年人更倾向于对信息持正面态度。学历上,"不太清楚,说不上来"的选择者中高中毕业及以下学历比例人数(31.25%)高于高中毕业以上学历,"正面负面各半"的选择者中硕士及以上比例人数(39.8%)明显高于其他学历人数,说明高学历者更倾向于对微信中传播的信息持更全面的看法。

受访者认为目前对微信的管理"比较宽松"的有267人(49.35%),觉得"说不清楚、说不上来"的有203人(37.52%),觉得"比较严格"的有71人(13.12%)。

性别上,认为目前微信的管理"比较严格"或"比较宽松"的选择者中男性比例人数高于女性,认为"说不清楚,说不上来"的女性比例人数高于男性,说明女性对于微信管理的看法相较男性更为摇摆模糊。年龄上,"说不清楚,说不上来"的选择者中18~30岁的人群比重(43.11%)高于其他年龄段人群。职业上,认为"比较宽松"的人群中公务员群体所占比重较大(56.25%),而认为"说不清楚,说不上来"比重最大的群体为个体从业者(75%)。

8. 受访者对微信打赏功能的态度(Q52)

数据显示,"受访者对微信打赏功能的态度"问题中,"从不打赏"的占比人数最多,达到276人(51.02%),觉得"无所谓、说不上来"的有108人(19.96%),觉得"很有趣,看到喜欢的内容会打赏"的有58人(10.72%),"只给熟人和朋友打赏"的有45人(8.32%),"偶尔打赏"的有54人(9.98%)。如图20所示。

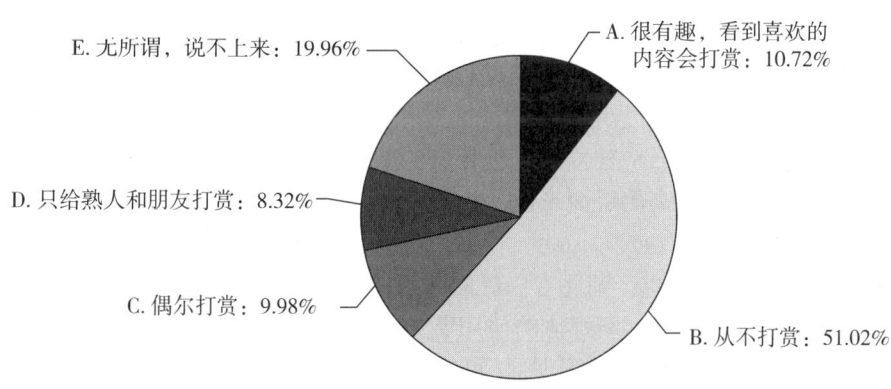

图20 受访者对微信打赏功能的态度

一般给出的微信打赏金额里,2~5元占比人数最多,有434人(80.22%),5~10元的72人(13.31%),10~20元的23人(4.25%),20~30元的6人(1.11%),30元以上的6人(1.11%)。

四、讨 论

(一)有关调查对象的微信使用基础现状

根据十年前的《中国互联网络发展状况统计报告》(2008年7月)显示,中国网民在自评对网络依赖程度的5分评价表中，一部分自评为3.54分，但仍有相当部分的网民自评2.5分，显示出对网络的"若即若离"态度。[①] 而如今，通过对湖北省居民微信使用现状的调研我们可以看到，被调查者使用微信已成普遍态势（Q7），受访者每天用时60分钟以上的受访者366人（67.65%）（Q10），媒体依赖程度相较十年前显著增强。其中女性、年轻人、学历较高的受访者倾向于花更多时间使用微信。受访者使用微信的目的主要为浏览新闻、聊天交流、休闲娱乐（Q13），这与微信的主要功能大体吻合。同时，受访者对微信的文字、语音聊天功能以及朋友圈功能最为看重（Q14）。说明微信所携带的工具属性、社交属性是受访者较为看重的。

受访者的微信好友人数在300人及以内的占绝大多数，其中150人及以下的占受访群体的67.84%，符合英国牛津大学人类学家罗宾·邓巴（Robin Dunbar）在20世纪90年代提出的"150定律"，即人类智力允许人类拥有稳定社交网络的人数。其中，朋友、同学与老师、同事、亲人四类人为微信好友的大部分人员构成，同学群、单位同事群、老乡同学群、家长群为微信群聊的大部分群体构成。两者都体现出微信相对来说是一个私人社交化属性的产物，联系人大多是亲密关系互动者，在该软件上搭建陌生关系、进行生意或事务往来并非该软件的使用主流。

值得注意的是，占总人数的30.7%的人群非常明确自己所在的微信群"有群规"（Q17），而其余受访者表示"不清楚"或"没有"，而且，年轻人、高学历者对新媒体的规章制度敏感性更高。此外，这对占受访者37.34%的微信群主担任者（Q18）不失为一种提醒：应建立或完善相应的微信群规，加强新媒体环境下交流平台的规范意识[②]。从更高的层面来说，相关管理部门更应加强对微信等社交媒体的规范管理与制度建设。

总之，从基础现状讲，湖北省居民的微信使用情况总体向好。大体上表现为：

（1）大多数居民具有对新媒体的使用能力。而且，微信已经成为湖北居民最常用的社交媒体。表明政府相关管理部门和新闻媒体要善于利用微信平台开展工作，做好宣传与服务，走好"网络群众路线"。同时，也要广泛收集微信上的舆情，有针对性地进行引导。

（2）人们通过微信获取最多的是时政类资讯，提示各级宣传部门和主流媒体要重视微信平台上的时政内容生产，不断强化网络阵地意识，牢牢把握新兴舆论阵地的话语权和影响力。

（3）湖北居民使用微信这一媒介已具有一定广度，基本拥有可以查找相关信息的能力。表明各级政府部门和相关管理门要充分发挥微信平台的优势，开展政务微

---

① 中国互联网络信息中心（CNNIC）：中国互联网络发展状况统计报告[N]. 2008年7月发布.

② 蒋原伦，张柠. 媒介批评（第六辑）[M]. 桂林：广西师范大学出版社，2016，7.

信建设，提供网络资讯查询和网络政务服务。

（4）湖北居民使用微信这一媒介已具有一定深度，对其中传播的内容、衍生的活动具备一定批判性，且对不良信息有一定的抵制能力。说明湖北网络阵地建设呈良好态势，网上舆论工作在新闻舆论整体格局中已经占有较为重要的地位，居民媒介素养整体不错。

（二）有关调查对象的微信使用行为及特点

（1）宏观上，本次问卷对湖北省居民微信使用的内容、效果、满意程度和信息环境水平进行了总体问卷测评。

在"在一般来说，会怎样对待微信上面的内容"多选题中（Q40），多数人选择"看看就行不会转发"（250人），微信里传播的信息主要是"正面内容居多"的有265人（48.98%），觉得"正面负面各半"的132人（20.40%），觉得"不太清楚、说不上来"的125人（23.11%）（Q50）。而"转发的时候会考虑信息是否属实"（232人）的占受访人群大多数。而且，受访者普遍认为微信的使用环境（Q49）比较宽松、自由度较高（395人，73.01%）。在使用微信的体会中（Q41），持"很好用很喜欢"甚至"离不开"等积极态度的占大多数。这一组数字都说明湖北省居民微信使用的整体反馈呈正面态势。

值得注意的是，对微信上传播的敏感信息的管理态度，男性的反应比女性激烈，年轻人较年长者更为敏感，且学历越高者越关注微信信息的管理情况。

（2）中观上，本次问卷就微信使用中的市场化倾向和相应功能的提升空间对受访者进行了调查。

在微信中重要功能之一的"产品化媒体"——微信公众号方面，受访者关注的微信公众号的数量在11~50个的人数最多（Q31），为265人（48.98%），时事政治（321人）、学习就业（268人）、健康养生（247人）这三类内容的关注度比较靠前（Q32）。选择每天只会点开自己感兴趣的内容（Q33）而非每日浏览，占受访人群的大多数。而受访者中拥有个人微信公众号（Q34）的有55人（10.17%），占人群的少数，且保持每日更新的受访者（Q35）仅有8人（14.55%），几乎不更新的有20人（36.36%）。对于微信公众号拥有粉丝数量的调查中（Q36），100人以下的占绝大多数，有47人（85.45%），微信公众号推送浏览量（Q37）100以下的占绝大多数（74.55%），有41人。此外，受访者对微信打赏功能的态度问题中（Q52），从不打赏的占比人数最多，达到276人（51.02%），觉得无所谓、说不上来的108人（19.96%），一般给出的微信打赏金额里（Q53），2~5元占比人数最多，有434人（80.22%），因此微信打赏在湖北省的受访者中并未成为一个广泛普及的使用功能，且金额也相对较小，功能目前所体现的情感附加值大于商业价值。

在微信发布的各类平台活动中，大多数受访者对于朋友圈发布商业广告的行为呈现中性或负面态度（Q24），而在看待微信好友通过群发方式要求点赞、求红包、求投票等行为上（Q25），近半数受访者持理解、支持等正面态度。在微信衍生的各类社交活动中，男性、高学历者、公务员、事业单位及其他受访者在微信众筹项目上（Q28）的认可度更高。是否通过微信结识好友在线下见面的问题中，不见面仅仅在微信上聊天的人数占绝大多数，有465人（Q29），在是否参加微信里组织的各种活动问题中，从不参加的人数占了较大比重，为454人（83.92%）（Q30、Q52）。

数据显示，在使用微信支付的频率问题中（Q43），偶尔使用的人数最多，为280人（51.76%），经常使用的214人（39.56%），且女性更接受使用微信进行支付（Q44），仅用于发红包的男性比例高于女性。"微信支付更多"比重更大的为月收入10000元以上的人群，达到该群类的31.6%。在问及您对微信红包的态度中（Q46），选择"无所谓，好玩而已"的人数最多，达到362人，正面态度大于负面情绪。"微信红包一般会发给谁"的多选问题（Q48）中，选择家人的有472人，选择朋友同学的有473人，选择同事的有263人，说明微信的支付功能使之超越了一般意义上的聊天、交友软件，而成为有一定市场属性且不具备完全商业性质的，用以巩固紧密社交关系的中介式产物。

（3）微观上，本次问卷对微信使用者的行为模式、群类偏好和媒介素养水平进行了问卷测评，并提出建设性意见。

在发朋友圈的频率中（Q21），大部分受访者发布频率为"很少""偶尔""几乎没有"，仅16.64%的受访者选择"经常"发朋友圈；在如何甄别朋友圈信息真假问题中（Q23），385人选择基于自己的经验判断，占总人数的71.16%，有125人选择相信权威媒体发布的信息，占23.11%，年轻人对网上信息更倾向于主观判断，中年人与周边亲朋的信息黏合度较高，高学历者更倾向于独立分析判断。但人群的性别对网上信息的态度不具有直接影响。

本次调查的统计数据显示，年轻人对自己的信息结构能力最为自信，其次是未接受高等教育者。十年前，张开、吴敏苏所作的《中国城市居民媒介素养现状调查报告》中[1]，对调查中各类选项问题表示"说不清"比例较高的人群也多是青少年和未受过高等教育者，而受过高等教育者和女性更偏向于"不同意"观点。两份调研报告相同之处在于，调研显示，受过高等教育者由于自身的受教育背景，对所接触和使用的媒介以及媒介信息的特性有着较为清醒的认知，能够比较客观地做出评价，表现出较高的对信息接收、使用及判断的能力，因而媒介素养较高。青少年由于生活阅历的缺乏，知识经验的不足，对媒介信息的认识比较粗浅。学历越低者表示"说不清楚"的倾向越明显，说明对媒介及媒介相关信息的认识还不够自觉。值得注意的是，相较于十年前，性别在媒介信息判断上的影响因素已渐趋消失。

---

[1] 蔡帼芬. 媒介素养[M]. 北京：中国传媒大学出版社，2005：212.

在是否知道"微信十条"选项中(Q38),选择"不知道"的有435人(80.41%);在"是否知道《互联网新闻信息服务管理规定》从2017年6月1日起施行"问题(Q39)中,选择"不知道"的占受访者总数的极大比重,有328人(60.63%)。对照调查对象的微信使用基础现状中"是否知道所在微信群有无群规"的问题(Q19),可以说明,在新媒体环境中的微信使用者还没有普遍产生对互联网相关规制的意识自觉、行为自觉,而在了解人数相对众多的《互联网新闻信息服务管理规定》问题中,可以看出男性、高学历者、企业和个体从业者对此项规定的敏感性更强。对照"如何甄别微信朋友圈信息真假"问题(Q23)中的性别因素,相较于十年前,性别差异已渐趋消弭,说明女性在互联网信息的自主判断上意识更强,而在客观规制的重视程度上还有待进一步提升。

通过本次对湖北省广大居民微信使用现状与特点的调查,我们可以发现,微信使用人群已经不再满足于信息同质化的大众传播,倾向于适合小众内容和个性化的信息服务。个性化、多样化是现代社会的特征之一,昔日定义受众的主要参数,比如性别、年龄和收入等因素,已经被受众需求、生活方式以及个人特征等要素取代。一方面,在选择媒介内容方面,微信使用者已然变成"消费者",希望在使用微信时自己能变得更加自由和主动①,更自由地选择要观看的微信内容、时间、地点和观看方式;另一方面,微信使用者已经越来越不满足于传统的单向传播,更倾向于传受之间的双向互动,不仅仅获得他们想要的信息,更希望掌握传播的控制权,行使支配权,在获得信息的同时,可以获得与其他微信使用者交流的机会,这样他们不但可以相互沟通交流,而且可以共享信息资源。

---

① 文长辉.媒介消费学[M].北京:中国传媒大学出版社,2007.

武汉地区高校官方微信公众平台现状调查

廖声武　刘思涵

2012年8月，国内出现首个高校官方微信平台。此后，各高校纷纷建立了自己的官方微信公众平台。高校官方微信公众平台在服务学生、引导舆论、塑造校园文化、建构高校形象等方面发挥着重要作用。

微信提供的公众平台类型包括3种，即订阅号、服务号和企业号。在实践过程中，各高校的微信公众平台大多以官方微信订阅号为主，因此本文将高校官方微信订阅号作为研究对象。

目前，各个高校的官方微信公众平台受众情况如何？运营中有哪些问题？未来如何发展？针对以上问题，笔者在武汉地区高校进行了调查。通过中国青年报微信公众号"全国普通高校微信公众号排行榜"榜单，从中随机挑选武汉地区10所高校作为调查对象。这10所高校类别包括部属和省属，公办和民办，第一批招生和第二批招生学校。问卷内容分为四个部分，分别为使用情况和发展现状调查、运营中存在的问题、用户需求与使用偏好、受访者基本情况。

一、问卷调查基本情况

本调查共计发放问卷305份，平均每个高校投放30份，去除因不规范作答和其他原因造成的无效问卷，共计回收有效问卷271份，有效回收率为88.85%。

本次调查的学校层次分布为：部属高校5所（武汉大学、华中科技大学、华中师范大学、中南财经政法大学、中南民族大学），省属高校5所（湖北大学、武汉体育学院、湖北第二师范学院、武昌理工学院、汉口学院），其中，武昌理工学院、汉口学院为民办院校，其余为公办院校。

被调查者专业分布为：文史类149人（54.98%），理工类122人（45.02%）。被调查者性别分布为：男生126人（46.49%），女生145人（53.51%）。分布情况总体来看较为均衡。

二、高校官方微信公众平台现状

(一) 使用情况和发展现状

1. 高校官方微信在学生获取校园资讯中所占的地位

问卷设置了"你平时获取学校资讯主要通过以下哪种途径?"这一问题,限选3项。数据显示,学校官方微信、学校各个网站、学校官方微博以及校园广播占比较高。其中,学校官方微信以76.75%的比例位居第一,表明高校官方微信已成为在校大学生获取校园资讯最主要的方式。如图1所示。

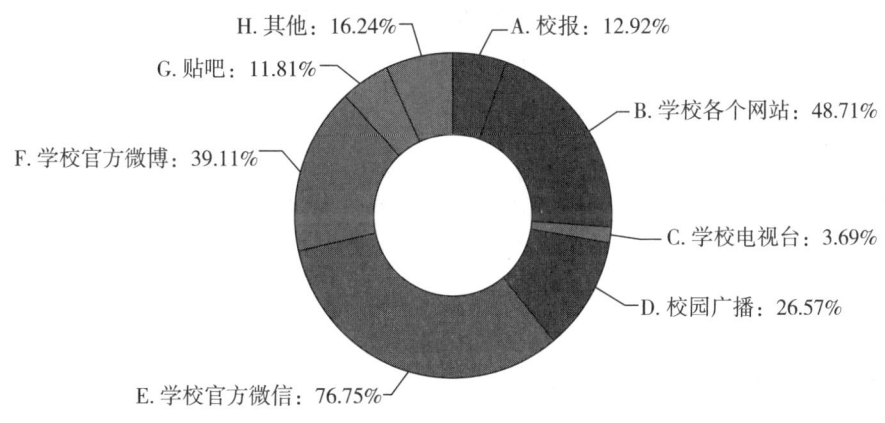

图1 你平时获取学校资讯主要通过以下哪种途径

2. 高校官方微信公众号关注情况

调查问卷显示,87.45%的调查对象"知道且已关注"了本校的官方微信公众号,"知道但未关注"的占比7.75%,"不知道且未关注"的占比4.8%。由此可见,目前学生群体对高校官方微信公众号的接受程度较高,高校官方微信有相对较高的覆盖率。

3. 是否取消关注过本校官方微信公众号

调查显示,有16.88%的用户曾经取消关注过学校的官方微信公众号,但83.12%的用户表示没有取消关注过。数据初步表明,目前武汉地区在校大学生对本校官方微信公众号的好感度较高。

4. 高校官方微信公众号的主要功能

为了解高校官方微信公众号在学生用户心中的作用，问卷设计了"你认为高校官方微信公众号的主要功能是什么？"这一问题，并限制最多选择 3 项。调查显示，"提供校园服务功能，服务学生学习生活"(89.67%)、"传播校园文化，营造和谐校园氛围"(77.12%)、"宣传塑造学校形象"(54.98%)是占比最高的三个选项。侧面体现了高校官方微信公众平台的媒介价值，即在服务学生、传播校园文化、塑造学校形象方面具备重要作用。如图 2 所示。

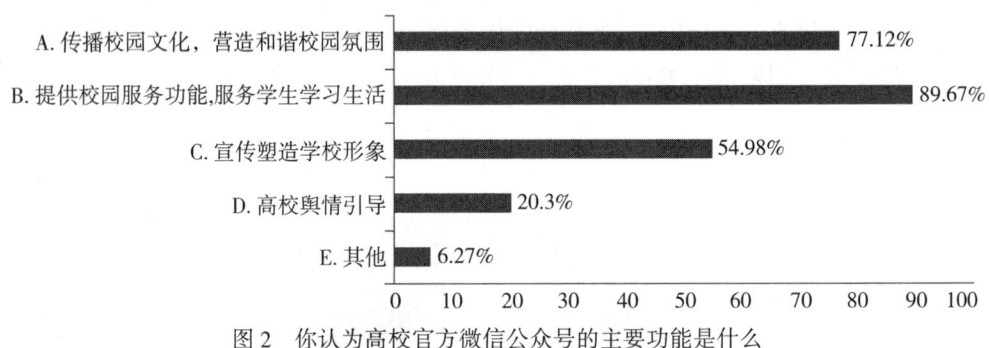

图 2　你认为高校官方微信公众号的主要功能是什么

(二)用户需求与偏好

1. 菜单功能

调查显示，用户对高校官方微信公众号的"查询服务及业务办理"(87.45%)、"校园新闻资讯"(64.58%)、"趣味互动服务"(63.47%)三项功能最感兴趣。体现了在功能设置上，有用性、相关性和趣味性是用户最重视的因素。如图 3 所示。

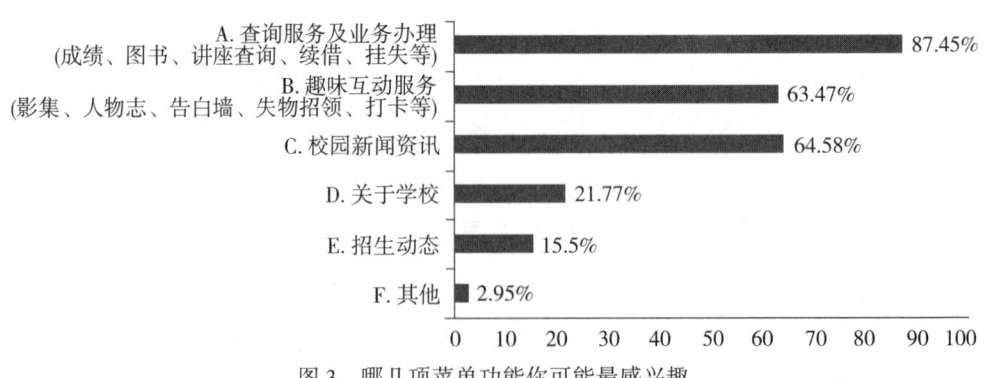

图 3　哪几项菜单功能你可能最感兴趣

同时，73.43%的学生表示，菜单功能使用是否简便会影响其关注本校官方微信公众号，而26.57%的学生表示不受影响。由此可见，用户在使用高校官方微信公众号的菜单功能时，比较重视自身的使用体验。

2. 图文阅读

问卷显示，"公众号中挑选发现"(63.47%)是受众阅读图文消息的主要来源，可见当代大学生在使用微信公众平台获取资讯时的主动性较高，更愿意主动挑选图文，而不是被动地接受。其次，"朋友圈分享发现"(26.94%)占比排名第二，"好友群友推荐"(5.54%)也占有一定比例，表明基于社交活动的信息传播对于用户的图文阅读具有重要影响。如图4所示。

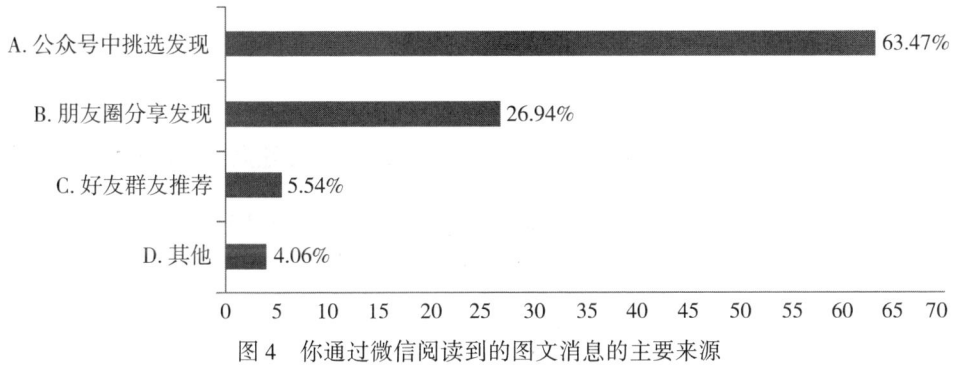

图4　你通过微信阅读到的图文消息的主要来源

关于用户最喜欢的图文类型，问卷调查显示，"服务类信息"(73.43%)、"校园热点，师生风采"(69%)、"事关学校事业发展的重大消息"(55.35%)、"校园风景图文"(37.64%)是排名前四的选项。体现了学生用户对于实用性、与自身高相关性的图文比较感兴趣。同时，用户也偏爱图文消息的趣味性和欣赏性，重视从图文阅读中获得审美体验。"事关学校事业发展的重大消息"和"校园风景图文"占比较高，一定程度上反映了在校大学生的爱校情感，比较关注学校发展和建设。如图5所示。

除此之外，问卷显示，"标题"(83.03%)和"配图"(61.62%)是影响用户打开一篇图文消息最主要的因素。"文章来源"(16.24%)也占据一定比例，体现了在用户的图文阅读行为中，仍有类似于意见领袖的存在，他们的转发和推荐，影响着用户的阅读选择。如图6所示。

上述调查展示了社交分享行为的重要作用，那么哪些类型的图文用户更乐意分享呢？问卷对用户的分享动机进行了调查，结果显示，"内容有价值"(82.66%)、"情感触动和认同"(67.9%)、"内容有趣"(55.72%)、"时下热点"(23.62%)是促使用户分享图文最主要的动机。其中"内容有价值"占比最高，体现了理性因素是社交分享行为中最主要的动机，因此价值始终是首要的要素。如图 7 所示。

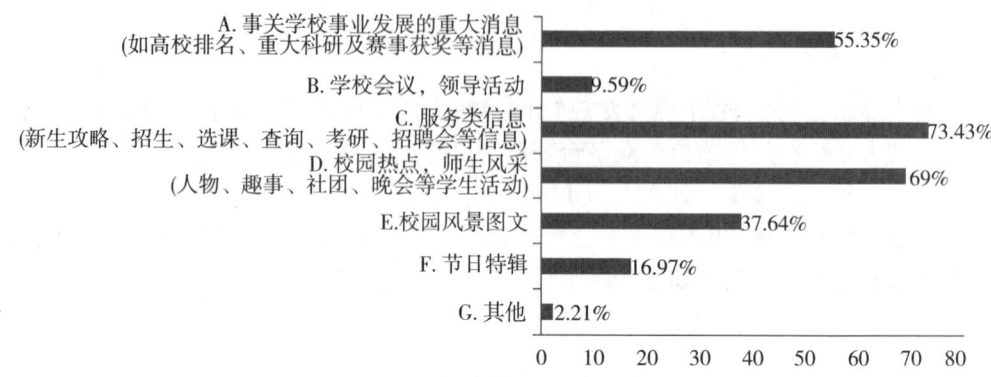

图 5　哪几类主题的图文消息更能激发你的阅读兴趣

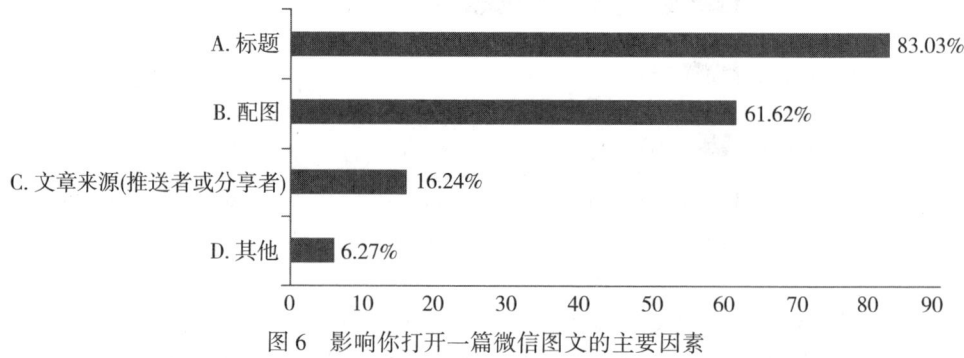

图 6　影响你打开一篇微信图文的主要因素

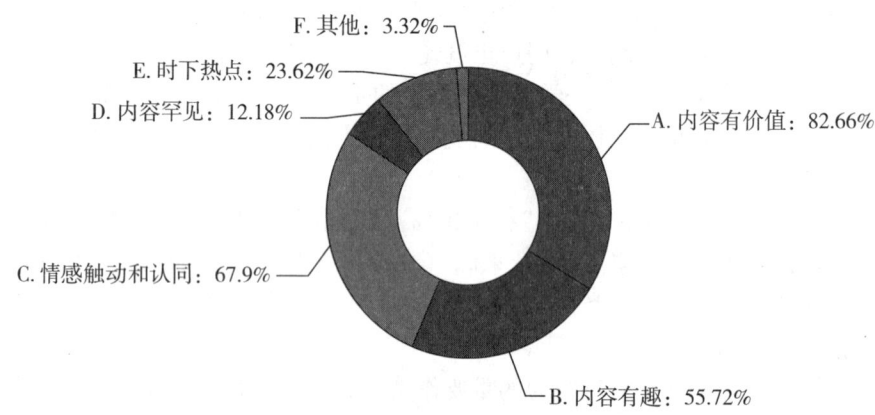

图 7　假设你要分享一篇图文消息，哪些是促使你分享的主要动机

(三)运营中存在的问题

问卷数据显示,高校官方微信公众平台在运营上的不足,主要集中在以下几方面(如图8所示):

1. 推介力度不够,缺乏互动

在所有选项中,"推广和互动不足"(60.52%)占比最高。在注意力稀缺的今天,传者不能消极地等待用户来发现自己,而是要积极主动地出现在用户面前,要通过主动推介,来吸引用户关注。同时,互动是亲切感和存在感的重要来源,运营者必须重视与用户的互动,拉近自身与用户之间的距离。

2. 需求匹配能力不足,忽视用户体验

"内容和菜单功能没有吸引力"(占比39.48%),"用户黏性差"(31%),可见目前平台的图文传播和服务的质量不好,运营者不了解用户的需求和兴趣点。"校园覆盖率低"(29.89%)、"语言官方化"(18.82%)、"功能使用不便捷"(24.72%),表明运营者忽视了用户的使用体验,传播技巧亟待提高。

3. 内容缺乏时效性

"更新不及时"(19.19%)占有一定的比例,反映出部分运营者的主观能动性不足。这是运营者对时效性不重视或者经营态度消极的表现。

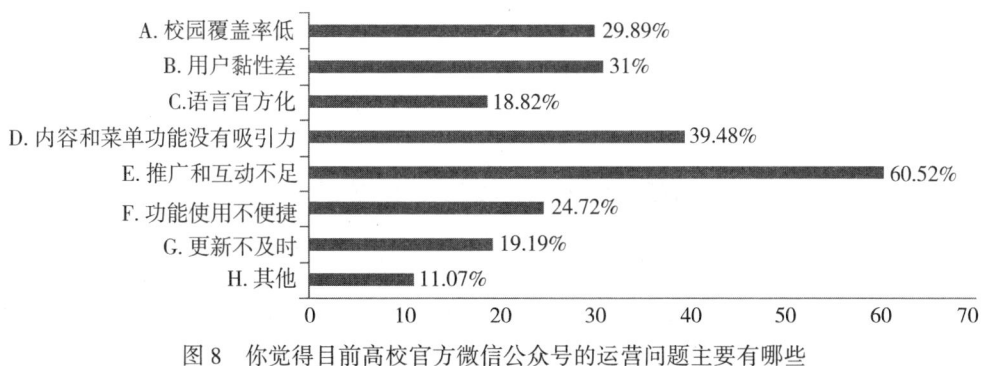

图8 你觉得目前高校官方微信公众号的运营问题主要有哪些

三、微信平台存在问题的原因

高校官方微信平台由于其自身的官方性和政策的鼓励,社会大环境是利于其发

展的。因此，导致平台出现问题的主要原因是高校自身内部因素造成的。

(一)办好校园新兴媒体的内驱力不足

高校官方微信公众平台是一个新鲜事物，各高校虽然基本上都开通了官方微信公众号，但有些是出于被动的追随形势，办好校园新兴媒体的内驱力不足。这种状况直接导致了后续的一系列问题，如高校不够重视，资金和人员投入不足，忽视推广和互动，内容更新不及时等。

(二)运营理念落后和自身定位失偏

随着移动互联网的发展，受众在选择信息上的主动性越来越高，因此媒体必须要坚持以用户为中心，关注用户需求，并积极利用后台数据对用户的使用行为进行监测，不断调整自己的运营活动。目前，有的高校官方微信公众平台运营者在平台功能定位上，简单地认为微信公众平台是官方话语权的一种延伸，没有将自身的新媒体属性与其他校园传统媒体的属性区别开来，在操作上简单地将校报和学校网站的文章复制粘贴到官方微信公众号中，致使文章内容不具备吸引力，从而导致用户流失。

(三)对受众心理特点缺乏了解

高校官方微信平台的受众是大学生群体，目前的主力军是"90后"，他们思维活跃，敢于质疑，渴望打破常规，不受束缚。因此对于观点性强且话语强势的信息本能地会产生一些抵触心理。他们期待平等的沟通交流，喜欢诙谐幽默的语言风格。同时，他们缺乏耐心，好奇心强，追求视觉上的享受，要求信息简短精练，具备趣味性和美感，还要有实际的内涵。许多运营者对大学生的心理特点缺乏了解，未能及时调整自身的运营策略，降低了传播活动的影响力。

四、高校官方微信公众平台发展策略

(一)明确定位，转变思维

高校官方微信公众平台要做好自身发展，需要明确自己的功能定位，做到与传统媒体有明显的区隔。要坚持以用户为中心，增强服务意识，树立用户思维和大数据思维，着力打造高效的需求匹配能力。

(二)注重新闻产品的生产

问卷数据显示，目前高校官方微信公众平台相较于初期的兴起，用户数量很难再实现迅速和大规模的增长，运营的重点应由数量向质量转变。一方面要继续重视吸引新粉丝，另一方面要加强质量建设，坚持内容为王，重视原创，培养用户黏性。

1. 选题要注重接近性与新鲜性

对于用户而言，感兴趣、与自己相关的内容就是自己所需要的信息，反之，就是一种信息打扰。所以高校微信公众平台应该重视用高相关性来避免信息打扰。大学生群体的生活环境特定，局限在校园区域，因此高相关性就要求紧扣学生的学习和生活来选题。高校大学生思想活跃，紧跟潮流，因此在选题时也要关注时新性，尤其是当下的热点。

2. 产品的呈现要适应用户的接受习惯

一是标题要尽量简练直白，活泼有趣。问卷调查显示，一篇微信，在主题和内容相同的情况下，用户更容易被"趣味夸张""文艺抒情""设问悬念""简短概括""准确陈述"这几类标题所吸引。标题可以尽量体现接近性，将校名或学校简称嵌入标题，吸引用户点击阅读。这是趣味性、接近性和个性化对用户发生作用。但是在拟标题的时候也要注意适度的原则，切勿一味追求噱头，过分夸大，成为标题党。

二是文章表述的语言要生动、简洁。在问卷调查中，受调查者抱怨目前高校官方微信公众平台的文章"语言官方化"，一脸严肃相。官方微信公众号的文章，在注重价值导向和责任意识，做到客观、严谨、真实的同时，应结合当代大学生的心理特点，使用活泼幽默的语言，在遣词造句上做到生动简洁，以适应用户的接受习惯。

三是多媒体形式的运用。在碎片化阅读时代，用户更偏爱直观的视觉表达。因此高校官方微信公众平台要运用多媒体呈现形式，在图文编写上要注重使用图片、视频、音频等。作为影响用户接受选择的一个因素，图片的质量也极其重要，图片、文字和色彩之间的搭配也要做到和谐悦目。

此外，要充分利用微信的社交化属性，达到二次传播的效果。二次传播对于提升平台的影响力具有重要作用。运营者在进行产品编辑的时候，要重视用户的分享心理，选择一些有趣味、可以引起受众价值认同和情感触动的选题，重点推介。

（三）加强功能建设

在"关注本校官方微信公众号的主要原因"的问题上，问卷调查显示，"为了使用菜单服务功能"（36.71%）和"通过图文消息主动选择关注"（29.96%）是占比最高的两个选项，可见，图文与功能是粉丝关注高校官方微信公众平台最主要的原因，因此，做好平台功能建设十分重要。

要关注学生需要，服务刚性需求。高校大学生在学习和生活上有许多刚性需求，如查成绩、查课表、借书、挂失等查询服务和业务办理，高校官方微信公众平台可以从用户的需求出发，借助自身官方性，提供这些专属服务，由此来吸引受众、维持用户黏性。

打造趣味服务功能。除了服务刚性需求以外，高校官方微信公众平台可以从学生的生活和兴趣出发，打造一些趣味服务功能，如"告白墙""新生心声""失物招领"等。并且灵活地根据不同时间节点设置定制服务，如寒暑假期间的打卡签到等。

（四）实时更新内容，重视推广互动

要让传播获得良好的效果，必须了解用户的接受习惯。问卷调查显示，高校微信用户在中午11:00—13:00，晚上18:00—24:00期间使用较多。因此，图文信息的发布必须要在这两个时间段之前，并且最好比较固定，以利于用户形成稳定的接受习惯。同时，问卷显示，60.15%的学生赞同平台每天更新推送，体现了学生用户对于校园资讯的需求。因此，运营者要保持微信较高的更新频率，维持平台与用户之间的黏性。

在问卷调查中，学生们认为目前高校官方微信公众平台存在的最严重的问题就是推广和互动不足。高校的运营者应该通过多种方式积极实施平台的宣传推广，例如线上线下有奖推广，或者是赠送新生礼物等。调查发现，用户偏爱丰富多样、新奇有趣的互动方式，如奖品、投票和游戏等可以提升用户趣味性的体验，受到用户的广泛欢迎；"评论回复"和"回复后台消息"可以给用户一种被重视的感觉，从而激发他们的使用欲望。

此外，高校官方微信公众平台要想实现更好的发展，团队建设和管理也十分重要。要建立稳定的运营团队，实现系统的管理和明确的分工，并建立起有效的人才储备机制，以保证平台的高效稳定运行。

行业组织现状

湖北省新闻工作者协会

一、协 会 性 质

湖北省新闻工作者协会(简称湖北省记协,英文译名 Hubei Journalists Association)是中共湖北省委领导、省委宣传部主管的湖北新闻界全省性人民团体,是省委和省政府同新闻界密切联系的桥梁和纽带。按照记协组织"党和国家记者工作部"的职能定位,承担着全省广大新闻工作者的"服务部""联谊部""管理部"和记者之家的职能。

湖北省记协的宗旨是:团结全省新闻工作者,以马克思列宁主义、毛泽东思想、邓小平理论、"三个代表"重要思想、科学发展观、习近平新时代中国特色社会主义思想为指导,引导全省新闻工作者践行"四向四做",努力做党和人民信赖的新闻工作者,培养一支政治坚定、业务精湛、作风优良、党和人民放心的新闻舆论工作队伍,承担起"高举旗帜、引领导向、围绕中心、服务大局、团结人民、鼓舞士气、成风化人、凝心聚力、澄清谬误、明辨是非、联接中外、沟通世界"的职责和使命,为繁荣和发展湖北省新闻事业,推进湖北"四个全面"建设,构建促进中部崛起的重要战略支点,实现中华民族伟大复兴的中国梦而奋斗。

二、业 务 范 围

湖北省记协接受中华全国新闻工作者协会的业务指导,接受湖北省民政厅的监督管理,依法开展教育培训、行业自律、权益维护、评选表彰、媒体服务、交流合作等工作。业务范围包括:

(1)在湖北新闻界深入开展中国特色社会主义理论体系、马克思主义新闻观、新闻职业精神职业道德的学习教育,组织和推动新闻工作者开展理论研讨、业务交流等活动,提高新闻工作者的政治素养、理论水平、政策水平、业务能力。

(2)在重大活动、重大事件中,配合省委、省政府及有关部门做好媒体服务和管理工作。

（3）规范新闻从业行为，推进新闻行业自律，引导和推动新闻工作者自觉践行社会主义核心价值观，弘扬职业精神、恪守职业道德。督促新闻工作者遵守国家法律法规，遵守《中国新闻工作者职业道德准则》《中国记协道德委员会章程》和《湖北省新闻道德委员会章程》。

（4）鼓励新闻工作者走基层、转作风、改文风，引导他们牢固树立以人民为中心的工作导向，使新闻工作更好地贴近实际、贴近生活、贴近群众。

（5）开展优秀新闻作品、优秀新闻工作者和先进集体评选表彰活动，促进多出精品、多出人才。

（6）维护新闻媒体、新闻工作者的合法权益，反映新闻工作者的意见和要求。关心新闻工作者的工作条件和身心健康，开展新闻工作者援助项目。

（7）面向基层、服务基层，加强同基层新闻媒体特别是少数民族地区新闻工作者的联系与交流，推动基层新闻事业发展。关爱离退休老新闻工作者，引导和帮助他们力所能及地从事有益社会活动。

（8）推动媒体融合发展，联系、服务新媒体，开展对新媒体从业人员的教育、培训，推动培养熟练运用现代传媒新手段、新方法的全媒型新闻工作者。

（9）加强和省外新闻媒体和新闻工作者的交流与合作。做好境外、国外记者采访的接待、服务工作，讲好湖北故事，传播好湖北声音，提升湖北的知名度和美誉度。

（10）开展调查研究，掌握新闻行业信息，为有关部门决策提供参考，为新闻界和社会各界提供新闻行业信息服务。

三、组 织 机 构

湖北省记协实行团体会员制，全省市州以上有独立刊号或广播电视呼号的新闻媒体原则上都推举一名理事。湖北省记协的最高权力机构是理事会。理事会由理事和特邀理事组成，全省理事会每届任期五年。因特殊情况需提前或延期换届的，须由常务理事会表决通过并经上级主管机关批准。

常务理事会选举主席一人，副主席若干人，任命秘书长、副秘书长组成秘书处，秘书处是常务理事会的办事机构，负责本会日常工作，重大问题提交主席会议或常务理事会决定。常务理事会由主席或主席委托的副主席主持，每年召开一次，听取审议秘书处的工作报告。

湖北省记协下属有6个独立学会（协会），分别是新闻摄影学会、老新闻工作者协会、专业报记者协会、企业报记者协会、新闻美术学会、新闻漫画研究会。

四、历史沿革

湖北省记协成立于1958年6月,"文化大革命"中停止活动。1980年夏天,中央要求恢复记协组织活动。湖北省于1980年12月召开了省记协第二届理事大会,时任湖北日报社社长雷行当选为省记协主席。

1984年4月,省记协举行第三届理事大会,时任湖北日报社社长樊坤当选为省记协主席。同年,湖北日报社正式设立了省记协秘书处,配备了专职工作人员。

1994年11月,省财政确定省记协为差额拨款单位,每年核发少量工作经费。

1995年11月,经省机构编制委员会同意,省财政厅将省记协列为财政预算单位核拨事业经费。

2011年11月,省委常委会召开专题会议研究省记协工作。会议决定,"省记协秘书处由挂靠湖北日报社改为挂靠省委宣传部,有关经费问题,由省政府研究解决。"同年12月,省记协召开第七届理事大会,时任省委宣传部副部长文成国同志当选为记协主席。

2012年省编办下文明确省记协秘书处人员参照公务员法管理,省财政明确省记协为全额拨款单位。目前省记协秘书处在编干部7人。

2013年7月,省编办同意省记协列入省直机关单位名录。

五、近年工作情况

近年来,湖北省记协在湖北省委宣传部直接领导下,紧密围绕全省工作大局,结合湖北省新闻界的特点开展工作,较好地履行了团结引导、联络协调、服务管理、自律维权等职能,新闻队伍"三项学习教育"活动、新闻职业道德建设和新闻奖评选等多项工作取得了一定的成绩,受到中宣部和中国记协的充分肯定。

(一)紧密围绕中心,为全省经济社会发展创造良好舆论氛围

出色完成党的群众路线教育实践活动督导工作。时任省记协主席任湖北省第二批党的群众路线教育实践活动第五督导组组长,指导荆州市、恩施州党员干部提高思想认识、认真查摆问题、深刻自我剖析、严格进行整改,获得群众满意,得到省领导高度肯定。撰写并发表了7篇经验文章,推出了"造福书记"向家林、"最美村官"王光国等先进典型。

紧密配合全省防汛抗洪救灾宣传报道工作。2016年夏天,湖北省发生特大洪涝灾害,4000多名新闻工作者奔赴一线。湖北省记协向全省奋战在防汛救灾一线的新闻工作者发出慰问信,组织全体工作人员分赴黄冈、鄂州、黄石、荆州、仙桃

等地开展慰问,帮助解决实际困难,向上级部门上报相关信息。举办"不忘初心,砥柱中流——抗洪救灾中的新闻人"大型图片展览,宣传新闻舆论战线先进事迹。

组织重大主题宣传。配合省委宣传部做好中央媒体驻鄂"精准扶贫"主题调研采访相关活动,先后派遣3名干部驻村开展"精准扶贫"工作和"三万"工作。组织中央媒体和省内媒体做好南水北调中线通水工程等重大项目采访活动,开展湖北援疆、援藏工作主题采访活动,采访报道获得中央领导批示肯定。组织"湖北十件大事"评选活动,广泛凝聚社会共识,动员干部群众为加快"建成支点,走在前列"努力奋斗。

做好对外交流。接待俄罗斯、日本、法国、加拿大等十多个外国新闻代表团来鄂采访调研,向国际社会介绍湖北省经济、社会、文化、生态等各方面发展的丰硕成果与经验,提高了湖北在全球的知名度和美誉度。承办美国、英国等地新闻传播学者在湖北的学术研讨活动,促进湖北省相关领域的对外交流与合作。

(二)深化学习教育,打造党和人民信赖的新闻舆论队伍

认真做好习近平新闻舆论观的学习宣传贯彻。通过组织专家学者宣讲、召开专门会议、组织专题学习等形式,深入到各市州、部分高校和省直新闻单位,举办了近30场报告会,宣讲习近平新闻舆论观。在全省新闻战线开展"自觉做党和人民信赖的新闻工作者"教育实践活动。引导新闻工作者对照"四向四做"要求找不足、找差距、定措施、促提升,争做党和人民信赖的新闻工作者。

开展马克思主义新闻观全员教育培训。近六年来,累计举办培训班、研讨会31期,参训人员约2800人次。将省市县三级媒体、传统媒体和新媒体、专业报企业报、新闻院校师生纳入培训教育范围,建立了从媒体负责人到一线青年业务骨干的培训体系,实现马克思主义新闻观培训全覆盖,并汇编出版了多部研讨会论文集。

开展"我是建设者"大讨论。配合省委宣传部在全省新闻战线开展"我是建设者"大讨论活动,通过组织来信,启动征文和大讨论,开展座谈会,举办巡回报告等,在全省新闻战线形成了"我是建设者、坚守建设性"的浓厚氛围。时任中央领导同志刘云山、刘奇葆批示肯定,中国记协专门研讨推介,中央主要媒体多次报道。

深化新闻战线"走转改"活动。邀请中央媒体,组织省直、市州媒体记者深入基层驻地采访,会同省委宣传部认真开展评选表彰全省新闻战线"走转改"活动先进单位、先进个人和优秀作品活动。组织"深入走转改 争当建设者"大型图片展在武汉、襄阳、宜昌等地展出,并出版画册,生动展现近年来湖北省新闻战线"走转改"活动的先进事迹和成果。

组织"好记者讲好故事"演讲活动。根据中宣部、中国记协、全国"三教办"要

求,自2014年起开始举办全省"好记者讲好故事"演讲活动,至2017年年底,评选表彰50多位优秀选手,推荐13名优秀记者参加全国"好记者讲好故事"选拔,连续四届共6人次进入决赛并参加全国"好记者讲好故事"巡讲团,赴各地巡讲,面向全国讲述湖北故事,其中2人被评为"最佳选手",参加中央电视台记者节特别节目录播,活动成绩位居全国各省市区前列,展现了湖北新闻工作者的良好形象。

开展各类专项教育活动。组织全省新闻工作者千人签名,承诺带头践行社会主义核心价值观,把正确的价值追求体现在新闻报道之中,面对价值观领域的不良现象,敢于发声、敢于亮剑。规范新闻语言环境,向全省新闻界发出倡议,号召传统媒体和新媒体自觉抵制网络低俗语言,使用文明用语,营造积极、健康的舆论环境和社会文化氛围。

(三)助力融合发展,提高主流媒体传播力、引导力、影响力、公信力

改进新闻评奖。主持全省新闻作品最高奖项——湖北新闻奖评选,不断推动新闻奖评选科学化。主动对接中国新闻奖评奖要求,在评奖环节上,增加专家审核和新闻道德委员会审核,在奖项设置上,根据媒体发展变化趋势,增加网络新媒体获奖比例。不断推动新闻精品生产。编著获奖作品选集,组织"抓精品、促佳作"研讨。2011年至2016年,湖北省共有75件新闻作品获得中国新闻奖,获奖总数位列全国省市区前列。

组织业务研讨。召开支持市州媒体发展研讨会、汉江流域城市党报论坛、清江流域新闻报道研讨会,探索新的媒体格局下市州媒体的生存、发展、创新之路。开展深化走转改与遵循新闻规律、新闻评论创新、多媒体时代新闻美术创新、践行群众路线与改进典型宣传、高校马克思主义新闻观教育等多个主题的新闻业务征文与研讨,引导、推动湖北省主流媒体努力探索新形势下的新闻传播规律,不断创新新闻报道形式,提高新闻宣传水平和舆论引导能力。

开展调查研究。深入各省直、市州、县级媒体,开展新闻媒体践行社会主义核心价值观状况调研,开展传媒形象与宣传效果调查研究、网上走群众路线调查研究、媒体传播效果评估调查等十多项主题调研,编著出版《社会主义核心价值观与新闻传播》等著作,公开发表十多篇调研文章。做好新闻年鉴统计,精心组织编写《湖北新闻事业发展概况》,系统总结湖北省新闻事业发展经验。

(四)增强行业自律,创新开展新闻道德委员会试点工作

湖北省记协于2012年7月在全国率先成立新闻道德委员会,并于2013年成为全国首批5个试点省市之一。五年来的工作取得了明显成效,得到中宣部、中国记协和省委宣传部的充分肯定和业界广泛认可,试点经验获得推广。

完善工作机制。制定了《新闻职业道德问题社会投诉查处工作暂行办法》,设

置了举报电话和网络举报平台,接到社会各界来函来电。把查处新闻敲诈、有偿新闻、虚假报道、低俗之风和不良广告等问题作为加强新闻道德建设的核心任务。

严肃查处问题。配合省委宣传部、省新闻出版广电局等单位,在全省范围内开展了打击"假媒体、假记者站、假记者"和新闻敲诈专项治理行动。积极受理投诉举报,近5年来,共调查社会投诉和监督员反映的问题30余件,协助上级查处相关问题约10余件,查实并进行处理的问题将近20个。

开展日常监督。聘请新闻道德监督员对媒体开展日常监督。积极帮助新闻媒体完善内部管理制度,实现学习教育经常化,自律要求制度化,专家评议具体化,调动主体单位的积极性,形成打造诚信媒体的良性机制。开展媒体社会责任报告试点,对省直媒体履行社会责任情况进行认真评议。

(五)提升服务水平,增强记协组织的吸引力和凝聚力

组织庆祝记者节活动。认真安排、组织湖北省新闻工作者参加由中国记协或者兄弟记协主办的网球赛、围棋赛、马拉松比赛等各项庆祝记者节活动。结合湖北省新闻工作者的实际,举办书画展、乒乓球团体赛、主持人巡讲团进高校等多项文体活动。

组织夜班编辑"晒太阳"活动。组织湖北省新闻工作者代表参加中国记协组织的夜班编辑培训班,组织全省各主要媒体夜班编辑约200人次赴延安、井冈山等地接受革命传统教育,同时提供给他们参加户外活动"晒太阳"的机会。

维护新闻工作者正当权益。针对湖北省出现的几起记者正当采访受到阻挠,人身安全受到侵害的事件,第一时间站出来,强烈谴责不法行为,与相关部门配合促成事件合法、公正、妥善解决,坚决维护新闻工作者的合法权益,并对受害记者进行看望慰问。

实施项目援助。根据中国记协相关办法,为湖北省因履行新闻职责导致身体伤残的新闻工作者成功申报了中国新闻工作者援助项目,获得援助金共计10多万元。与此同时,参照中国记协的做法,对在采访报道工作中受伤或重病的新闻工作者给予援助,先后发放援助金共计5万元。

(湖北省记协 李炳伟供稿)

湖北省广播电视学会

　　湖北省广播电视学会成立于1987年7月23日，是由湖北省内从事广播电视活动的单位和个人自愿结成的全省性、学术性、非营利性的社会团体，是在党和政府领导下团结和联系广播电视工作者的桥梁和纽带。学会的主要任务和业务范围是：开展广播电视学术研究活动；组织实施广播电视节目政府奖的评选工作；开展广播电视工作交流与合作；反映广大广播电视从业人员的意见和要求，维护广播电视行业、从业人员和用户受众的合法权益；承办政府部门和有关组织委托的事项。湖北省广播电视学会接受业务主管单位中国广播电影电视社会组织联合会和湖北省新闻出版广电局及社团登记管理机关湖北省民政厅的业务指导和监督管理。

　　湖北省广播电视学会第一届会员代表大会和成立大会于1987年7月23日召开，全省广播电视系统的123名代表参加了会议，会议选举张晶轩为会长；选举孙静娴、王允渊、曹贤火、陈培玉、杨秉林、王映明、何宏业、李焕涛为副会长；秘书长由徐自立担任。

　　湖北省广播电视学会第二届会员代表大会及理事会于1994年3月9日召开，全省广播电视系统180名代表参加会议，会议选举黎鸣为会长；选举曹贤火、王文厚、李昆麟、李焕涛、董业成、王映明、杨传志、徐自立、刘万铭为副会长；秘书长由董太清担任。

　　湖北省广播电视学会第三届会员代表大会及理事会于2001年2月5日举行，全省广播电视系统200名代表参加会议，会议选举李文钊为会长；选举曹贤火、李昆麟、李焕涛、黄运全、李进、骆地、罗其伟、沈汉明、唐源涛、张立功、李炜安、唐惠虎、赵致真、赵征、徐良成、陈志远、雷振池、吴廷俊、马费成、刘九州为副会长；秘书长由曾仲明担任。

　　湖北省广播电视学会第四届会员代表大会及理事会于2007年9月12日在武汉召开，全省广播电视系统310名代表参加会议，会议选举鲍红志为会长；文成国当选为第一副会长；曾婕、唐源涛、沈汉明、史有才、张立功、何庆洋、吕值友、黄正谋当选为副会长，秘书长由黄正谋兼任。

　　湖北省广播电视学会第五届会员代表大会及理事会于2014年9月12日在武汉召开。全省广播电视系统308名代表参加会议，会议选举张良成为会长；雷刚当选为第一副会长，吕值友当选为第二副会长，马莉当选为驻会副会长；向培凤、王彬、顾亦兵、黄尚建、李兆华、李利克当选为副会长；秘书长由李利克兼任。

湖北省广播电视学会1987年设立内设机构省广播电视学会秘书处。1999年1月，经省民政厅批准设分支机构4个，即：企业电视专业委员会、广播剧专业委员会、高校广播专业委员会、播音与主持专业委员会，4个分支机构在学会秘书处领导下开展工作。到2007年，随着社会组织管理的改革和广播电视行业的发展变化，除高校广播专业委员会外，学会其他3个分支机构基本停止活动。1987年7月学会创办了学术刊物《湖北广播电视研究》，1991年更名为《声屏瞭望》，该刊物为季刊，内部发行；《声屏瞭望》后来由湖北省广播电视学会与湖北广播电视台合办，2016年停刊。

湖北省广播电视学会自成立以来，紧密结合广播电视各项实践，坚持开展广播电视学术研究活动，做好全省广播电视节目的评优评奖工作，积极开展广播电视业务培训，做团结和联系广播电视工作者的桥梁和纽带，反映广大广播电视从业人员的意见、建议和要求，取得了较大成绩。近年来，特别是第四届、第五届理事会成立以来，湖北省广播电视学会在开展理论研究、组织学术活动、促进节目创优、编撰年鉴史志等方面做了大量工作，取得了业界认可的成绩。

一、以党建统筹学会工作

社会组织是中国特色社会主义的重要组成部分，是促成中华民族伟大复兴的一支重要力量，社会组织的工作是党的工作的一个重要部分，必须毫不犹豫、旗帜鲜明地坚持党对社会组织的领导，强化党组织建设。目前，学会按照上级要求，成立了功能型党组织，驻会会长任书记，主管部门湖北省新闻出版广电局宣传处处长和学会秘书长任副书记，秘书处办公室主任任委员。

二、开展理论研究

近年来，湖北省广播电视学会联系广播电视发展实际，围绕重大理论问题，积极开展学术研究工作，先后完成了国家广电总局部级社科研究基金项目《重大突发公共事件中的广播电视舆论引导能力研究》和《广播影视语言传播与社会影响力研究》，其成果由湖北人民出版社出版。《广播影视语言传播与社会影响力研究》集中了作者对于广播影视语言传播与社会影响力等相关问题的思考，运用传播学、社会学、政治学、语言学的相关理论，参考借鉴相关研究成果，以广播影视媒体实际语言运用为研究对象，通过分析最具代表性、针对性的语料和实例，科学概括广播影视语言的特色、传播方式及其社会影响力，讨论了当前广播影视媒体语言运用中存在的各种问题，提出了广播影视媒体语言运用和传播的策略，2015年获第9届全国广播影视学术著作评选一等奖。2007年以来，在全国广播电视学术著作（论文）评选中，学会共有1件学术著作获得一等奖，1件学术著作获得二等奖，3件论文获得二等奖；学会秘书长李利克获得全国广播影视"十佳"理论人才称号，是湖北省迄今为止唯一获得此项荣誉的人选。2010年，湖北省广播电视学会荣获"2008—2009年度湖北省社会科学社团学术活动创新奖"。

三、组织学术活动

2008年以来，湖北省广播电视学会坚持开展了六届广播电视论文征文活动，搭建学术研讨平台，鼓励和支持全省广播电视从业人员结合工作实际，进行理性思考与提升。六届论文征文的优秀作品分年度结集，分别由武汉出版社和湖北人民出版社出版。其中，第三届论文征文活动围绕湖北省"实施《垄上行》品牌战略，提高对农广播电视节目质量"这一主题展开，总结全省实施《垄上行》精品品牌战略和广播电视开办对农节目的经验，推介开办《垄上行》节目的成功做法，剖析开办对农广播节目中存在的问题，探讨提升对农节目品质的途径、措施、方法和运作模式。第三届论文征文活动的优秀论文以《声屏掠影·思考篇》为名由武汉出版社出版。第四届广播电视论文征文选集《全媒体时代广播电视面对挑战的思考》2012年由湖北人民出版社出版，这届论文征文活动主要探讨在新媒体迅猛发展的情况下，传统广播电视媒体如何面对，如何适应时代的要求，如何融合，如何做强做大，如何突破，提出全媒体时代广播电视快速发展的思路、途径和战略措施。湖北省第五届、第六届广播电视论文征文经过选编结集成《广播电视节目创优路径探索》，2015年由湖北人民出版社出版。这两届论文征文活动主要以总结开展"走基层，转作风，改文风"活动的经验为主，探讨新形势下广播电视新闻工作者深入基层的意义、方式和途径；以广播电视节目的社会效益为研究主体，就广播电视媒体人如何履行自身社会责任，自觉抵制低俗之风的影响，坚持正确的舆论导向，提高媒体自身核心竞争力等问题展开研究；同时结合各自广播电视节目的创优实践，重点研究新媒体融合下传统广播电视媒体的节目创新之路。

2017年9月，学会承办了中广联合会中南学术研究基地和北方学术研究基地年会，这是一个全国性会议，得到省新闻出版广电局、恩施州委大力支持，研讨会开得很成功。一是参加人数多。来自中广联合会中南学术研究基地、北方学术研究基地代表和湖北省广电同仁70多位一起参加会议，会议在恩施州举行，恩施电视台给予大力协助。研讨会上，省新闻出版广电总局局长张良成和恩施州常委宣传部部长尹达亲临会场并致欢迎辞。二是研讨内容丰富。研讨会围绕"新形势下广播电视媒体发展和责任"主题，邀请中广联合会领导、高校学者以及学术基地代表发言交流。中广联合会副秘书长周然毅代表中广联合会胡占凡副会长做了《发展与责任：广电媒体的永恒主题》主旨演讲，华中科技大学石长顺教授做了《媒体进化论：重塑现代广播电视主流媒体传播体系》专题报告，广东台范干良代表中南学术基地发言，扬州广电协会徐丽玲会长代表城市台学术基地发言，利川台吴林峰台长代表县级台代表交流发言。研讨会上专家发言精彩，亮点纷呈；会下参会代表热情探讨。大家围绕"新形势下广电媒体发展与责任"达成共识。三是影响广泛。媒体责任，既是媒体继续存在的意义，又是媒体不断发展壮大的动力。媒体责任是一种引导的责任，服务的责任，自律的责任，自觉的责任。胡占凡会长的主旨演讲，充分肯定年会主题"既抓住了广电媒体创新发展这个核心任务，又抓住了媒体责任这个根本前提，体现了学术基地很高的站位和眼光"。要履行好媒体责任，除了要有坚定的政治意识、责任意识，也要有准确的发展方向、清晰的发展思路、创新的发展手段。研讨会统一了思想，也理清了思路，在广电界产生广泛影响。恩施台和湖北卫视对研讨会做了全媒体报道。

2017年9月24～27日，中国广播电影电视社会组织联合会副会长雷元亮、中广联合会副秘书长周然毅、学术部主任张君昌一行4人赴襄阳广播电视台，就"打造区域新型主流媒体，提高传播能力建设"等情况进行专项调研。省学会精心组织，积极联系，向省新闻出版广电局汇报，加强与襄阳广播电视台沟通，落实调研点，准备相关材料，调研考察活动圆满结束，中广联合会领导对学会工作给予高度肯定。

四、做好广播电视节目评奖工作

受省广播电影电视局(省新闻出版广电局)委托，湖北省广播电视学会承担了一年一度的湖北广播电视节目奖的评奖、湖北新闻奖广播电视作品复评工作以及中国新闻奖、中国广播影视大奖的推荐上报工作。

学会本着公平、公开、公正的原则，对评奖程序、评奖数量、评委组成、评奖项目、评选标准、送评要求等进行严格规范，逐步实行制度化、科学化管理，维护了评奖工作的权威性、科学性和公正性，评奖效果和评奖质量得到各方面充分肯定。为做好湖北广播电视节目奖评奖工作，建立了316人的专家评委库，评委包括省广播电视主管单位领导和相关部门负责人、广电媒体骨干和一线优秀编辑记者代表、高校专家教授。对选送节目认真审听审看，发扬民主，充分讨论，严格按照有关评奖规则择优评奖，确定等次。

在推荐送评工作中，学会确立大局意识，坚持优中选优、宁缺毋滥原则，使一批精品节目在全国评奖中脱颖而出。2007年至2016年，我会推荐全省广电作品有33件获得中国新闻奖，其中一等奖4件，二等件10件，三等奖20件；有17件作品获得中国广播影视大奖。

评奖不是目的，它是创新创优的一个手段；评奖也不是终点，它更是新一轮创新培优的起点。为更好发挥评奖成果的示范导向引领作用，在2017年度工作中，制订了巡回培训计划。5~8月组织专家和评委对2016年度全省广播电视节目创新创优进行点评分析，参加听课的一线编辑记者和相关人员近800人，反响强烈，效果很好。一是精做课件，力争培训内容最优化。学会邀请专家评委结合本次评奖获奖作品认真备课，培训内容包括《用专业精神做好节目创优工作》《媒体融合，创新是唯一正确路径》《中国新闻奖获奖作品简析》和《完善评奖程序，规范评奖行为》。既有理论，也有实践；既讲成功的，也讲失败的；既有如何创作，也有如何报奖，内容丰富，指导性强。二是分片组织实施，力争培训人员最大化。以往开会培训，大多集中在武汉进行，好处是培训组织工作量小，弊端是参加培训人数少，特别是地市州一线记者编辑少有机会参加。这次，分别在鄂东的黄石台、鄂北的襄阳台、鄂西的宜昌台3个点，各点划片就近参与。参加培训的编辑记者当天去当天回，省去住宿费，也不需要交纳培训费，大大减轻地方台的经济负担。三是讲授互动相结合，力争培训效果最大化。培训中，专家点评分析为主，每一场都留出时间让大家互动，针对性增强，培训效果更好。三场培训结束后，多家县级台又专门邀请学会组织专家到当地培训。但因时间和精力有限，今年只去了巴东电视台。在那里，除了创新创优培训外，还专门安排时间对巴东台新闻、专题、活动以及主持人作品进行分析点评，现场回答编辑记者提问，互动性强，效果很好。

2018年，成功承办中国广播影视大奖创优创新获奖作品湖北宣介会。中国广播电视社会组织联合会名誉会长王太华、会长张海涛、副会长王求等领导莅临此次宣介会，450名来自我省各级广电机构的负责人、制片人和一线业务骨干参加宣介会。8位业界知名的学者、专家和一线领军人物登台授课，国家广电总局宣传司司长高长力亲自开课。中广联创优创新宣介会是中国广播影视大奖广播电视节目奖获奖作品的宣介平台，是全国广播电影电视行业最高规格的宣介活动。这次宣介会组织工作非常繁重，得到湖北广播电视台大力支持。与会全体采编人员予以高度评价，中广联也对学会的组织工作表示充分肯定和衷心感谢。

五、做好广播电视行业年鉴史志工作

2007年以来，湖北省广播电视学会受湖北省广播电影电视局(湖北省新闻出版广电局)的委托，具体负责湖北省广播电视系统年鉴的供稿工作。十多年中，组织完成了各年度的《中国广播电视年鉴》《中国新闻年鉴》《湖北年鉴》《中国文化产业年鉴》湖北省广播电视部分的供稿工作。及时向各年鉴编辑部提供了大量文字稿件和相关图片，确保提供的年鉴稿件图文并茂，质量上乘。2009年以来，湖北省广播电影电视局(湖北省新闻出版广电局)连续多年被评为中国广播电视年鉴工作先进单位，湖北省广播电视学会特约编辑连续多年被评为中国广播电视年鉴工作先进个人。2009年，为庆祝中华人民共和国成立60周年，国家广播电影电视总局决定编辑出版《中国广播电视编年史》。为了做好湖北部分的供稿工作，湖北省广播电视学会抽调专门人员，组织专门的工作班子，查阅了大量历史资料，收集了各方面的信息，按时向《中国广播电视编年史》编辑部提供了我省1933年至2000年广播电视事业发展的27幅珍贵照片、210条史料稿件。同时，湖北省广播电视学会还协助完成了《湖北省志·广播电视卷》的编撰供稿任务。期间，还参与了《改革开放30年全国广播电视节目图鉴》《湖北农村改革30年》等的供稿和编撰工作。

（湖北广电台　徐开元供稿）

湖北省记协市州报委员会

一、机构概况

湖北省记协市州报委员会成立于2002年3月,是经湖北省记协批准的市、州(含晚报、都市类、经济类、文教类报纸及新闻时政期刊)一级党报的全省性、群众性的自愿结成的、非营利性的社会新闻学术团体,业务主管单位为湖北省记协。

二、历史沿革

为了加强市、州报社之间的联系、协调、研讨、服务等方面的工作,2001年3月,湖北省新闻工作者协会、湖北省新闻学会共同发文《关于委托襄樊日报牵头组建湖北省市州报新闻工作者协会的函》(鄂记协[2001]8号),拟委托襄樊日报社牵头组建"湖北省市州报新闻工作者协会"(简称"市州报记协")。

2002年3月,湖北省新闻工作者协会先后下发红头文件《关于成立湖北省记协市州报委员会的批复》(鄂记协[2002]20号)、《关于省记协市州报委员会领导成员的批复》(鄂记协[2002]22号),湖北省记协市州报委员会正式成立。

在充分民主协商的基础上,2002年3月22日,湖北省记协市州报委员会设立秘书处,选举郑浩任省记协市州报委员会主任委员,郑心安、熊庆文、潘言成、傅瑞满、黄自堂任副主任委员,柯遂喜任秘书长,方先忠、胡国民、贺少雄任副秘书长。

2005年10月,选举杜道中任省记协市州报委员会主任委员,柯遂喜任秘书长。

2015年6月,选举王正强任省记协市州报委员会主任(会长),柯遂喜任秘书长。

2016年,选举陶宜军任秘书长。

三、主要活动

自成立以来,湖北省记协市州报委员会除了办好一年一度的市州报新闻奖评选活动、湖北省市州报年会等活动外,更主动策划推出了一系列的活动:"用镜头讲中国故事"恩施州培训、"日读一小时,月读一本书,撰写一篇文"倡议书、汉江流域城市党报论坛等,打造地市报共同的家园。并整合资源,先后成立"湖北省市州媒体促进旅游业发展合作联盟""湖北(襄阳)亲子教育产业发展联盟""湖北省市州报暨汉江流域城市党报新媒体联盟",将全省乃至江汉流域城市党报的新媒体资源进行融合,彼此合作共赢、抱团发展,巩固、拓展了主流舆论阵地,得到会员单位的一致好评。

2008年,为更好地开展市州报之间的业务交流活动,应省记协市州报各会员单位的强烈要求,市州报委员会将创刊于20世纪80年代初期、原襄阳日报社内部业务刊物《新闻大地》,确定为湖北省记协市州报委员会会刊,会刊由襄阳日报传媒集团主办。

如今,《新闻大地》杂志高起点定位,加大策划力度,对版式设计和内容进行全新改版,一季发行一期,每期围绕全省市州报新闻宣传的新方法、新成果等策划一个主题,先后制作了"报业跨界""媒体融合""中央厨房""十九大宣传"等专题报道,及时宣传了全省市州报在发挥主流舆论阵地作用时的好经验、好做法、好创意,获得了各报社及新闻媒体的高度赞誉。

此外,2018年市州报委员会编辑完成20万字的《内容为王》一书,在全省市州报发行。并策划推出"依托微信服务号,打造湖北省市州报服务平台"方案,建立起"湖北省市州报"微信群,加强各会员单位之间的交流。

(省记协市州报委员会 郭秦供稿)

湖北省专业报记者协会

党的十一届三中全会以后，为满足人民群众文化精神生活的需要，各种专业报应运而生。为加强相互联系，交流经验，增进友谊，共谋发展，20世纪80年代初，经济信息报、中国水运报、湖北科技报等报社发起组织"湖北省专业报记者协会"。经过一段时间筹备，湖北省专业报记者协会于1985年秋正式成立。它的会员单位主要是湖北省及驻鄂中央部委主管主办的专业报。起初会员单位是20来个，如经济信息报、中国水运报、人民长江报、湖北科技报、湖北广播电视报、青年人报等。20世纪80年代末至1996年，发展到54个会员单位，几乎占湖北省报纸种数的"半壁江山"。1997年以来，国家先后数次治理整顿报业市场，全省部分专业报被整合，有的被停刊。时至2004年，会员单位减至30来个。随着报业市场调整整顿的加强和竞争的加剧，有的专业报被兼并到传媒集团，个别的被退出，现在仍有会员单位21个。总的来看，湖北省专业报和专业报协会，是沐浴改革开放的春风破土而出，伴随改革的脚步茁壮成长，顺应改革大势转型发展。在这一过程中，湖北省专业报记者协会坚持服务为本，团结务实，积极开展活动，工作卓有成效，曾被湖北省民政厅授予"湖北省先进新闻社团"称号，湖北省记协以工作通讯专辑介绍其经验。

湖北省专业报记者协会的性质是湖北省专业报新闻工作者的群众团体；宗旨是组织湖北省专业报新闻工作者，在党的基本路线指引下，积极开展报业协作活动和新闻学术研究活动，为不断提高专业报队伍的新闻素质和报纸质量，以适应社会主义现代化建设的需要而努力；业务主管单位是湖北省新闻工作者协会，登记管理机关是湖北省民政厅；协会会员种类为单位会员；每个会员单位选派一名主要领导同志为会员代表，会员代表选举产生协会理事会，理事会选举产生理事长、副理事长、秘书长，理事长为协会法定代表人，主持协会工作。

湖北省专业报记者协会已经经历4届理事会。第一届理事会(1985—1992年)主席雷鸣、秘书长王坚；第二届、第三届理事会(1993—2001年)主席朱本正，秘书长先后为刘厚雄、沈俊军；现任第四届理事会主席高万亿、秘书长吴新文。

从首届理事会至今，湖北省专业报记者协会坚持服务为本、奉献为乐的办会理念；工作组织网络是以理事为基础、常务理事为骨干、主席办公会成员为先锋进行工作；工作重点是以中青年记者为重点对象，以新闻采编业务为重点内容；工作方式是"大家的事情大家办，办好活动为大家"；工作目标是"加强专业报建设，提高专业报质量，维护专业报权益，扩大专业报影响"。概括起来，主要做了9个方面的工作：

一是引导把握正确的舆论导向。及时传达贯彻上级宣传部门和记协关于新闻宣传工作的重要指示精神，组织开展马克思主义新闻观教育活动，深入学习贯彻习近平新时代中国特色社会主义思想，多次举办和参加上级的培训班、研讨会、交流会，帮助各报社明确宣传思想，把握宣传口径，防止宣传走调，坚持正确舆论导向不动摇。

二是认真抓好年度新闻奖评选活动。先后召开25届"湖北省专业报新闻奖评选会"，共评出一等奖作品906件（篇），二等奖作品1956件（篇）。在向省记协推荐的参评作品中，有11件（篇）获"湖北新闻奖"一等奖、68件（篇）获二等奖和三等奖。

三是大力推进体制机制改革创新。运用现场会、报告会、经验交流会等多种形式，介绍和推广中国水运报社转制的做法和经验，交流了26家报社机制创新，再造管理方式和工作流程的做法和体会；大力引导适应互联网时代要求，运用互联网思维，促进媒体融合发展。

四是注重"走转改"，提高采写能力。大力提倡争当"蓝笔总编"，发动和组织各报总编辑带头深入基层、深入一线采访写作，带头出精品力作。先后有9位总编辑获得"蓝笔总编奖"一等奖。以提高青年编辑记者的新闻采编能力为重点，先后12次举办培训班和开展现场短新闻写作竞赛活动，让他们摔打锻炼。先后有1602名中青年编辑记者参加这类活动，提高了发现和采写新闻的能力。省委宣传部领导曾说：1年内，省专业报连续组织3次现场短新闻采写活动，培养青年记者队伍，这为全省做好这方面的工作提供了经验。

五是注意扩大专业报人的视野和影响。连续8年与《新闻前哨》合办"专业报人"论坛，发表论文126篇。先后赴四川、西藏、湖南等省的专业报学习取经。与湖北省国际友人联合会和武汉斯诺研究中心一起兴办"湖北斯诺奖"评选活动，增强国际新闻传播力。组团赴俄罗斯及北欧考察报业。通过这些活动，扩大了视野，交流了经验，活跃了思想，广交了朋友，促进了事业发展。

六是表彰先进典型。树立专业报人的旗帜——中国水运报"平民钦差记者"桂慧樵。几十年来，桂慧樵以采写新闻舆论监督稿件而得名，被誉为"长江上最敏感的新闻天线"。他有20多篇文章得到国务院和部委的批转，其中6篇获国务院总理批示。2016年7月，他获得湖北省委宣传部授予的"湖北新闻工作'建设者奖'"，2016年9月22日，湖北省委书记在信上批示，对他予以充分肯定。尽管快70岁了，可他仍然执笔追求，继续为记者生涯增色添彩。

此外，协会还表彰了6家精品专业报社，表彰了16名赴汶川地震抗灾和湖北抗洪抢险斗争中的先进典型，为他们制发奖牌，颁发奖品，召开表彰会。

七是编书和办刊。编辑出版《与时代同行——湖北省专业报改革发展印记》一书，用30万字篇幅，记录了湖北省几十种专业报的兴旺发达和艰苦探索、转型发展概况，还勾勒了省专业报记者协会的面貌。注意办好《湖北专业报通讯》，基本上每月1期。

八是开展丰富多彩的文娱活动。先后举办书法摄影、歌唱、围棋、乒乓球等比赛活动。每逢组织重要会议或重要活动，都与承办单位举行联欢，活跃气氛，愉悦身心，交流感情，增进友谊。

九是注重情感关怀。多次举办专业报人健康知识讲座；看望生病住院的理事，吊唁病逝的专业报人；对退休和新进的专业报人表示欢迎和欢送；新年之际，慰问专业报的老领导；尤其是关心专业报人政治和业务上的进步，通过向有关单位和领导机关反映情况，协助解决了一些专业报人的职务、职称等待遇问题。

走过33年风雨历程，站在新时代的湖北省专业报记者协会一班人，面对新征程、新目标、新挑战，致力于引领会员单位坚持做好内容产品，建设融合传播平台，开拓营销渠道，延伸产业链条，成就新的产业。

（湖北专业报记协　高万亿供稿）

湖北省老新闻工作者协会

一、湖北省老新闻工作者协会成立背景及历史沿革

20世纪80年代中期，一批从革命战争年代和建国初期从事新闻事业的工作人员到了离退休年龄，纷纷离开了奋斗几十年的新闻岗位。当时，老新闻工作者们最大的心事是需要有一个自己的"家"，通过这个"家"保护自己的合法权益，组织一些活动，利用老新闻人的智力资源办一些事情，继续发挥余热。1986年10月，湖北省离退休的这批老新闻工作者开始酝酿筹建"湖北省老年新闻研究会"，后报经中共湖北省委宣传部批准，研究会于同年12月13日正式成立，归口省老龄委主管。大家公推许道琦、李尔重为名誉会长，雷行任会长，李玉秀、祝季伟、戴振民等同志为副会长。当时研究会的宗旨突出强调"老有所为"，但有局限性，局限在"新闻研究"，具体强调只是开展新闻理论研究，总结历史经验，探索新闻改革，组织老新闻工作者为党的新闻事业继续做出新奉献。

1987年，上海市老新闻工作者协会成立，时任上海市委书记江泽民出席成立大会并作了重要讲话。他强调要珍惜老新闻工作者的智力财富，积极开展工作，使老同志们大有所为。这个讲话使老新闻工作者深受鼓舞。1989年1月，根据江泽民讲话精神，湖北省学习上海市"老新协"的做法，在进行社团登记时将"湖北省老年新闻研究会"更名为"湖北省老新闻工作者协会"，同时明确了办会的宗旨是在马克思列宁主义、毛泽东思想和邓小平理论指导下，团结广大老新闻工作者，发扬党的新闻工作优良传统，遵守宪法、法律、法规和国家政策，遵守社会道德风尚，为党的工作大局服务；为党的新闻事业发展壮大服务；为增进老新闻工作者的身心健康、维护老新闻工作者的合法权益服务。

1991年12月，湖北省老新闻工作者协会主管单位由省老龄委改为省新闻工作者协会。当时，该会由新华社湖北分社、湖北日报传媒集团、省广电局、省广电总台、长江日报、武汉晚报、武汉广电局、武汉电视台的老同志组成。2001年10月，武汉市老新协成立。武汉市属的新闻单位的会员都归武汉市老新协管理。

现在，湖北省老新协由新华社湖北分社、湖北日报传媒集团、省广电局、省广电总台的会员组成，下设广电和报刊两个分会，共有会员600多人。会员们交纳的

会费和几家媒体单位每年资助的 15 万多元，是湖北省老新协唯一的经费来源。湖北省老新协的具体办事机构是该会秘书处。

二、湖北省老新闻工作者协会开展的主要活动

湖北老新协的会员中，有近 2/3 的人具有中高级职称，是长期从事记者、编辑的新闻工作者，其中还有相当数量的同志曾在各有关新闻单位担任过重要的领导职务。他们经历丰富，广见博闻，既有扎实的理论知识基础，又有丰富的实践工作经验，智力资源十分雄厚。协会充分发挥老同志的政治优势、经验优势、威望优势，围绕"老有所学、老有所为、老有所乐"，开展一系列的活动，为会员们安度晚年、快乐生活搭建了平台。

一是与时俱进，认真组织学习。老新闻工作者由于长期养成的职业习惯和优良传统，离退休以后，仍然关心政治时事学习，关心国内外大事，关注党的前途和命运。为此，湖北老新协分别通过广电分会的"读书恳谈会"和报刊分会的"读书沙龙"等形式，组织会员们深入学习中国特色社会主义理论体系，学习党的方针政策，掌握时事动态和经济发展进程，把握时代动脉，让大家及时了解党的方针政策、重大决策部署，组织引导老记者讲好中国故事、弘扬湖北精神，自觉做到政治坚定、思想常新、理想永存，始终与党中央保持高度一致。

二是组建创办"新闻老兵讲学团"，组织老记者、老编辑到大专院校、省市机关、部分市县去讲学，身体力行地开展传帮带活动；在讲学过程中，老同志们以高度的革命责任感，根据不同听课对象，讲述不同的内容，传递正能量。对于年轻学生，着重讲人生、讲理想、讲传统；对机关干部着重讲述加强党性修养和提高工作素质的重要和必要；面对在职的新闻同行们，着重讲体会、讲实践、讲经验，讲深入实际、进行调查研究的至关重要性。"新闻老兵讲学团"的讲学活动，受到省委、省政府领导的充分肯定。早在讲学团成立以前，中共中央政治局委员俞正声、湖北省委书记罗清泉就曾在一位老新闻工作者的讲稿上批示："很好！""对干部队伍建设很有帮助，应重视。"省记协和讲学团所到的一些单位，都认为"新闻老兵讲学团"讲学，是在新闻单位和新闻院校进一步开展"三项学习教育活动"的好形式。

三是编辑出版《新闻老兵回忆录》，旨在以史为鉴、传承传统、奉献余热、启迪后人。省老新协已先后出版了两本《流光追忆》——湖北新闻老兵回忆录。他们编辑出版回忆录的工作得到了中共湖北省委、省政府和有关部门的重视。原中共湖北省委常委、宣传部部长尹汉宁为回忆录作序。他在序中强调指出，新闻工作者既是时代进步的见证者，又是人类历史的记录者，还是经济社会发展的建设者。他认为，《流光追忆》的出版，不仅是老一辈新闻工作者心血的结晶，更是推动全省新闻事业发展和新闻队伍建设的一笔宝贵财富。

四是定期出版《新闻老兵报》，开辟"涉老要闻""余热有为""彩忆箴言"和"文艺副刊"等版面，进行内部沟通，为会员们交流情况、互相学习、共同提高提供了阵地。

五是组建成立"新闻老兵艺术团"，为丰富会员们的文化生活提供条件，是老同志焕发青春，活跃文化艺术生活，提高文化艺术素质的一个平台。2011年，艺术团举行纪念建党90周年文艺演出，表演了合唱、舞蹈、诗朗诵、太极剑、器乐合奏、欢庆锣鼓等12个节目，充分表达了广大老新闻工作者对党的无限热爱和无限忠诚。

六是在安陆市的白兆山文化旅游区建立了"湖北省老新闻工作者协会活动基地"。安陆市是全国的"漫画之乡""银杏之乡"，是李白的故里。诗仙李白在白兆山生活的10年间，留下了脍炙人口的诗篇和18处遗址、遗迹。省老新协选择这样一个文化底蕴深厚的地方作为活动基地，就是给老新闻工作者提供新平台，充分运用大家的社会、人脉、感情和智力等方面的资源，认真做好帮助培训新闻通讯员，帮助总结推广先进典型，帮助牵线搭桥，帮助营造舆论、扩大影响，帮助提升当地文化品位等方面的工作。

七是根据老新闻工作者的特点和要求，本着就近、节约、安全的原则开展了有益于身心健康的文体活动，每年春季或秋季，都要集中组织一两次集体游览和参观，既使会员们实地感受改革开放以来发生的巨大变化，也为老同志们提供见面交流的机会。

八是加强与兄弟省市区老新协的联系，以利于沟通情况，交流经验，互相促进，增进友谊。湖北省老新协先后承办了两次全国老新协联谊会。第一次是1996年10月的第5届全国联谊会，北京、安徽、广东、黑龙江、四川、河南、宁夏等11个省、市、自治区老新协的30名代表出席了联谊会。时任中共湖北省委常委、省委宣传部部长王重农，副部长李德华，省委副秘书长周丰年和省委组织部老干部局局长刘祥胜出席会议并讲话。第二次是2012年10月的第21届全国联谊会，来自北京、上海、天津、重庆、黑龙江、山东、安徽等17个省、市、自治区的老新协代表87人参加了会议。时任中共湖北省委书记李鸿忠向大会发来贺信强调，老新闻工作者是党和人民的宝贵财富，是推进改革发展、维护社会稳定的一支重要力量。老新闻工作者是我国社会主义革命和建设的见证者、记录者，也是党的新闻事业的开创者、建设者。他恳切希望并热忱欢迎全国各地的老新闻工作者多来荆楚大地走一走、看一看，多为湖北的发展鼓与呼，多给我们的工作提出宝贵意见和建议，帮助和促进我们把各项工作做得更好。

时任中共湖北省委常委、省委宣传部部长尹汉宁到会讲话，代表省委和省政府对远道而来的代表们表示热烈欢迎。

会议交流了各省、市、自治区老新协的工作经验，并就认真开展"老有所学、老有所为、老有所乐"活动,把老新协建设成和谐协会进行了深入的探讨。这届联谊会取得圆满成功,为湖北省老新闻工作者协会增了光,使湖北省老新协在全国老新协中的地位有了新的提升。

附:

湖北省老新闻工作者协会历届领导成员

湖北省老新闻工作者协会第一届
名誉会长、顾问、会长、副会长、秘书长名单
(1986年12月—1997年4月)

名誉会长:许道琦 李尔重
顾　　问:何　微　张金山　陆天虹　余　英　张献庆　陈　英
　　　　　朱　奋　杨　平　孙　方　卢吉安　黎　明　翟玉勋
　　　　　李永长　杨传志　魏　锋
会　　长:雷　行
副 会 长:祝季伟　李玉秀　叶子健　杨秉林　王允渊　郝孚逸
　　　　　张学知　张应先　戴振民(后增补为常务副会长)
秘 书 长:左建方　耿维海

湖北省老新闻工作者协会第二届
顾问、会长、副会长、秘书长名单
(1997年4月—2003年3月)

顾　　问:卢吉安　李文钊　周年丰　周传仁　杨振兴　杨传志
　　　　　高　欣　唐惠虎　潘堂林
会　　长:雷　行
常务副会长:戴振民
副 会 长:艾贵文　王允渊　曹贤火　孙静娴　张学知　陈修诚
　　　　　李鑫炎　李玉秀　徐士杰　魏　锋　李杏元　熊明轩
秘 书 长:李法祥

湖北省老新闻工作者协会第三届
名誉会长、顾问、会长、副会长、秘书长名单
(2003年3月—2009年6月)

名誉会长:雷　行　李玉秀　周传仁　许　丹　张献庆　张应先

顾　　问：李德华　卢吉安　冯　诚　周年丰　毕志伦　李文钊
　　　　　张汉涛　邱久钦
会　　长：戴振民
常务副会长：杨保荣　王文厚　徐士杰
副 会 长：谢邦民　艾贵文　刘采福　宋庆华　刘建勋　吴咏林
　　　　　孙静娴　曹贤火　王映明　何宏业　熊明轩　李法祥
　　　　　董汉华
秘 书 长：刘西炎　寇伯权(常务副秘书长)

湖北省老新闻工作者协会第四届
会长、副会长、秘书长名单
（2009年6月—2016年11月）

会　　长：毕志伦
副 会 长：徐士杰　谢邦民　寇伯权　刘建勋　陈　新　刘西炎
　　　　　吴咏林　孙静娴　曹贤火　蔡祥斌　李世全　沈汉明
　　　　　李法祥
秘 书 长：刘西炎(兼)

湖北省老新闻工作者协会第五届
会长、副会长、秘书长名单
（2016年11月—　）

会　　长：方政军
副 会 长：黄正谋　余安化　段献民
秘 书 长：杨敬文

（湖北省老新协　方政军供稿）

武汉新闻工作者协会

武汉新闻工作者协会(简称武汉记协)成立于1985年1月23日,英文名称为Wuhan Journalists Association(WHJA)。武汉新闻工作者协会是中共武汉市委领导的、武汉市委宣传部主管的武汉新闻界的人民团体,是党和政府同新闻界密切联系的桥梁和纽带。武汉新闻工作者协会实行团体会员制。有国家统一刊号的报业集团、报社、广播电台、电视台、主要期刊、重点新闻网站以及主要新闻教育、研究机构,承认本会章程并交纳会费,可成为团体会员。

武汉新闻工作者协会的宗旨是:团结和引导全市新闻工作者,以马克思列宁主义,毛泽东思想、邓小平理论和"三个代表"重要思想、科学发展观、习近平新时代中国特色社会主义思想为指导,坚持党的基本理论、基本路线、基本纲领、基本经验和基本要求,坚持社会主义先进文化前进方向,坚持新闻工作为人民服务,为社会主义服务,为全党全国工作大局服务,加强新闻队伍建设,维护新闻工作者的合法权益,推动新闻工作改进创新,开展对外新闻交流与合作,为繁荣和发展社会主义新闻事业,实现中华民族伟大复兴而奋斗。

武汉新闻工作者协会的任务是:组织和推动新闻工作者学习贯彻执行党的路线、方针、政策,坚定道路自信、理论自信、制度自信、文化自信。坚持马克思主义新闻观,坚持正确的舆论导向,积极培育和践行社会主义核心价值观。坚持和发扬党的新闻工作的优良传统,解放思想,实事求是,与时俱进,勇于创新,不断提高新闻工作的水平。会同有关部门和新闻单位进行新闻从业人员的教育、培训工作,开展新闻理论研究、业务交流等活动,创新对外宣传方式,办好传播新闻信息内部简报,提高新闻工作者的政治思想素质和业务水平,推动理念创新、手段创新、基层工作创新,建设一支政治强、业务精、纪律严、作风正的新闻队伍。鼓励新闻工作者贴近实际、贴近生活、贴近群众,反映人民群众的意见和呼声,宣传人民群众的实践经验和创造的业绩。建立和完善新闻奖励机制,开展新闻评奖活动,促进多出精品,多出人才,培养名记者、名编辑、名评论员、名播音员、名节目主持人,培养新闻事业经营管理和科技人才。评选和表彰优秀新闻工作者和先进集体。维护新闻工作者的合法、正当权益,反映新闻工作者的意见和要求。推进新闻行业自律,规范新闻行业行为。树立和践行社会主义核心价值观,推动和监督新闻工作者遵纪守法,弘扬新闻职业精神,恪守新闻职业道德,遵守《中国新闻工作者职业道德准则》。倡导廉洁自律，纠正不正之风。面向基层，服务群众，采取多种方式加强同基层新闻单位、新闻工作者的联系与交流，推动基层新闻工作的开展。关心新闻工作者的工作条件和身心健康，关心离休、退休的老新闻工作者，鼓励和协助他们参与力所能及的有益的社会活动。开展调查研究，掌握新闻行业信息，为有关部门提供决策参考服务，为新闻界和社会各界提供行业信息服务。开展与国内各省市新闻团体、新闻媒体和新闻工作者的交流与合作，加强与国外媒体之间的交流。

武汉新闻工作者协会已历五届理事会：

第一届理事会(1985年1月—1991年4月)：理事110人，常务理事36人。会长：杨振兴；副会长：杨秉林、张学知、胡体楠、李杏元、陈其任、周光国、叶子健、翟玉勋；顾问：陆天虹、郭治澄、曾卓、杜子才、李德林；秘书长：周光国（兼）。

第二届理事会(1991年4月—2001年7月)：理事172人，常务理事57人。主席：杨振兴；副主席：翟玉勋、杨传志、熊伟、叶子健、陈修诚、魏锋、李杏元、赵致真、陈其任、高金华、周光国；顾问：陆天虹、杨秉林、张学知、李德林、贺捷；秘书长：黄尚建。

第三届理事会(2001年7月—2006年12月)：理事164人，常务理事84人，团体会员39个。主席：翟玉勋；副主席：彭小华、熊伟、吕值友、陆永初、潘堂林、赵致真、魏锋、李杏元、曾培新、黄尚建、杨世桥、何建新、何健生、李冬安；秘书长：朱南利(2001年7月—2004年12月)、张小青(2005年1月—2007年6月)。

第四届理事会(2007年6月—2014年7月)：理事171人，常务理事46人。主席：熊伟；副主席：陆永初、吕值友、潘堂林、彭小华、何建新、黄尚建、杨世桥、严宏、林霓涛、李冬安；秘书长：张小青。

四届二次常务理事会(2009年1月19日)：理事171人，常务理事46人。主席：熊伟；副主席：陆永初、吕值友、潘堂林、彭小华、何建新、黄尚建、杨世桥、严宏、林霓涛、李冬安、梅华、夏一洪、张厚东；秘书长：张小青。

四届三次常务理事会(2010年4月26日)：理事169人，常务理事47人。主席：熊伟；副主席：潘堂林、吕值友、彭小华、何建新、陆永初、黄尚建、杨世桥、严宏、林霓涛、李冬安、梅华、张厚东、夏一洪；秘书长：吴月琴。

第五届理事会(2014年6月—   )：理事224人，常务理事51人。主席：顾亦兵，何伟；副主席：陈光；秘书长：詹小林。

（武汉市记协　谢立文供稿）

武汉广播电视学会

武汉广播电视学会成立于2004年3月，作为一级社会组织，由武汉市文化局、民政局主管，在武汉广播电视台领导下开展工作，联络和落实中国广播电影电视社会组织联合会、湖北省广播电视学会工作任务，积极做好与兄弟城市广电媒体的业务探讨和交流工作，在武汉广播电视行业内发挥好"三个平台"作用：

一是构建起上下沟通，凝聚人心的平台。学会大力开展习近平新时代中国特色社会主义思想学习研讨活动、"三项学习教育活动"、杜绝虚假新闻专项学习教育活动、"走转改"活动，发挥思想影响力，强化武汉广电队伍以人民为中心的工作导向和职业操守。组织调研活动和座谈会，了解职工的呼声和建议，发挥好上下沟通作用，凝聚人心、化解矛盾，促进广电事业和谐发展。

二是构建起凝聚智力，创新创优的平台。按照中国新闻奖、中国广播影视大奖、湖北新闻奖、湖北广播电视奖、武汉新闻奖等的评奖要求，公平公正组织每年武汉广播电视奖等8个奖项700多件作品的评选，再选优送评市、省、全国各个奖项。同局外专家教授、局内专业人才建立起良好关系，通过专家集中评优、析优、推优等多种手段，推动创新创优多出成果。武汉广电中国新闻奖获奖篇数历年位居全国省会城市台前列。

三是构建起交流培训，造就人才的平台。学会发挥好对外联络交流的优势，积极引进外部智力资源和业务经验，举办广电大讲堂、培训班、考察交流活动，邀请中国传媒大学、中国人民大学、清华大学、北京大学、中国社科院、武汉大学、华中科技大学、华中师范大学、湖北大学等高等学府新闻传播研究前沿的著名学者，以及中央电视台、中央人民广播电台等中央媒体的权威专家来武汉广电讲学，通过这些形式，学懂弄通习近平总书记系列讲话，站在专业发展的最前沿，培训从业人员跟上广电发展步伐，持续保持发展活力。目前武汉广播电视学会共有30个会员单位，有会长、副会长兼秘书长、副会长、副秘书长兼职工作人员4人。会长负责学会整体工作，并在副会长协助下重点做好学术及业务研究工作，副会长兼秘书长负责对外联络交流及评奖培训工作，副秘书长协助秘书长做好对外联络交流及评奖培训工作。

融合发展的大局要求、创意经济的行业要义以及媒体竞争发展的日新月异，充分表明在广电事业的发展中，把握发展趋势，及时应对新的问题，科学地研究和解决新的问题,已成为赢得竞争、赢得发展的关键一环。党的十八大以来强调实施创新驱动发展战略。学会在今后的工作中,在继续构建好"三个平台"的同时,要进一步加强广电理论和业务的研究工作,并且自觉地将研究和武汉广电事业的科学发展紧密地结合起来,使学会真正成为武汉广电事业发展的情报部、参谋部、理论部。情报部就是要及时了解外部态势、内部状况,知彼知己,为领导提供决策参考,以彰显应变力;参谋部就是既要重宏观把握,又要重微观操作,科学务实地指出当前亟待解决的问题以及急需采取的措施,科学务实地制定改革创新的方案,以彰显创新力;理论部就是要在成功地完成一场场改革创新的战役后,及时总结经验,并且上升到理论,以彰显思想力。

(武汉广电学会　戚昌慧供稿)

襄阳市新闻工作者协会

襄阳市新闻工作者协会(简称襄阳市记协,英文名 Xiangyang Journalists Association),是中共襄阳市委领导下的襄阳市新闻界的全市性人民团体,是党和政府同新闻界密切联系的桥梁和纽带。

襄阳市新闻工作者协会成立于1986年,实行团体会员制。目前共有会员单位50余家,包括市、县(市、区)级报社、广播电台、电视台、新闻网站,全国性报社、省级报社、广播电视台等媒体派驻襄阳的常设机构,以及专业报、企业报、期刊杂志社等。

襄阳市新闻工作者协会的宗旨是:团结引领全市新闻工作者,贯彻执行党的基本路线、基本纲领和基本经验,坚持新闻为人民服务、为社会主义服务的方向,充分发挥用正确舆论引导人的作用,加强新闻队伍建设,维护新闻工作者的合法权益,推进新闻改进创新,推动新闻舆论战线践行"48字"职责使命和"四向四做"的要求,繁荣和发展中国特色社会主义新闻事业,为襄阳市改革开放、全力提升襄阳市"一极两中心"建设水平提供舆论支持、营造舆论氛围。

襄阳市新闻工作者协会工作由市委宣传部主管。主要担负五大任务:负责全市各新闻媒体新闻从业人员的教育、培训工作,开展培训、研讨、有关咨询服务、业务交流、文体等活动;组织策划全市及跨省采访活动,开展全市新闻工作者"大练兵",以提升队伍业务素质,创造出更多的精品,培养更多的人才;开展新闻作品评奖活动,评选、表彰优秀新闻工作者和先进集体;维护新闻工作者的合法权益,反映新闻工作者的意见和要求,关心新闻工作者的身心健康;推进新闻行业自律,规范新闻工作者从业行为。

襄阳市新闻工作者协会原来在市委宣传部办公,经费由市政府补贴。由于经费不足,于2000年交由襄阳日报社代管。2004年,由于多种原因,市记协的财政补贴中断。2016年下半年,根据进一步深化改革需要,襄阳日报社对市记协秘书处进行重组,并重新定位职能、筹备换届、充实力量,经费来源也调整为自收自支。

新的市新闻工作者协会秘书处组建后迅速展开工作。近年来,组织开展了全媒体通讯员培训班,全市350多名通讯员参加培训;组织开展襄阳"高新杯",随兴隆车队走丝路大型采访活动,历时28天,行程1.17万公里,穿越9个省(市)区;与市委宣传部共同举办全市"好记者讲好故事"演讲比赛;以襄阳日报传媒集团为先导，在全市媒体中率先组织开展"喜迎十九大·好记者讲好故事"演讲比赛暨"自觉做党和人民信赖的新闻工作者"教育实践活动动员大会，为学习贯彻落实"十九大精神"、推动襄阳市"一极两中心"建设奏响强音。

　　襄阳市新闻工作者协会工作由市委宣传部主管。根据市记协章程，由常务理事会选举主席一人、副主席若干人，任命秘书长、副秘书长，主持本会日常工作。目前，襄阳市记协正面临换届，各项工作正在筹备中。

（襄阳市记协　办公室供稿）

湖北省新闻工作者协会高校分会

湖北省新闻工作者协会高校分会(湖北省高校校报研究会)是全省高校新闻工作者(以校报编辑为主)自愿参加的群团组织,会员单位包括全省所有高校。协会设会长1人,副会长若干人,常务理事若干人,秘书长1人,均由选举产生,秘书处为常设机构。

本届常务理事单位是:武汉大学、华中科技大学、湖北大学、湖北师范学院、湖北工业大学、中国地质大学(武汉)、华中师范大学、武汉科技大学、三峡大学、湖北广播电视大学、长江大学、武汉音乐学院、江汉大学、中南民族大学、湖北美术学院、湖北交通职院、郧阳师范高等专科学校、武汉理工大学、华中农业大学、武汉轻工大学、湖北汽车工业学院、湖北经济学院、湖北民族学院、中南财经政法大学。

湖北省新闻工作者协会高校分会旨在团结全省高等学校校报工作者,以马列主义、毛泽东思想、邓小平理论和"三个代表"重要思想、科学发展观和习近平新时代中国特色社会主义思想为指导,全面贯彻党的教育方针和新闻工作方针,遵守宪法、法律、法规和国家政策,遵守社会道德风尚和新闻职业道德,努力推动校报建设,促进校报事业繁荣和发展,为坚持社会主义办学方向,深化教育改革,培养社会主义的建设者和接班人做贡献。

湖北省新闻工作者协会高校分会于1984年12月21日在武汉大学成立,接受省委高校工委、省教育厅和省记协的领导,成立时叫湖北省高校新闻工作者协会(校刊研究会),湖北省委科教部、湖北省教育厅、新闻单位、部分高校负责同志和全体会员出席了大会,北京、上海、山东等地校报研究会代表应邀参加了大会。时任湖北省委科教部部长任心廉、湖北省教育厅副厅长张叙之出席了成立大会并发表讲话。他们指出,校刊是学校党委的机关报,是学校的窗口,学校的教学、科研、后勤等各方面情况都可以从中得到反映。两会的成立,对高校各方面的工作将起到重要作用。希望各高校党委支持校刊的工作,尽量解决校刊工作中的问题。他们表示,将积极疏通向上级反映的渠道。

湖北省新闻工作者协会高校分会业务范围:(1)开展校报工作信息和办报经验交流,组织学术研讨和业务培训;(2)沟通校报与有关领导部门的联系,反映会员意见和要求;(3)编辑出版有关报刊、书籍和学术资料;(4)参加国内新闻出版团体的业务活动；(5)积极开展新闻报道、科技信息、工程咨询、工程设计等方面的服务。

湖北省新闻工作者协会高校分会的主要活动如下：

(1)开展形势政策教育和新闻宣传报道。协会在省委高校工委、省教育厅和省记协的直接领导和关心下，认真学习、贯彻上级会议精神，不断深化中国特色社会主义和中国梦的宣传教育。各高校充分运用校报、新闻网和微博、微信，加强形势政策教育，组织广大师生自觉践行社会主义核心价值观，引导广大师生把国家梦、民族梦与大学梦、个人梦有机结合起来，充分发挥新闻宣传的舆论导向作用，壮大主流思想舆论，加大正面宣传的力度，不断巩固马克思主义在学校意识形态领域的指导地位，全面、准确地宣传党对教育工作的一系列重大政策部署，及时回答师生关切的重大思想认识问题，统一思想、凝聚共识。在新闻宣传中，一方面坚持"喉舌"作用，服务于学校的中心工作，围绕学校的办学理念、人才培养的目标定位、校园文化、大学精神等，面向师生贯彻党的教育方针和政策，传达学校改革发展的目标、规划和思路、举措，使学校的办学、育人理念成为师生共同的精神文化价值目标和追求。另一方面充分利用新闻规律，发挥现代传媒的优势，在向社会展示高等教育改革发展成就的同时，树立学校的社会形象，提升学校的社会影响力。

(2)开展新闻业务学习与研讨。协会每年利用召开年会的机会，邀请业界优秀代表开展经验交流，通过交流，相互取长补短，通过学习，共同提高。协会每年还在暑假期间举办新闻业务培训班，邀请业界骨干力量和学界专家教授开展业务培训和新闻实践活动。

(3)开展好新闻评比。开展好新闻评比是协会每年的常规活动，在评比省高校好新闻的基础上，推荐优秀作品参加湖北新闻奖的评选，同时组织全国校报好新闻评比作品的报送。

(4)开展先进校报的评比。通过评比活动，促进各高校总结经验，提升业务水平，推动高校校报事业的发展，促进各会员单位提高新闻工作水平。

湖北省新闻工作者协会高校分会成立34年来，走过了从开放办报、创办"协会"到易刊为报，健全机制，从提高质量、走向社会到公开出版、整合提高的历程。全省高校校报在正规化和专业化建设方面实现了六大转变：一是由传统的办报手段向现代化的办报手段转变；二是由功能单一向功能综合转变；三是校报培养的学生记者由单纯服务于校报向为社会媒体输送新闻人才转变；四是由封闭办报向开放办报转变；五是由被动办报向主动办报转变；六是由传者本位向受众本位转变。

(湖北大学报　黄洪世供稿)

湖北新闻与传播教育专业委员会

2012年岁末的一个傍晚,一年一度的师生聚会如期而至。席间,师生回顾过去,畅想未来,相谈甚欢。同往常一样,石长顺老师关心地询问我们来年的工作计划。于是,我提出能不能组建一个省内高校新闻传播院系的专业团体,以便于开展校际间的学术交流和实践教学活动。石老师当即肯定了这一提议,随后,向培凤、万晓红、姚洪磊也积极响应此提议,并一致推拥石长顺老师为牵头人。

2013年春季开学不久,我们到省教育厅找到分管高校的领导,提及搭建省内高校新闻传播院系交流平台的构想,厅领导对这一构想表示赞同,并为我们联系了省高等教育学会主持工作的李友玉副秘书长。一周后,李友玉副秘书长在他的办公室约见我们,听取了石长顺教授关于湖北新闻传播教育发展现状的介绍,对我们组建省内高校新闻传播院系专业团体的设想予以肯定,并提出了具体的指导性意见:提交《成立湖北省高等教育学会新闻与传播教育专业委员会的申请报告》,统计加入专业团体的单位数量,商定湖北省高等教育学会新闻与传播教育专业委员会第一届理事会建议名单,成立新闻与传播教育专委会筹备小组,等等。

在厅领导的关心下,经李友玉副秘书长多方协调,省教育厅批准成立"湖北省高等教育学会新闻与传播教育专业委员会",并在省民政厅完成注册登记。从姚洪磊起草申请报告,到石长顺教授的修改审定;从联系多所高校新闻传播院系负责人,到初拟理事会成员名单;从筹备小组成立,到上级领导的正式批复,短短两个月,足以见证筹备小组工作人员的热情与高效,以及上级领导对新闻传播教育事业的热情关注与支持。

5月28日上午,石长顺教授、向培凤副台长、胡德才院长和郭林教授参加了省教育厅、省高教学会召集的会议,时任省教育厅副厅长的欧阳建平、省高教学会秘书长刘青春、副秘书长李友玉出席了会议。会上,李友玉副秘书长宣读了省高教学会、省民政厅关于成立湖北省高等教育学会新闻与传播教育专业委员会的正式批文,接着,欧阳建平副厅长就新闻与传播教育专业专委会的发展方向作了重要指示。

他首先分析了近十几年来广播电视行业在新闻传播内容和传播方式上的变化,以及这种变化给新闻传播学科专业建设、人才培养方向带来的机遇和挑战,指出从中央到地方的各级领导高度重视传媒业、新闻传播教育的改革与发展。教育部、中宣部多次下发文件，要求建立省、市宣传部门与当地高校开展学科共建和人才培养的合作，并结合上海市委宣传部与复旦大学共建新闻学院的实例，鼓励新闻与传播教育专业专委会在湖北新闻传播教育快速发展的良好势头中搭建更大更好的平台，以弥补新闻传播专业院校与院校之间、院校与媒体之间交流合作方面的不足。最后，欧阳建平副厅长希望并相信新闻与传播教育专业委员会能够在专业领域发挥积极作用，推动湖北新闻传播教育学科建设、实践教学的健康发展。

石长顺教授在会上代表筹备小组的讲话言简意赅：依照上级指示精神和工作规程尽快开展工作，不辱使命，不负众望。

6月8日，笔者向李友玉副秘书长当面递交了由石长顺教授初拟的新闻与传播教育专业委员会核心成员名单：石长顺、强月新、喻发胜、胡德才、廖声武、向培凤、吴卫华、帅斌、万晓红、沈振煜；秘书组工作人员名单：郭林、郭小平、姚洪磊。李副秘书长建议我们召开筹备会议，酝酿新闻与传播教育专业委员会成立大会等相关事宜。

在石长顺教授的部署和筹划下，湖北新闻与传播教育专业委员会筹备会议于6月26日在湖北大学举行。湖北大学校领导的重视和新闻传播学院领导廖声武教授的大力支持保证了这次筹备会的顺利进行。与会人员经过充分讨论，一致通过了专委会的工作规程和第一届理事会候选人名单，初步商定11月中旬召开新闻与传播教育专业委员会成立大会。

在准备成立大会的过程中，石长顺教授多次召集专委会发起单位的代表开会，反复商讨成立大会的方案，布置和检查具体事项的落实情况。2013年11月16日，湖北省高等教育学会新闻与传播教育专业委员会成立大会在华中科技大学隆重举行。省教育厅副厅长欧阳建平到会祝贺并发表重要讲话。全省50多所高校新闻传播院系的300多名师生代表齐聚会场，共同见证了湖北新闻传播教育发展历程中的这一重要时刻。大会由中南财经政法大学新闻与文化传播学院院长胡德才教授主持，省高教学会副秘书长李友玉在会上宣读了对石长顺会长的任命，大会选举产生了第一届理事会成员名单：

会　长：石长顺　华中科技大学
副会长：胡德才　中南财经政法大学
　　　　喻发胜　华中师范大学
　　　　向培凤　湖北广播电视台
　　　　廖声武　湖北大学
　　　　刘为欣　中南民族大学
　　　　吴卫华　三峡大学
　　　　万晓红　武汉体育学院
　　　　沈振煜　武汉传媒学院

秘书长：郭　林　中国地质大学
副秘书长：郭小平　华中科技大学
　　　　　姚洪磊　武汉体育学院

湖北新闻与传播教育专委会的成立，为新时代新闻传播教育领域的教学改革与创新发展注入了新的活力。新闻与传播教育专委会组织、举办的一系列学术活动，为全省高校新闻传播专业师生的实践教学提供了更多的交流机会，创造了更好的沟通平台。

2013年11月，组织专委会会员单位代表参观湖北电视台，聆听专业讲座。

2014年9月，在中南财经政法大学举办年会暨专题研讨会，省教育厅、省高教学会领导亲临会场指导。

2014年12月至2015年2月，开展湖北高校新闻与传播专业大学生实践教学竞赛活动，由全省新闻传播专业的资深教授和业界知名专家组成的评委会分别对来自全省各高校的200多件参赛作品进行初评、复评和终评。中国地质大学校电视台、武汉体育学院新闻传播学院以极大的热情投入人力、物力，给予评审工作有力的支持。通过竞赛评比，进一步掌握了大学生专业学习的情况，调动了大学生在有声语言表达、新闻采编、广告创作、论文写作等创新实践方面的积极性，为深化新闻传播专业的实践教学创造了良好的条件。

2015年3月21日，在武昌首义学院举行了一场别开生面的颁奖典礼，省教育厅副厅长欧阳建平，省高教学会副秘书长李友玉，专委会会长石长顺，副会长胡德才、廖声武、向培凤、吴卫华、万晓红以及评委们，为获奖师生颁发了由省高教学会和新闻传播教育专业委员会合签的获奖证书。欧阳建平副厅长充分肯定了这次竞赛活动的意义，力荐将此项活动纳入省教育厅举办的全省高等学校大学生系列科技创新和技能竞赛计划中。

2015年12月，三峡大学文学与传媒学院院长吴卫华举全院之力，精心筹办了一场学术氛围浓厚、艺术气息飘香的年会盛典，成为首次在武汉市外承办新闻与传播教育专委会年会的高校。

2016年3~4月，启动"湖北大学生新闻传播教育创新实践技能竞赛"项目申报工作。会长石长顺、副会长向培凤、秘书长郭林在欧阳建平副厅长和李友玉副秘书长的引荐下，就大学生新闻传播专业创新实践技能竞赛的问题，与省教育厅分管领导徐雁冰副厅长和高教处邓立红处长进行沟通，反复强调全省高校新闻传播专业学生参加创新实践技能竞赛的重要性和必要性，最终达成了共识。

2016年5月，"湖北大学生新闻传播教育创新实践技能竞赛"项目申报成功，这标志着这项省内高校全覆盖的竞赛活动迈上了一个新台阶，也意味着对参赛作品的评审更加规范和严格。

2016年9~11月，阵容强大的评委会开始对新闻采编、播音主持、广告、论文四个类别的300多件参赛作品进行评审。为保证评审的公平、公正，理事会决定，初评、复评、终评的评委各设 5 名，不能交叉。三次评审的场地分别由华中科技大学、中国地质大学、武昌首义学院提供，不可重复。获奖作品比例严格按照省教育厅颁布的竞赛规则执行：一等奖占作品总数的 10%，二等奖占作品总数的 20%，三等奖占作品总数的 20%。获奖者覆盖面既要突出专业水平的深度，又要体现学生参与的广度。

2016 年 12 月，中国地质大学承办年会暨"首届湖北大学生新闻传播教育创新实践技能竞赛"颁奖典礼。省教育厅领导、高教处领导到会祝贺并向获奖者颁发获奖证书。

2017 年 11 月，湖北民族学院承担了参赛作品复评的场地和接待工作，并成功举办了年会暨"第二届湖北大学生新闻传播教育创新实践技能竞赛"颁奖典礼，出版了年会论文集。

2017 年也是新闻与传播教育专业委员会理事会的换届年。李友玉副秘书长代表省高等教育学会亲赴会场，全程指导了新闻与传播教育专业委员会的换届选举。经过新闻与传播教育专业委员会理事会的认真讨论，大会选举产生了第二届新闻与传播教育专业委员会理事会名单：

会　　长：强月新　武汉大学
副会长：胡德才　中南财经政法大学
　　　　廖声武　湖北大学
　　　　吴卫华　三峡大学
　　　　郭小平　华中科技大学
　　　　喻发胜　华中师范大学
　　　　陈峻俊　中南民族大学
　　　　万晓红　武汉体育学院
　　　　杨光宗　湖北民族学院
　　　　宗　薇　武汉传媒学院
秘书长：洪杰文　武汉大学
副秘书长：姚洪磊　武汉体育学院
　　　　陈　瑛　湖北第二师范学院
　　　　张　睿　中国地质大学

经过短短 4 年的探索实践，新闻与传播教育专业委员会致力于增进湖北高校新闻传播院系之间的交流合作，提高大学生新闻传播专业技能创新的意识，扩大新闻传播教育的社会影响力。在上级领导的关怀、扶持和全体会员的理解、帮助下，第一届湖北新闻与传播教育专业委员会理事会出色地完成了她的使命。随着新一届理事会的产生，一艘艘满载传媒学子新闻理想的事业航船正扬起风帆，向着更加高远的目标破浪前行！

（湖北新闻与传播教育专委会　郭林供稿）

主要媒体掠影

湖北日报传媒集团

湖北日报传媒集团(简称"集团")是以中共湖北省委机关报《湖北日报》为旗舰的大型综合性传媒集团。

1949年7月1日,《湖北日报》以当时的鄂豫区党委机关报《鄂豫报》和江汉区党委机关报《江汉日报》为基础正式创刊。中华人民共和国成立以来,《湖北日报》始终坚持正确舆论导向,与荆楚共奋进,与万千读者风雨同行,不断提高新闻舆论的传播力、引导力、影响力、公信力。进入新世纪,《湖北日报》不断改革创新、发展壮大,于2001年4月组建湖北日报报业集团,2007年4月更名为湖北日报传媒集团。党的十八大以来,根据中央和省委、省政府关于深化文化体制改革精神,按照探索事企分开,采编经营分开改革要求,集团于2015年12月出资正式组建湖北日报传媒集团有限责任公司(省属国有文化Ⅰ类,简称"集团公司"),并构建起集团、集团公司分开运行,采编与经营分开的新型管理架构,实现党委领导与法人治理结构的有机统一。集团党委成员以双向进入、交叉任职方式进入集团公司董事会、监事会和经理层,通过制定一系列顶层制度,明确集团党委会、社委会、编委会和集团公司董事会、监事会、总经理办公会等权责并有序运行,充分体现了国有传媒文化企业特点。

集团现拥有7报、8刊、12网、5个移动客户端和1家出版机构、64家(独资、控股)公司,在全省17个市州建有分社(记者站),是湖北最大的新闻信息平台和外界了解湖北的重要信息窗口。集团以《湖北日报》为旗舰,发展并培育出《楚天都市报》《特别关注》、荆楚网(湖北日报网)、大楚网等一批文化品牌。《湖北日报》日最高发行量超过65万份,在全国省报中排名前三,近年来广告年收入超亿元;《楚天都市报》日最高发行量达150万份,一直是中部地区发行量最大的市场类日报,品牌价值95亿余元;《农村新报》期发行量突破12万份,在全国省级三农类报纸中居前列;《特别关注》杂志最高期发量431万份,发行量多年稳居全国期刊第一;荆楚网(湖北日报网)是湖北唯一重点新闻网站,大楚网是湖北浏览量最大的一站式城市生活门户网。截至2016年,集团先后有79件作品获中国新闻奖(含全国好新闻奖),其中一等奖18件。集团现有员工4700余人,其中新闻从业人员1200余人;正高职称108人,其中专业二级5人、专业三级8人;享受国务院政府津贴2人,全国宣传文化系统"四个一批"人才2人,全国新闻出版行业领军人才4人,省有突出贡献中青年专家3人,享受省政府专项津贴8人。

集团始终保持强烈的使命感和高度的责任感，在新形势下坚定不移地推进媒体深度融合、转型发展，不断完善"一次采访、多次生成、线性发布、多媒体呈现、全时段传播"和"端网速度、纸媒深度"的新闻生产发布新形态。集团全媒体指挥中心（"中央厨房"）和全媒体采编系统基本建成并投入使用，湖北日报调整组建融媒体中心，初步理顺了报纸、网络、各新媒体平台间的职能关系，在省及全国两会、省十一次党代会、党的十九大等战役性报道任务中，开始接受实践检验，生产了一批爆款新媒体产品，中国新闻出版广电报以《"道"以通为要 "端"以质为重》为题给予肯定。截至2017年年底，集团媒体共有5个移动客户端，开设微博、微信等第三方平台官号90个，日均新媒体受众5500多万人。省委机关报和都市类媒体在融合传播上已形成"双轮驱动"：湖北日报客户端装机量达500万，是湖北省下载量和用户量最大的本土新闻客户端；楚天都市报客户端装机量达40万、微博粉丝突破1000万、微信公众号订阅户超115万，居全国媒体自建平台十强、华中地区第一。

集团不断深化文化体制改革，围绕突出主业、增强核心竞争力，从2017年起以极大决心和魄力，深入推进、强力推进供给侧结构性改革：《楚天金报》平稳休刊；荆楚网"瘦身健体"，精减富余人员逾百人；三峡分社提质增效；集团撤销、合并内设部门8个；特别传媒、襄阳分社稳妥分流冗余人员。秉持有所为有所不为的理念，果断退出与集团主业关联度不高、缺乏专业优势、成长空间狭小的行业，对8家亏损企业及15家小微企业实施关停并转，清理"僵尸企业"。加强对持续亏损经营单位的风险预警，倒逼亏损单位减亏止损。加大闲置资产盘活处置力度，对驻外机构用房、广告抵回房产、闲置车辆以及长期存货进行专项清理，有效提升集团资产利用效率。2018年，集团党委再次围绕加强基层党建、深化事企分开改革与传媒供给侧结构性改革、人事制度改革等一系列重点工作，分解制定了35项重点改革创新项目任务，不断推进落实。

经过一系列改革举措，集团现已形成以传媒主业、文化创意为双核，以文化地产、文化投资为支撑的多元产业发展新格局。楚天传媒大厦、楚天181创意产业园、楚天粤海国际大酒店在东湖之滨交相辉映。武汉国际文化创意产业城项目正在规划之中，将形成湖北文化产业的新地标。位于东湖新技术开发区、湖北自贸区武汉片区的楚天传媒产业园，已建成中西部地区规模最大、技术实力最强的大型综合性印刷基地。集团房地产年销售额突破30亿元，成为传媒界驰骋房地产市场的开拓者和领军者。集团还参股长江证券、汉口银行、湖北银行、三峡农商行等金融机构，并发起设立基金项目。2017年，集团年营业收入近30亿元，在国家新闻出版广电总局报业排名中位列全国省报第一方阵。

主要领导：

  陈剑文 党委书记、社长、董事长、总编辑

胡思勇　党委委员、总经理

传媒矩阵：

7报：《湖北日报》《楚天都市报》《农村新报》《三峡晚报》《楚天快报》《帅作文》《湖北手机报》。

8刊：《特别关注》《支点》《新闻前哨》《党员生活》《楚天法治》《特别健康》《大武汉》《网络新舆情》。

12网：荆楚网（湖北日报网）、湖北省人民政府门户网、大楚网、楚天都市网、湖北农村网、三峡新闻网、楚天襄阳网、支点网、视界网、党员生活网、楚天法治网、大武汉位视。

5个移动客户端：湖北日报客户端、看楚天客户端、湖北省人民政府客户端、三峡晚报客户端、位视客户端。另有@湖北日报、@楚天都市报等90个微博、微信等第三方平台官号。

1家出版机构：楚天书局。

经营方阵：

截至2017年年底，集团有各级各类公司64家（全资35家、控股29家）。其中包括：

1家省属大型国有独资文化企业集团（文化Ⅰ类）：湖北日报传媒集团有限责任公司。

2家新三板挂牌公司：湖北荆楚网络科技股份有限公司、湖北特别关注传媒股份有限公司。

此外，集团旗下有各级参股公司24家，股权投资项目7个，其他媒体、分社、非独立法人经营单位10家。

（湖北日报　刘斐供稿）

附：

湖北日报传媒集团社会责任报告（2017年度）[①]

一、媒体概况

湖北日报传媒集团以湖北省委机关报——《湖北日报》为旗舰，拥有8报8刊

---

① 来源：中国记协 2018-05-31

13个网站、5个客户端、90个官方微博微信等第三方平台号,报刊期发量640多万份,日均新媒体受众5500多万人。其中,《湖北日报》发行量保持在42万份以上;湖北日报客户端用户达到500万,官方微博粉丝329万;楚天都市报"看楚天"APP用户达40万,官方微信粉丝115万,官方微博粉丝突破1000万,影响力、活跃度、用户数均居全国媒体自建平台十强。《楚天都市报》连续14次上榜"中国500最具价值品牌"排行榜,品牌价值达95.05亿元。在国家新闻出版广电总局2017年发布的全国报业综合排名中,湖北日报传媒集团居第7位。

2017年,湖北日报传媒集团大力推进媒体深度融合发展,基本建成全媒体指挥中心和全媒体采编系统,理顺报、端、网、微一体化的运行架构,深入推进新闻策、采、编、发流程再造,不断完善"一次采访、多次生成、线性发布、多媒体呈现、全时段传播"和"端网速度、纸媒深度"的新闻生产发布新形态。从年初湖北省两会、全国两会,到省第十一次党代会,再到党的十九大,按照互联网思维、一体化呈现的理念,统筹调度指挥湖北日报全媒体报道,形成强大的聚合传播效应。其中,湖北日报全省两会报道,中国新闻出版报以《"道"以通为要 "端"以质为重》为题高度肯定;全国两会报道,湖北日报新媒体平台浏览量达1.15亿人次,最高时在《新闻战线》发布的全国两会省级党报官号社交传播力榜中居第1位。

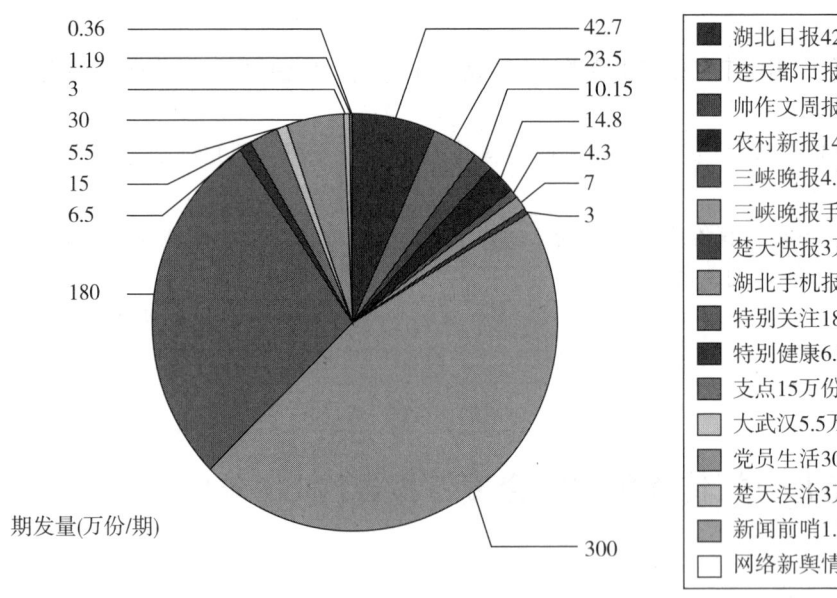

图1 报刊发行量图

主要新媒体账号受众一览表（截至2017年12月31日）

类别	名称	下载量(万)	类别	名称	粉丝量(万)
客户端	湖北日报客户端	500	微博	@湖北日报	329
				@楚天都市报	1000
	看楚天客户端	40		@三峡晚报	500
				@支点财经	720
				@湖北省人民政府门户网站	198
	位视直播	26		@湖北发布	347
类别	名称	日均UV(万)	微信	楚天都市报	115
PC网站	湖北日报网（荆楚网）	29.7		腾讯大楚网	60
				三峡晚报 天天向上	52
	腾讯大楚网	50		楚天襄阳网	40
	省政府门户网	25		荆楚网	22.6

二、履责情况

2017年是我国和湖北发展进程中极不平凡的一年，大事多、重要时间节点多。在湖北省委、省政府的正确领导下，在省委宣传部的具体指导下，湖北日报传媒集团深入学习贯彻习近平新时代中国特色社会主义思想和党的十九大精神，坚持新发展理念，始终围绕中心、服务大局，坚持"端网速度、纸媒深度"，推进全媒体传播和融合发展，传递党中央声音、讲好湖北故事，充分展现主流媒体政治担当，为湖北改革发展营造了良好舆论环境。

（一）履行正确引导责任，巩固壮大主流思想舆论阵地

认真落实政治家办报（刊、端、网、微）原则，始终把坚持正确政治方向、坚持正确舆论导向作为省委机关报的"生命线"，把迎接、宣传、贯彻党的十九大精神作为贯穿全年工作的主线，精准把握中央和省委精神，唱响主旋律，凝聚正能量，充分发挥省委机关报舆论宣传主阵地、主渠道、主力军作用。

全媒体宣传报道习近平新时代中国特色社会主义思想。集团媒体各展所长，通过评论、综述、消息、通讯、视频、动漫、图解、网页专题等形式，浓墨重彩全媒体报道习近平新时代中国特色社会主义思想。先后推出了"治国理政新思想新实践""学习贯彻习近平总书记7·26重要讲话精神""新时代 新征程""新时代湖北讲习所"等专栏、专版。特别是全媒体"新时代湖北讲习所"报道，在"深、实、活"

上下功夫,推出省领导"讲习"署名文章、专家学者专题"讲习"、全媒体访谈三大系列,辅配基层一线"讲习"故事、"十九大精神在基层""学思践悟"等专题专栏,报、端、网同步刊发推送,形成多层次分类"讲习"、专题化系列化"讲习"、全媒体"讲习"特色。

聚焦重大主题浓墨重彩讲好湖北故事。全国、全省两会期间,《湖北日报》共计推出专版103个、报道800多篇,省第十一次党代会推出专版75个,党的十九大会议报道推出专版64个,营造主流舆论强势。2017年年初的省两会,在全国媒体中率先推出两会新闻类微信小程序,以漫画加音频方式呈现重要时政内容,运用VR技术拍摄两会开幕式全景现场图,"纯手工"打造原创动漫视频《小明带你看懂"政府账本"》,形成可视化新闻、音视频直播访谈、动漫等报道方式多声部合奏,交互视频H5《长江精灵的奇幻漂流》发布当日综合点击量即突破40万。全国两会策划组织了《同饮一江水 共护母亲河》等6组大型跨省联动报道,吸引了11家省级党报参与。

图2 《湖北日报》全国两会报道

围绕迎接宣传省第十一次党代会,从2017年4月起,报、端、网、微同步推出"喜迎党代会 荆楚新跨越"主题报道,"砥砺奋进的五年"专栏刊登《跨越3万亿,跻身全国第一方阵》等报道,充分反映发展新理念在湖北的生动实践;"行走荆楚看变化"专栏刊登《华中科技国家光电试验室,感受最前沿的国际领先原创科技创新成果》等报道,透过身边的变化折射人民群众实实在在的获得感。《楚天都市报》"美丽湖北"图文系列等报道专栏,小切口展现大主题,角度新、立意高。6月25日省党代会开幕当天,《湖北日报》8个版特刊《牢记嘱托 继续前进》,围绕习近平总书记2013年视察湖北的地方与企业,全方位探访荆楚大地四年巨变,掀起了整组报道的高潮。微视频《点赞湖北》《湖北红》以及"四个着力"直播访谈等全媒体报道,记录奋进足音,见证发展成就,激发全省上下"开启'建成支点、走在前列'新征程"创业热情。

围绕迎接宣传党的十九大,从8月起各媒体推出"喜迎十九大·踏上'建成支点、走在前列'新征程""喜迎十九大·砥砺奋进的五年""喜迎十九大·治国理政新思想新实践"等系列专题专栏,全方位、立体化展示5年来湖北各地的巨大变化和干部群众对党的十九大的热切期盼。会议期间,《湖北日报》"十九大特别报道"累计推出"十九大时光""壮美湖北""荆楚回响"等21个专题专栏230多篇图文报道;新媒体平台推出"讲个故事给党听""圆桌谈""融媒体360"等7大类200多个新媒体产品,滚动发稿2000多篇,浏览量突破3000多万人次。端、网、微同步直播十九大开幕会,《新时代!刚刚,习近平给出一个重大论断!》等重点内容,总阅读量达400多万。"学'习'时间"音频专栏、"聚焦产业看扶贫"系列视频直播报道、"我看新武汉"线上线下互动活动,以及《楚天都市报》"基层党代表在行动""百岁老人看变化""瞧这一家子"三大系列专题报道,生动可读、富有情怀,有效增强了十九大宣传报道的感染力、影响力。

发挥党报评论理论举旗定向引领作用。以社论、社评、视点、微评、特稿、专家署名文章等形式,刊发了一批具有实效性、针对性、指导性的作品。聚焦两会热点的社评《警惕以形式主义应付官僚主义》被人民日报转载,人民网、新华网、求是网、凤凰网等十多家网站转发。围绕学习贯彻"7·26"重要讲话精神,《高举中国特色社会主义伟大旗帜》等系列评论被多家主流媒体转载。"六论贯彻落实省第十一次党代会精神""十论学懂弄通做实党的十九大精神""三论办好新时代湖北讲习所"等系列评论员文章,"上好第一堂政治必修课""狠刹'四风'新表现"等系列社评,有思想、有温度、有力度、有气势。一系列重头理论文章在"深入学习贯彻习近平总书记'7·26'重要讲话精神""深入学习贯彻习近平新时代中国特色社会主义思想"等专版专栏刊发,为全省各界学习宣传贯彻党的十九大精神提供了强有力的思想舆论支撑。

(二)履行提供服务责任,不断提升服务中心、服务群众能力

1. 紧扣省委中心

加强组织策划，创新议题设置，努力出新出彩出精品。围绕深化供给侧结构性改革、精准扶贫、湖北自贸区建设等重大主题，策划推出了"聚焦深化供给侧结构性改革""四大精准扶贫片区行""拥抱开放新时代"等一批重大主题报道，为湖北"建成支点 走在前列"、建设社会主义现代化强省营造了强大气场。在深化供给侧结构性改革的主题报道中，精心设置"有力有序去库存""更大力度降成本""统筹发力去杠杆""聚焦重点补短板"等重点栏目，端、网同步推送重要报道和相关评论，大力宣传报道全省各地项目建设、招商引资、放管服改革、发展实体经济的生动实践，形成网上网下宣传强势。《一个包子引发的供给侧思考》《武昌鱼游向何方》《深化农业供给侧改革观察》等系列报道，用"真、新、活"的事实说理，以精巧的角度和故事化表达展示经验、解剖难题，有效发挥了舆论引导作用。《一根秸秆的"蕲春命运"》受到中央办公厅关注。

2. 聚焦社会热点

围绕党风廉政建设、生态环保、安全生产等社会热点问题，常年开设"党风政风前哨""中央环保督察整改进行时""企业减负大督查""聚焦最严安全生产大检查"等专栏，宣传省委省政府工作部署，展示各地各部门狠抓落实的战斗风貌。服务决策参考，《金融风险怎么防》《看荆门如何破解招商难》《走贵州思湖北》等一批思辨性报道，通过解剖"麻雀"启发思想，受到各界高度评价。坚持问题导向，"透视共享经济""新常态·新职业""'三新'冲击波"等系列报道，以前瞻性的报道回应社会关切。《乡镇污水去哪了》《汉江"肠梗阻"何日打通》等系列报道，依法依规开展建设性舆论监督，第一时间占领舆论制高点，有力推动了问题解决。

3. 紧贴群众生活

与省直相关部门合作开办"健康湖北""法治视点""档案解密"等专栏，宣传相关政策法规及科普知识。作为湖北公益文化品牌的楚天名医大讲堂，深耕基层，服务群众，2017年春节前夕登上"暖冬行动"爱心专列，为1500名返乡的外地务工人员开展特别讲座；开展"开工月工地行"系列活动，为农民工免费体检；关注儿童先心病问题，为湖北恩施、来凤等地100多名儿童带去爱"心"呵护。《楚天都市报》"帮到底"专栏，报道市民生活烦心事57例，绝大多数得到圆满解决；传统品牌访谈活动"市民有约"，每周一期，现场解答市民提问、督办相关事项；连续18年开展"资助贫困大学生"大型公益活动，累计募集各方善款逾2.1亿元，帮助6万多名贫困大学生圆了大学梦，其中2017年募集资金1200万元，资助大学生3000多人；开展"楚天法律援助行动"活动20多场，提供法律咨询近万人次，办理法律援助案件300余件，帮农民工"讨薪"2800余万元。新媒体平台微信文章《渔民求助！通山200多万斤鲴鱼急寻销路》，推动解决渔民燃眉之急。

4. 强化舆情引导

发挥荆楚网络舆情监测大数据平台优势，成立楚天舆情研究院，定期举办网络舆情处置能力培训班，开设荆楚网舆情频道、"小Y求证"漫画专栏，通过"谣言曝光台""典型案例"等专栏，全年刊发各类官方辟谣信息676条，处理诈骗、侵权、谣言、网络盗版等各类有效举报信息3000多条。每旬出版《网络新舆情》内刊，先后对"女大学生湖北打暑假工陷传销后溺亡""应城毒气泄漏事件"等多起敏感舆情事件进行预警、专报，为相关单位精准研判舆情提供参考。

（三）履行人文关怀责任，彰显党报为民情怀

1. 关注民生问题，体现"湖北温度"

常年开设"精准扶贫 不落一人"专栏，讲好基层群众自立自强、脱贫"摘帽"的创业致富故事。"'我选湖北'在行动"系列报道，从不同侧面反映基层对人才的渴望、大学生就业创业心态的变化，为全省引才聚才营造良好氛围。"社区养老观察系列"集中关注社区养老问题；"医联体连通了啥""'抢救'短缺药"等系列（组合）报道，探寻当前医疗服务的难点、痛点，引起各界广泛关注；《黄冈多部门联手治"老赖" 百余农民工领到工钱》《赤壁农民工领到工钱了》等报道持续聚焦"欠薪"问题，体现党报的民生情怀。

2. 反映群众呼声，当好"民意管家"

《湖北日报》"党报热线365"，健全热线接听、快速反应、稿件编处无缝连接机制，形成报网互动的常态化机制。认真做好信访接待工作，全年接到群众来信来电1000多件，接待群众来访500多人次，为广大群众和党委政府搭建了良好的沟通、交流平台。通过内参等形式及时反映群众诉求，《土地确权纠错难》《武汉石材企业期盼政府有序引导产业转移》等稿件，服务全省大局、提供决策参考、促进相关工作。省政府门户网站推出"阳光信访"手机版、APP和微信公众号，成为全省领导干部网上服务群众的重要平台。

3. 讲好百姓故事，放亮时代浪花

深入群众生活，触摸大众心声。《路，是躺下的碑——追记省交投路桥建设者王宇云》《一生为桥恋恋难舍——记武汉长江大桥设计小组成员周璞》等报道，获得了读者好评。《楚天都市报》的《六旬夫妇诚信救赎》《仁医坚守用药红线》等10余组百姓人物报道，充满正能量。融媒体报道"煎饼姐"的故事，营造"融媒传播、大爱满城"的良好氛围。中宣部副部长、国务院新闻办主任蒋建国在湖北日报调研时，对这则新闻故事、这一传播现象给予高度评价。

（四）履行繁荣发展文化责任，弘扬社会主义核心价值观

1. 典型报道成风化人

发掘典型人物，讲好湖北故事，树立时代标杆。"中国核潜艇之父"黄旭华、八一勋章获得者马伟明、因公牺牲的武汉市委组织部部长杨汉军等一批重大典型报道，引发社会各界强烈共鸣，产生强大影响力。对杨汉军先进事迹，《湖北日报》以《燃尽生命，许党爱民》为题报道的同时，在客户端、官方微信推出新媒体产品

《看哭！组织部长杨汉军生命的最后13天》，被人民日报客户端转载，"两端"6小时点击阅读超200万次。持续开设"荆楚劳模风采""荆楚楷模""核心价值观"等栏目，推出"现代乡贤故事录""敬业诚信奉献·职工职业道德风采"等系列报道，生动展现各行各业先进典型的时代风采与精神风貌。《楚天都市报》连续三期推出《大美司机　生命壮歌》系列报道，"生命最后瞬间用力拉住手刹"的客运车司机邓艾民先进事迹得到省委书记蒋超良的批示肯定。这些系列典型报道，构筑起既有皓月当空、又有繁星满天的荆楚精神画廊。

2. 重大活动报道引领新风尚

《湖北日报》围绕纪念建军90周年，策划推出"军魂闪耀90年"系列报道，报、端、网、微联合开设"老物件的诉说"专栏，征集军史老物件，讲述浓浓拥军情；开设"军中好男儿"专栏，驻鄂空降兵某旅黄继光连政治指导员余海龙、中部战区空军巴东雷达站等一批新时代军人典型报道，在社会上产生强烈反响。楚商大会、华创会、台湾周、金博会等活动系列报道，充分展现新时代楚商楚才创新创业风采。全国戏曲优秀剧目南方会演、第五届中国诗歌节、第十三届深圳文博会、第三届湖北地方戏曲艺术节等一批重大文化活动报道，为广大读者献上文化大餐。

3. 彰显荆楚文化特色底蕴

不断提升《湖北日报》文化版、专副刊等报道质量，《东湖》副刊、《万千气象》《读书》专刊等呈现出浓郁的"湖北味道"和"荆楚风韵"。

继"千湖新记""绿满荆楚"之后，《湖北日报》策划推出第三组生态主题大型系列报道"荆楚百川"，选取60条代表荆楚水文化特色的河流，以长江开篇，以清江收尾，推出24万多字、240多幅图片、60期整版报道，生动展现了湖北河流山川之美、历史文化神韵和生态文明建设成就。《乡里乡亲》专刊关注百姓精神世界，"乡愁""乡情""乡趣""乡村影像"等栏目充满乡土特色、烟火气息。蕲春县刘河中学读者黄开云来信说："《乡里乡亲》专刊展现农村面貌，反映农民生活，叙说乡村故事，描写田园风光，芳香的泥土气息扑鼻而来，清纯的乡野风物让人沉醉。"

(五)履行安全刊播责任，认真落实意识形态工作责任制

坚持以全省舆论排头兵姿态履行意识形态工作责任，加强阵地建设和管理，全年未发生重大导向偏差事故。

1. 加强党委对意识形态工作统一领导

全年集团共召开41次党委会会议、10次党委理论学习中心组学习会议，其中26次就意识形态工作进行学习贯彻和安排部署，担当落实好党委主体责任、党委书记第一责任和党委班子成员"一岗双责"，有效维护意识形态安全。

2. 密织意识形态工作责任网

坚持把意识形态工作纳入各媒体党建工作与目标责任制考核管理范围，纳入集团党委及班子成员年度述职述廉内容，接受监督和评议。修订《媒体舆论导向管理

暂行办法》,明确集团党委、编委会和湖北日报各部门、各媒体主要负责人意识形态管理职责。

3. 全方位全流程落实讲政治、讲导向

湖北日报、荆楚网、楚天都市报等共同建立起全方位、多层级的舆情搜集渠道,定期做好舆情分析研判。新修订《微博微信管理办法》《报道差错责任追究条例》等制度,建立传统媒体与新兴媒体同尺度、同标准的策、采、编、发的工作流程,切实加大意识形态领域的管理力度和追责力度。

(六)履行遵守职业规范责任,进一步加强新闻队伍建设

1. 大力推进"两学一做"学习教育常态化制度化

坚持把思想政治建设放在重要位置,采取党委中心组学习、专题研学、楚天传媒大讲堂、基层党组织"三会一课"等多种形式,深入学习党章党纪党规,深入学习习近平新时代中国特色社会主义思想和党的十九大精神,引导党员干部树牢"四个意识",坚定"四个自信",牢记"48字"新闻工作的职责使命。分战线指导开展"红旗党支部"创建活动。湖北日报政治新闻中心党支部被评为省直机关"红旗党支部"。

2. 持续加强作风建设

认真贯彻落实中央八项规定及实施细则精神和省委六条意见,驰而不息纠正和整治"四风",全年组织各类明察暗访活动11批18次。出台《关于加强督促检查工作的实施意见》,大兴狠抓落实之风。制定《深化作风建设办法("湖报九条")》,坚决防止"四风"问题反弹。

3. 不断提升队伍全媒体传播能力

通过推动年轻记者到市州分社(记者站)锻炼、组织全媒体技能培训等方式,加强新闻人才培养。出台《全媒体绩效考评实施细则(试行)》,对报、端、网、微各平台稿件,实行"同质同分""同标准同尺度""双维度"一体化考核,促进广大采编人员转观念转思维转作业方式。2名记者荣获2017年湖北省"好记者讲好故事"比赛一等奖,1名记者作为湖北媒体唯一代表参加了第四届"好记者讲好故事"全国决赛。

4. 深入践行"走转改"

在"新春走基层"报道中,《湖北日报》精心设置"重访灾区看团圆""值班室的故事""我的乡亲我的年"等栏目,《最远的你,最近的爱》《点亮大山的黑夜》等报道多次受到省委宣传部肯定。常年开设"记者走基层"专栏,鼓励记者深入一线蹲点调研"抓活鱼"。上半年,围绕精准扶贫主题,深入库区山区老区蹲点调研,走遍8市20县市区60多个乡镇村,深度反映我省精准扶贫工作的热点、难点、痛点,促进解决了一批重难点问题。下半年,在学习贯彻党的十九大精神报道中,连续推出"跟班十九大代表看落实""蹲点调研"等系列报道,把笔头和镜头聚焦现场,

产生良好传播效果。

(七)履行合法经营责任,促进社会效益、经济效益同步提升

在全国纸媒经营下行加剧、媒体关停之声频仍的严峻形势下,2017年集团实现营业收入27.2亿元,利润9446万元,同比分别增长28.24%、41.39%,运营能力、盈利能力明显增强,经营质效稳步提升。

1. 传媒主业经营稳中有进

《湖北日报》广告经营大幅增长,《楚天都市报》继续保持盈利,《农村新报》发行量创历史新高,突破14万份。《特别关注》平均期发180万份,继续保持全国杂志期发量第一。《新闻前哨》第三次摘获"湖北省优秀期刊"称号。荆楚网络科技公司改革突破,正在探索"内容定制+全媒体传播+技术服务+线下活动"的新型商业模式。

2. 全面深化改革破冰前行

按照"一媒体一公司"方式,完善集团公司治理体系,集团事企分开改革从顶层设计向中微观操作推进。围绕突出主业、增强核心竞争力,深入推进传媒供给侧结构性改革。对8家亏损企业和15家效益不佳的小微企业实施关停并转,对1家市场类媒体实施休刊,荆楚网络科技、特别关注传媒、三峡分社、襄阳分社等单位积极稳妥地"瘦身健体",依法依规精简富余人员320多人。

3. 广告审查自律持续加强

认真学习、严格遵守《广告法》《互联网广告暂行办法》等相关法规,制定《湖北日报传媒集团虚假违法广告监管暂行办法》,加强管理,强化审查,从严把关。积极投身公益广告事业,《湖北日报》《楚天都市报》《特别关注》《支点》等媒体公益广告发布总量均超过要求指标。积极参加湖北省第三届"讲文明树新风"公益广告评选活动和"图说我们的价值观"公益广告刊载工作,受到省委宣传部和省文明办的肯定。

(八)履行保障新闻从业人员权益责任,激发创新创业活力

1. 严格遵守《劳动法》《劳动合同法》《社会保险法》等各项法律法规

按月足额支付劳动报酬,依法足额缴纳社会保险,保证合法工作时间,每年组织全员健康体检,尊重和保障职工的合法权益。推进养老保险制度改革,加强人员档案管理,完成记者证年度核验工作。

2. 重视人文关怀,加强民主管理,充分保障职工的知情权、表达权、参与权和监督权

2017年6月,新一届党委开展了覆盖集团二级单位的"党委委员大调研"行动,深入基层、问计于民;建立集团省管干部和部门负责人微信工作群,有事随时商量、信息及时互通,加强党务社务公开和工作透明度。坚持组织职工运动会、新春联欢会等活动,丰富职工精神文化生活。通过着力解决职工停车难、改革食堂管

理、改善就餐环境、加大职工健身养老场地建设等，增强干部职工在改进作风、深化改革中的获得感。

3. 完善人事制度和激励约束机制

坚持"德才兼备、以德为先、注重实绩、群众公认"的用人导向，加强干部轮岗交流。制定采编、经营、综管三条战线履职尽责评价标准，不担当不作为慢作为问题清单，综合管理服务部门按岗位系数实行绩效考核，强化经营部门月度绩效考核等制度性文件，恢复"逢进必考"机制，把竞争、择优的法则充分运用到考核奖励、评先评优、职务晋升等方面。

三、存在的问题

回顾2017年，集团总体呈现舆论导向正确有力、新闻宣传亮点纷呈、媒体融合实质突破、产业经营逆势奋进、改革创新纵深推进、干事创业活力彰显的良好局面，较好地履行了党报媒体社会责任。同时，也要清醒正视挑战和不足：

一是作为省委机关报集团，其新闻舆论的传播力、引导力、影响力、公信力，与中央和省委的要求还有差距，全媒体策划重大主题宣传报道还需要进一步加大改革创新力度。

二是媒体融合发展的步伐还跟不上受众的需求、上级的要求和转型发展的需要，与"你就是我，我就是你"的融合传播格局还有较大差距。

三是总体经营实力还很薄弱，多元经营的支撑还比较脆弱，彻底消灭非政策性亏损经营单元的任务急迫而又艰巨。

四是围绕高质量发展要求，推动质量变革、效率变革、动力变革的任务十分艰巨，推进传媒供给侧结构性改革才刚刚破题，"事企分开、转企改制"进一步做实还有大量工作需要突破。

四、今后努力方向

2018年，是全面贯彻落实党的十九大精神的开局之年，是改革开放40周年，是决胜全面建成小康社会、实施"十三五"规划承上启下的关键一年。湖北日报传媒集团将坚持以习近平新时代中国特色社会主义思想为指导，坚持稳中求进工作总基调，坚持新发展理念，落实高质量发展要求，务实重行、埋头苦干，加快建设立体多样、优势互补的现代传播体系和实力雄厚、具有较强竞争力的新型文化企业。

（1）深入学习宣传贯彻习近平新时代中国特色社会主义思想和党的十九大精神，牢牢把握正确舆论导向。继续办好全媒体"新时代湖北讲习所"，把"讲习所"办成学习宣传贯彻习近平新时代中国特色社会主义思想的"大学校"和品牌阵地。精心策划推出改革开放40周年主题报道，及时开展"不忘初心　牢记使命"主题教育宣传报道，全力以赴做好湖北改革发展、高质量发展的宣传报道，发挥舆论引领的中流砥柱作用。

（2）深入推进媒体融合，切实加强阵地建设和管理，把意识形态工作责任制落到实处。以推进湖北日报、楚天都市报融合传播为重点，加强融合传播平台建设和技术支撑，实现"双轮驱动"。坚持"端网速度、纸媒深度"，在移动化、视频化、数字化传播上取得新的突破。牢牢掌握意识形态工作领导权，加强舆情分析研判和报道传播效果推演、分析，管好用好各类媒体平台阵地，绝不给错误思想言论提供传播渠道。严格落实全媒体全流程导向管理责任制，切实做到守土有责、守土负责、守土尽责。

（3）深入推进集团体制改革和机制创新，促进集团治理转型升级。继续推进集团事企分开改革，加快构建集团公司管理体制和运营机制。运用市场化、法治化手段，继续推进传媒供给侧结构性改革，突出抓好传媒主业，进一步壮大文化创意、文化地产等支柱产业，努力实现更高质量、更有效率、更可持续的发展。

（4）把握新时代党的建设总要求，全面加强党的建设，把全面从严治党落到实处。坚持把政治建设摆在首位，坚持以习近平新时代中国特色社会主义思想武装头脑、指导实践、推动工作，树牢"四个意识"，坚定"四个自信"。深入开展"不忘初心　牢记使命"主题教育活动，扎实推进"两学一做"学习教育常态化制度化，保持正风肃纪惩腐的高压态势，努力营造风清气正的干事创业环境，为湖北"建成支点、走在前列"、全面建设社会主义现代化强省提供强大舆论支持，贡献省委机关报集团的力量！

湖北广播电视台(集团)

湖北广播电视台(湖北长江广电传媒集团)是一家集广播、电视、电影、电视剧、新媒体、有线网络、报刊于一体的综合性现代传媒机构。2011年10月,由原湖北省广播电视总台更名为湖北广播电视台,同时成立台属、台控、台管的湖北长江广电传媒集团,成功搭建起宣传性事业和经营性产业协调发展的全新体系。目前,台(集团)拥有湖北卫视等10套电视频道,湖北之声等10套广播频率,湖北龟山广播电视发射台等13个所属事业单位,以及湖北省广播电视信息网络股份有限公司、北京长江文化公司等37个全资、参股、控股公司(含两家上市公司),总资产220亿元。

台(集团)现任领导:郭忠(湖北广播电视台党委书记、台长,湖北长江广电传媒集团党委书记、董事长);向培凤(湖北广播电视台党委委员、总编辑);王彬(湖北长江广电传媒集团党委副书记、总经理);赖云峰(湖北广播电视台党委委员、纪委书记);张建红(湖北广播电视台党委委员、副台长);聂长生(湖北广播电视台党委委员、总工程师)。另有正厅级人员一名:雷刚。

人员人才:截至2017年年底,台本级和所属二级事业单位在职员工2827人。其中,博士2%,硕士12.7%,本科69.6%,专科14%,高中及以下(含中专)3.5%;取得高级专业技术职务785人(其中正高级职称218人,副高级职称567人),中级专业技术职务841人,初级专业技术职务867人。

品牌荣誉:旗舰频道湖北卫视,覆盖中国34个省级行政区,覆盖人口8.5亿。其新闻、纪录片、综艺节目和电视剧制作水平中国一流。《湖北新闻》《长江新闻号》等多档品牌新闻栏目立足湖北、放眼全球;《麋鹿》《金丝猴》等一批优秀纪录片饮誉世界;《铁血红安》《东方战场》等一批精品电视剧享誉全国;《我为喜剧狂》《如果爱》《非正式会谈》等一批综艺节目雄霸市场。电视、广播、新媒体综合实力均位列全国第一方阵。

2015年以来,本台共有2部电视剧在国际影视评奖活动中获奖,2件电视作品获得国际纪录片奖,7件作品获得中国新闻奖,27件作品获得中国广播影视大奖广播电视节目奖,2件作品获得中国电视文艺星光奖,1部电视剧获得中国电视飞天奖,1部电视剧获得中国电视金鹰奖,8件作品获得中国金熊猫奖,1348件作品获得省级奖。

转型与改革：2017年，湖北广播电视台(集团)围绕迎接宣传贯彻党的十九大这一主线，扎实推进新闻宣传、内容生产、产业经营、体制机制改革、媒体深度融合等各项工作，事业产业保持良好发展态势。湖北卫视连续五年排名全国省级卫视前十，电视综合频道省网收视全天排名第一，湖北经视连续十七年位居武汉市网第一，广播频率省网、市网收听份额多年保持领跑地位；长江广电传媒集团连续两年获评"中国文化企业30强"。目前，台(集团)正高举习近平新时代中国特色社会主义思想伟大旗帜，围绕湖北"建成支点、走在前列"发展战略，坚持开放办台、融合办台、人才强台，靠实干打造新时代特色鲜明的地方大台。

（湖北广电台　赵锐供稿）

附：

湖北广播电视台社会责任报告(2017年度)

一、媒体概况

湖北广播电视台(湖北长江广电传媒集团)是一家拥有广播、电视、电影、电视剧、新媒体、有线网络、报刊等资源的综合性传媒机构。2011年10月，由原湖北省广播电视总台更名为湖北广播电视台，同时成立台属、台控、台管的湖北长江广电传媒集团，成功搭建起宣传性事业和经营性产业协调发展的全新体系。目前，台(集团)拥有湖北卫视等10个电视频道，湖北之声等10套广播频率，湖北龟山广播电视发射台等13个所属事业单位，湖北省广播电视信息网络股份有限公司、北京长江文化公司等45个全资、参股、控股公司，总资产220亿元。

2017年，湖北广播电视台(集团)按照中央、省委和省政府统一部署，围绕迎接宣传贯彻党的十九大这一主线，高举习近平新时代中国特色社会主义思想伟大旗帜，不断提高政治站位，坚决落实全面从严治党主体责任，扎实推进新闻宣传、内容生产、产业经营、体制机制改革、媒体深度融合等各项工作。湖北卫视全国35城市组平均收视连续五年跻身省级卫视前十，电视综合频道省网收视全天排名第一，湖北经视连续十七年位居武汉市网第一，连续七年获评TV地标"年度最具综合实力省级地面频道"。广播频道省网市场份额46.81%、武汉市网份额71.12%。新闻广播继续保持省网收听率第一，湖北之声荣获"年度最具品牌影响力省级广播频率"等多个荣誉称号，不断彰显"湖北第一声"品牌实力。交通广播在武汉市场连续十年稳居第一。

二、履责情况

(一)守土负责、守土尽责,意识形态工作责任制持续压紧压实

研究制定《湖北广播电视台(集团)党委意识形态工作责任制实施细则》,进一步细化明确台(集团)党委班子、领导干部的意识形态工作责任和任务要求,建立健全党委负总责、各单位负主责、各业务岗位负具体责任的责任追究和问责体系。召开十九大重要保障期社会稳定和意识形态安全工作专题会议,集中开展意识形态领域风险点全方位排查、全过程防控工作,开展专项整治工作。严格执行《编前会制度》《节目审查工作管理规定》《新闻宣传管理规定》《应对突发事件的新闻应急反应预案》《新闻消息来源使用管理规定》等46项宣传管理制度,严格执行播前审核、播后监看、三级审片、重播重审制度。全面加强网上网下阵地管理,重点清查清理广播电视节目、广告、长江云、湖北网台、各频道微博微信客户端、主持人自媒体等各种传播渠道,确保正确导向全覆盖、无盲点,营造清朗舆论空间。

(二)紧扣主线、聚焦主题,新闻舆论传播力、引导力、影响力、公信力不断提升

围绕迎接宣传贯彻党的十九大这一主线,突出坚持和发展中国特色社会主义、实现中华民族伟大复兴中国梦这一主题,全年共完成"喜迎党的十九大"等主题宣传30多个,聚焦湖北坚持"四个着力"的火热实践,为湖北"建成支点、走在前列"营造强大发展气场。《湖北实施退湖还湖"第一爆" 梁子湖的牛山湖成功实施破垸分洪》等3件作品获中国新闻奖,《牛山湖破垸分洪牵出一份前瞻性提案》获全国政协好新闻一等奖。

浓墨重彩做好党的十九大宣传报道。电视新闻中心推出《喜迎十九大》特别策划、《砥砺奋进的五年》等七个系列报道,在央视《新闻联播》发稿12条,在央视新闻频道发稿30多条。电视综合频道、湖北经视、垄上频道、新闻广播、交通广播等分别推出特别节目,全面反映湖北学习贯彻落实党的十九大精神的生动实践,深度聚焦湖北改革发展取得的新成就、好典型。大力开展全媒体宣传,长江云创新推出十九大频道,开设"报告解读"等专题专栏12个,建设"新时代湖北讲习所"网上学习阵地,打造学习宣传党的十九大精神"云平台"。

精心策划全国全省两会、省第十一次党代会宣传报道。集结台(集团)和全省各地200多名记者编辑组成报道团队,策划推出《新方位新实践——2017年湖北省两会特别报道》等专栏16个、云直播8场、新媒体产品10款,新闻编发量、阅读量和话题量均位居全省第一。创新实现移动端13万人次在线同步观看省两会开幕会。全国两会期间,与央媒联动直播36场,共推出《奋进中国》《动感湖北》等专栏48个,全媒体端口发稿1578条,推出互动创意产品18个;《湖北新闻》多次荣登2017全国两会省级媒体传播力榜"省卫新闻"榜首。省第十一次党代会期间,策划开展《喜迎党代会　荆楚新跨越》大型系列主题宣传，各广播电视频道相继推出10多个系列报道、300多篇重头报道。长江云APP推出《喜迎党代会　荆楚新跨越》系列专题，完成直播87场，全网总阅读量超过1000万人次；推出新媒体产品20多个，点击量累计超过5000万。

精准开展全面从严治党宣传报道。及时宣传全面从严治党的新精神、新部署、新要求，着力打造《全面从严治党》《荆楚廉政》栏目，推出《湖北：作风建设永远在路上》等重点报道，引起热烈反响。创新开展建设性舆论监督，联合省纪委、监察厅推出媒体问政节目《党风政风前哨》，与《湖北媒体问政》合力形成强化执纪问责、持续纠正"四风"的高压态势。《党风政风热线》继续走在全国同类节目前列。融媒体产品《正风反腐利剑江湖》全网点击量过百万。持续刊播反腐倡廉公益广告，营造风清气正的舆论氛围。

突出重点做好全面深化改革宣传报道。围绕湖北深入推进供给侧结构性改革、深化"放管服"改革、加快自贸区建设等重点工作，推出《供给侧改革的湖北样本》《自贸区观察》《创新释放湖北发展雄浑力量》《湖北医联体改革走在全国前列》等多个主题报道。圆满完成省委与中联部在北京联合举办的"中国共产党的故事：供给侧结构性改革——湖北省委的实践"专题宣介会的新闻报道和全程录像工作。

扎实做好对外宣传工作。2017年，电视新闻上央视1500多条，其中在央视《新闻联播》发稿175条；广播新闻上央广250余条，其中在《央广报摘》和《全国新闻联播》发稿40余条。精心组织参与"2017俄罗斯·湖北传媒周"大型文化交流活动，推出全媒体现场直播《大江大河的对话——桥的故事》，网络平台在线观看超过30万人次，今日俄罗斯通讯社、俄罗斯卫星通讯社进行全程报道。《长江新闻号》《点赞湖北》已在俄罗斯落地播出。

(三) 站稳立场、务实为民，服务社会民生的能力和水平不断提升

为区域经济社会发展服务。结合省委、省政府经济工作重点，推出《砥砺奋进的五年让亿万农民吃上定心丸》《湖北神农架：高山林区用上了天然气》《"湖北制造"谋求品质之变》等多条报道，全面反映"五个湖北"建设取得的突出成绩。电视新闻特写《生态优先绿色发展：把湖北故事讲给全世界听》，全方位向世界展示了湖北创造性贯彻落实党中央关于供给侧结构性改革决策部署的做法和取得成效。全媒体大型特别报道《还看今朝·湖北》在央视播出，向全国十几亿观众展示湖北的独特魅力，节目在各网站的总点击量突破1.2亿。

为群众关切热点服务。持续深入开展"走转改"，关注基层群众生产生活，服务大众民生。垄上频道《和事佬》栏目全年参与调解各类纠纷200多起，现场调解成功率超过50%；《蓝领福利社》开展"家门口的招聘会""农闲打短工，挣万元回家过年"等活动，累计帮助3000多位乡亲找到工作。交通广播部全年启动应急广播300多次，发布突发事件、交通预警、气象预警信息1.6万多条次，播发应急公益

广告4300余次，实施紧急公益救援近200次，举办"应急公益行"7场，形成全国性应急服务品牌。

为社会和谐稳定大局服务。创新开展法治湖北、平安湖北宣传报道。跟踪报道省委省政府在法治工作、综治安全工作方面的系列举措和最新进展，精心打造《调解面对面》《武汉110》《以案说法》《拍案惊奇》等系列专题法治节目，《湖北新闻》《新闻360》《经视直播》《问新闻》等栏目全年累计播出法治新闻近两千条次。参与承办"6·26"国际禁毒日集中宣传展示活动，在湖北卫视晚间黄金时段播出。联合省教育厅、共青团湖北省委推出《同上一堂国家安全教育课》，对我省153万在校大学生和552万中小学生开展国家安全主题教育活动，增强"国家安全、人人有责"的责任意识。

为媒体深度融合服务。湖北广电长江云平台新增长江号、政情、新版VMS、搜索热词、评论、微信矩阵、内容管家、移动端第四套模板、活动报名等新功能，实现技术迭代186次，综合用户达1204万。成立短视频工作室，召开"更湖北"城市联盟启动大会，致力于打造湖北专业、顶尖的"城市运行新媒体平台"。

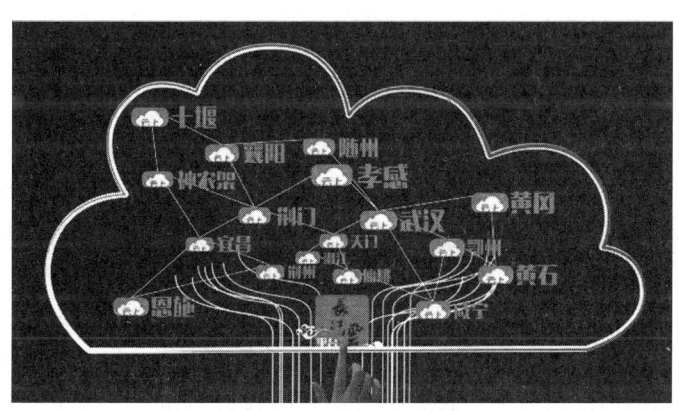

（四）精准帮扶、专注公益，人文关怀责任不断强化

聚焦精准扶贫工作。全年在湖北卫视、湖北综合、湖北经视、垄上频道、湖北之声、交通广播、农村广播等频道开辟《打赢扶贫攻坚战》《精准扶贫不落一人》等10个专栏，播发报道114篇。承办全国交通广播《畅行中国走进大别山》大型新闻纪实行动，组织全国45家交通广播近百名记者，深入脱贫攻坚一线现场报道，节目在全国广播市场收听的受众超3亿人次，系列新媒体产品整体关注量达到2200万。垄上频道开展"农机扶贫"大型公益行动，联合全省17个地市州80多家农机合作社、700多名机手，免费、优惠、优先为农户收割水稻10万多亩，为农户节支增收上千万元。

关注基层群众冷暖疾苦。继续开展"送农民工兄弟姐妹回家过年"和"暖冬行动·爱心专列"大型公益活动，惠及上千名农民工兄弟姐妹，得到央视新闻频道、中央人民广播电台、新华社、《农民日报》《中国青年报》等新闻媒体报道。助力百姓维权，联合省消费者权益保护委员会举办"2017湖北问题车房展"和"3·15家装维权月"活动，帮助上百户家庭解决装修碰到的难题。开展公益帮销，创新直播100多场，成功帮助武汉瓜农、荆州菜农、长阳渔民等销售滞销果蔬、河鲜千万余斤。全年开讲"垄上公益课"，线上直播56场，涉及农业技术、法律、青少年健康3大领域，服务用户总计约168.4万人次。

积极关爱救助困难群众。湖北经视"谈笑爱心基金"收到社会各界的爱心款226万元，全年支出198万元，开展助学行动、电影圆梦、支援乡村艺术教育、六一爱心行、救助宁夏先心病患儿、残疾人无障碍改造项目等系列爱心活动，直接救助贫困家庭近千万户。综合频道全年为3000多名留守儿童、贫困学子、农民工等困难群众提供媒体帮扶，积极开展"清欠大行动"，帮上千名工人讨回血汗钱约千万元。教育频道携手湖北省慈善总会为"99公益日"项目倾力摄制视频短片和H5，精心谋划新媒体推广，筹集善款700多万元。交通广播联合省市多家职能部门、企业、公益性社会团体成立"1078大家帮·帮扶联盟"，使更多老百姓从中受益。生活广播联合义工、社企等多方力量，推动"社区公益行"。

热情关心青少年健康成长。湖北卫视《大王小王》节目特别策划《少年国学王》系列节目，吸引全国近百位小朋友参与角逐。综合频道开展"暖冬行动"，为300多名贫困学子、留守儿童送去40多万元的过冬物资。新闻广播部连续四年举办湖北省中小学生经典诵读大赛，打造经典诵读品牌，吸引全省近千所学校、十几万学生参与。开展2017湖北省"起点阅读·朝读经典"校园巡回展演，被列入全省2017年重点"双读"活动。垄上频道开展"垄上少年强·公益小天使选拔赛"，让1300多名城市孩子及其家庭和农村留守儿童形成持续帮扶互动。"垄上少年强·手拉手读世界"公益图书捐赠活动为湖北省恩施土家族苗族自治州毛坝小学捐赠图书2.5万多册。教育频道《同上一堂课》系列节目获得总局"少儿节目精品"发展专项扶持项目奖励，是湖北地区最具主流价值的校园系列主题宣传活动。其中，特别策划《同上一堂课：中国自信》《同上一堂课：我们的价值观》为全省700多万名大学生和中小学生带来了一堂生动精彩的社会主义核心价值观电视课。

（五）扎根荆楚、打造精品，"湖北广电制造"加快从高原迈向高峰

综艺节目展现一流品质。湖北卫视《非正式会谈》第三季在主流视频网站三季播放量累计超过10亿，豆瓣评分达9.2分，名列在播综艺节目前茅，获评"年度大学生喜爱的综艺节目"第二名。创新推出国内首档大型季播体育综艺节目《一起足球吧》，首播话题超过50万阅读量。北京长江文化公司制作的大型科学挑战类节目《机智过人》登陆央视一套晚间黄金时间段，是央视首次播出地方台下属机构制

作的综艺节目，有力扩大了湖北广电的品牌影响。

精品电视剧彰显大台风范。大型都市社区题材轻喜剧《江城三月》、重大革命历史题材电视剧《西柏坡的回声》入选迎接党的十九大参考剧目。《东方战场》《好先生》入选2016年度《中国电视剧选集》。长江华晟影视公司联合出品的电视剧《领养》在央视八套黄金档首播。北京长江文化公司参投的《一起长大》《八方传奇》等收视成绩优异，其中都市言情剧《一起长大》在江苏卫视首轮播出，排名多次进入全国前三。

精品纪录片诠释文化担当。精心策划制作《长江》《苏东坡》《两栖人》《见证脱贫2017》《辛亥革命研究百年》《金丝猴》《君紫檀》等一批兼具人文品位、思想意义、时代精神、史料价值的纪录片。其中，《记住乡愁》（第三季，四集）、《长江》《苏东坡》在央视黄金时段播出，《长江放壕》被总局列为推荐优秀国产纪录片。

（六）齐抓共管、严防死守，综治安全和技术安全平稳有序

全力做好党的十九大重要保障期安全保障工作。成立台（集团）党的十九大重要保障期社会安全和意识形态安全指挥部，多次召开专项会议进行工作部署，全面做好安全隐患排查，分兵把守、应急值守、严防死守，高水准提升安全播出管理能力，得到总局监管中心检查组充分肯定。提高安全管理等级，台（集团）所有单位全部进入安全管理二级状态，圆满完成党的十九大安全播出、综治维稳等各项工作任务。

确保全国、全省两会等重要时间节点安全播出"无事故、零停播"。梳理修订安全播出管理制度，强化人员培训、应急预案和日常演练，积极做好广播电视系统改造等工作。2017年9个安全播出重要保障期共66天，全台制作、播出、传输、发射各环节全部实现零停播、无事故。启动长江云平台整体安全项目，平均每天有效拦截处理网络共计超过20万次，全年未发生网络安全事件事故。

较好完成全年广播电视安全播出目标任务。台（集团）10套广播、11套电视播出总时长221059小时，全年零秒停播。各无线发射台站克服工作环境艰苦等困难，坚守一线，确保了播出情况优于总局计划指标，保障了中央媒体在我省的覆盖、湖北卫视上星全国播出和我台节目省内覆盖，有效发挥了广播电视公共服务功能，取得了良好的社会效益和经济效益。其中，广播发射台3套中波广播播出总时长22443小时，零秒停播；随州发射台6套调频广播、3套中波广播和3套电视播出总时长80438小时，停播率0.56秒/百小时；龟山发射台12套调频广播、4套模拟电视播出总时长126677小时，停播率5.7秒/百小时；卫星地球站上星传输湖北卫视、12套广播共111019小时，停播率0.49秒/百小时。

（七）牢记使命、履职尽责，打造党和人民放心的新闻舆论工作队伍

始终牢牢把握正确舆论导向。忠诚履行"48字职责使命"，严格贯彻习近平总书记在"2·19"重要讲话中提出的"八个讲导向"要求，坚持网上网下一个标准，修

订完善《新媒体发展及管理办法》《新闻宣传管理工作差错处罚规定》等多项管理制度,形成全岗位导向管理、差错事故处罚体系,全台没有出现导向性差错。

加强播音员主持人队伍建设和管理。积极组织播音员主持人参加总局、中视协举办的培训班,台(集团)内部举办《播音要素谈》《为播报注入灵魂》等四次播音员主持人专业培训讲座,组织播音员主持人参与行业内管理机构的业务学习和交流,开展台内优秀作品点评,通过形式多样的学习交流活动,提升播音员主持人群体业务素质。举办了"走进武汉地铁、感知工匠精神""走进武汉交警学习智慧交管""广电主持人进校园"等系列主持人走基层活动。

严肃处理各类违规失范行为。加强监播评议工作,撰写编发监播报告。先后完成《从践行"中央厨房"战略看长江云传播创新——以"湖北'两会'"和"全国'两会'"报道为例》《浅析楚天交通广播〈好吃佬〉互动话题的设置技巧》《湖北卫视〈如果爱〉节目盈利模式浅议》等11项监播专项评议。连续四年开展"查隐患、找不足、强基础"专项整治行动,2017年发布整治通报49期,累计查处播音员念错音、画面不达标等不符合技术标准的工作差错1132起,并给予相关责任人相应处罚。差错事故同比上年下降8%。

(八)诚信守法、双效统一,经营创收加快转型升级

始终坚持把社会效益放在首位。进一步加强专题广告审核,规范了专题广告播出审核流程,通过播前终审及播后预警的方式对专题广告的播出进行管理。在工商总局监测中,从5月份起地面频道实现广告零违规的历史突破。

加大公益广告制作播出力度,提升公益形象。认真落实国家新闻出版广电总局对公益广告的播出要求,各广播电视频道全年都安排时段播出公益广告,且全天公益广告占商业广告的比例不少于3%。电视方面,全年共制作公益广告160多条(总时长约167分钟),全年安排播出各类公益广告合计6.8万余次,约860小时左右;广播方面,全年共制作公益广告94条(总时长约80分钟),全年安排播出各类公益广告合计6.5万余次,约1627小时左右。湖北网台在首页显著位置开设专题,集中宣传展示各类公益广告。

推动所属企业强化合法合规经营。根据中央《关于在深化国有企业改革中坚持党的领导加强党的建设的若干意见》等规定和要求,修订长江广电传媒集团公司章程,设立公司党委和公司纪律检查委员会,确定公司党委的职权,从章程上保证公司坚持党的领导、加强党的建设。台(集团)全资和控股企业将党建工作写入公司章程。不断完善现代企业管理制度,制定并落实《台(集团)出资企业职业经理人履职待遇和业务支出实施细则》,初步拟订《台(集团)对外投资管理办法(试行)》《台(集团)投资项目后评价管理办法》。进一步完善所属企业法人治理结构,开展企业精细化目标管理推进情况的检查及整改工作,确保各企业落实年度计划。

依法纳税,主动承担、积极履行企业公民责任。2017年,台(集团)依法取得

合规发票、严格按税务局要求开具各类发票,每月月初进行增值税抄报,按月或季及时完成台(集团)个人所得税、企业所得税、增值税、城市维护建设税、教育费附加、地方教育附加、印花税、车船使用税、残疾人保障金等税费的申报和缴纳工作。

广电产业转型升级步伐加快。克服新媒体冲击、广告政策严管等不利因素,全年广告创收完成目标任务的100.6%。广电网络产业稳健增长。北京长江文化公司2017年6月顺利完成第二次股票发行,总市值达25.89亿元,国有资产增值近28倍。长江云新媒体集团被认定为高新技术企业,荣获年度"影响中国传媒"最具创新力媒体等荣誉称号。垄上集团入选省内首批"双百工程"龙头企业。长江文创产业基金成功投资知音动漫增资扩股项目、有爱互娱项目,实现在动漫、游戏产业等领域的战略布局。

(九)以人为本、规范管理,依法保障新闻从业人员权益

根据记者证核验和新证申办工作有关要求,统计上报2014年7月以来已领取新版记者证的人员共计1338人,并按照标准进行审查核验。完成108人记者证新证申报信息审核工作,并提交省新闻出版广电局。为进一步加强持证上岗管理,根据省新闻出版广电局要求,组织完成了148名广播电视播音员主持人证执业注册材料的审核工作。按照在职员工聘期考核有关要求,切实加强台(集团)用工管理工作,完成252名聘用、派遣员工劳动合同续签工作。对台(集团)登记备案人员信息库进行全面梳理,对新增的71人及时做好登记备案,做到应备尽备。有序推进养老保险改革,完成1300余名实名制人员档案清理和入职手续查核等,首次共计完成1274人的上编工作。

三、存在的问题

我们在推进湖北广电事业产业发展过程中,还存在一些不足:

一是现象级精品比较稀缺。有思想、有温度、有品质的新闻精品不够多,中国新闻奖一等奖有待突破。自编、自导、自演、自播的影视剧精品创作生产明显滞后,现象级综艺节目资源稀缺。对照文艺作品的高峰要求、对标先进一流广电的成绩还存在差距。

二是媒体深度融合还不够,距离习近平总书记关于媒体融合"融为一体、合而为一"的要求还存在差距。新媒体先进技术应用不够,在大数据、云计算、用户画像、智能推送、VR、AR等技术方面还存在薄弱环节。

三是发展质量还不够高。收入结构较为单一,对传统广告业务依赖程度较高。产业实力不强、基础薄弱、市场主体"小、散、弱"的问题比较突出。

四是全媒型、专家型人才队伍建设有待加强。新闻专业人才流失问题比较严重,推进现有业务人员向融合型人才转型力度不够,高素质专业化干部人才队伍建

设相对滞后。

四、今后努力方向

2018年,湖北台(集团)将坚持以习近平新时代中国特色社会主义思想为指导,紧扣学习宣传贯彻党的十九大精神这条主线,不忘初心、牢记使命、奋发有为、扎实工作,围绕"高举旗帜,开放融合,靠实干打造新时代特色鲜明的地方大台"的战略目标,着力以"七个新"的举措开创广电改革发展的新局面。

一是落实新要求,旗帜鲜明讲政治。高举习近平新时代中国特色社会主义思想伟大旗帜,深入贯彻落实习近平总书记对党的新闻舆论工作的新要求,忠诚履行"48字职责使命",全力做好新时代党的新闻舆论工作。二是宣传新思想,营造强大的主流舆论氛围。以宣传习近平新时代中国特色社会主义思想和党的十九大精神为主线,全力以赴办好全媒体"新时代湖北讲习所",持续做好"新时代新气象新作为"大型主题报道。全面宣传湖北人民牢记嘱托、聚焦"四个着力"的生动实践,做好全国两会、改革开放40周年、国庆等重大主题宣传。三是打造新特色,不断提升"湖北广电制造"品牌影响力。立足湖北实际,深耕荆楚文化,对标中国新闻奖一等奖、全国精神文明建设"五个一工程奖",全力做好新闻、影视剧、纪录片、广播剧、原创节目精品的生产工作,奋力从"高原"迈向"高峰",切实把"湖北广电制造"的品牌立起来。四是实现新融合,精心打造顶级平台。集中全台优势资源,共建长江云媒体融合、"1+1"(频道+公司)、版权媒资三大平台,共用内容、技术资源,加快形成"融为一体、合而为一"的格局。五是发展新产业,推动经营创收转型升级。坚持把社会效益放在首位,继续夯实广告主业,推动网络产业做强做优做大,加快北京长江文化公司IPO上市进程,依托长江云加快打造走在全国前列的新媒体产业,把垄上传媒集团打造成为国内一流的"三农"服务企业,不断拓展新型文化业态。六是激活新动能,充分调动各方面创新创业的积极性。放活经营,激发各基层单位的创新创业活力。放活人才,拓宽人才成长渠道和空间,加强高素质专业化干部队伍建设。放活薪酬分配,建立"市场导向、目标考核、上下浮动、兼顾公平"的薪酬分配体系。七是厉行新作风,营造积极向上的干事创业环境。坚持以党的政治建设为统领,严格落实全面从严治党主体责任,加强党的基层组织建设,打造清朗干净的干事创业环境。大兴实干兴台之风,树立务实求效的新形象。

(来源:中国记协网)

长江日报(报业集团)

《长江日报》创刊于1949年5月23日,由毛泽东同志亲笔题写报名。诞生之初,《长江日报》作为中共中央华中局机关报,发行覆盖中南六省。1952年12月31日,中南局决定停办机关报而将《长江日报》移交给武汉市委。困难时期纸张供应紧缺,1961年1月6日湖北省委通知《长江日报》停刊,与《湖北日报》合并。1967年1月21日复刊。

2003年12月28日,经中宣部、国家新闻出版总署批准,长江日报社、武汉晚报社整合成立长江日报报业集团。陈光为现任长江日报报业集团(长江日报社)党委书记、(董事长)社长、总编辑。

数十年来,《长江日报》(报业集团)始终坚守初心,与城市同伴共生。集团不断改革创新,探索融合转型,打造舆论主阵地,发展成为以《长江日报》、长江日报新闻客户端、长江网、长江日报官微、长江日报官博、长江日报头条号全媒体传播平台为核心,以《武汉晚报》《武汉晨报》、汉网、好医网、《长江周刊》《武汉宣传》、长江影像网为支柱和延展,打造报、网、刊、移动新媒体平台传播矩阵,影响人群1000余万,构筑强劲影响力。

《长江日报》拥有2800余名员工,在职人员中具有正高职称60人,副高职称214人,中级职称242人。他们中获中国新闻界最高奖"范长江新闻奖""全国新闻出版行业领军人才"、入选国家"四个一批"人才各1人,获"全国百佳新闻工作者"称号5人,获"全国优秀新闻工作者"称号4人,获"湖北省新闻出版名人"及提名称号15人,享受各级政府津贴或被评为专家60余人次。涌现出一批知名新闻记者、文化名家。

《长江日报》获中国新闻界年度评选最高奖——中国新闻奖(含全国好新闻)76件。2011年至2017年,集团共获中国新闻奖20件,其中,《长江日报》获奖11件,包括一等奖3件,二等奖3件,三等奖5件。获奖总量和一等奖件数在全国副省级城市中名列第一。

《长江日报》两次获得省人民政府颁发的"湖北出版政府奖",持续位居中国报刊广告投放价值排行榜"全国城市日报10强"前三名。《武汉晚报》荣获"中国报业领军品牌"。在融合转型中,《长江日报》收获多个荣誉:《长江日报》获评《传媒》杂志社、中国报业全媒体发展研究中心"中国媒体深度融合30强";长江网"武汉城市留言板"获首届全国副省级城市党报媒体融合最佳案例奖、中国城市新闻网站品牌栏目精品奖;"早安武汉"微信专栏获首届全国副省级城市党报媒体融合案例奖。

《长江日报》发行稳定,日发行量约40万份,订户以武汉地区为主,覆盖全国。2017年,《长江日报》全年营收突破2亿元,比上年增长53%;利润超过8000万元,比上年增长150%,均创历史新高。

一、新闻创优:聚焦中心,创新报道,正确引导舆论,主题宣传报道影响力强

(一)精心策划,创新思维做好主题宣传,巩固主流舆论阵地

2013年,《长江日报》获中国新闻奖一等奖的消息《中共中央党史研究室主任披露 七常委参观〈复兴之路〉出行不封路》,被业内引为政治报道积极作为的案例。

开展"两学一做"学习教育是加强党的思想政治建设的一项重大部署,2016年4月,《长江日报》推出《总书记点赞的12位共产党员》专题报道,12路记者分赴9个省和直辖市的20多个市县乡村,行程一万余公里,深入报道,引起强烈社会反响,市领导号召全市广大党员见贤思齐,把党员的先锋形象树起来。在报道基础上编著、人民出版社出版的《点赞优秀共产党员》一书在京首发,并举办了"树立'两学一做'学习教育标杆"主题座谈会,党史专家给予充分肯定,在京近20家媒体进行了报道。

从2013年11月起,《长江日报》与市民之家联合推出"市民大讲堂",每周一期,让普通人分享出彩人生,传递"有梦想、有机会、有奋斗"的正能量。现场听众总计超3万人。此栏目2016年获中国新闻奖一等奖,被新华社作为代表性作品提名赞许:"深入解析社会热点,将线下活动和线上报道、传统方式与新媒体传播充分融合,传递社会正能量,体现了媒体的社会责任和使命担当。"

2018年上半年开通"新时代湖北讲习所(武汉)"专栏,共刊发近80篇理论文章。同时,邀请专家学者从多个层面、不同角度解读习近平新时代中国特色社会主义思想和十九大精神,及时、突出转发中央权威媒体学习宣传贯彻习近平新时代中国特色社会主义思想、十九大精神的相关报道;持续做好"新时代新气象新作为"专题报道,重点报道全市2017年度最佳领导干部风采以及各行各业的先锋模范;推出"领导干部下基层大接访"系列报道等,有力地引导全市人民学懂弄通、入脑入心、积极践行、拼搏奋斗,不断提升中心工作网上宣传的到达率、阅读率、点赞率,让正面声音占领舆论场。

习近平总书记2018年4月24日到28日视察湖北,《长江日报》从预热报道、

视察期间报道到后续的回访落实，策划周密、内容丰富，受到广泛好评，省委书记蒋超良在公开会议上给予表扬。在此期间，《长江日报》推出深度主题策划《为了总书记的嘱托》提前造势，3天连推3个八连版《逐梦新时代》特别策划，4篇文章阅读量突破10万，持续推出"追寻总书记的足迹""遵循总书记指示""牢记殷殷嘱托"专题报道。《长江日报》"牢记殷殷嘱托　奋力谱写新时代湖北发展新篇章"专栏，按照每周1~2个整版的规模做好报道，营造全市认真学习贯彻、积极行动的热烈氛围。

（二）围绕中心，服务大局，凝神聚气，立体传播，为复兴大武汉鼓与呼

2018年全国两会期间，从3月1日至25日，《长江日报》开设《新时代新征程·2018全国两会》专版，涵盖人大、政协开闭幕式、重要议程、习近平重要讲话等众多内容。同时，《长江日报》首次运用了直播。还通过网站、微博、微信和客户端等载体实时报道，同步中央媒体直播报道，"文图为主、音视频为补"，传播面广，反响热烈，收到了良好的传播效果。3月5日上午，第十三届全国人民代表大会第一次会议在人民大会堂开幕，《长江日报》分别直播了代表进入会场和出会场后对报告的感想。当日，共有60万网友跟随直播镜头，直击代表步入会场前的一刻，感受来自全国各地的人大代表们热情洋溢的参会心情，第一时间分享代表们对今年政府工作报告的感想。

武汉市两会报道上，长报集团派出70多位记者团队作战，视频直播、图文直播、H5、MV、制图等各种新媒体传播方式齐上阵；首次在会场外设立"两会直播间"进行嘉宾访谈，完成23场视频直播，请来29位代表委员或相关负责人，贡献了"30万大学生留汉后孩子入学就医怎么办""地铁多少条在建""六个火车站建得如何""老旧小区加装电梯""'五马'奔腾""两湖隧道"等多个热点话题，直播观看量达30多万。

省两会报道上，《长江日报》在突出刊发《湖北日报》重要报道、深度解读政府工作报告的同时，还派出精干报道组，围绕武汉中心工作和重大发展战略，联系长江新区、幸福武汉、创新武汉等热点话题，展开系列报道。长江网还推出《2018年武汉"两会"》《聚焦2018"湖北两会"》网络专题。

《长江日报》关于军运会的报道，坚持高站位，抓住核心要素提升市民对军运会的认知，2018年4月28日，长江日报重磅推出《接过军运会会旗仅两年半，中国已创下世界军运史上三项第一："第一"背后的中国力量》等4个整版报道，配发评论文章《以全民担当办好全民盛会》，大气展示了"武汉力量"。

长江日报还围绕新民营经济、创新创业、企业家精神、工匠精神等方面展开系列报道，大力营造良好营商环境，助推"三化大武汉"建设；围绕"留住百万大学

生""追寻初心"等,开展专题专栏报道,展示武汉招才纳贤、拼搏赶超的力度、频度和高度。

2018年4月的"汉马"报道中,全报社10余个部门通力合作,50余名编辑记者全情参与。从前期的筹备到比赛日的直播,充分挖掘汉马热点话题,传播武汉城市形象。15日上午10时许,长江日报官方微信推送《汉马冠军产生了,中国男女选手跑进前三甲!今天的武汉燃到飞起!》,当日下午阅读量就突破20万。16日的《长江日报》,头版刊发评论员文章《金牌汉马,一场穿越城市发展历史的奔跑》,加9个整版汉马报道,大气展示登顶汉马的高点、全城欢呼的燃点、闪动的人物亮点及人景城舞动的融点等,让武汉这场穿越城市发展历史的奔跑显得格外的别开生面和与众不同。

(三)用大格局、新话语讲好中国故事,提升国际传播力

2013年3月习近平主席在俄罗斯的一次演讲,催生了《长江日报》两次跨国寻访报道。《武汉上空的鹰——寻访苏联空军志愿队烈士》报道历时两年,找到并还原了29名援华苏联空军志愿队烈士的英勇事迹,获得俄罗斯总统普京签发的"1941—1945卫国战争胜利70周年"纪念奖章,将新发现的14位烈士名字增刻到武汉解放公园苏军空军志愿队烈士纪念碑上。该报道获中国新闻奖一等奖。

启动"重走中俄万里茶道"活动,历时近两个月,发回报道300余篇,行程1.4万公里,成为第一支走完中俄万里茶道全程的采访团,推动了万里茶道跨国联合申遗工作。《武汉上空的鹰》和《重走中俄万里茶道》两部专著结集出版,在京首发时受到俄驻华大使等"一带一路"国家外交官的关注。

2015年起,《长江日报》记者赴日寻访50年前和平祈愿旌旗的签名人,并在东京举办实物展和报告会,受到村山富市、鸠山由纪夫、不破哲三等日本政要关注,两国媒体持续跟踪报道。《中国新闻出版广电报》在头版头条以《把中国故事讲到世界舞台》为题,推介长江日报作为城市媒体,敢于走出去、找落点,用大格局、新话语实现国家叙事的新闻实践。《赴日寻访祈愿旌旗》获中国新闻奖(国际传播类)三等奖。

2017年4月28日,《长江日报》推出《武汉力量 闪耀"一带一路"》特刊,同日在京举行高峰论坛,展示"一带一路"上的武汉作为,推介工程设计领域的武汉优势与武汉特色,"一带一路"沿线部分国家驻华使节、国家发改委、商务部、企业代表及专家学者等100多人出席。《向东看:"一带一路"上的武汉工程》新书首发式同时举行。

二、提升新闻传播能力，充分发挥资源整合优势，推进媒体融合纵深发展

（一）聚力做强集团公共媒体平台

公共媒体平台与特色媒体平台实现差异化发展。以官微、官博、APP、头条直播为集团新闻发布、舆论引领的唯一公共媒体阵地。集团实施以官微优先，以视频直播为常规报道手段，以城市留言板为核心功能，以 APP 为主阵地的新媒体战略。在广泛调研的基础上，集团实施 18 项重点工程，进一步提升官微影响力，明确 APP 的战略定位，加强城市留言板民情互动功能。强化产品创新和品牌栏目建设，推动新技术和新闻产品内容的有机融合。

（二）加强原创内容建设

树立"无策划，不传播"的理念，全力打造观点类互联网产品，成立集团全媒体新闻调查团队，围绕全市中心工作加强城市议题策划；成立"网红记者团"，量身打造专属短视频、脱口秀、直播、微信专栏等互联网产品，形成"人格化"传播和服务。

（三）优化生产机制

集团加快融媒体中心内部机制建设，优化融媒体中心内容生产的力量与资源，科学设置工作机制与流程，调动采编人员的积极性，提高融合生产的效率。

三、实施集团采编、经营资源整合，延展并整理一批相对成熟的价值链，以事业部的形式垂直深耕重点领域

2018 年 3 月，集团用 3 天时间顺利完成对《长江日报》、武汉晚报传媒有限公司、长江网的采编和经营资源整合工作，形成 12 个事业部（经营体），划定经营边界，集中力量深耕垂直领域。6 月初，根据实际发展需要，局部优化调整，集团增设了乡村振兴传播中心、品牌质量传播中心。至此，集团共组建了 14 个事业部（经营体），通过深度占有资源，拉开集团经营主战场。

2018 年，集团围绕"新型主流媒体平台、文化产业平台、干事创业平台"三个平台建设，抓住集团资源分散的突出问题，对《长江日报》、武汉晚报公司、长江网采编和经营资源进行全面整合，形成集团成本中心和利润中心，实现由原来的媒

体结构到事业结构的转变、层级管理到扁平化管理的转变,理顺了采编与经营之间、集团与经营体之间、经营体之间、传统媒体与新媒体之间的四大关系。

(长江日报社供稿)

武汉广播电视台(集团)

武汉广播电视台(集团)现有5个广播频率(新闻综合广播、经济广播、交通广播、音乐广播、青少广播),8个电视频道(新闻综合频道、电视剧频道、科技生活频道、经济频道、文体频道、外语频道、少儿频道、广通购物频道),22家公司(独资及控股15家,参股7家),以及新媒体群(包括掌上武汉、武汉广播电视台微信公众号、见微直播、黄鹤云、见微发稿平台、武汉广电网),总资产约40亿元。目前,在岗人员总数1145人。

从1949年5月成立广播电台,1983年11月成立电视台至今,武汉广播电视台坚持以导向为灵魂,以真实为生命,以人民为中心,积极打造形态多样、手段先进、具有强大传播力和竞争力的新型主流媒体,已发展成为集广播、电视、期刊、新媒体、广告经营、相关产业拓展、资本运作和其他服务于一身的综合性现代文化传媒实体,获得36个中国新闻奖;拥有6个金话筒奖,在省会城市台中位列第一;连续多年获得"全国城市电视台品牌10强""最具创新影响力城市台"荣誉。

武汉广播电视台在节目栏目创新方面多次引领全国。20年前创办全国第一个大型科普电视栏目《科技之光》,成为在中央电视台拥有自己的栏目且播出至今的唯一地方台;6年来,又因推出《电视问政》栏目,构建城市公共治理平台,得到人民日报、中央电视台、联合早报等海内外权威媒体持续关注。国内200多个城市到武汉考察学习《电视问政》的"武汉模式"。近期,策划推出全国42家城市电视台和省级卫视台"中国·武汉2017国际航联世界飞行者大会"联合直播活动、"长江经济带武汉行"集中采访活动,反响热烈;倡导并签订全国城市台重大活动及赛事推介战略合作协议,使城市形象宣传的传播力、影响力收获新高度、新水平。

武汉广播电视台作为城市台,一直致力于客观真实地延伸武汉的城市历史、城市精神、城市形象、城市风尚。围绕中心,精心组织主题宣传,每年在中央媒体发稿量居全国省会台前列;承担全市重大赛事、重要活动的组织、宣传、直播任务,承办赛马节、戏剧节、设计双年展开幕式、民谣音乐节等大型活动,反响良好;武汉广播电视台体育赛事公共信号制作实力得到国际认可,先后参与北京奥运会、广州亚运会、深圳大运会等国际体育赛事信号制作;生产的《海棠依旧》《旗舰》等电视剧在业界形成"武汉气派";拥有国际知名的纪录片摄制人才,拍摄的纪录片《武汉上空的鹰》《汉口五百年》,在凤凰卫视中文台、美洲台、欧洲台播出。

近几年来，武汉广播电视台在对外交流和合作方面也有很好的成果。武汉广播电视台与加拿大国家电视台（华人电视台）合作拍摄《海外春晚》，受到广泛关注；与新西兰 TV33 华人电视台、澳大利亚天和电视台等都有节目交流合作。通过国际合作，讲好武汉故事，提升综合实力。

当前，武汉广电在市委、市政府的坚强领导和大力支持下，通过实施新闻立台、改革促台、品牌创台、效益强台、党建领台、技术建台、人才兴台 7 大计划，努力走出一条新时代城市广电发展之路，为建设"三化"大武汉，进而建成国家中心城市和世界亮点城市提供有力的舆论支持与文化支撑。

（武汉广电台供稿）

武汉教育电视台

　　武汉教育电视台是由中共武汉市委教育工委、武汉市教育局设立，经国务院教育和广播电视行政部门共同审核批准，于1998年5月16日正式建成开播的专业电视台，接受市委宣传部新闻舆论宏观管理和市文化新闻出版广电局行业管理，通过32频道无线发射与省市有线电视网络共同传输的方式，节目信号覆盖整个武汉地区，同时建有"两微一端"及官方网站。

　　武汉教育电视台为正处级事业单位，编制人数35人，内设办公室、总编室、新闻部、专题部、制作部、广告部、播出部等10个部门，现有在编及聘用职工近百人，其中有新闻、教师和专业技术人员70名，新闻采编播人员和教师全部具有国家规定的职业资格。在编人员中拥有包括专技二级岗位在内的高级专业技术人员12名、中级专业技术人员10名。全台职工中有中共党员60名，研究生学历10人、本科学历81人、专科学历6人，50岁及以上年龄6人，35岁及以下年龄55人。

　　现任领导班子成员为：党总支书记马良柱，副书记、台长宋文平，总支委员、副台长赵培坚，总支委员、副台长陈浩，总支委员、财务副总监吴文涛。

　　武汉教育电视台开播20年来，始终遵循教育性、公益性、服务性的办台方向，严格按照教育部《教育电视台站管理规程》确定的职责和任务，努力做好教育新闻宣传和开展教育教学活动，切实体现教育电视台既是新闻传播机构又是教育教学机构的双重属性。

　　在教育新闻宣传上，武汉教育电视台按照"最及时、最全面地发布教育资讯，最深刻、最生动地报道教育典型"的目标，大力传播教育声音、讲好教育故事。开办的新闻栏目有：《教育新闻》《教育视点》《江城院士风采》。作为中国教育电视台武汉记者站，武汉教育台每年还通过中国教育台发布武汉教育新闻。同时，根据上级领导要求，武汉教育电视台记者还在《人民日报》《光明日报》、中央电视台、《中国教育报》上刊播有关武汉教育的新闻和评论作品。

　　2014年1月上任的台现任领导班子面对传统媒体出现的经营危机，果断提出强化教育特色、突出公益属性、争取财政资金的转型发展战略。一是停办过去能提升广告收视率却与教育不太密切的节目，陆续推出多档教育教学类栏目。二是积极承办党、政、军、群机关主办的公益性教育活动和为公办学校等提供新闻以外的节目制作服务，获取政府购买服务类资金收入。三是通过增强节目的公益属性争取财政支持。2014年至2018年5年间，财政年均拨款达2126万元。

在硬件建设方面，12300平方米的台综合楼已完全交付使用，其中能容纳530名观众、面积达1400平方米的演播厅，为全国教育电视台一流。台内摄、录、编、播设备全部实现高清化。

在教育教学节目方面，除进一步办好原有《名家讲坛》外，相继推出《家长学堂》《科学讲堂》《平安校园》《魅力校园》《加油宝贝》《成长吧少年》6档自办栏目，同时引进《微讲堂》《养生堂》《我爱汉家美》《音乐大师课》等15档栏目，形成主题多样、形态丰富的教育教学栏目集群，为增强家庭教育、构建学习型社会发挥积极作用。

每年承办的数十场由省市党、政、军、群机关主办的，面向学生及幼儿的公益性教育活动，既丰富了孩子的校外生活，又为教学节目的制作增添新的内容。比如，由省委宣传部、省教育厅、省广播电视台主办，武汉教育电视台承办的"同声诵经典——2018湖北省'起点阅读·朝读经典'校园巡回展演走进武汉活动"，历经4个多月的筹备，于5月22日晚在教育台演播大厅隆重举行。省委、省政府与武汉市委、市政府领导，省及全省各市州和内蒙古自治区宣传、教育、广电部门负责人与武汉地区400多名师生代表共同观看了演出。晚会在新媒体上历时90分钟的直播共吸引110万人观看。出席活动的省委常委、省委宣传部部长、省委高校工委书记王艳玲和副省长陈安丽分别对晚会给予热情鼓励。

2002年至2017年，武汉教育电视台共获湖北广播电视奖341件、湖北新闻奖76件、中国教育电视奖172件，其中一等奖分别为82件、15件、65件。另有5件作品获国家广电总局和教育部奖。台内7人相继获得省优秀、市十佳新闻工作者称号。在理论研究方面，台内采编人员分别在《新闻战线》《中国记者》《中国广播电视学刊》《电视研究》《当代电视》《教育传媒研究》《新闻前哨》等新闻专业刊物上发表大量经验性和理论性文章。

（武汉教育电视台　马良柱供稿）

黄石日报传媒集团

黄石日报传媒集团是中共黄石市委直属正县级事业单位，目前拥有3报(《黄石日报》《东楚晚报》《大江报》)、2网(东楚网·黄石新闻网、中国·黄石政府网)、2刊(《东楚传媒》《新黄石》)、1客户端(东楚风S)、10多个微信微博媒体群，以及东楚晚报全媒体公司、东楚传媒广告公司、东楚传媒发行公司、东楚传媒印务公司等17家经营公司组成的实体群，初步形成"跨媒体、跨行业、跨区域、跨所有制"的现代化传媒集团。

《黄石日报》(原《工人报》)创刊于1952年8月15日，1956年更名为《黄石日报》。《东楚晚报》(原名《黄石晚报》)创刊于1995年7月1日，2000年10月更名为《东楚晚报》。《大江报》由《冶钢报》兼并而来，2001年10月1日更名为《大江商报》，2006年更名为《大江报》。黄石日报传媒集团2009年9月28日挂牌成立，与黄石日报社"两块牌子，一个机构"，集团现有在职员工386人。现任领导为：市委宣传部副部长、集团党委书记、董事长、社长徐海晏，党委副书记、总编辑贾方军，党委委员、东楚晚报总编辑高国专，党委委员、副总编辑杜荣华，党委委员、副社长胡向东，党委委员、副总经理王良太。

历年来，黄石日报传媒集团秉承"团结、敬业、创新、超越"的企业精神，致力于"打造一流媒体、造就一流人才、作出一流贡献"，励精图治，开拓进取，充分发挥党媒的喉舌作用，引领正确方向，弘扬正能量，传播先进文化，取得较好社会效益和经济效益，为全省市州报业做强新闻事业、壮大文化产业起到了示范作用。

坚持政治站位，传播先进文化，不断增强媒体影响力。自我更新，不断进步，保持党媒的权威性和影响力恒久不变。日报、晚报等各媒体以"更新、更好、更强"为目标年年实施改版，将全媒体战略引向深入。主动作为，策划创新，提升党报主流媒体的渗透力和影响力。首届省园博园暨矿博会开幕时，《黄石日报》隆重推出68个版《大楚至美黄石绿》，权威、厚重，体现主流媒体中流砥柱作用。全省县域经济工作会时，《黄石日报》推出黄石县域经济发展路径观察系列报道和系列评论文章，并先后推出《黄石蝶变》《黄石答卷》两大特刊，业界反映和社会反响极佳。加强专业素养，全心打造精品，办报质量保持在全省市州报中第一方阵的地位。《黄石日报》从2013年起连续推出系列评论《早春六论》，五年来很好地发挥了品牌效应。省内各级好新闻数量质量在地市州报中名次靠前。两报湖北新闻奖2015年二等奖3个，三等奖5个；2016年二等奖4个，三等奖2个，好标题2个；2017年二等奖3个，三等奖3个。市州报新闻奖2015年一等奖12个、二、三等奖25个；2016年一等奖8个、一等奖4个，二、三等奖28个；2017年一等奖9个，二、三等奖28个。

深化改革，实施人才战略，不断增强集团核心竞争力。近年来，集团党委在充分调研的基础上，完善考核办法，按需设岗，定岗定责定薪，考核结果与薪酬挂钩，调动全体员工的积极性。实施人才战略，加强队伍建设，建立企业文化。现有在职员工386人中，高级职称有12人，中级职称有70人；研究生有4人，本科有197人，专科有118人。集团建立"每月一课"制度，请省内外专家上门进行业务培训，同时，不断把优秀人员送出去培训，仅2017—2018年共计先后派出采编、经营人员10人到复旦大学、浙江大学、武汉大学进行培训。

克难攻坚，锐意进取，推动集团事业不断发展。以项目建设为抓手，推进新媒体融合发展。加快传统媒体与新媒体融合力度，建立"日报+官微+互联网"和"晚报+官微+东楚风S"两套自循环模式。整合资源创新经营发展模式，与城发集团合作成立黄石城市传媒文化发展有限公司，主营户外广告、城市会展、文化项目建设、管理、运营等业务，年经营收入达千万余元。积极争取相关政策和资金支持。集团向国家新闻出版广电总局申报的东楚传媒文化产业园项目贷款贴息，已获中央文化产业发展专项资金扶持123万元，全省市州新闻单位仅此一家。2017年集团向湖北省新闻出版广电局申报的"黄石日报传媒集团全媒体中央厨房"、黄石城市生活小程序开发建设、东楚传媒文化产业园绿色印刷等3个项目均已入选湖北省新闻出版广电项目库。近几年来，黄石日报传媒集团经营稳定发展，截至2017年年底，集团总资产近3亿元，总收入近亿元。

近年来，集团先后多次被评为省、市级文明单位、市社会治安综合治理先进单位，2016年被评为市直机关党建工作优胜单位、全市消防工作先进单位。2016年11月，《黄石日报》位列全国新媒体影响力排行榜副省级地市级党报百强。2017年，《黄石日报》荣获"传媒中国融合创新十大品牌影响力地市党报"称号。2018年，集团东楚网推出的"第二届全国工业旅游创新大会"融媒体报道荣获全国党报网站"媒体深度融合的探索与突破"优秀案例三等奖，这是全国唯一一家获奖的地市级党报网站。

（黄石日报传媒集团供稿）

十堰日报社(十堰日报传媒集团)

十堰日报社是中共十堰市委直属正县级事业单位，创建于1950年7月1日。十堰日报社原为郧阳报社，1994年地市合并，郧阳报社与十堰报社合并，成立新的十堰日报社。报社实行事业法人和企业法人并存、党委领导与法人治理相结合的运行体制，中共十堰日报社委员会、十堰日报传媒集团"两块牌子、一套班子"。报社现办有《十堰日报》《十堰晚报》《十堰手机报》、秦楚网、十堰政府网、云上十堰等"3报、8网、3端、12微、1刊、1栏"28个媒体。2012年4月28日，十堰日报传媒集团成立，有十堰日报社印刷厂、十堰英达利印刷有限公司、湖北小蜜蜂电子商务有限公司等15家子公司，年上交税金近400万元。

报社现任党委书记、社长、集团董事长李东晖，总编辑、党委副书记、集团副董事长王清，总经理、集团副董事长、党委委员李龙伟，党委委员、副总编辑、集团董事胡静、刘焱清、胡庆东、吴社全，党委委员、副社长、集团董事雷勇，工会主席刘经华。报社内设65个部室，在职职工308人，离退休职工98人；市委定编128名，在编57人，编外251人。报社党委下设10个党支部，党员274人。报社高级职称15人，中级职称47人；研究生学历7人，本科学历187人，专科学历74人。

按照习近平总书记提出的新闻舆论工作48字职责使命，报社旗下媒体坚持用"责任意识、集体智慧、团队精神"三大法宝，精心打造"责任媒体、良心媒体、爱心媒体、廉洁媒体"四个媒体品牌，讲好十堰故事，传播十堰声音。《十堰日报》近六年来五夺湖北新闻奖一等奖，刷新报社历史记录，荣获"中国十大公信力地方党报""中国十大传播力地市党报"称号；《十堰晚报》荣获"中国10大创新力城市晚报""中国地方都市类报纸影响力10强"荣誉；秦楚网获"中国百强新闻网""全国地方十强新闻网站"；十堰政府网在全国295家地市级政府网站中列17位，居全省市州政府网站首位。

按照习近平总书记"2·19"重要讲话精神，报社主动应对媒体市场变化，加快推进传统媒体和新兴媒体的深度融合，积极抢占网络主流思想舆论阵地，"融为一体，合而为一"，着力从相"加"阶段迈向相"融"阶段。十堰晚报与秦楚网正式合并，成立全媒体编辑部，实行一体化管理、市场化运作。报网融合发挥现场直播、多终端发布、多层次发布、多样表达、报网联动五大优势，实现文、图、音、视频在报纸、PC端和客户端同步呈现，凸显全媒体的传播优势，构建成全天候、多元化的新型主流媒体。十堰晚报微信粉丝量现有115万，在全省地市纸媒中位列第一，在全国地市媒体公众号中位列前二位。全国2000多万微信公众号综合排名，十堰晚报微信最近排名第153位，在全国纸媒中排名第6位。秦楚网微信粉丝量达到65万，在全省门户网站公众号中位列前二位。"长江云·云上十堰"和"十堰头条"等新媒体都名列全省前茅。近年来，十堰日报传媒集团先后荣获"全国媒体融合创新单位""中国报业深度融合创新发展优秀单位"称号；十堰晚报秦楚网报网融合项目荣获"中国媒体融合优秀案例奖"；十堰日报社被国家新闻出版广电总局评为"全国数字化转型升级示范单位"。

鉴于媒体断崖式下滑的创收环境，我社按照"集团式运作、多元化经营、全媒体发展"思路，主动创新突围求生，以媒体品牌和自身资源为基础，积极探索跨界经营，全力拓展新的领域，加快集团转型发展。我们成立湖北小蜜蜂电子商务有限公司，注册淘宝十堰馆、京东十堰馆、苏宁十堰馆等5个线上平台和51家线下社区体验店，被商务部连续两届列为全国电子商务示范企业，全国155家，湖北仅有5家，地市州仅此一家。报社与宜昌兴发集团旗下的湖北神农架旅游发展股份有限公司合作，成立神农架林区灵秀玉业文化旅游有限公司，联合开发神农鸡血玉项目，北京工美集团投资1040万元增资扩股，把神农鸡血玉推向全国市场。集团发起成立的湖北金乌鸡农业发展有限公司，在北京同仁堂集团总部获得专门为"郧阳白羽乌鸡"研发的五款康养产品配方和无偿提供康养产业发展永久性技术支持，帮助打造系列产品。集团与十堰市最大最强的交通国企亨运集团合作注册十堰途乐网约车运营管理有限公司，联合打造全市首个规范化网约车运营管理平台，积极探索互联网新兴产业融合发展。

基于习近平新时代中国特色社会主义思想对新闻工作者的要求和媒体融合发展的需要，我社实施"112345"治社工程，为集团融合转型发展提供智力支撑和纪律保障。

第一个"1"即坚持一个社训，报社在近70年的发展过程中形成的"政治强、业务精、纪律严、作风实"的社训。

第二个"1"即践行一个理念，报社没有权力、只有服务，谁把岗位职责做成了服务，我们一起敬重他；谁把岗位职责做成了权力，我们一起鄙视他。社党委一班人为报社全体同仁服好务；全社职工办好媒体，为市委中心工作，为全市经济社会发展大局，为全市广大读者服好务。

"2"即秉持两字追求，对内追求一个"和"字，对外追求一个"诚"字。对内建设和谐报社，追求和谐，形成合力，以和为贵，和而不同；对外倡导"合作双赢，朋友先赢"的理念，以诚取信，以诚取胜，在社会上树立报社的诚信形象。

"3"即运用三大法宝，责任意识、集体智慧、团队精神为"三大法宝"，团结和调动各方面的积极作用，克难奋进，克敌制胜。

"4"即建设"四个媒体"，就是建设责任媒体、良心媒体、爱心媒体、廉洁媒体。建设责任媒体，通俗的表述就是做好正事。报社所属媒体把围绕中心、服务大局作为基本职责，唱响主旋律，传播正能量，把责任尽到，把服务做实，为全市工作大局提供优质的舆论服务。建设良心媒体，通俗的表述就是不做坏事。报纸和网站守住媒体底线，坚决杜绝低俗、媚俗、粗俗、庸俗、恶俗信息，坚决杜绝虚假新闻和虚假广告，不哗众取宠，不危言耸听，坚决与一切败坏主流媒体形象的现象作斗争。建设爱心媒体，通俗的表述就是多做好事。报社始终把社会效益放在首位，想群众之所想，忧群众之所忧，解群众之所难，倾力关注民生话题，倾情关注弱势群体，打造爱心公益品牌。建设廉洁媒体，通俗的表述就是干净做事。十堰日报社人恪守新闻工作者职业道德，不以稿谋私，不以版面谋私，打造廉洁媒体，争做廉洁报人。完善新闻联系人制度延伸到乡镇，实施每日编前会晒稿制度和每日评报制度，加强日常监管，从采编源头和采编流程各个环节杜绝新闻腐败现象。

"5"即树立五条高压线，一是政治高压线。对报纸上出现政治差错的，责任编辑引咎辞职，编辑（记者）下岗，值班编委以上扣500元。二是业务高压线。当日报纸出现重稿的，责任编辑引咎辞职，编辑（记者）、清图人员下岗，值班编委以上扣500元。三是作风高压线。报社全体采编人员和关键岗位人员，必须保证手机24小时开机。若电话不通，第1次扣罚当事人100元，提出警告批评，本人说明原因；第2次扣罚当事人200元；第3次当事人撤职下岗。四是中心组学习高压线。对不履行请假手续或无故缺会的同志，第一次通报，第二次检讨，第三次免去职务。五是重大活动高压线。凡是党员在精准扶贫和文明城市创建等市委重大活动中，因自身工作不到位导致任务没有如期完成的，一律先摘"帽子"再追究责任；凡是党员在专题教育活动中，因未按要求完成"规定动作"或者是被查出"四风"问题，除党员承担相应责任外，党委对党员所在党支部书记予以免职。

（十堰日报社供稿）

荆州日报传媒集团

一、基本情况

荆州日报社是中共荆州市委直属正县级事业单位,《荆州日报》是中共荆州市委机关报,创刊于1958年10月1日。2010年4月,经湖北省委宣传部、省新闻出版局批准组建荆州日报传媒集团,是湖北省最早的十大传媒集团之一。2016年3月,注册成立荆州日报传媒集团有限公司。

近年来,集团注重传统媒体与新兴媒体融合发展,形成了"3223"媒体平台发展体系。即3报(《荆州日报》《荆州晚报》《江汉商报》)、2网(荆州日报网、荆州微视网)、2端(荆州日报新闻客户端、荆州日报党报阅报栏)、3大新媒体矩阵(荆州发布政务矩阵、荆州微视频矩阵、荆女郎直播团商务矩阵)。在经营顶层设计上,形成了以荆州日报传媒集团有限公司为主轴的五个子公司和一个文化创意产业孵化园格局。即集团旗下有湖北荆州报业传媒有限公司、荆州报业数字传媒有限公司、湖北荆州报业发行有限公司、湖北荆报购物电子商务有限公司、荆州报业数字印务有限公司和1658微客文化创意中心。集团是华中科技大学、三峡大学、长江大学等大学的教学实习基地、湖北省网络精品创作基地、荆州市廉政文化创意产品生产基地。拥有一个党报云中央厨房和媒体融合实验室、AI实验室两个实验室。

荆州日报传媒集团旗下报纸发行每年稳定在8万份以上,自2015年以来,集团收入每年保持15%以上速度增长。至2017年年底,报社实现总收入7000万余元。

报社(集团)现任党委书记、社长代志武,总编辑黄道培,党委委员、纪委书记陈建平,党委委员、副社长童彬,党委委员、副社长邓凤奎,党委委员、副总编辑朱永胜,党委委员、江汉商报社社长李晓鸣,党委委员、副总编辑易雯,党委委员、副总编辑杨章池。集团拥有员工356人,其中有中共党员133名;高级职称15人,中级职称33人;研究生学历3人,本科学历117人。

二、融媒体建设情况

荆州日报传媒集团是全国地市级媒体融合的典范,也是全国媒体融合标准化建设单位之一。集团从传统媒体主导到多媒体、全媒体实践,再到颠覆性的融媒体改革,一步一个台阶,走出了一条先机构改革再技术提升再到打造大平台、提升舆论引领力的路子,努力实现了融合的华丽转身,稳步踏入融媒体时代。

2016年,率先实施融媒体改革,结束了沿袭50余年的一报一编辑部的历史,这在湖北省是首例,在全国地市纸媒中也是首创。彻底打破原有日报、晚报的编辑部运行模式,建立一个集采访、出版、渠道、传播、转化、评估于一体的融媒体运行体系。特别是由报社自主研发设计的融媒体采编体系的上线,真正形成了"一次采集、多次发送、多终端呈现"的媒体融合传播形态。采编人员的薪酬改革也同步进行,由评分制变为"购买服务"的稿酬制,打破了传统的"大锅饭"。此项改革获得了国家新闻出版广电总局、湖北省新闻出版广电局的充分肯定,经省新闻出版广电局推荐,2016年以来,《中国新闻出版广电报》先后两次以《"新闻梦工厂"让融合形神兼具》等为题,大篇幅报道了集团的媒体融合经验。中国记协、省新闻出版广电局相关课题组同志也专程前来调研。中国报协将"荆州模式"列为全国报业十大融合案例之一。

2017年9月,荆州日报党报云中央厨房正式上线运行,实现了新闻云现场发布、远程直播和舆情监控。自党报云中央厨房上线以来,融媒体采编传播流程以中央厨房为阵地,精准快捷地实现了全媒体新闻一次采集、多次生成、多终端发送。在此基础上,新媒体技术研究室和融媒体实验室相继成立。同时,荆州日报文化创意产业园正式开园,搭建了湖北地市级纸媒中最强势的荆云直播平台。平台属于媒体驱动型众创空间,主要孵化数字产业和文化创意领域的创业项目,为项目发展提供场地、资金、信息、宣传、路演、培训等一体化服务。文化创意产业园一期引进14家创意企业(或个人工作室)进驻,形成产业链条,实现了集团与文创企业信息共享,为集团的融媒体发展提供了更为广阔的产业空间和技术支持。

2018年,以党报云中央厨房舆情分析大数据开展政务双微排名为抓手,进一步提升双微平台建设,提升荆州日报传媒集团融媒体矩阵在全市政务、自媒体双微中的引领作用。荆州日报党报云中央厨房信息端口正式向辖区内所有通讯员开放,打开了集团融媒体平台与上千名通讯员的实时信息交互通道,广开了信息路径,丰富了内容生产。一批新媒体产品得到迅速孵化,品牌优势渐显,主要包括荆州手机电视、生活直播平台、荆女郎直播团、动漫影视创作平台、荆报购物OTO电商平台等。目前,荆女郎直播团已经打造成为荆州首屈一指的知名网红品牌。远程直播也进入常态运行,集团的两台直播车长期奔波在采访一线,每月直播都在十次以上,各种主题的节目内容精彩纷呈。视频直播已然成了集团融媒体产品的又一张靓丽名片。

2018年是荆州日报社建社60周年,集团以此为契机,把发展重点放在智媒体转型上,在智能化建设方面发力,推行"懒人计划"。主要方向是从智能写作机器人、智能视频化、智能终端产品化三方面着手,将报社传统传播渠道和终端引入全渠道、智能化,形成可看、可听、可视的传播形态,并逐步建立可交互的智能新媒体生态圈,将传统报业真正打造成一家集多端于一体的新兴传媒集团。

三、近年度获奖情况

融媒体改革给荆州日报传媒集团的发展带来了充沛的活力,迸发出前所未有的生机。

2017年以来,《中国新闻出版广电报》《三项学习教育通讯》《中国记者》《新闻前线》《中国报业》等杂志专门刊文对集团融媒体改革的经验进行了推介。社长代志武撰写的理论文章《荆州日报"党报云中央厨房"建设一年来的思考》刊发在《中国记者》2018年首期。在全国融合媒体论坛大会上,他3次受邀分享"荆报模式"。来自十多个省市的30多家媒体同行,纷纷前来报社学习交流。

在2017年度湖北省市州报新闻奖评选中,荆州日报传媒集团旗下媒体共获得11个一等奖,在全省市州报社中位居第一。同年度湖北新闻奖评选中,获奖作品数也在全省地市报中位于前列。

在新媒体方面,微电影《飘扬的黄丝带》入选"弘扬社会主义核心价值观·共筑中国梦"原创网络视听节目暨"8.20"工程微电影作品20部优秀作品。在中国报业十九大融合传播峰会上,视频《洪湖渔村医生捎给十九大的生态画卷》获新媒体类十佳之一,湖北省仅一件,H5作品《跟我学十九大 闯关100题》获创新类优秀奖。

2018年4月26日,纪念中国报业协会成立30周年暨中国报业发展大会在北京召开,荆州日报传媒集团荣获"中国报业融合发展创新单位"称号,荆州日报传媒集团党委书记、社长代志武荣获"中国报业经营管理领军人物"称号。

2018年6月27日,在中国报业第二届融合创新大会上,集团又荣获四项大奖:荆州日报传媒集团"荣获2017—2018年度中国报业深度融合创新发展十强单位""中国报业转型十大务实案例",总编辑黄道培荣获"中国报业深度融合发展奖·创新人物"称号,"2018垄上春天行直播季"获得了"2017—2018年度中国报业深度发展"直播作品三等奖。

(荆州日报传媒集团供稿)

荆州广播电视台(集团)

一、基本概况

原荆州人民广播电台、荆州电视台分别成立于1958年、1985年，是全国首批开办的城市电台和电视台之一。为落实中央"两分开、两加强"原则，做大做强荆州广电，2017年12月20日整合荆州人民广播电台、荆州电视台，组建荆州广播电视台、荆州市广播电视传媒集团。荆州广播电视台相当于市政府管理正县级公益二类事业单位，归口市委宣传部管理。围绕市委、市政府中心工作，开展广播电视新闻宣传的主要职能。整合两台出资企业和可经营性资产，设立荆州市广播电视台传媒集团，由市政府授权市委宣传部履行出资人职责并委托荆州广播电视台管理，班子成员由市委管理。

根据"三定"方案，台(集团)核定编制350名，内设机构15个。现任党委书记、台长傅铁海，台党委副书记、总编辑刘国刚，集团党委副书记、董事长、总经理郑家彬。台其他班子成员为党委委员、副台长樊俊，党委委员、纪委书记江虹，党委委员、副台长吴键，党委委员、副总编辑王其倜，党委委员、副总编辑江敏，党委委员、副台长刘平，总工程师孙亚清。集团其他班子成员为集团党委委员、常务副总经理丁勤，集团党委委员、副总经理杨小龙，集团党委委员、副总经理杨华。

荆州广播电视台(集团)现拥有新闻、垄上、公共3个电视频道，荆州之声、音乐广播、田园之声、汽车广播4个广播频率和城市应急广播网、农村智能广播网两套城乡户外广播系统。自办电视栏目12个、广播栏目20个，每日广播电视自产节目量16个小时，日播出总量177个小时；信号覆盖鄂湘两省32个县市、2800万人口，在荆州拥有56%的广播电视市场份额。建有荆州新闻网、荆周刊和云上荆州、无线荆州、听荆州等客户端和23个微信公众号，已形成一个集广播、电视、报刊、新媒体于一体的全媒体传媒集团。

全台(集团)现有干部、职工804人，包含在职502人、离(退)休254人、派往长江垄上集团48人。其中具有高、中级专业职称148人，享受省、市政府特殊津贴4人。全台拥有全资、控股、参股公司6家，业务涵盖媒体运营、文化创意、文化旅游、教育培训、会展演艺、电子商务等领域，总资产2.3亿元，2017年经营收入1.3亿元，实现利润490万元。

二、主要业绩

近年来，在市委、市政府的领导和大力支持下，我台坚持新闻立台、融合兴台、产业强台方略，综合实力进入全国城市广播电视台第一方阵，先后被评为全国文明单位、全国广播电影电视系统先进单位、全国节能示范先进单位，并获得湖北省环境保护政府奖。

（一）提升政治站位，宣传导向正确有力

牢固树立政治家办台意识，以围绕中心、服务大局为己任，在新闻宣传上做到周周有重点、月月有主题。三年中，围绕荆州"争当多极发展排头兵、实现十年大振兴"、供给侧改革、招商引资、精准扶贫、长江大保护、全域旅游、五城同创、文化兴市、反腐倡廉等内容，策划播出主题主线报道，为全市经济建设发展提供了良好的舆论环境。与此同时，加强对外对上报道，每年平均在中央、省台播发电视广播新闻1440条（次）。2017年上半年上稿512条，全国两会期间，中央各大媒体集中报道了荆州代表，荆州广播电视台还成为全省地市台中唯一一家中央电视台、中央人民广播电台的"直播联盟成员台"和"新闻供稿优秀单位"。

（二）弘扬核心价值观，主流媒体担当有力

充分发挥主流媒体育人化人重要功能，积极探索社会主义核心价值观宣传方式。在电视上重点打造《好人开讲》节目，在广播中重点办好"感动荆州年度人物评选"活动，在线下组织"百姓宣讲团""我的家风家训""精典诵读"等媒体活动，让社会主义核心价值观在荆州落地生根。例如《好人开讲》节目，连续三年获省广播电视节目奖一等奖，被中宣部、省委宣传部作为重点栏目向全国推广，还入选为湖北省新闻出版广电"8·20"精品工程。

（三）坚持节目创新，品牌塑造影响有力

以贴近性和服务性为抓手，加大节目原创力，做到栏目梯次布局、分众构建，将名牌节目提档升级，让新节目快速成为品牌。曾经打造的《垄上行》品牌，成为全国电视媒体服务"三农"的一面旗帜；现在还重点打造了《荆州新闻联播》《江汉风》《好人开讲》《荆州骄傲》《直播荆州》《行风热线》《城市私家车》《绝对意外》等一批品牌栏目。其中，《江汉风》十几年来始终为全省收视率最高的电视栏目之一。近年来，全台有2件电视新闻作品分别获中国新闻奖一等奖、三等奖，12件广播电视新闻作品获湖北新闻奖一等奖，36件广播电视新闻作品获湖北广播电视一等奖，每年获奖等级和数量位居全省地市台之首。

（四）加快媒体融合，传播渠道快捷有力

早在2008年就建起城市新闻门户网站——荆州新闻网，如今该网站日点击流量已超过100多万人次，被评为"全国地方十强新闻网站"。近年来，实施移动优先战略，以先进技术为支撑，创新移动新闻产品，打造移动传播矩阵，成立了融媒体指挥中心，优化了"中央厨房"功能，为壮大主流思想舆论赢得了战略主动。全台拥有各类微信公众号23个、手机客户端5个，用户总量达到230万，新媒体影响力明显提升。在首届荆楚文化旅游节开幕当天，通过网站和手机客户端收看直播人次达到200多万人次。台内建有电视演播厅（室）5个、广播直播室和录播工作室8个，拥有十讯道高清电视转播车、卫星电视直播车、微波电视直播车、广播直播车、新媒体直播车等6台，节目制作和播出实现了数字化、网络化和标准化，广播电视技术处于全国中西部城市台领先水平，目前正在加快推进高清录制和播出系统改造升级。

（五）强化党建引领，事业发展成效有力

坚持党要管党、从严治党，在全台（集团）实施党建"三大工程"，即理论武装工程、组织建设与人才培育工程、廉政建设工程，大力发扬"改革创新、团结拼搏、忠诚担当"的广电精神，强化"四个意识"，坚定"四个自信"，造就出一支高素质的广电铁军。全台先后被评为湖北省先进基层党组织、荆州市机关事业单位党组织十面红旗，有2人当选为省政协委员，4人当选市党代表、人大代表和政协委员；有13人次分别荣获中国优秀新闻工作者、中国"五四"青年奖章金奖、湖北省五一劳动奖章、湖北省三八红旗手、荆州市劳动模范、荆州十大杰出青年等。

（荆州广电台　李德虎供稿）

三峡日报传媒集团

三峡日报传媒集团(三峡日报社)创办于1949年8月9日,前身为原中共宜昌市委机关报社——宜昌日报社,2006年1月1日更名为三峡日报社,2008年在全省率先组建市州级传媒集团。集团与三峡日报社实行两块牌子、一套班子运行,为宜昌市委直属事业机构。2015年事业单位分类改革中被确定为公益二类事业单位。

三峡日报传媒集团现辖2报3刊3网站、2个新闻客户端、7个重点微博微信官号、1个手机报及1家出版社。近年来,在党委书记、董事长(社长)罗春烺同志的带领下,集团秉承"内容为王"的办媒理念、"技术引领"的融合理念和"产业兴媒"的发展理念,深入推进党建引领、用户连接、精品生产、经营转型和人才队伍建设"五大工程",不断改革创新,转型发展,综合实力日益壮大。2017年,总资产2.28亿元、净资产1.51亿元,营业收入达1.2亿元。

集团现有在职员工494人,其中本科及以上学历218人,硕士及以上学历20人,专业技术人员353人,其中正高12人、副高32人、中初级309人。

集团始终坚持正确的政治方向、舆论导向和价值取向,争做党和人民信赖的新闻媒体,不断提升新闻舆论的传播力、引导力、影响力和公信力,先后8次荣获中国新闻奖,湖北市州唯一。集团是第四届、第五届全国文明单位,湖北省文明单位,荣膺全国数字出版转型示范单位、中国广告一级企业、全国报业经营管理先进单位。先后三次荣获湖北省政府出版奖,代表湖北省参加全国采编校技能大赛,荣获一等奖(全国地市级报社唯一一家),"宜昌电视读党报入农户"项目入选国家新闻出版总局全国报刊媒体融合创新100佳。

近年来,三峡日报传媒集团加快推进媒体融合发展,构建"中央厨房"运行新机制,探索"互联网+TV+报纸"融合宣传新路径,开发全媒体融合宣传新产品,构筑载体多样、优势互补的现代传播体系。目前,已建成"一个中心"(三峡日报数据中心)、"两个平台"(三峡日报全媒体生产发布平台和经营管理平台)、"三个数据库"(媒体资源、公共信息和媒体用户)、"四类终端"(传统纸媒端、桌面PC端、移动端和户外端),初步建立起了包括传统纸媒、互联网、移动互联网、户外传播以及出版社在内,全面混合覆盖的全媒体传播格局。所有媒体覆盖用户(受众)超过200万人。

(三峡日报传媒集团 王全鑫供稿)

襄阳日报社

襄阳日报社是襄阳市委直属公益二类事业单位。目前，已形成"两报一网三刊十种新媒体及一个出版社"多业态、多介质的全媒体传播格局，主要包括：《襄阳日报》《襄阳晚报》，汉江网（襄阳日报网），《新闻大地》《新襄阳》《阅读阅美》，"襄阳+"新闻客户端，日报、晚报官方微信、微博，《襄阳手机报》以及湖北科技出版社襄阳分社等。同时，托管运营党建网、"汉江创客""汉水襄阳"等20多家党政部门的网站及新媒体。其中，《襄阳日报》创刊于1949年9月10日，第一任社长是著名作家、《红旗谱》作者梁斌；《襄阳晚报》于1994年4月创刊。

2015年10月，报社顺应文化体制改革需要，报经市委批准，挂牌成立襄阳日报传媒集团，与报社一套班子、两块牌子，在做好新闻舆论导向的同时，承担经营性资产运营管理。集团目前下属10家公司，分别为：加油汉江文化传媒公司、智广传媒有限公司、智城出版传媒公司、智畅物流公司、鑫汉江传媒公司（汉江网）、鑫汉江印务公司、和畅佳园物业有限公司、鑫天行旅游咨询有限公司、金天地广告公司、襄阳城广文化传媒公司（持股49%）。2017年12月，集团顺应新媒体业务快速发展需要，又挂牌成立襄阳新媒体集团，作为集团下辖的二级集团，重点发展新媒体和大数据业务。

《襄阳日报》发行量近年来稳中有增，2017年征订量达7.3万份；《襄阳晚报》发行量近年来稳定在3.5万份左右。近年来，通过扎实推进"135"产业工程，全报社收入每年实现10%以上的增长，2017年度综合收入达1.46亿元。

报社现任党委班子成员为：党委书记、社长王正强，党委副书记、总编辑杨戈，党委委员、总经理职战新，党委委员、副社长唐中平，党委委员、副总编辑董凡。

根据"三定"方案，襄阳日报社定编220名，现有在职职工253人，其中在编人员168人，社聘85人，另有93名离退休人员。其中，有中共党员241名（含离退休人员）；有高级职称20人，中级职称47人；有研究生学历12人，本科学历192人，专科学历46人；50岁以上的61人，35岁以下的72人。

近年来，面对移动互联网给传统媒体带来的冲击，襄阳日报深入改革体制机制，大力实施精品工程，扎实推进媒体融合，办报质量和品牌影响力名列汉江流域前列。

2015年以来，襄阳日报大力改革用人制度，继全员竞聘上岗后，又相继实施了编委制、首席记者制、职称全员聘任制等，有效激发了内生活力；积极实施改版，深入推进"带走写""对标看齐"活动，使原创稿件大幅增加，精品稿件不断增多，其经验被"三项学习教育"、中国记协推广；持续开展"大审读""读者有奖挑错"活动，严把办报质量关，在2017年全国报刊编校技能大赛湖北赛区获一等奖。在2016年度湖北新闻奖评选中，地市报获4件一等奖，襄阳日报社占两件；2017年，报社共获湖北新闻奖12件，稳居地市报前列。

2016年12月，襄阳日报编辑记者在省内率先全部转型为全媒体记者，推行"五段式"发稿。2017年4月，随着全省领先的全媒体采编平台"中央厨房"投入使用，襄阳日报又启动新一轮的部门整合、流程再造，使传统媒体与新媒体真正从"相加"走向"相融"。2018年5月，以"中央厨房"为引领、以深度融合为导向的报社第二轮改革全面启动，通过调整组织架构，撤销晚报编辑部、广告信息部，整合全媒体采编部室，组建三大公共媒体平台，并开展新一轮竞聘上岗、绩效改革，拉开报业全媒体发展新征程。目前，襄阳日报微博粉丝、微信粉丝均超过10万，单条微博最高阅量为860万次，微信日均推送图文类信息5~6条，单条消息平均阅读量为4000人次，位居襄阳新媒体影响力榜首。

襄阳日报社与人民日报"中央厨房"共建的"汉江融媒体工作室"成为全国地市媒体与人民日报合作的首个跨区域传播平台，目前已开展融媒体报道150余次，覆盖用户3000余万人，PV总量突破3亿次，被新华社评为2017年度"现场云"一等奖；两篇融媒作品入选全国党媒融合报道百强，其中《十九大时光，迈向新时代》H5作品被评为十九大融合报道"优秀作品十强"，并应邀参加在2018年人民日报于深圳举办的媒体融合高峰论坛上进行经验交流。

近年来，《襄阳日报》先后荣获"全国十大影响力地市党报""中国地市报媒体融合十强""2017传媒中国融合创新十大品牌创新力地市党报"等称号，《襄阳晚报》荣获"全国十大地市晚报"称号，汉江网荣获"中国地方网站十佳创新品牌奖"，两报官微同时进入全国报纸类百强名单。

2017年，市委启动报社和印刷厂搬迁工作，总投资3亿元的数据融媒产业基地和汉江绿色印刷产业园项目正在加紧建设。其中，汉江绿色产业园一期工程人民日报分印点项目已基本竣工，将从2018年10月1日起印刷人民日报。

目前，整个报社正在加快实施"融合、转型、赶超"战略，奋力推进区域枢纽型互联网传媒集团建设，全力打造"汉江流域第一媒体品牌"。

（襄阳日报社　廖双来供稿）

襄阳广播电视台

襄阳广播电视台是襄阳市直公益二类事业单位。2010年4月，按照市委、市政府机构改革的整体部署，由原襄樊人民广播电台、襄樊电视台和襄樊有线网络中心合并组建而成。2015年襄阳广播电视台新一届党委领导班子组建以来，坚持以党的十九大和习近平总书记关于新闻舆论工作的系列讲话精神为统领，紧紧围绕牢牢掌握意识形态工作领导权、主导权的总要求，高度重视传播手段的建设和创新，始终唱响主旋律，弘扬正能量，主导社会舆论；加快传统媒体和新兴媒体优势互补、一体发展，构建了广播、电视、报纸、手机终端和微博、微信、社交自媒体的全覆盖传播格局。

襄阳广播电视台现开办有襄阳之声、交通广播两套广播频率，新闻综合频道、生活频道、公共频道三个电视频道，节目信号覆盖辖区各县(市)及周边地区1000多万人口，《襄阳新闻》《今日播报》《帮女郎》《党风政风热线》《动力890正前方》等一批贴近生活、关注民生的品牌栏目在襄阳辖区及毗邻地区具有广泛的社会影响力。襄阳广电"云上襄阳"APP是襄阳市委、市政府第一政务平台，位居襄阳地区新闻类客户端第一名，以中央厨房为纽带，努力变"相加"为"相融"，全面提升服务能力，通过17个"两微一端"拥有200万粉丝的新媒体矩阵延伸了传播渠道。

襄阳广播电视台自组建以来，实行自收自支、自负盈亏。全台现有总资产43200万元，其中，独资公司7家，参股公司2家。2017年经营总收入1.2亿元，缴纳税收接近700万元，经营收入和纳税总额均位居全市文化企业首位。

现有台领导班子成员：台党委书记、台长吉虹，台党委副书记、总编辑王志勇，台党委委员、副台长张涛，台党委委员、副台长杨平。根据"三定"方案核定编制310个，领导班子职数7个；正科级职数21名、副科级职数41名，内设机构21个。全台现有干部职工655人，在职在岗499人。其中，在职党员211人，退休党员95人；有高级职称29人，中级职称291人；有研究生22人，本科学历291人。

近年来，面对媒体格局、舆论生态的深刻变化，襄阳广播电视台始终牢记职责使命，把握正确的政治方向，充分发挥主流媒体的喉舌、旗帜作用，不断巩固壮大主流舆论阵地。紧紧围绕"转型发展"的要求，各项工作均保持了强劲的发展势头。近三年以来全台荣获市级以上各类奖项357个，其中，国家级奖项17个、省级

219个,连续四年荣获湖北新闻奖一等奖,实现了社会效益和经济效益的双丰收。

一、聚焦主题,精耕细作本土新闻

襄阳广电台牢牢抓住"贴近"这个最基本的优质资源,紧贴"主题""主线",紧贴本土新闻为核心资源精耕细作,围绕百姓关注的民生话题进行新闻策划,实现全媒体的呈现,让襄阳人最关心、最关注的人和事成为新闻的"主角"。加大"走、转、改"的自我深化力度,让"接地气、说人话"成为基本语态。如今,《襄阳新闻》的头条新闻都是习近平新时代中国特色社会主义思想在襄阳具体实践的主题报道,第二条才是市委书记的相关报道。20分钟的时政新闻领导报道控制在6分钟以内。时政新闻栏目腾出了更多的时间让记者去走基层。

二、融合转型,新媒体发展迅猛

襄阳广电台将新媒体冲击变为新闻转型创新的机遇,实现了媒体的深度融合转型。2015年,在汉江流域率先搭建起了第一个中央厨房,三年来通过三次部门重构、资源整合、流程再造、迭代升级的改造建设,和刚性的全媒体记者考核配套方案,襄阳广电台的一百多名外采记者全部转型为"移动优先"的全媒体记者,为襄阳广电台的新媒体平台提供了强大的新闻资讯支持,使得襄阳广电台的新媒体矩阵粉丝总量超过200万,在襄阳地区遥遥领先。襄阳广电台先后推出了主持人的朋友圈、网红角色视频直播、创文试卷等大批优秀的网络作品和H5作品,获得广泛传播和好评。其中《这张试卷火了因为考生是襄阳市长》获得湖北省人大新闻奖一等奖、中国人大新闻奖三等奖。创文试卷点击量超过80万。

三、融媒体直播,离受众更近

2015年以来,襄阳广电台打造了一个全高清、全媒体、全直播、全互动的演播室,实现了现代的广播电视新闻与新媒体在第一时间、第一现场上更靠近,让互动成为与观众联系更紧密的纽带。广播电视创意策划融媒体直播成为常态。从"全市创文誓师大会"直播,到多机位"端午龙舟大赛"融媒体直播,再到多机位、多窗口、多环境的"襄马"、诸葛亮文化旅游节融媒体直播,襄阳广电台实现了真正意义上的全方位、全视角、全媒体大直播,融媒体大直播所带来的大事件造势能力和全媒体影响力,引领了襄阳话题;广播创意化的视频直播成为全国城市台的样板。交通广播与英孚美迪合作利用多种技术手段开展创意化视频直播,《党风政风热线》等品牌广播栏目实现了多渠道网络直播,广播融媒体让受众从听广播到看广播、用广播。

四、技术引领，增强传播力

2015年以来，襄阳广电台技术装备投入超过4500万元。高投入不仅带来了技术领域的全方位突破，更为节目栏目品质的提升和传播力、影响力的增强提供了保证。2015年，前端采编设备全部实现高清化，节目品质明显提升；2016年，900平方米演播厅灯光实现更新换代，大型活动影效全面提档；2017年，全媒体演播室正式投入使用，新闻类栏目全部实现了直播和实时互动。与此同时，三年来大量4G设备、无人机等投入使用，为融媒体直播的多场景、多窗口提供了支撑。完成了虎头山广播电视备份通道建设，解决了困扰襄阳广电台多年的安全播出隐患。实施了广播提档升级工程，大幅提高了广播的覆盖率和达到率。

2018年是贯彻落实十九大精神的开局之年，襄阳广电台将牢记党的新闻舆论工作的48字职责与使命，不忘初心，砥砺前行，始终唱响主旋律，弘扬正能量，在媒体融合的道路上坚持不懈地探索，为习近平新时代中国特色社会主义思想在襄阳落地生根贡献襄阳广电台的责任和担当。

(襄阳广电台　杨敏供稿)

荆门日报传媒集团

荆门日报社系中共荆门市委直属正县级事业单位，旗下《荆门日报》是中共荆门市委机关报。《荆门日报》1956年5月创刊，1960年10月休刊，1984年10月复刊，2009年12月经中共湖北省委宣传部、湖北省新闻出版广电局批复成立荆门日报传媒集团，与荆门日报社"两块牌子、一套班子"联体运行。复刊30多年来，《荆门日报》见证了荆门改革发展的筚路蓝缕，记录了一座城市蝶变的精彩航程，也为自己留下不断创新、跨越发展的铿锵足音。特别是成立传媒集团以来，始终坚持"融合图进、转型图强、创新图变"的方针，已发展成为荆门地区最具影响力的新型主流媒体。

荆门日报传媒集团辖"三报一刊三网二端四微一屏"：《荆门日报》《荆门晚报》《湖北手机报》(荆门版)，《读写算》杂志，荆门新闻网、发现荆门网、荆门小记者网，"荆门在线""家在荆门"客户端，荆门日报、荆门晚报、荆门新闻网、荆门发布 官方微信公众号，室内外电子阅报屏。拥有荆门日报印务总公司、闻达报刊发行有限公司、掌控传媒股份有限公司、远博文化传媒有限公司、物业公司(后勤服务中心)、文博数字音像传播有限公司、康辉国际文化旅游公司7大控股或全资经济实体，《荆门日报》年发行量稳定在3万份，集团总收入2017年达到8000多万元，2017年3月集团入选湖北省"双百工程"重点企业。

政通百业旺，人和万事兴。荆门日报传媒集团(荆门日报社)现有在职在岗人员222人，其中高级职称24人、中级职称73人；研究生3人、本科学历165人、专科学历42人；党员102人、县级干部14人，其中党委班子成员11人。现任党委书记、社长赖建权，党委委员、总编辑杨传彬，党委委员、总经理谢伯平，调研员田明银，党委委员、副社长、副总经理、荆门晚报总编辑丁川，党委委员、副社长高萌，党委委员和卫东，党委委员、副总编辑张洪，党委委员、副总编辑程兴国，党委委员、副总编辑王杰，党委委员、工会主席金钟，党委委员、副总编辑聂庆华，副调研员赵红芳、任颐。

荆门日报传媒集团成立以来，坚持传统媒体与新媒体两手抓，坚持采编与经营两手抓，坚持业务建设与政治建设两手抓，坚持素质提升与作风建设两手抓，深入开展"推进融合年""赢在活动年""我是主人年""质量提升年"活动，人人争先创优，积极践行"主人、干将、标兵、学生"，精准谋事，精细干事，精彩成事，新型传媒集团建设成果丰硕。2015年至今，集团和个人共获得荆门市级以上荣誉50多项，集团先后被授予中国报业融合发展奖、湖北省新闻出版突出贡献奖、第七届王选新闻科学技术奖、最具影响力城市日报新媒体奖、中国互联网与传媒融合政务新媒体平台示范奖、2018中国传媒融合发展创新奖，先后代表湖北报业参展深圳文博会、全国庆祝建党90周年成就展、中国（武汉）刊博会等，受到中共荆门市委、市政府特别嘉奖。荆门日报传媒集团始终坚持政治家办报办网，围绕中心，服务大局，在贴准、贴近、贴紧上精准发力，为荆门全面建设湖北增长极营造良好氛围，打造了一批精品佳作。2015年至今，《荆门日报》《荆门晚报》共有110件作品获得湖北省市州报新闻奖，其中，一等奖30件、二等奖80件；共有22件作品获得湖北新闻奖，其中，一等奖2件、二等奖6件、三等奖14件，均在全省好新闻评比中位于市州报前列。

每一座里程碑，都是一个始发点。荆门日报传媒集团正以创新为动力，以融合为路径，以转型为手段，在《荆门日报传媒集团"十三五"发展战略规划》指引下，朝着建设现代化一流党报传媒集团奋力迈进。

服务中心大局，新闻宣传在更准上发力。移动互联网时代，内容为王仍是传统媒体的生存之本。荆门日报传媒集团着力精准策划，围绕重大事件、重大活动精心策划，打造精品力作；着力精准报道，做好政务报道时突出主题报道、战役性报道；着力精准问效，巩固和提升纸媒影响力。

促进融媒发展，新媒体在更实上发力。做响平台，做强"二端四微"，扩大新媒体的影响力；做活机制，新媒体坚持内容自采，经常性开展线上线下活动，增强黏合度；做优产品，积极推广"掌上直播"、H5、视频新闻、VR等新媒体产品，多出原创作品；做多效益，加大营销策划，提升新媒体产品的综合效益。

不断改革创新，调整转型在更快上发力。在已有改革成果上，进一步推进全方位、深层次改革。推进广告创收和新闻服务改革，出台广告和新闻服务管理办法；推进纸媒表达方式和体裁改革，突出新闻性、可读性和服务性；推进采编与经营、产业和事业"两分开"体制改革，提振干部职工履职尽责积极性；推进融合发展机制改革，进一步完善采编流程，推进传统媒体和新媒体的深度融合；推进人事制度改革，真正形成人员能进能出、薪酬能增能减、岗位能升能降的用人机制，为集团转型发展提供坚强的人才保障。

（荆门日报传媒集团　刘文泉供稿）

荆门广播电视台(集团)

荆门广播电视台是在2011年12月机构改革中,整合原荆门电视台、荆门人民广播电台、荆门电视发射台、荆门微波站四家事业单位组建而成的,与原荆门市广播电视局、荆门广电传媒集团合署办公。2015年8月,荆门市对广电机构再次进行改革调整,将广电行政职能剥离,并入新成立的市文体新广局,荆门广播电视台(广电传媒集团)单列为事业单位。2017年3月,省编办批复荆门广播电视台为市委直属事业单位。

荆门广播电视台现有3个电视频道、2个广播频率、1个周刊类纸媒、1个户外媒体、5个新媒体平台。广电传媒集团下属国有全资及国有控股公司8个,代管市电影公司。全台(集团)现有干部职工504人,人员结构为:台在编人员217人,台(集团)聘用人员152人,代管电影公司55人,改制企业广电公司33人。台(集团)领导班子成员9人(其中副厅级1人、正县级2人),县级非领导职务5人。

荆门广播电视台坚持"转型、融合、再造、拓新"的总体思想,全面深化改革,贴紧大局、贴准中心、贴近民生,奋力实现宣传事业和媒体产业齐头并进,全力体现广电事业在全市社会发展中的责任担当。

近年来,荆门广播电视台聚焦改革创新重大主题,内容高站位,外宣创一流,媒体影响力进一步增强;聚力广电传媒主业,做足延伸产业,做大活动经济,产业经营收入逆势增长、质效兼收;着眼完善融媒体构架,加强一云多屏建设,云上荆门凸显主流媒体价值。

在新闻宣传上注重选题策划,主动设置议题,善于讲好故事,做强主题宣传、做透形势宣传、做准政策宣传、做实成就宣传、做活典型宣传、做大做亮正面宣传,全面"贴紧、贴准"中心工作,每个月都保证有2个以上的主题新闻宣传。近两年来,围绕"招商引资""项目建设""精准扶贫""大众创业、万众创新""两学一做""创卫迎检""生态立市""学习十九大 建设增长极""进入新时代 我的新愿景"等主题,全媒体推出重点宣传栏目近80个,播出重点宣传稿件超过2000条,推出了一批有力度、有深度、有温度的好新闻作品,有力地宣传了荆门改革创新的亮点,为荆门经济社会发展提供了强大的舆论支撑。

与此同时,荆门广播电视台组织精干力量积极开展上宣外宣,精品生产稳步提升。每年在央视播出新闻稿件30条左右,在中央人民广播电台播出60条左右,在湖北卫视《湖北新闻》省级广播播出近200条，讲出了中国好故事，传播了荆门好声音。精品生产也效果明显，在全省"8·20"精品工程、湖北新闻奖、湖北广播电视节目奖、全国微电影、公益广告作品评选等评奖中屡获佳绩，获奖数量持续居湖北地市级电视台前列，部分奖项在全省地市独此一份。

以新媒体平台建设为突破口，荆门广播电视台有计划地推进阵地建设。目前已经形成了"声""屏""报""网"四位一体的媒体格局。与平台相对应，在传播上已基本实现了技术链路全覆盖：无线发射、有线传输、IPTV、OTT、网络、手机客户端、纸媒以及台内自媒体群，初步形成了较完备的信息矩阵。

同时，荆门广播电视台加快了对集团公司产业布局的调整，按照"去库存、去产能、去杠杆、降成本、补短板"的要求，完成了集团下属企业的转型并转。目前集团年产值可达2000万元。2017年，全台实现全口径收入7200万元，较上年增长18%。媒体运营逆势上扬，稳住了发展的"底盘"。

荆门广播电视台以加强党的建设为总抓手，台党委认真学习贯彻落实十九大精神，以习近平新时代中国特色社会主义思想为指引，切实增强"四个意识"，认真落实党风廉政建设工作责任制，扎实推进"两学一做"活动常态化制度化，着力提高干部职工政治思想素质，加强班子建设，强化队伍能力提升。为改变人才结构上存在的年龄老化、结构失衡、缺记者、缺节目编导、缺营销人才、缺策划、缺文案人员、缺节目主持人等方面的问题，策划组织了十大名主持评选、十大名栏目评选、广电策划大赛等活动，以培养一批名记者、名编导、名策划，营造了优秀人才脱颖而出的生态环境；2017年先后安排40多人次参加了各级各类媒体融合培训班，组织各类内部培训和学习20多场次；从10月份开始，启动了"一专多能"岗位培训计划，成立26个课题小组开展媒体融合技术攻关，吸引全台462人次报名参与，500多人次参训，学习攻关氛围浓厚，热情空情高涨，通过引进、培养等措施加强了队伍建设。

（荆门广电台供稿）

黄冈日报社

黄冈日报社是中共黄冈市委直属正县级事业单位，《黄冈日报》是中共黄冈市委机关报，创刊于1958年7月7日，是黄冈最具影响力的主流媒体。黄冈日报社以《黄冈日报》为主体，"三报三网一刊一屏两微"融合发展，已形成全媒化复合型新兴主流媒体格局。

近年来，黄冈日报社勇于改革创新，推进媒体融合发展，实力和影响力不断增强。现有黄冈日报社、鄂东晚报社、黄冈网络传媒中心3个事业单位。报社下辖《黄冈日报》《鄂东晚报》《黄冈手机报》，黄冈新闻网、鄂东都市网、黄冈家园网，《新黄冈》杂志，电子屏报和户外阅报栏，黄冈日报和掌上黄冈微信公众号两微矩阵，以及黄冈日报电子报有限公司、黄冈新闻传媒有限公司、黄冈鄂东晚报文化传媒有限公司、黄冈正文营销策划有限公司、黄冈鸿楚教育资源开发有限公司、黄冈博祥文化传媒有限公司。旗下产业涉及户外传媒、文化传播、产业营销、教育资源开发、广告、动漫设计、出版、旅游项目开发等多个行业。黄冈日报发行量每年稳定在5.3万份以上，全社收入每年以20%以上的速度递增。至2017年年底，报社实现总收入近5000万元。

报社现任党委书记、社长蔡志勇，党委委员、副社长、副总编辑叶大军，党委委员、副社长、副总编辑占焕军，党委委员、副总编辑何运林，党委委员詹钊，党委委员、副总编辑刘彦友。根据"三定"方案，黄冈日报定编70名，下属鄂东晚报社定编40名、黄冈网络传媒中心定编30名。除41名离退休人员外，报社现有在职职工115人。其中，有中共党员98名（含离退休人员）；有高级职称11人，中级职称26人；有研究生4人，本科学历80人，专科学历52人；50岁以上的20人，35岁以下的66人。

黄冈日报社始终坚持政治家办报办网不动摇，始终坚持正确舆论导向，始终把社会效益放在首位，坚持"新闻立社、人才兴社、经营强社、管理活社、依法治社"总体布局，努力提升新闻舆论传播力、引导力、影响力、公信力，打造鄂东最强势综合性媒体平台。2015年度湖北省市州报新闻奖评选，《黄冈日报》有22件作品获奖，其中一等奖5件；6件作品获2015年度湖北省新闻奖，其中一等奖2件、二等奖2件、三等奖1件，好版面1件。2016年度湖北省市州报新闻奖评选，《黄冈日报》有20件作品获奖，其中一等奖4件、二等奖16件；5件作品获2016年度湖北省新闻奖,其中二等奖1件、三等奖4件。2017年度湖北省市州报新闻奖评选,《黄冈日报》有21件作品获奖,其中一等奖5件、二等奖16件。

近年来,黄冈日报社不遗余力推进传统媒体和新兴媒体融合发展,探索适合自身实际的融合模式,2014年成立的大采访中心,打通全社人员通用渠道,建立采编发播畅通平台,取得"共创共享、出人出稿"良好功效。2016年4月,省委宣传部下发《新闻宣传创新案例选编》,黄冈日报社"两共两出"融合经验作为全省17个创新案例之一入选其中。

上接天线,下接地气,立足本土,深耕内容,是黄冈日报社对内容生产的矢志追求。强化"四个意识",坚持正确的政治方向,围绕中心,服务大局,每年推出20余个主题宣传,彰显了党媒的担当和作为。"新常态 新作为 新跨越——竞进有为的黄冈答卷"主题宣传,被省委宣传部新闻阅评组以《主题宣传的创新实践》为题,向全省专期推介。省新闻工作者协会专门在黄冈召开新闻作品研讨会。目前,黄冈日报社是黄冈最大的本土新闻内容生产者和发布者,也是黄冈最具影响力和公信力的媒体。

媒体竞争优势核心是人才优势。黄冈日报社一直致力于培养学习型、全媒型、专家型、复合型、创新型人才队伍。2014年以来,报社有近100人次到北京大学、复旦大学、浙江大学、华中科技大学等高等学府培训学习,全面提升了采编人员的业务素质。

加强媒体传播手段建设和创新是党的十九大提出的新要求。黄冈日报社放眼大势,立足实际,借台唱好戏,搭台唱大戏,有效扩大了传播力和影响力。2017年11月,黄冈网络传媒中心等运用新华社现场云直播黄冈中学校友峰会,一举成功。如今,报社新媒体直播、短视频等风生水起。

目前,黄冈日报社正致力于媒体融合转型发展,坚持先进理念为引领、一体化发展为保障、先进技术为支撑、内容建设为根本,形成一体化组织结构、传播体系和管理体制,真正实现全媒体生产、全介质传播、全方位经营,努力建设传播力强、影响力大,极具实力和公信力的现代传播体系。

(黄冈日报社供稿)

黄冈广播电视台

根据市委全面深化改革的总体部署,黄冈广播电视台于2015年2月9日正式组建。由原来的黄冈人民广播电台、黄冈电视台、发射中心、新视窗网站、黄冈周刊社等单位组建而成,是市委直属正县级事业单位,属于公益二类事业单位。

一、基本情况

人员情况:黄冈广播电视台现任党委书记、台长夏菁,党委副书记、总编辑童俊,党委委员、副台长胡伟、蒋云辉、朱鸿儒、孙建斌,党委委员汪晓山,党委委员、总工程师刘蕲武,副县级干部何志勇。全台现有职工266人,在职在编165人,无编59人,退休42人,其中,中共党员135人(含离退休人员);副高职称11人,中级职称79人,一级播音员6人;有研究生8人,本科68人,专科学历48人;50岁以上33人,35岁以下59人。有台属二级单位3个,分别为市广播电视发射中心(公益一类,编制11人)、市云上黄冈融媒体中心(公益一类,编制11人)、楚天声屏报·黄冈周刊(生产经营类,11人)。对接市场,成立了黄冈广电传媒有限责任公司(国有二类),何志勇任总经理,下有3个子公司:冈视传媒有限公司、黄冈周刊传媒公司、黄冈新视窗传媒公司。

平台情况:经过深化改革,建成了全媒体宣传平台。有2套电视频道:新闻频道、公共频道;2套广播频率:FM107.6黄冈新闻综合频率和FM91.4交通音乐频率;1个广电官方微信:东坡云;1个移动客户端:云上黄冈;1个网站:黄冈新视窗网;1个纸媒:楚天声屏报·黄冈周刊,目前是黄冈市最具影响力的主流媒体。为适应形势发展,根据各媒体平台属性,成立了黄冈广播电视台新媒体矩阵,含云上黄冈、东坡云、直播黄冈、黄冈新视窗网、黄冈周刊传媒、黄冈交通广播五大平台,其中直播黄冈自2017年开播以来,目前已拥有41万粉丝,一年内直播了300多场次活动,超千万访问量,已成为黄冈本土最具影响力和特色的网络直播平台。

技术装备情况:2015年完成了公共频道的全市覆盖。完成了电台播出系统的数字化改造、播出、录制机房以及新闻、编单的不间断电源改造,建成了电视全数字播出系统、制作系统和高清数字演播室,搭建了新媒体微信摇电视平台,拥有一台电视直播车、一台广播直播车、一台网络直播车。2016年开始投资建设融媒体生产发布平台，构建内容汇聚、节目生产、云发布的一体化平台，实现全台数字高清制作系统以及全媒体发布，现已基本完成。

覆盖情况：广播电视信号覆盖全市七县两市两区100多个乡镇，有效覆盖有线用户80多万户。新闻综合频道、农村文化旅游频道通过有线无线方式，形成对全市行政区及邻近黄石、江西、安徽周边部分地区1500万人的覆盖。广播通过白羊山和大琦山发射台实现全市90%以上地区的有效覆盖。

二、改革情况

（一）第一轮改革

第一轮完成了黄冈电视台、黄冈人民广播电台等5个单位的实质性合并，构建了四大平台（新闻中心，新的频道和栏目——农村文化旅游频道和都市频道，新媒体，产业公司），创新了四大机制（绩效考核机制，岗位薪酬机制，人才引进机制，干部选拔机制），实行了完全频道制。

1. 创新管理机制，激发人员活力

改变事业单位管理模式，按照企业化进行运作和管理。一是实行岗位薪酬机制。按照"两分离"原则，岗位与职级职务相分离，实际工资与档案工资相分离，全员定岗定级定责定酬，做什么工作拿什么报酬，做多做少不一样。二是绩效考核机制。根据频道（率）、部室性质的不同，实行不同的考评体系。一线部门实行节目总量、节目质量、经济创收和员工工资发放情况的综合考评；二线部门实行考勤、服务满意度、与全台创收挂钩、完成工作任务情况的考核体系。所有部门实现各项指标的量化考核，以《目标责任书》《绩效考核细则》约定双方责任、权利和义务。三是人才引进机制。解决长期以来缺人才、难引进人才和留不住人才等问题，采用"编制+聘用"两种方式。一方面通过市政府渠道引进人才，另一方面根据台里实际需要，面向全国公开选拔。四是干部选拔机制。改变论资排辈的历史，大胆突破人员身份和岗位限制，因事设岗、有岗必竞，所有岗位和人员纳入同一个"篮子"，全台竞争上岗，"能者上庸者下"。

2. 推动媒体深度融合，全媒体共同发力

新媒体的迅猛发展，既给传统广播电视带来巨大冲击，同时也带来了生机和活力。广播电视等传统媒体在内容生产、节目制作方面有巨大优势，而新媒体则提供了更为多元和便捷的传播途径。黄冈广播电视台先后整合黄冈新视窗网站，开通东坡云微信公众号，开发云上黄冈手机客户端，改版《黄冈周刊》，与广播、电视一起，六大平台融合汇聚，共同发力，满足互联网用户对于产品多样化、多元化的选择习惯。同时，加速媒体内容融合进程，再造采编播流程，投资建设融合生产发布平台，实现全台新闻、栏目资源共享和精编化处理，达到内容联动传播效果的最大化。

（二）第二轮改革

改革永远在路上，没有完成时，只有进行时。第二轮改革，黄冈广电台按照"深化改革、整合资源、转型升级、做大做强"的方针，进一步加快媒体融合进程，激活用人机制，改频道制为中心制，集合全台优势骨干力量和平台资源，化零为整，成立了融媒体新闻中心和全媒体营销中心。

融媒体新闻中心：中心下设策划部、时政新闻部、综合新闻部、广播新闻部、《黄冈周刊》，涵盖全台所有新闻制作发布平台。（1）突出"新闻立台"，依托新投资建设的融媒体生产发布平台，打造"中央厨房"管理模式，坚持"全盘策划、深度融合、共同发力"的思路，推进从"信源采集、编辑播发、宣传推广"的全流程融合共享，实现"一次采集，多种生成，多屏传播"。（2）强化原创内容建设，深化创新创意，打通网上网下。围绕热点话题，秉持"内容永远是根本"理念，以重大主题主线报道为契机，以原创视频为抓手，着力提升融媒体产品体系化生产能力，通过拥有10万用户的全媒体宣传矩阵的声、屏、报、网、微、端"六端齐发"进行融合报道，打造具有黄冈广电独特标识的报道产品。

全媒体营销中心：（1）完善机构设置，实行事业部制管理。中心成立了广告部、活动部、法制部、经济部、农村事业部、少儿艺术部、健康产业部7个部门，并启用了冈视传媒有限公司负责产业经营。部门（公司）按照事业部制管理方式设置，分级管理、分级核算、自负盈亏。（2）秉承"市场为导向、用户为中心"的经营理念。栏目节目设置遵循市场导向原则，从节目产品设计、制播、成本核算等，均由部门负责，单独核算，独立经营。鼓励全员创收，建立压力传导机制，倡导业务人员传帮带，加强以业绩、成本考核为重要指标的绩效管理运作机制。

三、获奖情况

2017年被省委宣传部表彰为全省宣传思想工作先进集体，并授予奖牌。为表彰黄冈广电台在法治工作中做出的贡献，该台被评为"2011—2015年全市法治宣传教育先进单位"。拍摄的电影《不愿沉默的知了》入围加拿大金枫叶国际电影节，荣获最佳新锐影片奖；廉政微电影《兰花草》在省纪委网站播出；联防微电影《老爷的铜锣》获第二届"平安中国"微电影微视频比赛优秀奖。

2015年度湖北新闻奖和湖北广播电视奖评选中,黄冈广电台获奖作品达20件;获得湖北新闻奖作品4件,其中二等奖1件,三等奖3件;获得湖北广播电视奖作品16件,其中一等奖2件,二等奖8件,三等奖6件。2016年度,新闻作品获得湖北省新闻奖二等奖1件,三等奖1件;获得湖北省广播电视学会一等奖2件,二等奖4件,三等奖19件。

农村文化旅游频道制作的《走进铁血红安拍摄地》,荣获第三届"银河杯"全国市县电视台推优活动一等奖。《香飘万里东坡肉》获得2017年度湖北新闻奖电视类一等奖。技术部秦武荣获2015年湖北省广播电视技术能手竞赛广播中心类第一名,并代表湖北省参加全国广播电视技术能手竞赛,荣获三等奖。《黄冈周刊》刊登的《创建全国文明城市,打造黄冈靓丽名片》获得湖北省专业报新闻奖一等奖。选送的公益广告《网络之外生活更精彩》,在国家广电总局2016年度广播电视公益广告扶持项目评审活动中获得广播类公益广告三类专项资金扶持奖(全省仅黄冈和宜昌选送的广播类作品获得该项奖)。

(黄冈广电台供稿)

鄂州日报社

《鄂州日报》是中共鄂州市委机关报,创刊于1984年10月1日,是鄂州最具影响力的主流媒体。鄂州日报社以《鄂州日报》为主体,下辖《围棋报》《鄂州手机报》、鄂州新闻网、鄂州政府网、鄂州论坛、吴都论坛、微博、微信、云上鄂州客户端、《航空都市》杂志,形成"三报两网两论坛两微一端一杂志"的媒体发展格局。其中,《鄂州日报》发行每年稳定在3万份以上,至2017年年底,报社实现总收入2700余万元。

报社现任领导班子:党委书记、社长傅宝山,党委委员、总编辑夏汉元,党委委员、纪委书记盛耀乾,党委委员、副总编辑邓冰,党委委员、副社长肖少锋,党委委员、副总编辑张先驰。根据"三定"方案,鄂州日报社定编63名,下属鄂州政府网定编6人。除24名退休人员外,报社现有在职职工105人。其中,有中共党员72人(含离退休人员);有高级职称6人,中级职称20人;有研究生6人,本科学历102人,专科学历2人;50岁以上13人,35岁以下92人。

鄂州日报社注重提高新闻作品质量,努力打造精品,提升各级各类媒体对鄂州的关注度。2017年度湖北省市州报新闻奖评选,《鄂州日报》有18件作品获奖,其中一等奖6件,二等奖10件,好标题1件,好版面1件。2017年度湖北新闻奖评选,《鄂州日报》3件作品获奖。

近年来,鄂州日报社加快推动传统媒体和新兴媒体融合发展,新闻网站、手机客户端、手机报、"两微"平台影响力日益提升。

全媒体采编架构初步建立。鄂州日报社积极探索建立全媒体采编架构,在借鉴外地成功经验的基础上,结合本报实际,制定了《鄂州日报改版纲要》《鄂州日报全媒体经营方案》《鄂州日报全媒体绩效考核办法》《鄂州日报新媒体整合方案》,充分调动了采编人员的工作积极性,提高了办报办网质量和工作效率。整合不仅仅在思想上,还体现在组织架构上,由于原有的内设机构及其工作职能已不能适应新闻舆论工作新形势、新任务的要求,为推进媒体融合发展,鄂州日报社争取市编委的支持,对原有业务部室进行调整,成立全媒体调度中心、新闻采访中心、视觉采编中心、新闻编辑中心等六大中心,还增设了云上鄂州运营中心;全社所有全媒体记者向新媒体供稿,报纸、网络、论坛稿件统一调度,绩效统一考核,做到线上线下一个标准。记者"一稿多做",编辑"一鱼多吃",放大新闻传播效应,引导记者向全媒体记者转变,实现了新闻采编流程重构再造。2017年11月6日,由我社申报的鄂州日报社媒体融合平台入选2017年度湖北省新闻出版广电项目库名单。

云上鄂州成为鄂州移动第一端。鄂州日报社对标全省最高标准来建设云上鄂州新媒体平台,自开通以来,内容不断丰富,服务功能不断增强,吸引了许多市民关注。目前,云上鄂州下载用户达到31200户,已有71家单位安排专人和技术人员,规范入驻云上鄂州客户端,内容每天及时更新,政务板块运转正常。另外,已经接入各地各单位官方微博26家、微信公众号31家。我市政务信息在云上鄂州新媒体平台上依法公开,各单位已把云上鄂州平台作为展示形象、推进工作的窗口,云上鄂州成为名副其实的鄂州移动第一端。开办所必需的人头经费和运维经费已纳入每年度的财政预算。

"两网"舆论宣传积极稳妥。鄂州政府网和鄂州新闻网围绕中心工作,在首页显著位置开设"新春记者走基层""促进文明金点子""撸起袖子加油干""建设航空大都市"等专题栏目10多个。特别是在鄂州市冲刺全国文明城市工作中,"两网"迅速展开宣传,点击首页即展现大幅文明城市创建公益广告,首页新增社会主义核心价值观通栏公益广告,制作专题页面,分四个栏目强化宣传,同时政务微博、政务微信、手机报每日跟进宣传,形成立体宣传阵势。此外,鄂州政府网加大硬件设施建设,成功升级绿盟防火,加强了网站安全防护,配置两台新服务器,保障了网站运行和访问速度;加大信息公开力度,公开了41个部门、3847项行政职权,公开其他政务信息7000余条;深化政民互动工作,全年共开展访谈6次,开展网上征集和调查7期,市长信箱全年公开回复信件20封。2017年,鄂州政府网在全国299家地市级政府网站绩效评估中位列47名,跻身全国50强,创历史最好成绩。鄂州新闻网创新网站技术,承接建设了鄂州廉政网、鄂州金融网、葛店经济开发区网、江南电商网等网站,逐步呈现社会效益和经济效益齐头并进的良好发展态势。

《航空都市》杂志改版。鄂州日报社将原《鄂州瞭望》杂志更名为《航空都市》,作为国际航空大都市宣传的重要平台,目前已出版6期,刊发稿件100多篇。更名后的《航空都市》杂志,紧紧围绕当前中心工作,推出了市第七次党代会宣传专刊和十九大特刊,以及空港建设、生态保护、转型发展、改革创新、对外开放、城乡建设、民生改善、民主法治、从严治党等重大专题宣传,图文并茂,编排合理,充分展现了全市广大干部群众建设国际航空大都市的精神风貌,记载了国际航空大都市建设的不凡历程,营造了建设社会主义现代化国际航空大都市的强大舆论氛围。

(鄂州日报社 孙群慧供稿)

咸宁日报传媒集团(咸宁日报社)

咸宁日报社是中共咸宁市委直属正县级事业单位,《咸宁日报》是中共咸宁市委机关报,创刊于1966年7月1日。2014年7月,省委宣传部、省新闻出版局下文批准组建咸宁日报传媒集团,成为全省市州第8家组建传媒集团的报社。目前集团在编在岗人员200余人。《咸宁日报》作为党媒宣传主阵地,为宣传咸宁"五个文明"建设发挥了积极作用,得到市委的肯定和读者的认可。

咸宁日报传媒集团和咸宁日报社实行两块牌子、一套班子管理机制。集团拥有多个新闻传播平台:两张报纸——《咸宁日报》《香城都市报》;两个网站——咸宁新闻网、咸宁政府网;一份杂志——《咸宁》画册;7个媒体官方微博、4个微信公众号、咸宁日报APP和《湖北手机报咸宁版》;在温泉和永安城区主要街道、市区公共场所建有94块阅报栏、80多块数字媒体显示屏。集团组建了咸宁日报广告传媒有限公司、咸宁日报文化传媒有限公司、咸宁日报印务有限公司,旗下产业涉及户外传媒、文化传播、产业营销广告等多个行业。咸宁日报发行量每年稳定在3万份左右,全社收入稳中有升,2017年年底实现总收入近5000万元。

咸宁日报传媒集团(咸宁日报社)现任党委书记、董事长、社长黄胜,党委副书记、总编辑杜先龙,党委副书记、总经理袁忧民,党委委员、副总编辑刘文景,党委委员、副总编辑刘国华,党委委员、副社长徐伟颂,党委委员、副社长柯建斌,副总编辑张大乐,副总编辑祝宝成。根据"三定"方案,咸宁日报定编58名,香城都市报定编40名、咸宁政府网定编6名。报社现有在职职工200余人,其中,有中共党员110名(含离退休人员);有高级职称18人,中级职称19人;有研究生5人,本科学历152人,专科学历25人;50岁以上的24人,35岁以下的82人。

咸宁日报传媒集团(咸宁日报社)始终坚持政治家办报办网不动摇,始终坚持正确舆论导向,始终把社会效益放在首位,努力提升新闻舆论传播力、引导力、影响力、公信力,打造咸宁最强势综合性媒体平台。2015年度湖北省市州报新闻奖评选,《咸宁日报》有21件作品获奖,其中一等奖5件;9件作品获2015年度湖北省新闻奖,其中一等奖1件、二等奖2件、三等奖6件,好标题1件。2016年度湖北省市州报新闻奖评选,《咸宁日报》有20件作品获奖,其中一等奖4件、二等奖16件;6件作品获2016年度湖北新闻奖,其中二等奖1件、三等奖5件。2017年度湖北省市州报新闻奖评选,《咸宁日报》有37件作品获奖,其中一等奖8件、二等奖27件,好版面、好标题奖各1件;4件作品获2017年度湖北新闻奖,其中二等奖2件、三等奖2件。

近年来,咸宁日报传媒集团(咸宁日报社)大力推进传统媒体和新兴媒体融合发展,以建设"中央厨房"为契机,推进发展理念融合、业务机构融合、内容生产融合、传播渠道融合、人员身份融合,新闻舆论传播力进一步增强。集团着力推进新媒体矩阵升级扩容,官方微信公众号粉丝量和浏览量双提升,咸宁日报客户端下载量突破13万,视频直播近100场,浏览量最高达200万+,专题片、小视频、H5、电子海报已经成为宣传常态。集团主动对接融入新华社客户端、人民日报客户端和央视新闻移动网等国家级新媒体平台,让"好作品"+"好平台"产生"双好"叠加传播效应,创造出了一批10万+、100万+、200万+的传播业绩。2017年,湖北省委宣传部部长王艳玲和咸宁市委书记丁小强分别到报社调研,对报社媒体融合工作给予高度评价。

作为咸宁最大的本土新闻内容生产者和发布者、咸宁最具影响力和公信力的媒体,《咸宁日报》强化"四个意识",坚持正确的政治方向,围绕中心,服务大局,每年推出30余个主题宣传,彰显了党媒的担当和作为。2018年开设的《党报问政》栏目刊登《市委书记交办的事,为何10个月还没解决?》一稿,网易、荆楚网第一时间转发。市委书记丁小强批示:"党报问政、督政问政形式很好。"近一年来,期期党报问政都得到相关部门的回复。

2018年,咸宁日报传媒集团(咸宁日报社)致力于媒体融合转型发展,重点推进咸宁党政网站集群建设,构建咸宁网站"航母"。坚持打造媒体特色,《咸宁日报》突出指导性,《香城都市报》突出可读性,咸宁新闻网突出时效性,所属新媒体突出快捷性,真正实现全媒体生产、全介质传播、全方位经营,努力建设传播力强、影响力大、极具实力和公信力的现代传播体系。

(咸宁日报社　饶敏供稿)

咸宁广播电视台

咸宁广播电视台是咸宁市人民政府直属正县级事业单位，现有2个电视频道（新闻综合频道、公共频道）、2个广播频率（新闻综合广播、交通音乐广播），以及"四微一端一网一刊"（2个官方微信号、2个官方微博、云上咸宁移动政务新媒体客户端、咸宁广电网、咸宁周刊）等宣传平台。目前，两个微信公众号粉丝量52100余人，两个微博粉丝量217000余人，云上咸宁用户量近20万。自办栏目电视13个，广播13个。

咸宁广播电视台前身为成立于1990年8月的咸宁电视台，1998年10月咸宁地区撤地建市，2000年12月22日，原隶属于咸宁市（县级）的鄂南电视台归并咸宁电视台。2009年9月，根据国务院机构改革条例，并经市委、市政府2009年6月批准，咸宁电视台与原咸宁市广播电视局局台合一的管理运营体制正式运行，成为咸宁市广播电影电视局（咸宁广播电视台）。2015年5月，根据市委、市政府机构改革要求，将原市广播电影电视局除行政管理之外的职责与原咸宁广播电视台职责整合，重新组建新的咸宁广播电视台。2017年7月，新的咸宁广播电视台的主要职责、内设机构和人员编制规定经市政府批准，正式执行。核定咸宁广播电视台内设管理机构7个，业务机构7个，直属机构4个，所属机构1个；核定事业编制为158人。

咸宁广播电视台现任党组书记、台长田期汉，党组副书记、总编辑冯斌，党组成员、副台长费明欣，党组成员、副总编辑李连忠，党组成员、副台长胡典华，党组成员、副总编辑雷顺明，党组成员、副总编辑俞永忠，党组成员、副台长梁宇玮。目前我台在职在岗员工214人，其中硕士学历6人，大专及以上学历198人；初级及以上职称人员119人；35岁以下员工89人，50岁以上48人。

2015年以来，咸宁广播电视台在新一届党组的坚强领导下，抢抓媒体融合发展机遇期，克难奋进，锐意创新，主动作为，乘势而上，大刀阔斧深化体制机制改革，勠力同心推进融合转型发展，彻底扭转了传统媒体在新媒体自媒体冲击和商业广告断崖式下滑背景下的被动局面，使经营形势和媒体社会影响力发生了翻天覆地的变化。

2018年，在国家广播电视总局发展研究中心新媒体研究所与泽传媒发布的"2018地级城市台微博传播力榜"中，咸宁广播电视台位列24个省份101家地级城市台第31名，省内仅次于宜昌三峡电视台。2017年，咸宁广播电视台荣获新华社总社颁发的"现场云2017年度十大优秀报道奖一等奖"，22件作品获湖北广播电视节目奖，其中2个一等奖，3件作品获湖北新闻奖。2016年荣获国家新闻出版广电总局颁发的"2015—2016年度广播电视公益广告优秀传播机构三等奖"，为全省唯一获此项奖励的市州电视台，公益广告宣传和商业广告管理多次受国家广电总局和省局点名表扬和经验推广；拍摄制作的微电影《芳香》获评第二届湖北省电影周优秀短片，并被三峡大学影视文化与产业发展研究中心收藏。

近年来，咸宁广播电视台始终坚持党媒姓党，严格落实政治家办台办报要求，严格执行"三审"制和网站总编负责制，通过责任窗口前移确保宣传导向正确，加强政治理论学习，开展"加强导向管理""学讲话、找差距、开新局"等专项行动，强化"四个意识"，提升"四种能力"，强化党对媒体的领导；始终坚持"社会效益优先，社会效益与经济效益双提升"的发展目标不动摇，紧紧抓住新闻这个立台根本，相继实施"内提质量外拓影响""业务与经营双转型""学习提升年计划"等发展战略，奋力实现高质量发展目标；始终围绕中心服务大局，围绕市委、市政府这个中心进行宣传策划，相继策划推出了一系列主题宣传，持续宣传咸宁贯彻落实习近平新时代中国特色社会主义思想和十九大精神的具体部署和举措。

近年来，咸宁广播电视台持续推进机构改革，深化媒体融合，推进转型发展，抢占舆论制高点。制定媒体融合发展三年规划，明确发展目标、重点任务、时间路线图等，以问题为导向，建立问题台账，进行清单化、项目化管理，统筹推进媒体融合发展；加快推进绩效制度改革，激活发展潜力，调动员工干事创业积极性；以搬迁办公大楼为契机，采购新媒体传播技术设备，实现技术设备升级换代；完善采编播流程、业务管理流程、全媒体稿酬制度等，进一步强化移动优先意识，加快适应媒体融合转型发展要求；完善人才引进、培养体系，加大人才招聘力度，建立培训夜校、外派脱产学习、岗位跟班学习、部门交流学习、例会交流等多种人才培养制度，加快打造一支"政治可靠、梯队合理、一专多能"的新型媒体人才队伍，培育核心竞争力。2017年，云上咸宁客户端浏览量突破千万，媒体融合工作成效显著，媒体的传播力、影响力、引导力和公信力显著提高，得到了市领导、市委市政府各部门和市民的一致认可。

近年来，咸宁广播电视台大力推进品牌再造战略，着力打造电视问政、新媒体直播、大型活动三大品牌。如今，全媒体问政平台已成为广大市民群众参与监督的主要途径，是市委、市政府深化"三抓一优"和作风廉政建设的重要抓手；主办、承办的大型活动及晚会等接连不断，成为新的双效益增长点；新媒体直播浏览量10万+已成常态，相继策划了100多场直播活动，其中龙舟公开赛直播浏览量达到172万+，再次刷新了我台历史记录，对萝卜小镇的宣传策划被省委党校作为媒体深度参与服务民生的实践案例搬上了讲堂。

春华秋实而立年，风劲扬帆正当时。目前，咸宁广播电视台员工斗志高昂，精神饱满，在台党组的带领下，正埋头补短板、强内功，为打造业务和经营双转型、媒体深度融合高质量发展的新征程而拼搏。

（咸宁广电台供稿）

孝感日报传媒集团

孝感日报传媒集团于2013年12月底经湖北省委宣传部、湖北省新闻出版广电局批准组建，2014年7月30日正式挂牌运营，实行事业单位、企业化管理。

集团媒体平台包括"两报"（《孝感日报》《孝感晚报》）、"一网"（孝感网）、"一屏"（电子阅报屏）和官方微博、官方微信、槐荫论坛客户端、湖北手机报孝感版等新媒体矩阵，旗下拥有8家子公司（时讯传媒、兴茂印务、兴盛地产、今楚报业、今楚网络、今楚家政、今楚旅行、今楚艺术），形成了报业为主、多元发展的综合性传媒集团。

集团现有员工248余人，其中新闻采编人员168人；本科以上学历占56.9%，其中硕士以上7人；中级以上职称49人，其中正高1人、副高13人。

《孝感日报》创刊于1958年10月，是中共孝感市委机关报。近年来，孝感日报坚决贯彻落实中央、省委、市委决策部署，强化政治家办报理念，始终坚持正确政治方向和舆论导向，紧贴市委、市政府中心工作，不断加强新闻策划，着力讲好孝感故事，服务改革发展大局，传播力、引导力、影响力、公信力不断增强，先后荣获"中国地市报新闻创新十强""中国地市报品牌公信力十强""中国城市党报媒体融合十强"等荣誉。

《孝感晚报》创刊于2000年10月，一直秉承"离你更近，与你更亲"的办报理念，立足本地、服务民生，架设起政府与百姓的沟通桥梁，曾获"中国十大地市晚报金长城传媒奖"。

孝感网创办于2004年7月，作为代表市委、市政府发布新闻的主要网站，始终强化党网理念，着力建设域内民情民意网上沟通主渠道，是本地最具影响力的网络媒体，先后获得"全国最具本土传播力品牌""全国地方网络媒体十大最具价值品牌"等荣誉。

60多年来，孝感日报人在新闻创新与报业改革的道路上筚路蓝缕，奋勇向前，留下一路深深印迹。1981年，"杨小运报道"引领国内国际媒体"新闻冲击波"；1987年，首届全国地市报业务研讨会在孝感日报社召开，并成立以孝感日报总编辑为首任会长的中国地市报研究会；2006年，组织主办孝感市首届"外出创业十大新闻人物"评选，掀起回归创业热潮，开全国新闻界之先河；1987年至2017年，先后3次开展"贫困乡徒步采访""十年重访贫困乡""蹲点贫困乡村·聚焦脱贫攻坚"主题报道，30年如一日聚焦脱贫攻坚时代主题，再开全国地市报之先河。截至2017年，集团先后2124件/次作品在全国、全省新闻奖评选中获奖，其中，4件获中国新闻奖（全国好新闻奖），29件获中国晚报新闻奖。

集团成立以来，按照"做强新闻事业，壮大文化产业，建设融合发展型党报集团"的工作思路，强力推进全方位改革，抓实新闻宣传、产业经营、转型发展三大重点，实现了跨越式发展，融合传播迈上新台阶。集团围绕主流新闻生产者和区域信息提供者的定位，推进日报、晚报、网站新闻创新，全力建设全媒体采编平台，促进从单一新闻生产向"新闻+服务"的跨界融合。产业发展实现新跨越。集团对经营机制进行"减约束放权限"改革，多元发展文化产业，全面实行经营部门和集团子公司全成本核算，实现增收节支、管理增效。2015年顺利完成原报社印刷厂转企改制。深化改革取得新进展。集团探索建立现代企业管理制度，建立健全岗位责任制，推行分层分类绩效考核，工作效能不断提升。

近年，孝感日报传媒集团先后荣获"中国报业融合发展创新十强""'十二五'中国报业信息化建设和融合发展示范奖""中国地市报管理创新十强""湖北省文明单位""湖北省新闻出版系统先进单位""湖北省卫生先进单位"等荣誉。

（孝感日报传媒集团　办公室供稿）

恩施日报(传媒集团)

一、基本情况

恩施日报社成立于1949年11月21日，是中共恩施州委直属的正县级事业单位。《恩施日报》是州委机关报，创刊于1949年11月21日，创刊时的报名为《恩施新闻》，先后更名为《恩施报》《鄂西报》《恩施日报》。

近年来，恩施日报社坚持正确政治方向，引领舆论导向，不断改革创新，形成了融党报和都市类报刊于一体、融传统媒体和新兴媒体于一体的新型发展格局，已形成"2报、3网站、4微信公众号"的全媒体矩阵。其中，"2报"为《恩施日报》《恩施晚报》；"3网站"为恩施新闻网、州委州政府门户网站——恩施州政府网、州直政务网站群72家网站；"4微信公众号"为恩施发布公众号、恩施晚报公众号、恩施新闻网公众号、文明恩施公众号。目前，在湖北政务微信排行榜中，恩施发布跃居总榜前列，成为恩施新媒体中的"一轮明月"。恩施新闻网日均访问量突破50万人次，最高访问量超过60万人次。恩施州政府网推出了移动H5端，全部采用最新网络技术，推行操作APP化，界面美观、使用方便，并集成了36个部门、308项办事指南及20多项政务、民生服务功能，进入全国政府网站百强。在报媒全行业经营持续下滑的严峻形势下，2017年，恩施日报社通过整合各类资源，建立广告公司与各媒体的沟通机制，做大政务市场，抢占商业市场，媒体广告经营稳步推进。至2017年，恩施日报社总资产达1.6亿元。

恩施日报社现有在职人员133人，其中财政在编人员50人，自主聘用人员83人，新闻从业人员99人，本科以上学历占71%，硕士以上学历4人，副高以上专业技术人员13人，其中正高4人，中级职称专业技术人员31人。

恩施日报社紧紧围绕中心、服务大局，从新闻产品的供给侧发力，不断推出唱响主旋律、弘扬正能量的优质报媒产品。5年来，《恩施日报》获湖北省市州报好新闻奖和湖北新闻奖作品分别为142件和22件，其中省市州报好新闻一等奖作品28件、湖北新闻奖作品一等奖1件；《恩施晚报》获湖北省市州报好新闻奖和湖北新闻奖作品分别为105件和14件，其中省市州报好新闻奖作品一等奖16件、湖北新闻奖作品一等奖1件，获奖在全省市州报中位居前列。特别是2017年，中宣部"三项教育"活动办在全国新闻战线推介了恩施日报社"走转改"的好做法、好经验；湖北省市州报会刊《新闻大地》杂志推介了恩施日报十九大宣传报道亮点；2017年《新闻前哨》第4期杂志以《"两会"报道的理念变革与平台拓展——以〈恩施日报〉为例》为题，推介了《恩施日报》两会报道的创新经验。州委、州政府领导分别对报社的宣传报道作出肯定批示的共计16件。

二、宣传特色

　　主题宣传形成声势，唱响改革发展主旋律。恩施日报发挥党报优势，注重新闻策划与组织，将主题宣传当作宣传品牌打造。近年来，恩施日报推出的"双轮驱动　绿色发展"、年终盘点、党的群众路线教育实践活动、"加快绿色发展　决胜全面小康""六城同创——建设宜居宜旅宜业美丽恩施""迎接党的十九大——砥砺奋进的5年""改革进行时""在习近平新时代中国特色社会主义思想指引下——新时代新气象新作为""建成湖北特色产业增长极——聚焦'四大产业集群'建设"、坚决打好三大攻坚战等专栏和系列报道，使主题宣传规模大、时间长、影响大，新闻宣传效果显著。恩施日报高端策划出精品的做法由新华网播发，凤凰网予以转载。

　　典型宣传出精品，弘扬社会正能量。近年来，《恩施日报》先后推出了周国知、易满成、王光国等全国重大先进典型，并形成了群星效应。《恩施日报》在《培育和践行社会主义核心价值观》《身边正能量》《恩施楷模》等专栏、专题中相继推出了一系列先进人物典型。其中推出的"拼命书记"向勤仕、英雄警察向雪飞、国家科技进步奖特等奖得主建始籍博士张诗壮、利川家教家风典范向坤芝老人、"挥手英雄"向锐、咸丰丁寨孝老爱亲模范刘树碧、毛坝10任书记种茶30年等重大典型，引起社会关注。同时还推出了全州30个脱贫攻坚榜样及10名感动恩施2017年度人物典型报道，收到了良好宣传效果。同时典型经验宣传效果显著。推出的恩施州基层治理、律师进村、"鹤峰'最美'评选经验"系列报道、恩施州破解基层信访之痛的法治实践、建始大数据监管精准扶贫、恩施州探索河长制升级版等典型经验报道，收到良好宣传效果。特别是恩施州基层治理、律师进村等典型经验宣传在全国产生强烈反响。

　　新闻评论立起了党报言论旗帜。近年来，《恩施日报》推出了以"向先康"为代表的《清江时评》专栏，带动党报评论水平大幅提升，形成了《清江时评》《清江观潮》《清江新语》《清江漫议》《清江微评》《清江评论》等"清江"系列的专栏评论特色，充分发挥了党报言论引领舆论的作用，有力地提升了恩施日报的核心竞争力。

　　坚持"三贴近"，深入"走转改"，取得了队伍锻炼与新闻宣传的双丰收。近年来，恩施日报社每年都精心策划组织记者走基层活动，持续深入"走转改"。活动形成报道方案，确定采风主题，推出采风专栏、专题、专版，既锻炼了队伍，又出了宣传报道成果。特别是2017年精心策划了"精准扶贫　竞进小康——记者早春高山行"走基层采风活动，以全媒体的报道方式全景式呈现，活动历时1个多月，发稿60余篇幅，宣传效果显著。在走基层活动中，记者发现了利川毛坝10任书记接续种茶30年的新闻线索后，深入采访，采写的《10任书记种茶30年》深度报道，引起强烈社会反响，受到省内新闻专家的好评和州委领导的肯定批示。

（恩施日报社供稿）

天门日报社

《天门日报》是中共天门市委机关报。1956年5月1日创刊，1988年7月1日复刊。1996年1月1日更名为《天门日报》。2003年，《天门日报》实行彩色印刷。2013年3月12日，《天门日报》由4开8版小报改为对开4版大报。

天门日报社现设有"一报一网一栏两微"等宣传平台，并注册了三个运营公司，即《天门日报》、天门网、户外电子阅报栏、微博、微信，以及湖北省天门网络传媒有限公司、天门日报广告有限公司、天门日报印务发行有限公司。现有各类员工80余人，其中新闻从业人员60多人，本科以上学历21人。

在天门市委、市政府和上级新闻宣传出版部门的正确领导下，天门日报社始终坚持围绕中心、服务大局，突出重点、扎实工作，圆满完成了全面从严治党、意识形态建设、新闻舆论引导、媒体融合发展、五城同创、精准扶贫和其他各项工作任务，为天门经济社会发展提供了有力的舆论支持。新闻宣传精彩纷呈，媒体融合不断推进，各项建设全面发展。先后荣获湖北省文明单位、全省文化体制改革先进单位、中国广告行业诚信经营单位、全省新闻战线"新春走基层"活动先进单位、全省市州报"荆楚行"采访活动先进单位、湖北省工人先锋号、湖北省学习型标兵单位、湖北省三八红旗集体、湖北省消费者满意单位、湖北省文明网站、湖北省十大阅读基地、省级模范职工之家、湖北省卫生先进单位、湖北省巾帼文明岗等荣誉称号。

突出抓好新闻舆论宣传。牢牢把握正确的舆论导向，始终把贯彻落实中央、省委和市委的决策部署，服务天门市委、市政府中心工作作为报网宣传的重点，加强主题宣传策划，始终做到唱响主旋律、传播正能量，推出"有思想、有温度、有品质"的新闻作品，受到上级阅评组多次表扬。在上级组织的好新闻评选中，天门日报社每年有10多件作品获湖北省市州报新闻奖、湖北新闻奖等省级新闻奖项，本报记者采写的新闻每年都有近百篇被上级主流媒体采用。

突出抓好新媒体建设。以全面深化改革为契机，加快传统媒体与新媒体融合发展，抢占新媒体建设和舆论导向制高点。优化内部体制机制，整合报网信息资源、技术力量，组建了天门日报新闻中心、新媒体中心和广告经营中心。推进新媒体平台建设，全面完成了新闻采编网络系统、智能化印前系统和天门日报数字报系统等项目的建设实施；争取上级支持，对新媒体软件、硬件设施进行完善、升级改造。

目前，天门日报社多个传播平台的新闻和信息基本做到无缝对接和传播，走上了媒体融合发展的新路。做好新媒体管理工作，在全省市州网站中率先开辟"市委书记专属板"，完善专属板工作机制，及时发布网民留言，敦促职能部门按期回复，现已发布网民留言两万余条，成为政民互联互通的桥梁和纽带。

突出抓好报业经营发展。天门日报社紧紧抓住全省、全市文化体制改革的机遇，坚持以内部挖潜为突破口，以优化配置报业资源为抓手，扎实有效地推进内部改革，不断提高新闻宣传水平和经营管理水平。报社先后实施了彩色印刷、自办发行、广告市场化经营等改革措施，顺利完成了报社公司创建、印务厂房建设、印刷设备改造、报纸改版升级，新闻采编网络系统、智能化印前系统、电子阅报栏、数字报建设，打造出了党报性质、晚报风格、时代色彩、读者钟爱的创新型党报，报业稳步发展，综合实力不断壮大。

（天门日报社　办公室供稿）

仙桃日报社

仙桃日报社是中共仙桃市委、市委宣传部直管单位，是仙桃新闻舆论工作重镇。作为中共仙桃市委机关报，《仙桃日报》前身为《仙桃市报》，报社创办于1987年2月，创刊号正式出报于1987年10月20日。

报社现任党组书记、社长尹业勇，党组副书记、总编辑丁浩宇，副总编辑、党组成员易赶帮，副总编辑、党组成员苏梁，副总编辑、党组成员刘习元，工会主席、党组成员戴坤。仙桃日报社内设职能部室8个，即办公室、总编室、记者部、摄影部、广告部、出版发行部、财务部、新媒体部。核定编制40名，现有在岗干部职工47人，其中在编在岗22人、聘用25人。中共党员47名（含离退休人员），有高级职称3人，中级职称10人，本科学历27人，专科学历18人，50岁以上12人，35岁以下20人。《仙桃日报》为全彩对开大报，全市发行20018份，每周一至六出版，每期四版。现在，报纸已办成彩色印刷对开大报。报社进一步做实仙桃日报官方微信公众号、官方微博的日常运营，在重要新闻、重大事件等主题宣传上精准发声、适时引导。报社加强与中国仙桃网、仙桃发布、腾讯大楚网的合作，共享新闻资源，并积极探索与"云上仙桃新媒体中心"融合发展的路径。仙桃日报微信公众号拥有活跃粉丝近万名，每月阅读人数7万多人次。2017年2月21日，仙桃日报微信公众号第一时间转载市委书记胡玖明发表在《人民日报》上的文章《让绿色成为发展的鲜明底色》，广受读者关注和转发。该篇文章阅读量达16000多人次，800多人点赞。2017年5月28日，仙桃日报微信公众号首发《仙桃日报记者随雷军赛龙舟》一文，阅读量达36000多人次，省市其他媒体也纷纷转发转载，让沔城龙舟文化节人气爆棚。

《仙桃日报》自问世之日起，就坚持正确舆论导向，配合党的中心工作，全力以赴服务于改革开放这个大局，把宣传中共中央、省委省政府、市委市政府的战略决策、工作部署放在首位，扎扎实实地报道各级党组织、各部门和各条战线的显著成绩和先进典型。《仙桃日报》在办优秀基层党报岗位上实践为人民服务宗旨，在客观深刻的新闻信息中突出改革发展主题，将鲜明的党性原则体现在正确的舆论宣传之中，是本地区最具权威性和影响力的主流媒体。

巩固主阵地，打赢主动仗。在市委、市政府和市委宣传部的正确领导下，仙桃日报社近年来矢志不渝改革创新，在坚持团结稳定鼓劲、正面宣传为主这一方针的前提下，着眼于办一份精致党报，致力于在高新科技的支撑下，提高实力、增强公信力，加大凝聚力，优化影响力，实现高质量发展，全社认真履职尽责，坚守意识形态前沿阵地，将《仙桃日报》做大做强。《仙桃日报》坚持正确的办报方向，坚持党的领导，坚持政治家办报，在为党的工作摇旗呐喊上有担当，在突出社会效益上有作为。报社把学习宣传贯彻党的方针政策作为首要政治任务，主动作为，创新实践，力求把这一方面工作做好、做出彩。一是及时转载。第一时间转载刊发新华社、《人民日报》等媒体重头报道、重要评论、解读文章，做到原汁原味，不随意更改标题、删减内容。二是专栏呈现。先后开辟专栏，全方位、多层次、多角度展现全市改革发展稳定的火热场景和生动实践，以大版面、大剂量、高频率营造浓厚舆论氛围。三是文风活泼。要求记者深入基层、深入一线，以小见大，以点带面，生动反映在十九大精神指引下，广大人民群众昂扬向上、追求美好生活的精神风貌和只争朝夕、拼搏奋进的建设热情。

报社年年主题宣传，旗帜鲜明；季季深度发掘，深沉厚重；每月典型采写，影响广泛；每天系统报道，严谨生动。舆论权威性、媒体传播力、服务经济社会发展的感召力不断提升。努力提升新闻宣传报道水平，壮大主流舆论声势，为推动仙桃水乡田园城市建设当好"喉舌"，守好"阵地"。报社中心工作得到省市领导和各级主管部门充分肯定，社会各界也有口皆碑，无愧于"理论武装、舆论宣传主阵地，传播中央声音、传达大政方针权威渠道，党员干部加强党性修养、培养能力素质的政治课堂，引导舆论、组织群众、推动工作的有力工具，洞察社情民意、发现矛盾问题的重要窗口"。

报社与时俱进，在保持个性、呈现鲜明特色同时提质增效，年年推行报纸改版，打造全新版面。按照"办一张精致党报"的思路，推行报纸改版，打造全新版面。2017年前，《仙桃日报》为对开四版，周一至周五出版。从2017年1月起，全面改版，周一至周六出报，每日对开四版。推出《社会民生》《教育天地》《法治仙桃》《城事》《桃苑》《观点》等专版，重点打造"襄河评论""一线写真""记者体验""美丽乡村""创业故事"等品牌栏目，为"全国百强"张帜，把新一轮发展战鼓擂响，努力以有温度有品质的新闻佳作展现"实践三贴近"、深化走转改的最新成效，为仙桃市全面建设社会主义现代化强市营造了良好的舆论氛围。

聚力外宣工作，扩大对外影响。报社一方面充实专班力量，安排主力记者与湖北日报仙桃分社对接，合作挖掘采写重大新闻题材；另一方面鼓励所有一线记者积极参与外宣工作，切实做好省级以上媒体的宣传。2017年，报社记者共在《湖北日报》刊发稿件160多篇，其中头版18篇，头版头条2篇（《发力放管服　攻坚高大上》《仙桃18家企业登上细分行业"珠峰"》）。围绕"打赢供给侧机构性改革攻坚战"这一主题，报社长期跟踪、策划组织的报道《仙桃农产品牵着品牌走天下》《发力放管服　攻坚高大上》《一粒米，一条鱼，一片新天地》《仙桃18家企业登上细分行业"珠峰"》《高端布局　精准发力》等，先后登上了《湖北日报》第一版。

新闻立社，人才为本，固本强基，彰显优势。报社抓学习促提高，开展"记者固定学习日活动"，设置"赏析名家名篇""我读党报""热点选题大家谈""自荐自赏""分享一次采访经历"等专题，让记者在互动交流中共同促进提高，不断提升新闻业务能力，有力保障新闻舆论水平提高。社长尹业勇、总编辑丁浩宇带头采写重头新闻报道，并在全省获奖，他们所撰写的新闻专业论文，在国家级专业刊物上发表。报社采编人员在2017年度湖北新闻奖评选中，获得三等奖3件，与上年度持平；在2017年度湖北省市州报好新闻评选中，获得一等奖3件、二等奖14件、好标题1件、好副刊1件，获奖数量和名次继续在直管市中位列第一。

报社督促记者每天研读《人民日报》《湖北日报》，在学习中增长知识，增强新闻敏感性，提高写作能力；搭建"记者论坛"这一编辑记者钻研新闻业务的平台，不定期刊登本报编辑、记者撰写的新闻业务研讨文章，供采编人员学习借鉴，全年共编发31期。

抓制度促管理。报社推出《一般性差错追责办法》，明确"关口前移、层层追责、防堵差错、精益求精"原则，差错率对比过去明显降低；下发《关于进一步改进采编工作的意见》，切实加强采编管理，提高采编工作效率；出台《驻点记者服务基层管理办法》，做好顶层设计，实现报社"走转改"制度化、常态化。

通过深耕目标市场，做实做细服务，报社广告经营连续两年实现稳中有增。2016年全年广告开票340余万元，2017年全年广告开票达到370万元以上，实现年初制定的目标。一是抓办报，夯实形象广告。先办报纸，后搞经营，坚持把头条让给基层、把一版让给乡镇，打通与基层单位和部门的沟通合作渠道，取得了较好的社会效益和经济效益。二是适时策划活动，放大纸媒品牌效应，在突出主题宣传的同时，有力促进了广告经营创收。

（仙桃日报社供稿）

潜江日报社

《潜江日报》是中共潜江市委机关报，创刊于1956年8月1日。潜江日报社是中共潜江市委直属正局级事业单位。1958年由周二刊改为四开四版日报，1961年1月21日停刊。1993年元月复刊，1995年10月获国内统一刊号（CN42-0006）。2013年1月28日起，《潜江日报》正式改为对开大报，是潜江市域最具权威、发行量最高、覆盖面最广的综合性日报，是潜江最具影响力的主流媒体。

近年来，潜江日报社勇于改革创新，推进媒体融合发展，不断增强公信力和影响力。目前，以《潜江日报》为主体，除纸媒外，已拥有网（潜报网）、报（《湖北手机报潜江惠农版》）、信（潜江日报微信公众号）、端（潜江日报新闻客户端）、栏（户外电子阅报栏）五大新媒体平台，形成了"1+5"整体发展格局。潜江日报发行量每年稳定在2万份左右。

报社现任党总支书记、社长巴裕波，党总支副书记、总编辑彭梦宁，党总支委员、副社长朱登云，党总支委员、副社长刘大琼，党总支委员、副社长雷丰，党总支委员、工会主席陈凯，党总支委员、新媒体中心主任唐从照。

根据市编办核定，报社编制数为33人。现有干部职工60人（其中退休10人）。在职的50人中，公务员1人，财政全额事业编制22人，自收自支事业编制11人，临时聘用人员16人。干部职工平均年龄37岁，其中硕士研究生2人，本科学历29人；高级职称3人，中级职称22人。

潜江日报社全体干部职工牢记"政治家办报""党报姓党"理念，牢记政治责任和使命担当，始终坚持正确的舆论导向，牢固树立"三正"（正气立身、正直做事、正派做人）导向，努力提升新闻舆论传播力、引导力、影响力、公信力，打造潜江最强势综合性媒体平台。2015年度湖北省市州报新闻奖评选中，《潜江日报》有18件作品获奖，其中一等奖2件，二等奖16件；2件作品获2015年度湖北新闻奖，其中二等奖1件，三等奖1件。2016年度湖北省市州报新闻奖评选，《潜江日报》有20件作品获奖，其中一等奖3件，二等奖17件；1件作品获2016年度湖北新闻奖三等奖。2017年度湖北省市州报新闻奖评选中，《潜江日报》有11件作品获奖，其中一等奖2件，二等奖9件；2件作品获湖北新闻奖三等奖。

潜江日报社始终坚持正确的舆论导向，立足本土，突出特色，围绕中心，服务大局，全面提高主流新闻媒体的策划力、传播力、引导力。在新闻宣传导向、宣传基调和宣传内容上充分体现时代要求。围绕"让市委更满意，让群众更喜爱，让阵地更精彩"目标，遵照"开放视野、潜江特色、党报品质、民生情怀"的总体要求，着力健全规章制度，在提高办报质量上大胆探索，报社每年组织系列主题宣传报道，引导舆论主流，发出正面声音，为经济社会发展营造健康和谐的社会氛围，为讲好潜江故事，传递潜江声音，宣传潜江形象充分发挥了主流媒体的作用。

潜江日报社一直致力于人才的引进和培养。2014年以来，先后引进两名硕士研究生，通过招考引进了一批网络新媒体专业本科毕业生，并每年组织一批年轻的编辑记者到高等学府、省级大报培训、学习、观摩，全面提升了采编人员的业务素质。

近年来，潜江日报社大力推进传统媒体和新兴媒体融合发展，2016年成立了新媒体中心，为报社下辖的副科级二级单位，2018年新组建了新媒体运营部。新媒体运营部成立以来，取得了较好的社会效益和经济效益。

目前，潜江日报社正致力于媒体融合转型发展，在充分发挥传统媒体擅长新闻策划优势的同时，借助新媒体资源的优势弥补传统媒体的缺陷，利用新媒体资源打造全新的品牌，对媒体内容进行整合，从而在市场发展过程中提升竞争力。通过实施体制、平台和管理创新，让新媒体真正成为报社发展的重要动力。实施移动媒体优先发展战略，健全新媒体中心组织架构，出台一系列优惠政策、管理办法，促进新媒体中心快速、健康、有效运转，使之成为报社宣传效益、经济效益的新兴增长极，为实现主流媒体的新型化和传统媒体的战略转型打下坚实的基础。通过构建立体多样、融合发展的现代传播体系，《潜江日报》成为不断巩固壮大主流思想舆论阵地的重要平台。

（潜江日报社供稿）

潜江广播电视台

潜江市地处江汉平原腹地，北枕汉水，南望长江，汉宜高速公路、沪汉蓉高速铁路跨境而过，交通便利，经济人文基础厚实，素有"曹禺故里、江汉油城、水乡园林、龙虾之乡"的美誉。这里人杰地灵，物产丰富。地上盛产粮、油、棉，地下藏有油、汽、盐。源远流长的文化历史不仅形成了潜江淳朴的民风，而且孕育了众多英才。仅近百年来，就有中国共产党创始人之一李汉俊，辛亥元老、中华人民共和国首任农业部部长李书诚，著名剧作家、文坛泰斗曹禺等享誉神州的杰出人物。

潜江广播电视台就是在这块土地上成长壮大起来的。在全省广播电视系统责任目标综合考评中，潜江广播电视台连续四年名列前三位。

一、广播电视事业发展逐步做强做大

从1950年的广播收音站，到现在已基本形成了广播电视综合覆盖网。1997年，潜江市被国家广播电影电视部授予"全国广播电视先进县（市）"的光荣称号。

1986年，经国家广播电影电视部批准，潜江人民广播电台成立。潜江人民广播电台采用50调频发射机发射广播节目。1990年、1991年经国家广播电影电视部批准，分别设立潜江电视台和潜江有线电视台。1998年经批准设立潜江广播电视报社，正式出版广播电视报，后变为《潜江周刊》。2001年局台合并，为市政府直属事业机构，两块牌子一套班子（广播电视局、广播电视台）。2016年经市委批准设立潜江市广播电视局（台）新媒体中心。至此，潜江广播电视台拥有广播、电视、周刊、今日潜江微信公众号、掌上潜江APP客户端，已基本形成了广播电视有线、无线方式的综合覆盖网，广播、电视、报纸、手机等多种传输手段的传输体系，传统媒体与新媒体融合格局已基本形成。投资4000多万元、占地50亩的潜江广播电视中心紧靠宜黄高速公路，建筑面积7200平方米的业务综合大楼，200米高的广播电视塔，成为走进潜江市映入眼帘的第一道风景线。

二、广播电视舆论阵地新场景再构建

在当今媒体格局发生深刻变化的时代，潜江广播电视局（台）创新突围，围绕广播电视节目"在播"、新兴媒体宣传"在线"、文艺活动举办"在场"三个重点，致力于构建潜江广播电视"新场景"。

广播电视节目"在播"，致力于提升传统媒体影响力。提升传统媒体影响力是目前广电生存发展的根本。潜江广播电视局(台)始终把"新闻立台"作为安身立命之本和核心战略，把"做强做新、做精专题、做活栏目"，提升广电媒体的影响力，作为推进事业产业发展的基础。

做强新闻。践行"贴牢党政、贴紧基层、贴近群众"理念。2018年，策划并推出《幸福是奋斗出来的》《潜江转型之路》等大型主题报道，让党媒的价值充分彰显；秉持"做部门的媒体顾问"理念，为镇(处)、部门量身定做宣传策划；坚持"深耕本土、广接地气"，围绕民生百态和民生关注策划报道群众喜闻乐见的新闻节目。

做精专题。按照"专业视频生产商"的定位，致力于将潜江广电打造成为市委、市政府和各级各部门的视频生产制作主基地，锻造媒体品牌影响。

做活栏目。新推出《马上就办》《践行党旗下的誓言》等10多个本土节目，自办节目播出量由过去日均30分钟增长到180分钟，受到省委宣传部新闻阅评组的充分肯定。

文艺活动举办"在场"，致力于提升文艺活动感染力。近年来，潜江广播电视局(台)电视文艺节目以本土化为抓手，打造出"唱响潜江""舞动潜江""戏迷潜江""诵读潜江"系列电视文化活动品牌，达到了惠民、育民、乐民的目的。着力打造"大型活动举办专家"品牌，推出"私人订制"业务，做好线下实体营销。其做法多次受到湖北日报和省新闻出版广电局的推介。

新兴媒体传播"在线"，致力于提升媒体融合传播。潜江广播电视局(台)加强广播电视媒体与新媒体的融合创新，突破单一依赖传统媒体的短板。

首先是推进全媒体融合，引导培育现有人员向全媒记者、全媒编辑、全媒管理人才转型，建立新闻信息的"总控平台"与"调度平台"，实行全媒体调度。

其次是推进手机台开发。在今日潜江微信公众号的基础上，于2018年1月26日，掌上潜江APP客户端正式上线，将智慧城市、新闻发布、广播电视直播和点播、掌上商城等功能集于一体，将全市各方面资源统一纳入掌上潜江平台。

同时，推进智慧项目建设，积极推进潜江广播电视大数据中心建设，让潜江广电成为事实上的"智慧潜江"建设主体单位，推进"广电+政务""广电+党建""广电+教育""广电+医疗""广电+旅游"等项目。

近3年来，潜江广电台有60多件作品获省级优秀新闻作品奖和优秀专题作品奖。2015年，电视作品《跋涉千里　返乡祭祖》《90后小羊倌　羊年拼羊》《服务失地农民背后的故事》《公交车司机的一天》《"舌尖"上的潜江——熊口酥饼：一口饼三代情》获湖北广播电视节目·电视长消息奖，《市民电话投诉水果市场"有问题"》获湖北广播电视节目·电视主持奖，潜江市第三届"舞动潜江"广场舞电视大赛决赛、第四届"唱响潜江"电视歌手大赛总决赛获湖北广播电视节目·电视综艺节目奖,《虾歌的春天》《夜店蒙面人》获湖北广播电视节目·电视新闻专题奖,录音报道《只为多看你一眼 南水北调移民返乡祭祖》、系列报道《打造文化名城的潜江样本》获湖北新闻奖,广播新闻《坚定信心、竞进提质·龙虾产业崛起的潜江样本》获湖北广播电视节目·广播新闻奖。2016年,电视作品《黄波:三十年潜心调出"百味虾"》《寻访先辈足迹 追忆军民鱼水情》获湖北广播电视节目·电视长消息奖,《像大树一样扎根校园》《寻找最美农技员》获湖北广播电视节目·电视新闻专题奖,第四届戏迷潜江总决赛获湖北广播电视节目奖·电视晚会奖,《寻访先辈足迹 追忆军民鱼水情》获湖北广播电视节目奖·电视播音奖,录音报道《潜江"华山模式"破解农业农村经济发展难题》、广播新闻《河水漫堤 干群合力保家园》、录音报道《潜江小龙虾 向千亿产业迈进》获湖北广播电视节目·广播新闻奖。2017年,电视作品《潜江:综合治理餐饮业油烟排放 着力改善空气质量》《学习贯彻十九大精神 不忘初心永远跟党走》获湖北广播电视节目奖·电视长消息奖,《新时代蓝图有多美》《深化供给侧结构性改革 潜江:小龙虾蹚出的三产融合之路》获湖北广播电视节目·电视新闻专题奖,《一座城市的咏唱》获湖北广播电视节目·社交专题奖,"唱响潜江"潜江市第五届电视歌手大赛、"诵读潜江"潜江市首届电视诵读大赛决赛获湖北广播电视节目·电视综艺奖,《唐开德:一生奉献无悔 只为党旗增色》《贺梅安:让逝者安详 让生者安心》获湖北广播电视节目·电视播音奖,"诵读潜江"青少年组决赛获湖北广播电视节目奖·电视主持奖。录音报道《鲜艳的党旗在防汛大堤上高高飘扬》《潜江做大做强产业集群 推进循环经济发展》《潜江农业"改"出人民幸福感》获湖北广播电视节目·广播新闻奖,等等。

近3年来,《潜江周刊》的《伤不起:疯狂离谱的门面"转让费"》《一只虾 火了一座城》《红"虾"满天稻花香》等近20篇作品获湖北省专业报新闻奖。每年都有近300件作品在中央级报、台和省级台发表和播出。

三、广播电视队伍建设要求从严从实

潜江广播电视局(台)现任党组书记、局(台)长邹定军,副局(台)长孙同福、万辉、兰琳,工会主任刘荣喜,总工程师田震,党组成员王陶。

广播电视局(台)共有干部职工186人,其中在编在岗92人,聘用在岗39人,退养退休55人;在岗人员结构:55岁以上8人,35~55岁72人,35岁以下51人;学历结构:硕士研究生1人,本科47人,专科63人,中专及以下20人。

广播电视这支队伍是一个特殊的社会群体,承担着重要的职责和使命。长期以来,潜江市广播电视局(台)坚持加强班子建设,形成了讲政治、讲正气、讲团结、讲奉献的良好氛围。按照加快培养造就一支政治坚定、业务精湛、作风优良、党和人民放心的广播电视新闻舆论工作队伍的要求，加强队伍素质的培养，近几年来，派往北京、武汉等地培训的人员达 80 多人次。自学业务知识已形成风气。加强队伍的职业道德建设，树立广播电视队伍良好形象。在这支队伍中，大量人才脱颖而出，为新闻事业长期健康发展提供了有力保证。每年都有 10 多人被市里评为优秀共产党员、劳动模范。

广播电视的辉煌成就只是历史的光荣。展望未来，广播电视面临新的形势和新的挑战，只要我们戮力同心，不断改革，锐意进取，不断推进转型升级，融合发展，重构广播电视的舆论阵地新"场景"，就一定能够不辱职责任使命，再创广播电视的辉煌，将一个富有传播力、引导力、影响力、公信力的广播电视媒体推向新时代。

（潜江广电台　孙同福供稿）

神农架广播电视台

1988年6月6日，神农架电视台成立。2001年与神农架广播站合并，2015改革过后成为林区党委宣传部直管的正科级二级单位，是神农架林区最具影响力的公共媒体。30多年来，神农架林区广播电视台面对激烈竞争，不断深化改革，合理配置资源，优化频道结构，丰富节目内容，拓展多元盈利模式，不断增强自身实力和市场竞争能力，实现了全面、协调、可持续的发展。

神农架广播电视台属于公益二类事业单位，核定事业编制24人，内设办公室、总编室、新闻中心、新媒体中心、经营管理中心和无线发射台6个科室、中心、台站。现有台长(总编)1名、副台长1名、副总编1名、总工程师1名。林区广播电视台现有在职人员37人，聘用人员19人，在编人员18人。

神农架广播电视台一直致力于加强队伍培养、栏目开发和硬件建设，常年选派优秀骨干赴央视、湖北卫视跟班学习，目前节目的摄制和播出全部实现数字化、高清化，节目质量不断提高，广电新闻事业不断发展壮大，先后有24件作品获得国家、省级奖励，上百人次先后受到区委区政府的嘉奖表彰，单位和个人18次获得省级表彰，1人获得五一劳动奖章，1人获得国家级优秀证书，为神农架林区的经济发展和社会进步做出了积极的贡献。

目前，广播电视台整合传统资源，成立囊括广播电视和新媒体、影视艺术生产、人才培养以及文化综合市场开发为一体的大型现代文化传媒机构，业务范围涵盖广播电视的采编、制作、播出、传输以及影视制作和出版、广告经营、文化设施运营及新媒体开发等众多领域，拥有"两微一端"、今日头条、抖音号等新媒体平台。加强地数工程建设，安装数字发射机，为居民免费提供12套中央广播电视数字节目的收视服务。通过与广电网络、电信运营商和中国移动合作，有线用户全覆盖，手机电视用户占常住人口的1/4，"两微一端"关注度占区内用户的60%。通过技术升级，建立视频新闻采编全高清"中央厨房"，电视、手机客户端、微信公众号视频播出实现全高清。电视直播、手机直播实现全高清和全域覆盖。

为了适应广播电视行业发展的新形势，积极探索广电发展的新路子，更深层次激发内生动力和活力，从2014年年初开始，广播电视台在区委区政府的关心和支持下，正式拉开了体制机制改革的序幕。2016年，广播电视台在原有基础上，将现行的管理模式改革为制片人管理模式，栏目自主运营，享有高度的自主权，责、权、利高度统一。同时推行栏目制片人制，对节目进行了大力度的改革创新，优化内容产品创作生产机制，重新规划打造了一大批全新的、有影响力、有传播力的栏目，锻造出《神农架新闻》以及农业、法治、交通、旅游等方面的一大批优质节目。

自媒体时代广播电视台要发展，必须要依靠传统媒体的报道经验、专业能力以及其他资源优势，同时还应当注重利用新媒体来为传统媒体助力，未来的广播电视台必须利用核心资源，创造更多的数字化内容，积极与新媒体融合，为多渠道内容平台服务，这才是媒体融合发展的必然选择。通过媒体融合，利用多渠道内容平台等全新媒体传播方式，讲好神农架故事，扩大神农架在全省乃至全国的影响力，为把神农架林区建成世界著名生态旅游目的地提供舆论保障。

2017年电视台新媒体中心成立，专人、专班、专项经费，微信公众号运营受到广大用户的一致好评，为广播电视发展开疆扩土奠定基础。《一封来自神农架的自我介绍信》新媒体产品一经推出，阅读量就达到10万+。2018年，在湖北省电视台长江云的支持下推出云上神农架，神农架广播电视融合发展再进一步，电视、网络、手机直播立体开通。

根据习近平总书记在党的新闻舆论工作座谈会上的讲话精神和全国宣传思想工作会议精神，广播电视台提出"守土有责、守土负责、守土尽责。围绕中心搞宣传、立足观众办节目、科学运营抓管理、面向市场创效益，倾力打造县级强势媒体"的办台理念。以干事创业"凝心"，靠制度建设"聚力"，凭文化建设"炼神"，抓奖惩激励"提气"，大力倡导"燃烧激情、张扬个性、快乐工作、体面生活"理念，促思想统一，众志成城形成合力。在这一思想指引下，神农架广播电视台坚守媒体责任、推进品牌建设、创新管理模式。在做强传媒主业的基础上，拓展文化产业的发展思路，以媒体资源为基础，在内容生产、经营模式上强化传媒公司运作，将走出一条体现时代要求、符合发展规律、具有神农架特色的媒体融合发展之路，打造拥有较强实力和传播力、公信力、影响力的一流区域性现代传媒公司！以"大健康""大旅游"为契合点，锐意进取，形成从内容生产到产业经营的广电生态圈！

（神农架广播电台　编办供稿）

新闻界人物

勤耕荆楚办新闻——卢吉安

廖声武　程曼诗

卢吉安，湖南桃江人，1956年参加工作，1960年加入中国共产党。1965年调入湖北日报社，先后担任编辑、副总编辑、总编辑、社长、党委书记等职务。卢吉安撰写的长篇通讯《待业青年的榜样——李江桥》影响广泛，由他组织编发的系列报道《当代活雷锋——朱伯儒》获湖北好新闻特别奖，他主编的论文集《新闻改革虚实谈》获湖北新闻论著一等奖。卢吉安担任报社主要领导职务后，制定了壮大媒体、培养人才、发展经济等"八大工程"的治社方略，将《湖北日报》从4版扩为8版再扩为12版；选拔和培养了一批各领域的冒尖人才；新建了采编大楼，创办了一批经济实体，在一些部门推行经营承包责任制，投资了长江证券和一些经济实体，扩大了报社固定资产规模；初步实现了采编和传输自动化，更新了一批印刷设备。他始终坚持改革开放，致力于开放型报业集团的建设，为湖北日报传媒集团可持续发展打下了坚实的基础。

一、从炼钢厂走进报社

卢吉安1939年1月出生于湖南省桃江县，1953年进入益阳市三中读书。1956年，卢吉安初中毕业后被招进武昌钢校学炼钢。不久，武汉钢铁公司基建大上马，卢吉安被分配到一冶总公司当了办事员，在一冶总公司和武钢干过人事调配和工人管理。1957年9月，卢吉安被调到一所小学做教员，1961年8月被调到另一所小学做副校长。两年后被调到武钢教务处开始做一些宣传工作，这一期间向《武钢工人报》《中国青年报》《中国少年报》《长江日报》投稿，并被《中国少年报》聘为特约通讯员。

1957年夏天，为了适应当小学语文教员的需要，卢吉安参加武汉大学中文系在一冶、武钢举办的函授站学习，主修语文和写作，1958年经过考试结业。紧接着，又参加华中师范大学中文系的函授学习，主修汉语一年，后因工作调动未结业。

1965年9月，卢吉安在湖北省委党校理论班学习结业后，因为他之前常为各家报纸投稿的经历,和另外 10 位学员一起进了湖北日报,从此,开始了新闻生涯。那时的卢吉安已经 27 岁,对自己这一转型,卢吉安自我评价是"诚惶诚恐进报社,稀里糊涂搞新闻"。

进了报社,卢吉安对自己有着清醒的认识,始终把学习放在重要的位置。他自认为原始学历低造成了"先天不足",需要靠后天勤学来弥补。1981 年他参加复旦大学新闻系教师进修班,1983 年进入中央党校新闻班学习。卢吉安分别在武汉大学、华中师范大学、复旦大学 3 所大学和湖北省委党校、中央党校 2 所党校共学习 5 年半,主修、辅修和选修了 14 个单科,涉及文、史、哲、经、新等学科领域。后来省委组织部谈及学历问题如何定,卢吉安表示"自己虽接受过多学科教育,但都是浅尝辄止,粗线条,无一精深,定大专足矣"。最终,省委的任职通知文件以其最先的函授学习为准,定为"函大"。卢吉安坚持不懈地自觉学习进修,为做好新闻工作打下了坚实的基础。

二、拨乱反正,报道敢于碰硬

卢吉安进入报社后,在农村版学编农业新闻稿。"文革"中,农村版被迫停刊,他被调任到采编三组,从此与科教政宣报道结下不解之缘。粉碎"四人帮"后,卢吉安采写编发了较多的科教和政治新闻。

卢吉安认为从事新闻工作,不仅要搞好正面宣传,还应该有进行批评揭露性报道的能力。在当时的现实环境下,卢吉安直面问题,就拨乱反正、教育改革、工农业改革等方面,深入一线调研,在报纸上以评论员身份回应受众关切。

这些稿件,主要有这样几类:一是政治性综合消息。包括粉碎"四人帮",审判林彪、"四人帮"反革命集团,十一届三中、五中全会,以及省里几大家领导机关的政治活动。二是科教、青少年方面的日常报道。包括提倡尊重教师,搞好借调教师的归队,平反教育战线的冤假错案,恢复"教授治校"的声誉;呼吁关心应考青年,支持符合条件的青年参加高考,做好考生的思想政治工作,实行"自费走读";动员青少年批"两个估计",认清教育事业发展的形势,反对中小学办旅社、餐馆,坚持勤工俭学的正确方向,大力兴办职业中学,改革中学教育体制。三是社会新闻。包括民族传统美德、红白喜事、民族宗教、民俗民风等。

卢吉安采编新闻,最突出的品质就是一个"敢"字。1980 年 10 月,卢吉安编写了省委批转恩施地委《关于处理宣恩县教师中冤假错案问题的报告》的消息,并配发了本报评论员文章《从宣恩打击迫害教师事件中吸取教训》,点名批评了恩施地委副书记耿星斗及一些公社负责人,不点名批评了宣恩县负责运动的人。报道发出后不久,连续接到来信,指责批评不实。宣恩县委屈服于某些压力,也迟迟不落实省委批示。为了澄清事实真相,卢吉安与报社记者一起赶赴宣恩,在征得地委、县委同意后,到县一中召集教师座谈会,在县委招待所公开访谈了来访的教师、医生、科技人员三十多人。大量事实表明,该篇报道不仅揭露完全属实,实际上该县还有一些知识分子的不白之冤并没有平反昭雪。于是他们带着调查的情况直接与被批评者见面,在事实面前,对方不得不认错。县委听了汇报后,也按省委的批示,很快落实了处理,并为一些新发现的冤假错案平反。

卢吉安认为:"批评揭露性报道,最难对付的还属少数犯有错误而又有权有势的领导干部。如果没有像鲁迅说的'韧性战斗'精神,往往会陷入被动。"1979年12月,针对当时少数干部管教子女不严的现象,《湖北日报》发表了记者来信《邹德平同志夫妇袒护犯法儿子太不应该》,配发了卢吉安作为本报评论员写的评论《应引以为戒》,产生了一定反响,引起了被报道对象的不满,进而与报社产生纠纷。

面对这种情况,卢吉安没有屈服于压力,他走访了武汉市公安局、汉阳区公安分局、一元路派出所、市科委、市计量局等单位的干部群众,查清了"记者来信"基本属实,但个别细节和提法有不准确之处。卢吉安根据调查得到的情况,写了《本报政宣科教部的报告》,上报省委。这样做,既维护了报纸的威信,保护了敢于采写批评报道的记者,也为被批评者去掉了一些不准确的表述。

三、推出典型人物感动神州

卢吉安在采编新闻的过程中,一向比较注意有针对性地抓问题,把握时代脉搏,体现时代精神。1979年年初,湖北全省待业青年人数不少,有些人消极情绪严重,给人印象不佳,但大多数能体谅国家困难,自谋生路。卢吉安经常思考如何正确看待青年,如何引导青年。在了解到武汉待业青年李江桥跳入长江救人而牺牲的线索后,卢吉安与编辑熊瑞隆、周瑞珍一起,约请通讯员吴天祥参加,对李江桥生前表现作了仔细调查,由卢吉安执笔撰写了长篇通讯《待业青年的榜样——李江桥》,并撰写了本报评论员文章《待业也要干革命》。

很快,这篇通讯被新华社作为通稿播出,《人民日报》《中国青年报》等多家报纸相继转载,随后被收入《当代记者丛书》湖北卷。李江桥的报道从1979年4月到6月,卢吉安经手编发稿件13篇,有李江桥的日记,亲属、同学、朋友的回忆,全省各地青年学习李江桥的活动。之后李江桥被武汉市政府追认为烈士,这一报道在鼓舞待业青年,扭转人们对待业青年的偏见,促进知青政策的落实等方面,起到了一定的作用。

在卢吉安的新闻生涯中,最为出彩的应该要算"活雷锋"朱伯儒的报道。1982年12月中旬,武汉空军部队的曹京柱、李聚民送来朱伯儒事迹的长篇通讯,此文约两万字。卢吉安读完原稿,觉得里面有不少动人的故事,但是主题不够集中,文字比较平淡。于是请报社老编辑周瑞珍同志斧正,并与老周商定,主题要针对社会上埋怨"雷锋叔叔不见了"的议论，宣传新型人际关系，着重强调雷锋精神。周瑞珍很快编出第一稿，社领导认为太长，卢吉安又作了第二次编辑。

1983年1月7日，《把爱和热献给人民——记驻汉部队空军某部仓库副主任朱伯儒》的通讯和卢吉安撰写的评论员文章《新型社会关系的颂歌》见报。紧接着，征得社领导同意，卢吉安以报社的名义向当时的空军司令员张廷发写信，请他就朱伯儒宣传为报纸写篇文章。1月26日，张廷发的文章《做发展新型社会关系的模范》在《湖北日报》一版见报。自此，《湖北日报》开展了较长时间的宣传朱伯儒的活动，前后发表消息、通讯、言论、来信、专栏文章等一百余篇，共计十多万字。

新华社转发这一典型报道后，在全国范围内产生了强烈反响。中央军委发布命令，授予朱伯儒"学习雷锋的光荣标兵"称号。邓小平、叶剑英、陈云、李先念、彭真、邓颖超、徐向前、聂荣臻等中央领导纷纷题词，号召全国军民向朱伯儒同志学习。

四、力促新闻事业发展

1983年，卢吉安被提拔为《湖北日报》副总编辑，1987年，被聘为高级编辑，1989年任总编辑，1993年起"一肩挑"，任党委书记兼社长。他一贯认为，《湖北日报》作为党委机关报，坚持正确的政治方向是前提，但要把党的路线、方针、政策通过新闻报道体现出来，做到可亲、可信，必须坚持新闻改革。

1987年卢吉安和总编室的有关同志一起，制订了一、二、三版的改进方案。要求大胆突破框框，冲破所谓"《湖北日报》有章法"的束缚，增加经济、科教等方面的报道分量，力争办出特色。他组织有关部门对报社业务结构来了几个"大动作"：一是为解决编采通脱节问题，整合了分割数年的新闻编辑室、副刊编辑室，成立了农村、工财、政宣、文体、理论等9个专业部。二是为了解决《湖北日报》子报《江汉早报》长期大额度亏损问题，决定该报从4月份起停刊，改办《楚天周末》(《楚天都市报》前身)，并拟定办刊宗旨，筹建编辑部。《楚天周末》从5月份试刊开始，仅另售每期达25万份左右，一举实现扭亏为盈。三是抓业务档案建设。他与总编室同志一起，组建了业务档案科，改变了业务档案长期无人管的问题。

1995年，作为报社主要领导，卢吉安的精力主要放在报社的业务工作上。努力参加新闻实践，带领记者先后到黄石、荆州、潜江、监利、咸宁、黄石、黄冈等地采访企业和村组，研究20多个报道选题，如嘉鱼县官桥八组经济增长由粗放型向集约型转变；咸宁市对长期亏损企业亮黄牌；阳新县连续两年大灾而连续两年经济增长等。连续召开几次农村报道座谈会，主张工业降热与农业升温，主笔撰写了多篇社论，其中"增加农业投入""推广使用技术""领导农业要具体化"等观点受到湖北省委肯定，省委农研室通知全省各地进行学习。

卢吉安还积极进行理论探讨。主编《新闻改革虚实谈——湖北日报1979—1994新闻论文集》，约50万字，由人民出版社出版。根据《湖北日报》"新闻官司"增加的趋势，写了《试论新闻工作者的法律修养》一文，在《新闻前哨》发表。在全国新闻摄影理论年会上，针对摄影记者缺乏的实际，他发表主题为"新时期需要培养新一代新闻摄影名家"的演讲。

2001年，卢吉安担任湖北省记协副主席，实际主持工作。任职期间，他主持修改了湖北新闻奖"评奖条例"。此前湖北新闻奖评了17届，但条例是一成不变，不适应新闻事业发展的需要。卢吉安下定决心改变这种状况，他主持修改了评奖规则，增加了奖励数额，增设了理论、文艺、社教、网络等评选项目。这些做法受到省记协主席办公会的肯定，也受到省内新闻单位欢迎。

五、倾心尽力培养年轻记者

随着新闻事业的发展，湖北日报社补充了不少"新鲜血液"。连续几年，卢吉安都提出过培训青年记者编辑的要求，但一直没有落实。在他看来，青年新闻工作者是报社的未来和希望，自己有责任帮助他们。1988年，卢吉安组织参与了湖北日报社青年记者培训班活动，并作了两次讲座，重点讲了青年记者的立志、定向、修养的问题及新闻写作的基础知识。卢吉安在他撰写的《树立"名家"意识，争当"名记者"》文章中谈到队伍建设问题。他认为，队伍建设是一个"树人"的系统工程，是一个战略问题。许多中青年在一线担负着繁重的采编任务，是业务骨干。但还存在着明显的缺陷和遗憾，这就是平平者多，"冒尖"者少；勤勤恳恳者多，敢闯敢创者少；停留在同一档次者多，跳几个档次优于他人者少。因此，要创造条件，全力培养和造就名记者。

卢吉安是这样说的，也是这样做的。当记者在工作中遇到困扰和麻烦，他敢于实事求是，保护记者。

高级记者朱学诗就谈到过自己的经历。在朱学诗眼中，卢吉安是批评自己最多、最严厉，也是最可亲、最可敬的报社领导。1996年9月12日，朱学诗任总编辑的《市场指南报》在头版头条位置刊登记者采写的新闻《32名考生圆梦，幸亏查分！》，披露某中学高中毕业生中有相当多的学生怀疑高考分数有误，经查分，误差人数为40%，有一名学生竟然被少计66分。这一报道引起强烈的社会反响，也让教育机构个别人大为光火。有人甚至到省里告状，要求追查新闻采编者责任。

不久，省里一位处长把朱学诗叫去谈话，并且透露：有领导认为朱学诗编发违纪的新闻报道，需要严肃惩罚，不适合当总编辑。回到报社，朱学诗立即原原本本向卢吉安汇报，等候着更严厉的批评，甚至做了被"免职"的思想准备。出乎意料的是，卢吉安听完汇报，平静地说："报道的是是非非，让历史去检验；至于你适不适合当总编辑，那是湖北日报社党委的事。"报社党委没有因为"高考查分"的报道批评朱学诗，更没有免他的职。

培养和造就名记者，除了组织上采取措施外，卢吉安要求报社记者自身应该从几个基础性事情做起：第一，要树立"名家意识"；第二，要具备多写"名篇佳作"的强烈愿望和过硬本领；第三，要提倡独立思考、敢于创新的精神，多采写有独到见解的稿子；第四，要有"敢"字当头的精神状态，敢闯敢冒，敢到矛盾的焦点中去采写新闻；第五，采访作风要深入，要到社会生活的第一线去，深入、深入、再深入，艰苦拼搏，长期坚持，把自己锻炼成新闻界的一代英才。

◎ 作品选编

雷锋式的待分配青年——李江桥

最近，在武汉三镇的大街小巷，人们热情传颂着知识青年李江桥的名字。

李江桥，于武汉市三十三中高中肄业，一九七四年秋到湖北天门县拖市公社许场大队插队落户，一九七七年八月因患病按政策转回武汉市中华路街，去年年底为抢救落水女青年英勇献身，年仅二十一岁。

"为人民献身决不退缩"

"在紧要关头，在党和人民需要我献身的时候，我就要英勇献身，决不退缩。"这是李江桥一九七八年六月三日日记上的一段话，半年后的十二月十三日，他实践了自己的诺言。

那天傍晚，北风呼啸，寒气逼人，长江江面上的气温在摄氏零度以下。晚上十时，李江桥和同伴从汉口乘轮渡七号轮返回武昌。他正患重感冒，喉咙嘶哑了，因腰椎间盘脱出引起的腰痛病，使他直不起腰。

轮船快要靠中华路码头，突然有乘客高呼："有人落水啦，救人啦！"李江桥"唰"地直起腰来，快步跨上船梯，朝呼救的地方奔去。他边跑边脱下身上的棉衣，来不及取下手表，就跃入波涛滚滚的长江。

人们借助江岸的灯光，隐约看到落水的是一位女青年。她在水中忽隐忽现，情况万分危急。李江桥朝女青年猛力游去，截住了快要下沉的女青年，又抓住了乘客扔来的救生衣。这时一个巨浪打来，眼看女青年又要被浪头吞噬。在这千钧一发之际，李江桥潜入水下，双手把女青年托出水面。

落水的女青年是这样追述当时情景的：

"在我危急之时，他把头钻进了水里，用尽全力把我托出了水面，拉着我向岸边游，他边游边喘气，游了一会，他就把身边的救生衣穿在我身上，边穿边说：'我已经不行了，你不要管我，你的安全要紧。'这时一个巨浪打来，我们就分了手……"

女青年得救了，可李江桥再没有露出水面。

街里组织的打捞队出发了。潜入水底的打捞工人发现，李江桥牢牢站在水底，小腿插入江底的淤泥中，可他的双手仍然高高举起。工人们眼睛湿润了。他们说："这是在最后一刻下了最大决心、花了最大力气救人的英雄才会这样，真是顶天立地的好汉子。"

李江桥为人民献出了宝贵的生命，绝不是偶然。一九七七年夏末和去年八月中旬，他曾两次救出落水少年。当家长称赞并感谢他时，他却说："这是我应该做的。比起罗盛教来，我差得太远。"

"待分配也要干革命"

李江桥病转回城后，多么需要及时安排一个工作呵！他的父亲去世多年，母亲在废品收购站工作，家庭生活比较困难。可是他的工作还要等待分配，怎样对待这个问题？李江桥说："等待分配也要干革命！"

一次，一位待分配的青年对他说："怎么到现在还不分配，真尝到了没有工作的苦头。"李江桥严肃地说："我们今天所以要等待，是因为林彪、'四人帮'疯狂破坏了十年，国民经济到了崩溃的边缘，恢复过来困难不少，也要一定时间。在这样困难的情况下，国家还在有计划地安排就业，我们青年人要把眼光放远些，要时时想到国家，体谅国家的困难。"

李江桥把国家、社会和他人的利益放在首位，从不计较个人得失。市政建设二公司和区建设科两次到中华路招工，街道的同志看李江桥表现好，就要推荐他去。李江桥知道后，总是让街道的同志先分配等待时间长的同志。

等待分配的时间长了，有的青年说："反正等了这么长时间，再分去扫马路、卖菜我是不干的。"李江桥却说："我们青年人，应该做革命的一块砖，哪里需要哪里搬，搬上高楼顶得住，用在厕所不腐烂。"就在李江桥牺牲前九天，武汉市洪山菜场来中华路招工，有些人一听说是菜场招工，摇摇头走了。街道的同志征求李江桥的意见，他热情地回答："我一定顾大局，服从安排。国家缺了哪一行都不行，哪件工作都重要。不管干什么，我一定记住党的教导，干出成绩来。"他高高兴兴填了到菜场工作的"新工人登记表"。

有的人认为："等待分配的是没人管的散鸭子，可以自由自在趟，自由自在玩。"李江桥却告诫自己："一个青年人总要有一个理想，我的理想就是为人民服务，当一个又红又专的青年，绝不白费青春，虚度年华。"刚回城那阵，他怕懒散了身子，顶着腰痛，主动到大哥所在单位的汉阳第一航修站义务劳动，干了两个多月，没取一分报酬。为了弥补林彪、"四人帮"横行给自己造成的知识上的缺陷，他抓住点滴时间学文化，学科学技术知识，到工地劳动，他口袋鼓鼓的装着几本书，同伴邀他打扑克，他婉言谢绝："我的知识太少了，要少玩点，多学习点，不然，青春就会玩掉，思想就要落后，就会无所作为。"

去年四月，李江桥到轻工业技校基建工地做临时工，一天，上级分给他和一位女青年挖四方土。李江桥二话不说，使劲干起来。那位女青年担心地说："桥桥，这四方土太多,慢慢做没关系,总是个临时工。"李江桥却说:"干活哪能挑肥拣瘦,正式工是建设社会主义,临时工同样是建设社会主义。搞四化巴不得多长一双手,有劲咨啬着不用怎么行?"女青年劝他道:"做临时工不过为了几个钱,做不完还怕不给钱?"一听这话,李江桥神情严肃地说:"这不是为了几个钱,是要为国家做贡献!"女青年急得拉住他说:"我不是说你为了挣钱,而是担心你的腰痛病累发了不好办。"李江桥笑了笑说:"那没关系,有病痛锻炼锻炼会好得更快。"就这样,他们一天硬是完成了四方土的任务。人们还记得,街道分配他到省电子局基建工地搬运砖瓦,他经常提前上班,为大家烧好开水。劳动指标是每人每天搬运一千块。本来用车子运砖又快又省力,李江桥看到临时工中年老体弱的多,主动让出车子,自己用肩挑,每天都挑一千八百多块。

做工有了经济收入,该怎样安排?有的人在穿戴打扮上下功夫,打算盘。李江桥可不是这样,他说:"青年人要有高尚的品德和风格,如果染上了坏习惯,那就要变坏。我们青年不能忘本,不能好吃好玩,而要艰苦朴素。"他不抽烟,不喝酒,不乱花一分钱,劳动收入每次分文不差交给母亲。回城一年多,他平时穿的还是那件打了补丁的蓝咔叽上衣,做工穿的则是在农村穿过的那件褪了色的黄军衣和劳动布工作服,上下打了七八个补丁。他的内衣内裤大都是农村土布。下乡时,母亲为他从废品站买来一块块小蓝色棉毛布,拼成一件棉毛衫,他舍不得穿,直到牺牲时,还完好无损地放在箱子里。

"要做雷锋那样的革命青年"

李江桥,1957年出生在一个工人家庭里。从他懂事那天起,父母亲就给他讲述解放前从湖南湘潭逃荒来武汉的悲惨情景:讨米要饭,挨冻受饿。解放后,全家安居乐业,生活一天比一天好。李江桥热爱党,热爱新社会,热爱毛主席,立志要学雷锋:"我要做雷锋同志那样的革命青年,向雷锋同志那样全心全意为人民服务,毫不利己,专门利人。"

在农村插队时,他为贫下中农挑水,为军烈属、五保户送柴,为贫下中农和同伴们补鞋。

回城后,李江桥更是时时处处以雷锋为榜样,争做好事。去年春上的一天,他和弟弟在车站候车。突然,发现脚下有一个烟盒,捡起一看,里面有二十七元钱和十二尺布票。他让弟弟先走,独自留在车站等失主。不一会,一位老工人推着自行车走过来,边走边寻找着什么。他立即迎上去问:"大伯,你找什么?"当他知道这位老工人就是失主时,立即把东西交给了他。

有一个同学患重病,住了医院,需要照顾,李江桥主动来到医院,守在病床边,帮助喂汤、喂药、端水倒盆,整整守候了四天四夜。同街的老工人买了煤,他拿着扁担帮助挑；哪家没有引火柴，他热情地帮着劈；哪家缺水，他给挑满；哪家的墙壁剥落了，他就帮着粉刷；公共场所脏了，他也要打扫干净。李江桥牺牲后，街坊邻居都流着眼泪说："桥桥这伢，走到哪里，就把新风带到哪里，就把好事做到哪里！"去年一个冬夜，李江桥和几个同伴看完电影从剧场出来，已是晚上十一点多了，这时，他们看见一位老工人用手捂着胸，正在艰难地行走。李江桥急忙上前打听，原来老工人的心脏病发了。他立即推过自行车，把老工人送到附近医院抢救。等老工人脱险后，他又连夜赶到武昌武泰闸，把情况通知病人家属，老工人病好后，逢人就讲："我遇到一个好青年，真是活雷锋！"

李江桥牺牲后，那位被救女青年的家长送来了致谢的锦旗："舍身救人，恩重如山。"被救的女青年来到李江桥家，一头扑在李妈妈的怀里，失声痛哭。她对李妈妈说："是你高贵品质的儿子救了我，是党教育出来的好青年给了我第二次生命。我要以英雄为榜样，树立正确的人生观，为人民献青春。"

共青团武昌区委员会根据李江桥生前的申请和表现，决定追认他为中国共产主义青年团团员，并号召全区广大青少年向他学习。

《湖北日报》通讯员　吴天祥
《湖北日报》记者　卢吉安　周瑞珍　熊瑞隆

（选自 1979 年 5 月 16 日《人民日报》，原载 4 月 24 日《湖北日报》）

◎ 评析：

"我们的时代是群星灿烂、英雄辈出的时代，闪耀着共产主义光辉的新人新事不断涌现。宣传这些新事物，奖励先进，启迪后进，推动时代前进，是我们新闻工作者的崇高职责。"这是卢吉安在一篇理论文章中写的一段话。他认为，新闻工作者所做的报道，要把握时代脉搏，体现时代精神风貌。而李江桥这一典型人物的报道，正是体现了时代风貌的典型人物。

李江桥是一个待业青年的典型。他在从汉口乘轮渡回武昌的长江上勇救落水女青年时壮烈牺牲，他用自己宝贵的生命，谱写了一首壮丽的青春之歌。但他的意义并不仅仅在于见义勇为，献身救人。采访中，卢吉安和同事们发现，李江桥生前有许多舍己为人的事：把分配工作的指标让给更需要的人，在工地上自己用肩挑却主动把运砖的车子让给年老体弱者，在农村插队时为农户和烈军属、五保户挑水送柴，捡到了钱守候在车站等失主，将路上遇到的突发心脏病的老工人送到医院抢救，等等。一个待业青年，在待业期间，能替党和人民分忧，坚持为人民做好事，为国家做贡献，此次献身是他高尚品德的集中表现。这样，一个感人的熠熠生辉的雷锋式待业青年形象，出现在新闻人物的群像中。

通讯在《湖北日报》发表后，受到中央媒体的关注，新华社用通稿播出，《人民日报》《中国青年报》等相继转载，在全国范围内引起反响，李江桥成为全国青年的楷模。

新型社会关系的颂歌

《把爱和热爱献给人民》这篇通讯，读来十分感人。朱伯儒的先进事迹，是一曲人与人之间新型社会关系的颂歌，是雷锋精神的继承和发扬，是一个共产党人高贵的品德的体现，为我们树立了学习的榜样。

胡耀邦同志在十二大报告中指出："我们不仅要努力提高每一个社会成员的精神境界，而且要在全社会建立和发展体现社会主义精神文明的新型社会关系。"胡耀邦同志的这一论述，具有十分深刻的现实意义。十年内乱严重地破坏了党风、社会风气，破坏了人与人之间的良好关系。要使党风、社会风气和人与人之间的良好关系根本好转，建立社会主义新型社会关系，就需要有大批像朱伯儒这样的人：像"种子"，埋在人民的土壤里起作用；像炭火，去融化人民心头的寒冰；像公仆，无比执着地热爱人民群众。如果我们大家都能这样做，那么我们国内各民族之间、工农与知识分子之间、干群之间、军民军政之间以及全体人民内部，就会真正形成团结一致、友爱互助、共同奋斗、共同前进的关系。

建立新型的人与人的社会关系，需要做几十年的工作，这是最高尚不过的工作。长期的革命传统，为我们奠定了基础；雷锋、焦裕禄、蒋筑英、罗建夫、赵春娥、张华等大批先进人物，为我们做出了样子，我们相信一定能够建立和发展新型的社会关系。当然我们也要看到，在现实生活中还有不尽如人意的一面。有的人一切朝钱看，把人与人的关系看做只是"金钱关系"；有的人把自私看做人的本质，唯利是图，损人利己；还有人道德低下，遗弃妻儿，不认父母。诸如此类的社会现象，与新型的社会关系是格格不入的。我们每一个共产党员，要像雷锋等先进人物那样，做高尚的人，为建立和发展新型的社会关系努力奋斗。社会的其他成员，也要把雷锋等先进人物作为镜子，严格要求自己，树立良好风气，为建立和发展新型社会关系做出贡献。

（原载1983年1月7日《湖北日报》，署名本报评论员）

◎ 评析：

这篇评论是和报道朱伯儒先进事迹的通讯同时发表的。朱伯儒是新时代活雷锋，他始终保持同人民群众的血肉联系，关心和爱护群众；全心全意为人民服务，为群众做了大量排忧解难的好事。他用自己的实际行动，为转变被"文化大革命"破坏了的党风和社会风气、建设社会主义精神文明做出了突出的贡献。评论将朱伯儒的事迹所体现出来的时代意义提炼出来，认为朱伯儒献给人民的爱和热，其实质是一曲"新型社会关系的颂歌"。

评论认为，建立新型社会关系，需要大批像朱伯儒这样的人，像"种子"，埋在人民的土壤里起作用；像炭火，去融释人们心头的寒冰；像公仆，无比执着地热爱人民群众。评论指出：如果我们大家都像他那样做，我们全体人民之间，就会真正形成团结一致、友爱互助、共同奋斗、共同前进的关系。评论对时代脉搏把握得准，对新闻事实开掘得深，主题突出，立意高远。评论说理透彻，层次分明，文笔清新。与通讯一同发表，起到了相得益彰的效果。

保护改革的"出头鸟"

在决定中国命运的伟大改革过程中，一大批改革的先行者脱颖而出。这些人是我们事业的精英，是各行各业的优秀代表，走在了时代的前列，推动着事业的发展。凡头脑清醒的领导者都支持他们，爱护他们。广大群众也敬佩他们，赞扬他们。最近，我省在改革方面的突出代表于志安被评为全国二十名最佳优秀企业家之一，并受到中央领导同志的接见，就再一次证明了这一点。

但是究竟应怎样对待在改革中涌现出来的这些带头人，至今仍然是一个值得注意的问题。在人们思想上对他们的认识并不是很一致的。特别是在改革进一步深化的情况下，当一些改革闯将冲破束缚，破土而出的时候，他们往往成为人们瞩目的焦点、议论的中心。有赞成的，也有反对的，有说好的，也有说坏的。议论是好事，改革中的不完善和失误也允许提出意见，问题是有些议论和责难远远超过了这个范围。有的从政治上"上纲上线"，指责改革"方向有问题"，有的抓住细枝末节做文章，贬斥改革闯将"动机不纯""爱出风头"或"唯利是图"，甚至还有提出什么"经济案件""桃色新闻"来否定勇于改革的同志，这样一来，一些改革人物就成了"有争议的人物"，一些改革的先行者就成了挨打的"出头鸟"。这种状况在社会生活中已经屡见不鲜，弄得不好，今后还可能出现。

我们以为，如何对待改革中的带头人，绝不仅仅是看待几个人的事，而是关系到如何对待改革的大问题。长期以来，由于"极左"思想的影响很深，我们在经济体制等方面存在的问题很多，一部分人的思想也变得僵化起来。在这种情况下，少数先进分子率先冲破僵化观点和各种旧传统观点的束缚，站到了改革的前列，这是非常难能可贵的。我们的改革之所以到了一定时期就能取得突破性进展，是与这些改革先行者的勇敢行动分不开的。支持和保护他们，就是支持和保护改革；指责和非难他们，也就是在阻碍和损害改革的伟业，这是我们应该牢固树立的一个观点。

在如何对待改革带头人这个问题上，还有两个观点也是应该突出加以强调的：

一个是树立生产标准这个观点,一个是不能求全责备的观点。在这方面,有的同志很不大注意,因此有必要提醒。

我们大家都明确,党的十三大精神的一个突出之点,就是把生产力标准提到了第一位,强调"是否有利于发展生产力,应当成为我们考虑一切问题的出发点和检验一切工作的根本标准"。既然这样,评价一个改革人物也应如此。而有的人把这一要求忘记了。正如全国有名的优秀企业家马胜利所说:过去"厂里一场大火烧了七天七夜,也没有人告状;一个近千人的工厂连续多年亏损,不向国家交一分钱,也没有人告状;这两年实现利润相当于过去二十年,反而有人出来告状。"这就把问题说得很清楚了。一些人之所以敢于肆无忌惮地打击改革的"出头鸟",他们的脑子里缺乏是否有利于发展生产力这一考虑问题的出发点和检验工作的标准。他们对待改革人物的衡量标准,一是凭个人好感,看改革是否对个人和小团体有利;二是仍坚持"以阶级斗争为纲",把政治作为衡量改革人物的唯一标准。君不见,有的部门一旦收到对改革人物的所谓"告状信",就如获至宝,既不调查研究,也不管生产是否受到影响,首先对被告者来个"停职反省"。这种"只抓审查,不顾生产"的做法,不利于发展生产,也不利于正确对待干部,不利于保护改革的"出头鸟"。如果我们经过调查研究,把问题的是非分清楚之后再提出适当的处理意见,不是要好得多么?

我们党历来主张对干部不能求全责备。金无足赤,人无完人。改革的先行者并不是神仙,他们身上也会有弱点,甚至有的可能就是"优点突出,缺点也突出"的人物。我们应该看主流,看基本方面,积极帮助他们扬长避短。如果苛求他们十全十美,求全责备,那还有谁敢改革?更何况改革是个复杂的探索过程。探索就存在着风险,就可能出现失误。探索中也必然会出现一些新的问题,而且这些问题往往会在政策上一时难以"吃"准。遇到这种情况就应该谨慎,不能简单地肯定或否定,更不能随便动用法纪。同时还要看到,即使改革在探索中获得了成功,成功的东西开始也并不都是完善的、十全十美的,还有个不断发展和完善的过程。这样对待改革和改革中的"出头鸟",就宽容,就公正,就会有利于改革的事业。

这里我们用得着关广富同志最近在省委常委扩大会上的一段讲话,他说:"各级党政领导还要在干部工作和舆论引导上,切实注意爱护和支持那些在改革开放中勇于开拓创新,对发展生产力确有贡献的干部和单位。各级党委要站得高一些,看得远一点,切实保护勇于开拓创新的'出头鸟',并为他们排忧解难。"愿我们广大干部和群众都来做这种改革"出头鸟"的积极保护者。

(选自1988年5月2日《湖北日报》,署名本报评论员)

◎ 评析:

20世纪80年代,中国的社会刚刚从长期的内乱中解脱出来,人们的思想却仍然还在惯性中运行，如何看待改革带头人的问题比较突出。

评论旗帜鲜明地提出，要保护改革的"出头鸟"。评论认为，如何对待改革中的带头人，绝不仅仅是看待几个人的事，而是关系到如何对待改革的大问题。因为长期以来，由于"极左"思想影响很深，经济体制存在的问题很多，再加上一部分人的思想僵化，一旦有改革的代表人物出现的时候，一部分人就会从政治上"上纲上线"，指责改革方向有问题，甚至抓住一些细枝末节做文章，使一些改革的先行者成了挨打的"出头鸟"。文章援引企业家马胜利列举的例子："过去厂里一场大火烧了七天七夜，没有人告状，一个近千人工厂连续多年亏损，不向国家交一分钱，也没有人告状，这两年实现的利润相当于过去二十年，反而有人出来告状。"面对这种情况，文章认为，如果不支持和保护改革的"出头鸟"，就不利于发展生产，不利于保护干部。文章指出，金无足赤，人无完人，对改革的先行者身上的弱点缺点，不应求全责备，因为改革本身就是一个复杂的探索过程。

评论在改革开放初期提出一个如何看待改革先行者的问题，是具有现实针对性和普遍意义的。评论题目旗帜鲜明，通篇文章抽丝剥茧，说理逻辑性强。文章受到当时湖北省主要领导人的肯定，对保护改革先行者、推动改革深入开展起到了作用。

中国新闻奖获奖名录

中国环境科学

湖北媒体获中国新闻奖作品目录
（2000—2018年）

第十届（2000年）
二等奖：《簰洲湾溃口"淹"出7000多人》，消息，《长江日报》，作者：雷祖兵
三等奖：《黄陂检察官大闹府河收费站》，摄影，《楚天都市报》，作者：陈建刚 张欧亚
三等奖：《为了一个打工者的生命》，广播系列，湖北人民广播电台，作者：陈金平 郑颖
三等奖：《总理初一来到灾民家》，电视消息，湖北电视台，作者：孙辉 方汉林

第十一届（2001年）
一等奖：《按"智"分配造成亿万富翁》，消息，《湖北日报》，作者：卢平川
二等奖：《月照沙洋别样情》，广播专题，湖北人民广播电台，作者：丁越胜 谢耘耕 张忠刚 江忠源
三等奖：《一批游戏机室"游戏"学生》，消息，《长江日报》，作者：王南方 潘红柳 纵兆云
三等奖：《王氏兄弟的曲线人生》，通讯，《武汉晚报》，作者：王安平 胡长青
三等奖：《"大陆首富"牟其中被判无期徒刑》，摄影，《武汉晚报》，作者：邱焰
三等奖：《蓄发十年寻妻儿》，摄影，《湖北日报》，作者：陈勇 刘畅
三等奖：《30岁退休的背后黑幕》，广播专题，楚天广播电台，作者：黄前明
三等奖：《神龙西部行》，系列报道，湖北电视台，作者：杨军 李书林 熊昌明 李进军 刘卫东 张名芳 姜智强 孙勇

第十二届（2002年）
一等奖：《徒劳》，漫画，《湖北日报》，作者：英韬
二等奖：《啤酒带来的苦恼》，广播专题，湖北人民广播电台，作者：郭静 刘

征 何彬 周胜

三等奖：《三番议政结酸果　人大代表扫厕所》，消息，《武汉晚报》，作者：叶军 范洪涛

第十三届（2003年）

一等奖：《看个"咳嗽"要掏1065元》，消息，《武汉晚报》，作者：李红鹰 吴芳

一等奖：《"造林"还是"造字"》，广播专题，湖北人民广播电台，作者：杨宏斌 胡成

二等奖：《5万公斤鲜奶倒进农田》，消息，《湖北日报》，作者：刘畅

二等奖：《一个字两个半篮球场大　一条标语长达5公里：勋西县"石头标语"劳民伤财》，通讯，《湖北日报》，作者：胡成 杨宏斌 余秀武

二等奖：《聆听"山鹰"》，广播专题，中央人民广播电台、湖北人民广播电台、海峡之声广播电台，作者：谢磊

二等奖：《超越梦想——三峡导流明渠截流》，广播直播，中央人民广播电台、湖北人民广播电台、海峡之声广播电台，作者：集体

三等奖：《为世界通信划"跑道"——记武汉邮科院余少华博士》，通讯，《长江日报》，作者：杨于泽 郑良中

三等奖：《武钢一百多个决策被职代会否决重来》，广播消息，武汉人民广播电台，作者：宋成卫 曾建斌 刘云凤

三等奖：《与时俱进看武钢》，电视系列，武汉电视台，作者：雷喜梅 赵湘文 樊影 冯北

第十四届（2004年）

一等奖：《三峡大坝昨下闸蓄水》，消息，《湖北日报》，作者：剑文 礼兵 忠贤 周芳 志兵 月波 剑军 立新

二等奖：《尴尬的阻击战》，通讯，《湖北日报》，作者：熊家余 姜平

三等奖：《举证难：农民工讨要工钱的拦路虎》，电视消息，湖北电视台，作者：武海鹏 刘继光

三等奖：《三峡发电啦！》，广播消息，湖北人民广播电台，作者：王彬 郭静 郑明

三等奖：《号子声声震峡江》，广播专题，湖北人民广播电台，作者：何志平 余浩 蔡玫 罗耀平

三等奖：《来一次思想大解放》，系列报道，《湖北日报》，作者：姜平 熊家余 雷刚 卢平

三等奖:《一位市民建立的"政府亲民档案"》,广播专题,武汉人民广播电台,作者:宋成卫 应响洲 李高翔 曾建斌

三等奖:《组照:黑色村庄》,新闻摄影,《武汉晚报》(发刊于《中国青年报》),作者:邱焰 金振强

三等奖:《用与时俱进精神推动党报与时俱进》,新闻论文,《新闻前哨》,作者:宋汉炎

三等奖:《武汉为困难户开辟六百空调纳凉点》,消息,《长江日报》,作者:王南方 李俊 李晓萌 柳春雨 李咏

第十五届(2005年)

一等奖:《改善湖北投资环境》,系列报道,《湖北日报》,作者:熊家余 姜月波 夏一兵 等

二等奖:《陶教授破解上网成瘾难题》,消息,《武汉晚报》,作者:胡俊 李红鹰 秦杰

三等奖:《2.4万吨钢拷问产业链》,消息,《湖北日报》,作者:黄磊 卢平川

三等奖:《对媒体的领导能力是党的重要执政能力》,新闻论文,《湖北日报》,作者:毕志伦

三等奖:《纪录片发展前景展望》,新闻论文,武汉电视台(刊发于《电视研究》),作者:阎春来

三等奖:《徐本禹被山里娃感动着》,新闻摄影,《湖北日报》,作者:田悦

三等奖:《倔老汉三告镇政府》,新闻摄影,《武汉晚报》,作者:金振强

三等奖:《寻找土地》,广播专题,湖北人民广播电台,作者:刘征 曹曦晴

三等奖:《走进孩子的心灵——陶教授和他挽救上网成瘾孩子的故事》,广播专题,武汉人民广播电台,作者:宋成卫 陈江鹏 刘云凤 李萌

三等奖:《直击中国铁路春运》,电视直播,中央电视台、广东电视台、上海东方电视台、河南电视台、湖北电视台、江苏电视台、四川电视台、成都电视台,作者:集体

第十六届(2006年)

二等奖:《中部崛起》,网络专题,荆楚网,作者:阎思甜 等

二等奖:《3000小考生"妖魔化"妈妈》,消息,《武汉晚报》,作者:胡俊 秦杰

三等奖:《不能再走"先污染再治理"路子——探访"农家乐"环保问题》,通讯,《长江日报》,作者:王南方 杨菁 冯欣楠 张辉 冯爱华 周韧

三等奖:《愧对格里希》,通讯,《楚天都市报》,作者:卢平川 熊远烊

三等奖：《人生大写在雪域——走近援藏高级工程师陈刚毅》，系列报道，《湖北日报》，作者：张兴旺 张晓峰 柯营之

三等奖：《一位退休女工的"热线日记"》，广播专题，荆门人民广播电台，作者：田华宇 李方贵 高衍平

三等奖：《不能忘怀的嘱托》，电视专题，武汉电视台，作者：胡桂林 唐炜 王凯

三等奖：《武汉农民工免费体检给社会敲响警钟》，广播消息，武汉人民广播电台，作者：毛远平 苏虹 杨刚

三等奖：《冷漠》，摄影，《襄樊日报》，作者：张楠楠

三等奖：《2.3万份种质大抢救》，电视专题，湖北电视台，作者：毛勇 曾艳 马工

三等奖：《报业集团化发展创新：构筑媒体群、经营群、企业群》，新闻论文，《新闻战线》，作者：罗建华

第十七届（2007年）

一等奖：《荣辱观的生活解读》，系列报道，《湖北日报》，作者：集体

一等奖：《责任造就公信力》，新闻论文，《湖北日报》，作者：江作苏

二等奖：《承诺如山铁骨柔情——记一个警察与罪犯的托孤协议》，广播专题，武汉人民广播电台，作者：应响洲 李高翔 赵阳 叶雷

二等奖：《汉川市政府办公室下达"喝酒任务"》，消息，《楚天都市报》，作者：胡成 龚升平 曹曦晴 万敏

三等奖：《沪蓉西高速公路 首创火箭抛索施工》，摄影，《楚天都市报》，作者：宋枕涛

三等奖：《独守"空巢"的爹娘哟！》，摄影，《湖北日报》，作者：张磊 郑元昌

三等奖：《一次跨越时空的特殊寻找》，通讯，《武汉晚报》，作者：邵澜 戴红兵 李红鹰 汤华明 秦杰 彭学明

三等奖：《一纸"托孤协议"诠释执法新境界——记执法为民的武汉民警刘继平（上）》，通讯，《长江日报》，作者：王志新 黄师师 潘峰 刘胜斌

三等奖：《远逝的白鳍豚》，广播访谈，武汉人民广播电台，作者：陈波 徐风梅 宋成卫 陈江鹏

三等奖：《围堰爆破 先为鱼儿拉警报》，电视消息，湖北广播电视总台，作者：梁云 艾涛 蔡文祥 冯志强 田园

三等奖：《是民心工程还是面子工程？》，电视评论，武汉电视台，作者：魏艳文 王大蔚 刘舜尧

第十八届(2008年)

一等奖:《谁代表网友给小慧的后妈道歉?》,网络评论,荆楚网,作者:吴双建

一等奖:《记者走基层》,专栏,《湖北日报》,作者:江作苏 杨敬文 李迎涛

二等奖:《信阳农民工在汉看病可直接享用医保》,录音新闻类,武汉人民广播电台,作者:苏红 吴凯 李高翔

三等奖:《肿瘤科竟给医生定"放疗任务"?》,消息,《楚天都市报》,作者:卢水平

三等奖:《谢家桥一号墓考古发掘直播》,新闻现场直播,荆州电视台,作者:集体

第十九届(2009年)

二等奖:《19年前的良心债》,系列报道,《楚天都市报》,作者:张明泉 徐颖,编辑:张勤耘

二等奖:《万里长江第一条越江隧道建成通车》,广播消息,武汉电台,作者:刘群 余鸣秋 刘云凤 赵阳,编辑:李高翔

三等奖:《昨日,我们走过了长江》,文字消息,《湖北日报》,作者:韩炜林 杨礼兵 孙滨,编辑:杨敬文

三等奖:《"天使奶奶"熊小全》,电视专题,武汉电视台,作者:张淑君 张为 王凯 廖晓东 樊影 刘舜尧

三等奖:《寻找失落的品牌》,广播系列,湖北人民广播电台,作者:曹曦晴 张志宏 何瑛 宋丽娟 柳芳 黄文,编辑:丁安卿 罗耀平

三等奖:《5·12汶川大地震纪实》,新闻摄影,《楚天都市报》,作者:陈勇,编辑:张勤耘

第二十届(2010年)

一等奖:《大学生结梯救人》,系列报道,《楚天都市报》,作者:刘汉泽 王功尚 康群 卢成汉 钟楠 付勤 余人月,编辑:张勤耘 熊爱玲 周保国

二等奖:《石首事件的学费要交得值》,网络评论,荆楚网,作者:吴双建,编辑:罗莎

二等奖:《暴走妈妈,割肝救子》,网络专题,长江互动传媒网,作者:李冬安 谢东虹 季亚明 翁沁薇 马遥遥 陈明

三等奖:《倡导担当精神》,评论,《湖北日报》,作者:龚信力,编辑:江作苏

三等奖：《责任公信大气包容——2009 中国传媒速写》，新闻论文，《湖北日报》，作者：江作苏，编辑：肖曜

三等奖：《武大专家：我国买卖论文成"产业"》，消息，《长江日报》，作者：万建辉，编辑：叶健

三等奖：《上医之境》，通讯，《武汉晚报》，作者：集体，编辑：林霓涛

三等奖：《武汉经济适用房摇出罕见"六连号"》，广播连续报道，武汉电台，作者：陈波 曾小曼 朱梦勤，编辑：李高翔

三等奖：《追光逐影 武汉迎送日全食》，电视消息，武汉电视台，作者：集体，编辑：夏涤平

三等奖：《武广高铁 3 小时飞广州》，新闻摄影，《武汉晚报》，作者：周国强，编辑：李金友

第二十一届(2011 年)

一等奖：《信义兄弟接力送薪》，系列报道，《楚天都市报》，作者：舒均 楚田 (熊爱玲) 张泉 陈世昌

一等奖：《经视直播》，电视名专栏，湖北经视，作者：集体

一等奖：《三峡工程蓄水 175 米大型现场直播〈高峡平湖 今朝梦圆〉》，广播直播，湖北省广播电视总台，作者：集体

一等奖：《一堆木头与一连串车祸》，消息，荆州电视台，作者：江虹 艾冀 李佳

二等奖：《餐馆"获权"谢绝顾客自带酒水》，报纸消息，《楚天金报》，作者：李秋芳 柯锐，编辑：韩少林

二等奖：《武钢全面淘汰日本"一米七"硅钢技术》，广播消息，湖北省广电总台，作者：刘胜 杨宏斌

三等奖：《8 个全国首创开出医改好方子》，国际传播，《武汉晚报》，作者：田巧萍 鲁珊 彭学明

三等奖：《孩子，武汉有你们的家——一个汉藏家庭与藏族学生的 32 年不了情》，通讯，《长江日报》，作者：胡宗新 李晓萌 车莉

三等奖：《跨越——宜万铁路通车》，网页设计，荆楚网，作者：余军 张米卡 张剑

三等奖：《偶遇抢劫本报记者举机拍照退匪》，摄影，《长江日报》，作者：周超

三等奖：《让昨天告诉明天》，新闻访谈节目，武汉广播电视总台，作者：张小莉(新月) 王小勤 徐丹

三等奖：《我国首例人体综合捐献在武汉完成》，连续报道，武汉广播电视总

台,作者:苏虹 赵阳 吴凯

三等奖:《信义兄弟接力送薪》,网络专题,荆楚网,作者:阎思甜 柯冬林 谢娟 高霞 罗伟 方田

第二十二届(2012年)

一等奖:《凿天路》,新闻摄影,《楚天都市报》,作者:萧颢

二等奖:《棉花奶奶党员本色》,系列报道,《楚天都市报》,作者:唐宜贵 谈海亮 刘卫东 陶建康 朱勇进

二等奖:《致敬"抢修哥"》,电视消息,湖北广播电视台,作者:杨俊伦 王忠理 何勇 杜元

二等奖:《南水北调中线工程大移民现场直播〈同饮一江水,共有一个家〉》,广播直播,湖北广播电视台,作者:集体

二等奖:《新希望——玉树地震一周年祭》,新闻摄影,《长江日报》,作者:彭年

三等奖:《"8毛钱"拷问媒体的"医德"》,网络评论,荆楚网,作者:陈莉霖 张剑 班跃伟

三等奖:《"反对"与反"对"》,杂文,《三峡晚报》,作者:符号(符利民)

三等奖:《湖之殇》,新闻摄影,《湖北日报》,作者:杨发维

三等奖:《领导干部如何面对"被问政"?》,评论,武汉广播电视总台,作者:陈海东 胡桂林 王凯

三等奖:《武汉出台全国首份"餐饮行业工资专项集体合同"范本 餐饮行业最低工资上浮30%》,消息,《长江日报》,作者:宋兰兰 胡文辉

三等奖:《治庸问责武汉风暴》,网络专题,武汉长江网,作者:陈晓蓉 叶圣凡 李莉莉 金鑫 郝琦 张亮

第二十三届(2013年)

一等奖:《中共中央党史研究室主任披露7常委参观〈复兴之路〉出行不封路》,文字消息,《长江日报》,作者:瞿凌云

一等奖:《万里长江第一条过江地铁今天运营》,广播消息,武汉广播电视总台,作者:刘群 赵阳 应响洲

二等奖:《湖景房》,新闻漫画,《楚天都市报》,作者:王启峰

二等奖:《兑现承诺 优化环境:2012"十个突出问题"整改电视问政——让交通更顺畅》,电视访谈,武汉广播电视总台,作者:集体

二等奖:《41名华中农业大学学生贵州深山十年不熄的支教火把》,网络专题,荆楚网,作者:陈书华 张剑 罗伟 张米卡 李欢 牛晋阳

二等奖：《四年捐款七百万　现场施工千余天：张宗淮报恩家乡护命脉》，国际传播，《三峡日报》，作者(主创人员)：范长敏　李玉林　何英，编辑：朱可江

三等奖：《喜迎十八大·小故事大跨越　农民王爱国："期货"交易所里卖鸡蛋》，电视消息，湖北广播电视台，作者：艾涛　孙勇　李东杰

三等奖：《入学报名要预约提前两年来站队留守儿童第一校名额堪比"专家号"》，文字通讯，《武汉晚报》，作者(主创人员)：集体，编辑：秦明

三等奖：《告别车窗抛物》，文字系列，《楚天都市报》，作者(主创人员)：集体，编辑：韩少林　张孺海　张小燕

三等奖：《楚天都市报》12月28日A01-32通版报纸版面，《楚天都市报》，作者(主创人员)：熊爱玲　韩自强　刘剂

三等奖：《湖北日报》3月25日要闻一版报纸版面，《湖北日报》，作者(主创人员)：曹山旭　林成文　刘旺东

三等奖：《本报记者专访龚琳娜：想把〈曾侯乙编钟〉唱成"神剧"》，国际传播，《长江日报》，作者：余熙

第二十四届(2014年)

一等奖：《楚望台》，新闻名专栏，《楚天都市报》，作者(主创人员)：陈红彬　张孺海　李昌建　李欣　陈俊

一等奖：《武汉上空的鹰——寻访苏联空军志愿队烈士》，国际传播(文字系列)，《长江日报》，作者(主创人员)：谌达军　胡洁　翟晓林　余坦坦　刘功虎　张凡

二等奖：《当年为救落水顽童致高位截瘫　方俊明28年后获见义勇为称号》，连续报道，《长江日报》，作者：黄征　李皖　翟晓林　刘林德　郑汝可　刘敏

三等奖：《曾经为了61个阶级兄弟　世纪变迁悬壶济世不移：武汉一药企57载亏本生产救命药》，文字消息，《湖北日报》，作者：集体

三等奖：《记者调查文明伴出行：武汉"奖文明旅游团"泰国游为何得表扬？》，电视评论，湖北广播电视台，作者：李东杰　严羽　聂夏　秦振华

三等奖：《百岁老人的穿越(新闻摄影)》，国际传播，《武汉晚报》，作者：邱焰

第二十五届(2015年)

一等奖：《APEC漫画版"新中装"合影》，新闻漫画，荆楚网，作者：果果(刘依)

一等奖：《XYZ新闻三剑客》，新闻名专栏，荆楚网，作者：集体

二等奖：《章开沅成为我国辞去"资深教授"第一人》，广播消息，武汉广播电视台，作者：杨刚　曾小曼　陈波

二等奖:《电视问政·问作风》,电视访谈,武汉广播电视台,作者:集体

二等奖:《千湖新记》,网页设计,荆楚网,作者:余军 张米卡 李砚青

三等奖:《水果湖派出所全国首创"拦截奖"》,文字消息,《武汉晚报》,作者:万勤 孙逊

三等奖:《跑断腿的二胎证》,文字通讯,《湖北日报》,作者:周呈思

三等奖:《牺牲背后是生命守望——来自长江救援志愿队的报告》,《长江日报》,作者:范文生 刘智宇 夏奕 刘林德 刘洪波 李皖

三等奖:《活着:0岁,1岁,6岁……》,新闻摄影,《武汉晚报》,作者:邱焰

三等奖:《阳新"清风"行动纪实(上、下)》,电视专题,湖北广播电视台,作者:梁云 李东杰 严羽 郑杰

三等奖:《寻梦鼓岭——一个美国家庭的中国情缘》,武汉广播电视台,作者:方九利 赵明 王权

第二十六届(2016年)

一等奖:《市民大讲堂》,新闻专栏,《长江日报》,作者:刘洪波 等

二等奖:《女环卫工6年拽回5名轻生者》,通讯,《楚天都市报》,作者:卢成汉 殷莉红

二等奖:《纪委收到贺卡拍案:顶风违纪,查!》,消息,《湖北日报》,作者:杨宏斌 天纪轩

二等奖:《夕阳之下,一如你从未离开》,新闻摄影,《长江日报》,作者:陈卓,编辑:田飞

三等奖:《兄弟,我们一起上去》,广播消息,湖北广播电视台,作者:夏晓青 张瑞芳 宋丽娟 刘征

三等奖:《督履职 促发展 惠民生——2015湖北媒体问政》,电视访谈,湖北广播电视台,作者:集体

三等奖:《暴雨袭荆楚》,新闻摄影,《湖北日报》,作者:张朋

三等奖:《12月28日全市新闻联播》,广播编排,武汉广播电视台,作者:袁泉 吴学兵 陈波

三等奖:《赴日寻访祈愿旌旗》,国际传播,《长江日报》,作者:欧阳春艳 蒋太旭 余熙 彭年 李皖 刘敏 胡维琼

三等奖:《抗战口证大抢救·烽火岁月》,网页设计,荆楚网,作者:张米卡 李砚青 黄小明

第二十七届（2017年）

二等奖：《4亿元科研"替代经费"无奈沉睡》，文字消息，《湖北日报》，作者：刘天纵 张茜 彭一苇

二等奖：《湖北实施退湖还湖"第一爆" 梁子湖的牛山湖成功实施破垸分洪》，电视消息，湖北广播电视台，作者：集体

二等奖：《从你的时光里走过——记百年老街中山大道12月28日重新开街》，国际传播，湖北广播电视台，作者：集体（梁延、张瑞芳、宋丽娟、徐曼、彭文娟、赵欢、王旭、易星、林岚、何山）

三等奖：《涉嫌电信网络诈骗74名嫌疑人被押解回国》，新闻摄影，《武汉晚报》，作者：金振强

三等奖：《给水留条"回家"的路》，广播评论，武汉广播电视台，作者：赵阳 程识行 李景成 冷霜

三等奖：《"不忘初心 砥柱中流"2016湖北抗洪救灾实录》，网络专题，湖北广播电视台（长江云），作者：邓秀松 曹曦晴 夏金 马丽 徐夏 孙甜甜 邹敏 邓国辉 丁洁 胡汉敏 何潜彬 周鑫 章强 黄静蕾 谢宝莹 吴晓文 吴松 李小涵 刘浪 张智美子 朱熠 陈嬿竹 骆璟 郭金华 彭云鹤 刘蕊俊 段绚 朱贵银 程毅 周密 周圣 成雨静 张冉 王思思 柴之琪 马张弛 魏文彦

三等奖：《电视问政：构建城市公共治理平台》，新闻论文，《新闻战线》，作者：顾亦兵

第二十八届（2018年）

二等奖：《"设计之都"武汉的赞比亚服装设计师》，国际传播，中国国际广播电台，作者：黄峻 吕炎杰

三等奖：《乡镇污水去哪了?》，文字系列，《湖北日报》，作者：彭一苇 赵峰 胡汉昌 周芳 李剑军 肖文生

三等奖：《人退鹿进八千亩》，新闻摄影，《湖北日报》，作者：周立新 柯皓

三等奖：《洪湖拆围》，广播系列，湖北广播电视台，作者：王超 赵欢 温少海 刘征 杨学军

三等奖：《10月15日〈1046新闻晚高峰〉》，广播编排，湖北广播电视台，作者：彭睿 刘征 温少海 刘爽 柳芳

三等奖：《大国赤子 深潜人生——中国核潜艇之父黄旭华》，网页设计，湖北网络广播电视台（长江云），作者：邓秀松 曹曦晴 邓国辉 张智美子 胡汉敏 成雨静 夏金 魏文彦 刘浪

三等奖：《"青记"发展史》，新闻论文，《新闻前哨》，作者：陈娟

三等奖：《听，长江说!》，融媒互动（长江云），作者：曹曦晴 马丽 周密 王超

董延超 李欣 金若晗

  三等奖：《VR∣3D全景"新时代湖北讲习所"》，融媒界面（长江云），作者：邓秀松 曹曦晴 孙甜甜 章强 邓国辉 马丽 朱贵银 程毅 张冉 成雨静 王思思 徐珊珊 柴之琪 周圣 马张驰 黄静蕾 谢莎 刘蕊俊 吴晓文 罗晓贤 李小涵 殷竟成 张智美子 何潜彬 周鑫 吴松 郭金华 周密 胡汉敏 彭云鹤 夏金 徐夏 骆璟 邱方蕾 陈萌亚 谢宝莹 吕海文 刘浪 刘小笛 孙俊 唐元 陈安然 熊霞 魏文彦

（杨翠芳辑录）

新闻传播教育状况

(一)部属院校

武汉大学

武汉大学新闻与传播教育始于1983年的新闻系,2000年12月新闻与传播学院成立。

学院现设新闻学、广播电视、广告学、网络传播四个系;6个本科专业:新闻学、传播学、广播电视新闻学、广告学、播音与主持艺术、广告设计;拥有新闻传播学一级学科博士学位授予权,5个二级学科博士学位授予权:新闻学、传播学、跨文化传播学、广告与媒介经济、数字媒介;5个硕士学位授权点:新闻学、传播学、数字媒介、广播电视艺术理论、新闻与传播硕士专业学位;一个新闻传播学博士后科研流动站;一个省级一级学科重点学科:新闻传播学;拥有一个教育部人文社会科学重点研究基地:武汉大学媒体发展研究中心;一个国家级实验教学示范中心:武汉大学新闻传播学实验教学中心;一个教育部、财政部支持的人才培养模式创新实验区:多媒体时代记者型主持人培养模式创新实验区。

学院现有专任教师54人,教授21人(含博导17人)、副教授19人、讲师14人;90%以上的教师具有博士学位以及在国外或境外学习、访问、交流、讲学经历;有1位国家级教学名师,1位入选国家第一批"万人计划",4位教育部新世纪优秀人才,3位享受国务院政府特殊津贴,2位珞珈杰出学者,1位楚天学者特聘教授,2位珞珈学者特聘教授,3位珞珈青年学者。此外,学院还聘请了50多位海内外知名的新闻传播学者和业界人士担任学院的兼职教授或客座教授。

学院现有在校全日制学生近1500人,其中本科生700余人,硕士、博士研究生700余人;各类成人教育学生近300人。

在科学研究方面,学院十分注重创新与发展。已形成了理论研究与关注现实并服务于国家新闻传播发展战略相结合的科研思路,注重整合配置学术资源,开创了一系列有特色的研究领域,科研实力不断增强。现有一个"十五""211工程"重点建设项目:新闻传播与中国社会文化发展;一个"十一五""211工程"重点建设项目:社会转型与中国大众媒介改革;一个国家"985工程"哲学社会科学创新基地:新闻传播与媒介化社会创新基地;2个CSSCI收录源刊:《新闻与传播评论》《中国媒体发展研究年度报告》；根据2012年第三轮国家学科评估结果，学院学科综合实力全国排名第三(得分第三)、位次第四。

国际交流与合作领域不断扩大。学院每年要主办一到两次大型国际学术会议，先后与美国伊利诺依大学传播学院、法国波尔多三大组织传播中心、英国桑德兰大学媒介研究中心、新西兰坎特布雷大学政治学与传播学院、韩国成钧馆大学放送学院、台湾铭传大学传播学院、台湾文化大学传播学院、香港城市大学英文传播系、香港中文大学新闻与传播学院等30多所教育、科研机构，建立了长期稳定的交流合作关系。

学院建有全国高校第一家传媒类国家级实验教学示范中心——武汉大学新闻传播学实验教学中心，该中心教学实验设施齐备，拥有先进的专业演播厅、多媒体报刊编辑实验室、广播电视非线性编辑实验室、录音室、摄影实验室等，总面积1090平方米，实验设备400多台(套)，设备总资产达1000多万元。院图书资料室面积达1000平方米，拥有中外图书50000余册，订有中外报刊230余种；电子阅览室可与校图书馆共享电子文献资源，可供利用的网络和光盘数据库有400多个；现刊阅览室可供100名读者同室阅览。

2013年12月，中宣部、教育部决定开展地方党委宣传部门与高等学校共建新闻学院工作。武汉大学新闻与传播学院作为第一批试点单位，由湖北省委宣传部与武汉大学共建。根据共建协议，双方将共建精品课程、骨干队伍、实践基地和研究智库，力争用5年左右的时间，将学院建设成为马克思主义新闻观的教育高地、培训高地和理论高地；成为国家高素质新闻传播人才、优秀新闻工作建设者培养和湖北省新闻宣传系统在职干部培训的重要基地；推动形成立足湖北、面向全国的新闻事业与文化产业发展国家级智库；在全国特别是第一批部校共建的新闻学院中发挥示范、引领和辐射作用。

华中科技大学

华中科技大学新闻与信息传播学院前身为创立于1983年的华中工学院新闻系，1998年成立新闻与信息传播学院。

经过多年发展，学院现已经发展成为一个以人文社会科学为基础，实行文理、文工大跨度交叉的新型学院。在2017年教育部公布的第四轮学科评估中，华中科技大学新闻传播学科为A等，排名全国第三，为华中科技大学"双一流"建设学科。

学院目前拥有新闻学、广播电视新闻、广告学、传播学、播音与主持艺术5个本科专业，新闻学、传播学、广播电视与数字媒体、广告与媒介经济4个学术硕士学位点，新闻与传播、出版2个专业硕士学位点，新闻学、传播学、广播电视学、广告与公关4个二级学科博士点和新闻传播学一级学科博士后流动站。

学院以新闻传播学为基础，建设了面向国家重大需求的文科智库、国家传播战略研究院，设立了湖北省重点文科基地媒介技术与传播发展研究中心，与国际中华传播学会、密歇根州立大学等建立"双一流"国际合作高端平台。同时，新闻学、广播电视学被评为国家级特色专业和湖北省品牌专业。学院坚持"文理交叉见长，复合特色取胜"的宗旨，倡导学生在独特的文理交融氛围中全面发展，培养既有扎实人文社科功底，又能掌握现代传播工具的复合型新闻与信息传播人才。

学院现有专业教师41人，其中教授14人、副教授17人。拥有藏书丰富的资料室，设备功能齐全的演播厅、录音间、形体房和实验室（计算机与多媒体实验室、音像与影视制作实验室、网络传播实验室、舆情调查实验室）等。

华中师范大学

华中师范大学新闻传播学教育发轫于1994年，本科教育始于1995年，设新闻传播系于文学院。2012年9月，新闻传播系与信息技术系联合组建信息与新闻传播学院。2013年6月，学校决定以原新闻传播系为基础，成立新闻传播学院。新闻传播学为湖北省一级重点学科。学院现有新闻学、广播电视新闻学、网络与新媒体三个本科专业，拥有新闻传播学一级硕士学位授权点和新闻与传播硕士专业学位授予点，与文学院共建文化传播学博士点（与文学院分别设点招生）。学院现有全日制本科生近500名，硕士研究生200余名。学院院训"昭德明理，立言树人"，由著名新闻学者、中华全国新闻工作者协会名誉主席、原人民日报社社长邵华泽先生亲笔题写。

学院已逐步建立起一支结构合理、特色鲜明的师资队伍。现有专任教师27人，其中教授6人，副教授9人，讲师12人，高级职称教师占总数的56%；其中具有博士学位的教师有21人，具有博士后研究经历的教师有3人，博士化率88%。实践性强，理论与实践相结合是学院师资队伍的鲜明特点：专任老师中来自媒体一线的共有6人（分别来自湖北日报、湖北电视台、中国青年报、解放日报、武汉电视台、武汉晚报等主流媒体），拥有丰富媒体经验的老师占比高达25%，这在全国高校中并不多见。另外，学院还在有计划地推进在职老师赴新闻媒体挂职锻炼，截至2015年，已有5人赴省内媒体挂职锻炼；有计划地推进中青年老师海外留学计划，截至2015年，已有8人赴海外访学、交流。教师中有享受国务院特殊津贴专家1人、全国新闻出版行业领军人才1人，另聘多名传媒界资深人士担任校外硕士研究生导师。

学院重视科学研究，科研实力显著增强。近十年来，学院教师主持国家科技支撑计划项目1项，国家哲学社会科学基金项目9项（其中重点项目1项、青年项目1项），教育部和湖北省人文社科基金项目29项，教育部哲学社会科学重大课题攻关项目(子课题)3项,参与国家社科基金重点项目1项,获得各类横向项目30余项,总经费600余万元。本院教师的科研成果、新闻作品荣获国家科技进步奖、中国新闻奖、湖北省哲学社会科学优秀成果奖等重要奖项。

学院实验设备齐全,图书资料丰富。学院拥有各类计算机、电子设备、影视设备、网络设备共100余台(套);拥有专业图书20000余册,中外文专业期刊近200种。学院所依托的国家级文科综合实验中心,实验室面积达4790平方米,下设新闻摄影、电视摄像、非线性编辑、报纸编辑、新闻演播等29个实验室,总价值2800余万元,能充分满足新闻传播专业各层次、各类型的实践教学需要。

学院重视培养学生实践能力,加强实习基地建设。学院已在人民日报社、新华通讯社、中央电视台、光明日报社、中国国际广播台、南方报业传媒集团、湖北日报传媒集团、湖北广播电视总台等20余家新闻传播机构建立实习基地。2013年,学院成功申报"中央在鄂媒体省级实习实训示范基地",与人民日报、新华社、中央人民广播电台、光明日报、中国青年报、中国教育报、中国社会科学报等中央驻鄂新闻单位开展全方位、多层次合作,并协同创新。

中南财经政法大学

中南财经政法大学新闻与文化传播学院成立于2004年9月。学院的新闻、文学、艺术等专业的开办与学校的历史一样长久,源头是1948年中原大学创建之初设立的新闻系和文艺学院,而1997年重建的中南财经大学新闻系则是其新的起点。学院现下设新闻传播学系、艺术系等;开设了新闻学、广播电视学、数字媒体艺术、网络与新媒体等5个本科专业。拥有新闻传播学一级学科硕士学位授予权和新闻与传播专业硕士学位点,新闻传播学为湖北省重点学科。设有世界华文文学与传媒研究中心、文化传播研究所、数字媒体艺术研究所、戏剧影视研究中心等研究机构,编辑出版有学术集刊《新闻与传播研究辑刊》《影视戏剧评论》和《世界华文文学研究年鉴》。

学院现有教职工79人,其中专职教师64人,正副教授30人,硕士研究生导师14人,具有博士学位的教师33人。近几年来,学院教师主持了10余项国家社科基金项目和20余项省部级项目的研究,出版专著50余部,发表论文500余篇,获得湖北省和武汉市社会科学优秀成果奖励5项。10余名教师获得本科教学奖等奖项和"师德标兵""优秀研究生指导教师""优秀研究生教育工作者"等荣誉称号。"新闻学概论""中国现当代文学史"被评为省级精品课程,"戏剧欣赏"被评为省级精品视频公开课。

学院为适应社会对人才的需求,新闻传播学类专业设置了经济新闻和法制新闻两个特色方向,汉语言文学专业设置了文化产业特色方向,数字媒体艺术专业设置了动画特色方向。学院以培养富有创新意识和开拓精神的复合型人才为目标，以"应用型、通融性、开放式"为办学特色。学院举办的一年一度"影像中南"艺术节获得教育部校园文化品牌建设二等奖。

学院高度重视学生实践能力的培养，建有国家级实验教学示范中心——中南财经政法大学传媒与艺术实验中心。学生主要在中央电视台、中央人民广播电台、人民日报、光明日报、经济日报、法制日报、中国新闻社、湖北日报传媒集团、湖北广播电视台等媒体和教学基地实习。很多优秀毕业生就业于新华社、人民日报、中央电视台、光明日报、东方电视台等主流媒体和国家机关、企事业单位；研究生毕业生一次就业率历年均为100%，本科毕业生近几年一次就业率均在94%以上。

武汉理工大学

文法学院设有广告学、编辑出版学等4个本科专业，其中，新闻传播学为湖北省重点学科，有传播学等一级学科硕士点，设有新闻学、传播学、数字出版等二级硕士点，新闻与传播专业学位点。学院设有13个研究中心，其中，知识产权研究中心和数字传播工程研究中心为省部级研究中心，数字传播工程研究中心入选国家创新人才推进计划。

学院现有教授19人(含海外讲座教授和客座教授5人)、副教授39人。66名专任教师中，有博士学位的38人，在读博士8人；其中，硕士生导师42人、博士生导师3人、省部级有突出贡献中青年专家1人、湖北十大中青年法学家1人。目前，学院有在读本科生958人，研究生293人(含博士17人)。

近年来，学院承担各类科研项目400多项，其中国家级科研课题20多项，省部级科研课题100多项，总经费2000万元以上，公开发表论文1000多篇，出版专著、译著和教材40余部，参加国内、国际学术会议100人次，省部级科研获奖项目30多项，各类教研课题30余项。其中，国家教学研究成果二等奖2项，国家精品课程1门，国家精品资源共享课1门，省级教学成果奖一等奖1项，省部级教学成果三等奖以上奖项5项。此外，学院还聘请美国肯塔基大学马欣教授、法国佩匹里昂大学校长Francois Feral教授、美国John Peck教授、美国布法罗纽约州立大学终身教授洪浚浩、德国耶拿大学Lingelbach教授等为讲座教授或客座教授，与美国的新罕布什尔大学、德国的耶拿大学等签订了人才联合培养协议。

学院拥有现代化的教学条件，设有中心实验室、高清演播室、综合实验室一、综合实验室二、数字出版实验室、编辑出版与设计实验室、摄影实验室和学术报告厅等。设有图书馆文法分馆，正在筹建知识产权与三大行业法律特色书库，藏书5.5万余册，报纸杂志约400种，外文版书籍500多册，外文期刊20余种。学院确立"学科立院、学术兴院、人才强院"的发展战略和"应用办文、文理渗透、突出特色、综合创新"的办学思路。以学科建设为龙头,以本科教育为基础,以科研为主导,以教书育人为目标,以"厚德育人,博学济世"为院训,培养适应社会发展需要的卓越人才。紧密围绕学校"两个一流"的奋斗目标,坚持发展是第一要务的原则,彰显理工背景下的文科专业特色,结合学校"建材建工、交通、汽车"三大行业优势和学科特点发展编辑出版学、广告学等专业,构建"本科专业——硕士点——博士点"相互贯通、相互促进的人才培养平台,将学院建设成为我校理工科背景下的高水平、高层次的文科学院。

中国地质大学(武汉)

艺术与传媒学院成立于2006年5月。目前,艺术与传媒学院有教职工93人,其中专职教师75人;有博士生导师2人、教授4人、副教授39人、博士学位获得者30人;有本科生1000余人和研究生300余人。学院拥有校级数字艺术实验教学示范中心,实验教学仪器设备资产原值超过1200万元。学院下设新闻传播系、视觉与媒体设计系等4个系;拥有广播电视学、视觉传达设计、数字媒体设计等5个本科专业。学院具有新闻传播学一级学科硕士学位授予权,具有艺术硕士(MFA)专业硕士学位授予权。

艺术与传媒学院坚持以"艰苦朴素,求真务实"的精神为行动指南,励精图治,不断攀登教学和科研领域高峰。拓宽与欧美相关学院的联合办学渠道,聘请国内外知名专家、学者来院讲学与执教。目前学院的艺术设计、音乐学和广播电视学专业均有硕士学位授权点和研究方向。在室内设计与景观、园林设计与规划、数字动画、MIDI音乐制作等研究方向,不断积累与创新,已取得了一批阶段性的研究成果,分别获得北京市奥林匹克公园环境设施概念设计的"整体设计方案提名奖"、建设部的住宅小区和小城镇规划优秀奖等奖项。

学院以学科建设为龙头,以人才梯队建设为支撑点,全方位提高办学层次,提升学术科研水平。在学校优势学科的交叉影响下,学院发展速度较快,且形成自己的特色,以理工学科为学院发展的大背景,以高新科技的支撑为平台,尤其注重计算机信息技术的交叉影响,强调人文精神在学科中的渗透,强调严谨求实的科学态度,拉近艺术、传媒与高新科技发展的距离,使学院焕发出活力。

华中农业大学

现有广告与传播学系、艺术设计系,隶属于文法学院。广告与传播学系成立于1999年,现有1个本科专业(广告学),1个硕士点(传播学)。广告学本科专业自2000年开始正式面向全国招生,传播学硕士点自2007年开始正式面向全国招生。

广告与传播学系现有专任教师19人,其中教授2人,副教授6人,讲师11人,另有外聘客座教授5人,已建成一支知识结构、学历结构、职称结构、年龄结构比较合理,协作精神强,学术思想比较活跃的教学科研队伍。

广告与传播学系以现代广告业发展趋势为导向,适应中国当代社会经济、文化发展的需要,结合媒介技术的发展变迁与传播环境的变化,培养具备广告学基本理论素养与专业实践能力及相关学科的基础知识,以策划、创意为主导,兼具市场调研、文案撰写、经营管理、媒体、公关及设计等多项技能的复合型创新人才。人才培养注重理论结合实践,学生在"金铅笔""金犊奖""大学生广告艺术大赛""挑战杯""创业计划大赛"等国际、国内赛事中获得多项金奖、一等奖等荣誉。毕业生可在专业广告公司、媒介广告部门、企业的市场营销部门、事业单位的广告宣传部门以及与广告相关的市场调查及信息咨询行业工作。

广告与传播学系拥有广告综合实验室、广告摄影实验室、画室、广告效果测评实验室、模拟广告公司等。

艺术设计系2007年开始招收艺术设计专业本科生,2011年艺术设计开始分平面设计与影视动画2个专业方向招生。全系在校学生约200余名。现有专职教师12人,其中教授、副教授3人,讲师6人,助教3人,具有硕士及以上学位的教师有11人。专业主干课程教师除了具备丰富的教学经验外,还具有丰富的实践经验。该系专业教师目前承担省级、校级科研课题10余项,主编高校教材5部,获省级以上奖项的各类作品达10余件。该系教师还在北京、香港、武汉等地多次举办个人作品展。

中南民族大学

中南民族大学文学与新闻传播学院前身可以追溯到1952年建校之初的文化班。1956年设语文师范专修科,1958年秋创办中文系,1965年受"文化大革命"影响停办。1981年学校重建后恢复,设汉语言文学本科专业。1995年增设了新闻学专业。1999年1月整合组建成文学院。2008年3月4日,经中南民族大学校党委常委会批准,文学院正式更名为文学与新闻传播学院。

文学与新闻传播学院现有新闻学、广告学、广播电视学等本科专业。拥有新闻传播学一级学科硕士学位授予权、新闻与传播专业硕士学位授予权。新闻传播学实验教学示范中心是湖北省实验教学示范中心,民族文化影像传播实验教学中心是湖北省重点实验教学中心。

学院建有非线性编辑实验室、广播节目编辑室、虚拟演播实验室、新闻广告综合实验室和摄影实验室,与政府部门、媒体、企业合作建有30余个学生实习基地。

近年毕业生就业率一直保持在90%以上，考研率、出国留学率不断提升。众多毕业生已经成为政府机关、事业单位、大中型企业和新闻媒体的高层领导或中坚力量。

(二)省属高校

湖北大学

湖北大学新闻传播专业创办于1987年,至今已有30多年的办学历史。2013年9月,由原新闻与传播学系组建成立湖北大学新闻传播学院。学院现有新闻传播学省级重点学科,新闻传播学一级学科硕士学位授权点,新闻与传播专业硕士授权点,文化与传播博士研究方向。设有新闻学、广告学、广播电视学、播音与主持艺术、传播学等本科专业,新闻传播学为楚天学者设岗学科、省级重点学科,学院是湖北省委宣传部和湖北大学部校共建学院、湖北省荆楚卓越新闻人才培养基地,拥有湖北省新闻传媒实验教学示范中心、湖北省大学生重点示范实习实训基地、湖北省研究生工作站。

学院1998年获新闻学硕士学位授权点,2006年获传播学硕士学位点,2011年获新闻传播学一级学科硕士点。2008年新闻学获湖北大学品牌专业,2012年新闻传播学获省级重点学科。学院累计为社会输送全日制本科生5000多人,硕士研究生500多人。

学院具有副高级以上职称的教师22人,其中博士生导师1人,超过70%以上的教师具有博士学位;学院教师中有湖北省重点学科建设责任教授、湖北省精品课程责任教授等。在籍全日制本科生985人,研究生150多人。

近年来,学院举办中国新闻史学会常务理事会2015年会暨200年来新闻事业研讨会、应用新闻传播论坛暨2017中国应用新闻传播领域十大创新案例颁奖会、全国新闻传播学院院长论坛、中国新闻史学会视听传播委员会学术年会。十余名教师在全国新闻传播学一级、二级学会中担任常务理事。

学院教学质量优秀,实验教学创新,校媒合作培养人才特色突出。教学成果获国家级成果二等奖,连续两届获湖北省教学成果奖一等奖。学生在全国大学生齐越朗诵节、海峡两岸电视主持新人大赛、全国大学生演讲大赛、全国大学生广告艺术设计大赛、全国大学生英语大赛、湖北省大学生记者新闻作品评选、湖北省大学生优秀科研成果评比、湖北省高校新青年小说大赛等各类竞赛中屡获佳绩。学生专业能力强、综合素质高、适应面广。毕业生在新闻传媒、党政机关、企事业单位从事新闻宣传工作,受到社会各界的广泛好评。

学院与香港浸会大学传理学院、英国威斯敏斯特大学传媒、艺术与设计学院、西班牙拉曼鲁尔大学等签订"1+1+1"双学位合作硕士培养项目、研究生赴港交流学习项目和暑期游学项目。

三峡大学

三峡大学文学与传媒学院设置有广播电视学、播音与主持艺术等本科专业,新闻传播学专业教师19人。学院现有品牌文化传播研究中心、湖北电影电视文化研究中心等5个研究机构,在地域文化研究等方面彰显出来了一定的优势和特色。

学院人才培养质量不断提高,学生在全国"挑战杯"课外学术科技作品竞赛、中国大学生戏剧节、全国大学生英语竞赛、湖北省高校新青年小说大赛和"一二九"诗词大赛等活动中多次获奖。

学院坚持正确的政治方向,遵循"文学、文化、文明,传播、传承、传道"的理念,以学科建设为龙头,以培养学生高素质、强能力为目标,守正创新,开拓进取,努力在科学研究、人才培养、社会服务和文化引领方面取得更大的成绩。

长江大学

文学院现有广播电视学、广播电视编导等教学系,开办有广播电视学、广播电视编导等本科专业,广播电视学专业是校级重点专业。学院现有国家级精品课程"楚文化漫谈"、省级精品课程"现当代文学""现代汉语""古代汉语""中国古代文学""传播学概论""写作学""媒介素养教育"以及"人文素质教育"等7门校级精品课程。学院建有电视制作实验室、广播及平面媒体编辑实验室等,占地300多平方米,总资产230多万元。申报播音与主持艺术专业获批招生,与蔡甸广播电视台合作商讨基地建设工作,着手建设学院实验实训中心。

学院建有省级普通话培训测试工作站,测试站建有标准化的计算机辅助测试机房,负责校内外普通话培训与测试工作。学院建有综合资料室和楚文化资料室,收藏有《四库全书》《古今图书集成》等大型图书,购置有中国期刊网、读秀、国学宝典等网络数字资源库,为教学和科研服务。

学院建有长江大学楚文化研究院(含湖北省普通高校人文社会科学重点研究基地荆楚文化研究中心、湖北省非物质文化遗产研究中心和湖北省区域历史文化研究中心),以荆楚文化研究为特色的中国史学科具有硕士学位授予权,培养中国文化史、中国新闻史等方向的硕士研究生。

江 汉 大 学

江汉大学人文学院成立于2000年，学院设有新闻传播学系、文化产业系、播音与主持艺术系等，开办了汉语言文学(影视文化)、文化产业经营管理、广告学、播音与主持艺术等本科专业及专业方向，涵盖文学、历史学、管理学、艺术学四大学科门类，广播电视学学科和文化产业营销与服务学科方向拥有硕士学位授予权。

学院还成立有江汉大学武汉语言文化研究中心、江汉大学城市研究所、江汉大学武汉抗战研究中心、江汉大学网络传播研究所等科研机构，开办了江汉大学传播技术实验中心。江汉大学语言文字工作委员会办公室和普通话培训与测试中心也挂靠在人文学院。

湖北工业大学

艺术设计学院设有广告设计、数字媒体艺术等专业，致力于打造省内一流、国内知名、具有国际影响力的高水平设计学院。

目前广告设计专业教师16人，5年以上实验教学经验专职实验教学人员4人，对本专业实验教学环节非常熟悉，工作经验丰富。依托艺术设计学院国家特色专业建设点、湖北省特色学科、湖北省品牌专业、湖北省高等院校实验教学示范中心而设立，教学环境基础好，起点高。

专业教育以传播学、营销学和设计学等学科知识为主干，在湖北地区设计院校中较早探索广告设计理论，具有良好的社会反响。现有湖北省实验教学示范中心，可承担广告专业的基础与专业实验教学任务。中心实验室面积1000余平米，拥有广告设计专业实验室(视觉媒体实验室)，设备约计200万，可同时供200名学生进行设计实验。专业重视学生实战能力的培养，与业界建立了长期稳定的互动、互助关系。近几年为本专业提供社会实践的实习基地有：深圳市艺正设计有限公司、武汉壹峰设计有限公司、武汉海德广告有限公司、武汉人和广告有限公司、武汉瑰奇广告有限公司、武汉红邦广告有限公司、武汉东方时代广告有限公司、武汉格兰广告公司等，可确保该专业培养计划中的实习环节保质保量完成。

武汉工程大学

艺术设计学院2005年建院，在校硕士生、本科生1500余人，拥有2个硕士授权点，开设动画、广告学等6个本科专业。

十年磨一剑，学院培养和历练了一支60余人的优秀教师团队，其中教授8人、副教授24人，拥有包括教育部高校设计学类教指委委员、教育部新世纪优秀人才、国家级专家评委和武汉工程大学教学名师等在内的多名设计学类教育专家以及大批具有丰富教学经验的青年骨干教师。在长江三角洲和珠江三角洲建立了稳定的校外实践教学和就业基地，聘请了广东工业设计城、深圳杰美特科技有限公司、安徽五千年文博园等著名企业的设计总监担任客座教授，聘请了德国包豪斯大学、美国宾夕法尼亚州立大学、韩国光州大学、清华大学、中央美术学院等国内外知名高校教授担任客座教授。

学院拥有1个艺术设计专业硕士点，1个艺术管理二级学科硕士点，1个设计学"楚天学者计划"设岗学科，1个湖北省高校人文社科重点研究基地生态环境设计研究中心，1个湖北省高等学校战略性新兴（支柱）产业人才培养计划本科项目。

近五年来，先后承担和完成了包括国家艺术基金、国家青年社科基金、教育部新世纪优秀人才支持计划、湖北省社科基金研究项目、湖北省教育厅重点科技项目、武汉市社科基金项目等在内的多项国家和省部级重点科研项目，成果显著，获教育部新世纪优秀人才支持计划，获批生态环境设计研究中心湖北省高校重点人文社科基地立项建设，获湖北省教学成果奖二等奖和三等奖，获设计竞赛奖200余项，获发明专利2项，获实用新型专利15项，获产品外观设计专利580余项，发表科研教学论文200余篇，出版专著和教材40余部。

武汉纺织大学

武汉纺织大学传媒学院成立于2011年3月，由原人文社会科学院广告学系、广播电视新闻学系和艺术与设计学院动画系组建而成，是学校跨学科融合办学和特色办学的重大战略举措。

学院现有广告学、广播电视学、摄影等6个本科专业，在校生1100余人。学院拥有艺术学理论、新闻与传播等4个硕士点，在读硕士研究生65人。

学院拥有一支高学历、高水平的教师队伍。法国国家科学院院士茜斯莲娜·阿泽玛（Ghislaine Azemard）教授、德国汉堡美术学院艺术与设计学院院长马蒂亚斯·宁哈特（Matthias Lehnhardt）教授、德国汉堡应用科技大学哲学与教育通讯学博士沃尔夫冈·斯沃博达（Wolfgang H. Swoboda）教授分别先后受聘为学院楚天学者特聘教授和主讲教授。中国传媒大学、中央美术学院、清华美术学院、英国伯明翰城市大学、湖北广播电视台等多名教授受聘为我院客座教授。学院现有专任教师49人，其中教授6人，副教授30人，讲师11人，助教2人。专任教师中有26人拥有博士学位。

学院目前设有3个教学系（新闻传播系、广告学系、数字媒体系）、2个教学中心(人文通识中心、传媒实验教学中心)、3个研究中心(数码创意与设计研究中心、时尚与美学研究中心、影视创作与研究中心)。学院现有数字媒体艺术和传播学两个"楚天学者计划"设岗学科、湖北省"楚天金报"研究生工作站、"时尚创意与文化"省级优势特色学科群(时尚美学与文化理论研究、数字媒体技术与时尚传播)等学科与研究平台。

近年来,学院承担国家自然科学基金1项、国家社科基金3项、国家艺术基金2项、文化部基金1项、教育部人文社科基金6项、湖北省自然科学基金1项、湖北省社会科学基金3项,编辑出版《时尚与传播评论》论文集4辑,出版学术专著10余部。荣获湖北省社会科学优秀成果奖(著作类)二等奖1项,武汉市15届人文社科优秀成果三等奖1项,中国纺织工业联合会教学成果奖一等奖、二等奖、三等奖各1项。

武汉轻工大学

艺术与传媒学院成立于2011年7月,由原艺术设计系与人文科学系合并而成。现有广告学、汉语言文学、文化产业管理等8个本科专业。以及文化产业管理二级学科硕士学位点1个,公共管理学一级学科硕士点1个,设计学和农村发展2个专业硕士点。

艺术与传媒学院现有教职工78人,专任教师66人。其中,教授5人,副高级职称以上教师36人,占教师总数的54.5%;博士及在读博士21人,占教师总数的32%;具有硕士学历学位的教师达97%,初步形成了一支年龄结构、职称结构与学历学位结构比较合理的教学科研队伍。其中,广告学专业教师8人,教授1人,副教授4人。

学院配备有设施先进、功能齐全的视觉传达设计、计算机辅助设计、二维动画制作、数字影像、产品设计、电子政务、数字媒体等专业实验室12个;另有视觉文化艺术中心以及传媒与文化产业发展研究中心。教学中,突出应用型创新人才的培养,学生在全国或湖北省各类重大竞赛中获奖200余项;公开发表或出版学术论文、文艺作品100多篇。毕业生一次就业率一直保持在94%以上。

近年来,学院围绕学科方向,充分发挥自身优势,科研工作取得了突破性进展。近三年,先后主持与承担各级各类科研项目80余项,其中,主持国家社会科学基金项目3项、教育部人文社科研究项目6项、湖北省社科基金4项、武汉市社会科学基金3项、其他省厅级研究项目近40项,科研进账经费累计达120多万元,发表学术论文300余篇。出版专著、教材30余部,有多项成果获省市教学科研奖励。

湖北师范大学

文学院创办于1973年,办学历史悠久,师资力量雄厚,教学科研成果丰硕,综合实力强,社会声誉良好,办学条件一流。学院下设汉语言文字学、文艺学等7个二级学科学科硕士点和1个专硕二级点,设置广播电视学、广告学等4个本科专业。目前,全院全日制在读研究生和本、专科生达1300余人。

学院坚持"以人为本,教学立院,科研强院"的办院方针,办学水平与质量不断提高,获得社会的广泛认可。学院在编教师60余人,其中教授19人、副教授29人,具有博士学位者34人,90%以上的教职工均具有硕士学位。大部分教师毕业于复旦大学、南京大学、中国人民大学、武汉大学等国内著名高校。全院有全国优秀教师2人,享受国务院特殊津贴3人,湖北省政府专项津贴4人,曾宪梓教育基金奖获得者2人,湖北省有突出贡献中青年专家3人,湖北省跨世纪学术骨干1人,湖北省新世纪第一、二层次人才1人。

学院现有中国语言文学省级重点一级学科,全国排名51,省属高校排名第2。近五年来,全院教师承担国家、省部教科研项目40余项,发表科研论文800余篇,出版学术专著35部,获得省市级教学科研奖30余项。

学院教学设施完备,拥有独立的办公教学大楼。建有资料室、阅览室和网络教学平台,现有图书音像资料约20万册,每年征订各类报纸杂志100余种。建有新闻演播室、录音室、摄影摄像器材室、语言实验室、电子阅览室、非编实验室、报编实验室、广告工作室,配备了技术先进的非线性编辑网络系统,报纸编辑网络系统,拥有摄影、摄像、排版、多媒体等多项处理设备。还有由学生主办的专业报纸和文学院网络频道。

湖北民族学院

文学与传媒学院从1938年起正式开办语文教育,已走过80多年的光辉历程。目前本科专业有汉语言文学、广播电视新闻学、编辑出版学、新闻学和广播电视编导;有文艺学学术硕士点和新闻与传播专业硕士点。在校研究生、本科生、留学生近2000人。

新闻与传播学科下有1个省级重点实验教学省级示范中心——新闻传播验实验教学示范中心,1个省级实习实训基地——恩施州文化传媒中心省级实习实训基地,1个省级大学生创新基地——湖北民族学院大学生文艺创作与传媒应用创新基地,1个省级研究生工作站——恩施州传媒中心研究生工作站,有13个实验室,为专业教学提供了优越的教学软硬件平台和条件。近年来,该学科共承担国家、省和学院课题 50 余项，出版专著、教材近 10 余部，获各级各类奖项 10 余项，发表科研论文 200 余篇。通过 20 多年的发展，该学科师资学历、年龄结构合理，富有探索精神，近年来课程建设卓有成效，现有校级精品视频课程 1 门，校级精品课程 1 门，校级优质课程 4 门。

文学与传媒学院现有专任教师 63 人，非专任教师 14 人，实验技术员 4 人，管理人员 9 人，外聘教师 12 人。其中高级职称 38 人，楚天学者岗位 2 人，彩虹学者 1 人，教授 9 人，副教授 28 人，博士和在读博士 30 多人。

传播学 2013 年被批准为湖北省"楚天学者计划"设岗学科，现有专任教师 18 人，其中教授 5 人，副教授 5 人，讲师 8 人；博士 6 人，在读博士 4 人，硕士 13 人，聘请省内外媒体与相关行业的资深记者、编辑、导演、高层管理者共 11 人，作为该学科双师型导师。近五年来，该学科团队教师先后主持国家社会科学基金项目、教育部人文社科规划项目、国家新闻出版广电总局社科研究项目、国家民委人文社科研究项目 10 多项，湖北省教育厅人文社科研究项目数十项。近年来，该专业获省部级科研成果奖 4 项，地厅级奖励 10 多项，出版专著 5 部、译著 2 部、教材 5 部，在 CSSCI 来源期刊发表学术论文 60 多篇。

湖北经济学院

新闻与传播学院成立于 2007 年，开办有新闻学、广告学、网络与新媒体 3 个本科专业。新闻学下设媒介经营与管理、网络新闻 2 个方向，广告学下设广告传播方向。新闻传播学为我校重点扶持学科，2014 年入选"湖北省战略新兴产业计划"，是全省高校唯一以新闻学入选该计划的学科。学院目前是全校重点建设的"特色学院"。

学院在校学生 529 人，专任教师 32 人，其中，教授 3 人，副教授 12 人，具有博士学位教师 19 人，学科带头人 2 人，学术骨干教师 4 人，多人具有海外教育(研修)背景。近年来，出版学术专著 30 余部，发表学术论文 500 余篇，其中核心期刊发表论文 60 余篇。主持和参与国家社科基金项目 4 项，教育部人文社科研究基金项目 7 项，湖北省人文社科基金及厅级研究课题 30 余项，8 项成果获得省部级奖励，多项科研成果被政府与企业采纳，学术影响大，社会美誉度高。

学院现有新媒体编辑实验室、播音主持实验室，正建设技术先进的新闻学全媒体实验室；有省级精品视频课、各级精品课程、优质课程 6 门。

武汉体育学院

新闻传播学院从 2001 年开始专业办学，2006 年 7 月独立建院，2013 年被批准为湖北高校首批省级试点改革学院。

新闻传播学院现有体育学一级学科(媒体体育方向)博士学位授权点,同时还拥有4个硕士学位授权点,分别是:新闻传播学一级学科硕士点、新闻与传播专业硕士点、艺术专业硕士点、体育新闻传播学二级学科硕士点,在读研究生达100多人。新闻传播学一级学科现为湖北省省级重点培育学科,同时也是楚天学者特聘教授设岗学科,现聘有楚天学者特聘教授和讲座教授各1名。

新闻传播学院现有新闻学、播音与主持艺术、广播电视编导、视觉传达设计4个本科专业,在校生达1400人。各专业基本学制为4年,实行弹性学制,允许3~6年内完成学业。其中,新闻学和播音与主持艺术两个专业获立"省级高校本科专业综合改革试点项目","体育新闻学"课程为省级精品课程,"体育解说评论"与"现代体育与社会进步"为省级精品视频公开课。与美国滑石大学、阿拉巴马大学、澳大利亚格里菲斯大学、英国普斯茅斯大学等高校的新闻传播院系建立了院际合作关系。

新闻传播学院现有教授6人,博士生导师2人,副教授10余人,具有博士学位或博士在读的教师20多人。其中,楚天学者特聘教授1人,楚天学者讲座教授1人,东湖学者特聘教授1人,东湖学子特聘教师4人。同时,聘请了新华社徐济成、陈越,中央电视台宋世雄、师旭平、沙桐、洪钢,湖北广播电视台向培凤、吴江,《湖北日报》陈力峰,华视传媒集团董事局主席李利民等业界知名人士作为客座教授。

新闻传播学院坚持探索"三实"(实践、实习、实验)、"三创"(创新、创业、创造)规律。现与十几家媒体建立了战略合作关系,2014年与湖北广播电视台共建的省级实习实训示范基地,获省政府挂牌确认。现建有传媒与艺术实验教学示范中心、体育节目数字处理实验室(科研型)和普通话省级测试站。现有十几个大学生创新创业团队,学生在全国大学生广告大赛、计算机设计大赛、体育解说评论大赛、齐越朗诵节大赛、金话筒大赛等赛事中频频获奖。

湖北文理学院

湖北文理学院文传学院下设中文系、新闻系,办有广播电视学、广播电视编导等4个本科专业。现有教职工59人,其中专职教师50人。专职教师中有教授8人,副教授20余人,具有博士学位的教师18人。学院在籍全日制本科生近1300余人。

学院拥有省级实习实训基地1个(新闻与传播实习实训基地),省级实验教学示范中心1个(数字媒体实验教学示范中心),省级综合改革试点专业1个(广播电视学),校企共建传媒实训中心1个(湖北文理学院—王世伟业传媒实训中心)。建成省级精品资源共享课程1门("新闻学概论"),荣获省级教学成果奖。新闻与传播是我校首批专业硕士学位授权点获批单位。

学院近5年共承担国家社科基金、自科基金项目7项,承担教育部、广电总局、省社科等省部级项目20项,承担市厅级项目28项。出版学术著作19部,发表学术论文600余篇,其中A&HCI、CSSCI源刊、中文核心期刊80篇。学术成果获得省、市级奖励50余项。学院现有草庐文学社、胡磊读书工作坊、隆中微电影社等12个优秀学生社团。

湖北工程学院

文学与新闻传播学院前身为中文系,1976年设立。学院现有中文系、广告系、新闻与播音系三个教学系,设有汉语言文学、广告学(含广告设计方向)、网络与新媒体、播音与主持艺术、数字媒体艺术等6个本科专业。目前有全日制普通本科生1089人,专任教师中有教授9人,副教授19人,博士17人(含在读博士3人)。专任教师中,有武汉大学兼职硕导5人、中南民族大学兼职硕导3人、湖北大学兼职硕导1人、湖北师范大学兼职硕导1人,有学校教学名师1人,孝感文化名人1人,校级首届师德标兵1人。学院还聘请了武汉大学教授2人为"彩虹学者",聘请山东大学教授1人为楚天学者。

2005年以来,学院教师共主持各级各类科研、教研项目150余项,其中,国家社科基金3项,国家语委科研规划重大项目1项,教育部社科基金项目5项,湖北省社科基金项目5项,出版学术著作、教材和教学参考书51部,获首届南粤图书出版奖1部,发表学术论文700余篇,获得湖北省高等学校教学成果奖三等奖2项。获湖北省优秀博士学位论文奖1篇,2011年获湖北省第七届文艺论文奖,7人次获得校级"科研十佳"称号。另建有中国传统文化与古代小说戏曲研究中心、新时期文学研究中心、现代广告传播研究所、孝感民俗文化研究促进会四个研究机构。

文学与新闻传播学院数字传媒实验实训中心初具规模,已建成电脑图文设计室、摄影棚、非线性编辑室、演播厅、广告工艺室、录音室等10个实验室,建有教育实习基地40个,专业实习基地18个,还建立了湖北电视台、孝感电视台、孝感日报、湖北诚信广告装饰工程有限公司等一批校外实习实训教学基地,能满足现有专业的实验实训,目前正着手建成学校文科实验实训示范中心。

广告学、广播电视学等专业学生连续三届参加国内最权威的全国大学生广告艺术大赛,共获省级及以上奖项50多项,其中省级一等奖7项,2013年获全国一等奖1项,国家级优秀奖2项,名列全省院校前列。2012年播音与主持艺术专业1名学生在湖北省第四届高校普通话大赛上荣获一等奖。

湖北科技学院

人文与传媒学院创办于1937年。2003年由原咸宁师专中文系和历史系合并组建成湖北科技学院下属学院，2016年学院与湖北省高校人文社会科学重点研究基地、湖北省非物质文化遗产研究中心——鄂南文化研究中心强强联合，协同创新，共谋发展。

学院现有专任教师56人，其中教授11人，副教授25人；博士后4人，博士含在读20人；聘有楚天学者1人，彩虹学者3人，揽月学者2人。现开设有汉语言文学、历史学、汉语国际教育、广播电视编导、网络与新媒体5个本科专业，在校学生规模达到1000人。其中广播电视编导专业有教授3名，副教授6名，兼职教授2名，博士后1人，博士8人。人文与传媒学院已建成平面设计实验室、摄录实验室、非线性编辑机房等专业实验室及图书资料室，并与楚天都市报、荆楚网、咸宁日报、咸宁电视台、咸宁新闻网等多家媒体共建了稳固的实习基地，这些条件为学生实习提供了有力的保障。

学院拥有面积达10000平方米的教学楼，拥有虚拟演播厅、非线性编辑实验室、平面设计、影像制作、影视后期包装5个实验室，以及8台单反相机、11台专业摄像机；设有鄂南传统建筑文化与景观设计研究所、鄂南传统特产研究所以及鄂南历史与文化、鄂南非物质文化、鄂南文化与生态产业研究室等研究机构；还建设有鄂南特藏室和鄂南文化展览馆，鄂南人文与传媒综合大楼也正在建设之中。

近年来，学院先后承担或参与国家自然科学基金和国家人文社会科学基金项目4项，教育部人文社科项目8项，文化部科技创新项目1项，湖北省社科基金项目7项，获得湖北省社科成果奖4项；编写"十二五"规划教材1部，专著10余部，省级视频公开课程2门，在核心期刊上共发表论文185篇，其他科研论文800余篇，举办学术活动30余场次。

黄冈师范学院

新闻与传播学院现有广播电视学和广播电视编导（艺术类）、播音与主持艺术（艺术类）3个本科专业。广播电视编导在湖北省高校中最早开设，2004年即开始招生。2016年2月23日，中国科学评价研究中心（RCCSE）、武汉大学中国教育质量评价中心联合中国科教评价网隆重推出《2016年中国大学及学科专业评价报告》，发布了中国大学本科专业排行榜。在全国176所高校开设广播电视编导专业的高校中，我校名列第四。

学院现有专业教师43人,其中正、副教授20人,博士5人。另聘有原北京电影制片厂总剪辑师、中国传媒大学、华中科技大学、湖北电视台、美国纽约州立大学的专家教授等20余人为兼职教授。

学院已建成湖北省媒体传播实验示范中心,以此为主要依托,聚合全校之力,2013年已成功申报传媒与艺术国家级示范中心。在湖北省教育厅"十二五"省属高校省级重点学科申报中,学院与音乐学院联合申报的戏剧与影视学学科获准立项建设,成为学校5个省级重点学科之一。

科研成果方面,学院有省级精品课程"影视作品分析""广播电视导论",获批"广播电视艺术学楚天学者设岗学科",成功申报了国家社科基金艺术类青年项目与教育部人文社科等项目。

湖北理工学院

湖北理工学院师范学院创建于1949年,是湖北省教育厅批准的中小学、幼儿园教师培养基地,为社会培养了各级管理和教学人才两万余名。

师范学院现有专任教师55名,其中教授5人、副教授24人,博士、硕士31人,硕士研究生导师1人。开设有汉语言文学、网络与新媒体等5个本科专业。全日制在校本、专科学生1000余人。

师范学院建有多媒体室、计算机辅助普通话水平机测室、云计算实训室(在建)、移动互联网实训室(在建)、数字媒体实训室(在建)、虚拟场景实训室(在建)等。有18个校外教学实习、见习基地和14个毕业生就业基地。

三年来,师范学院教师获国家、省部级、市级科研项目68项,其中国家社科基金项目2项,国家旅游局项目1项,省社科基金项目2项;省市级教研项目15项。发表学术论文130篇,核心期刊文章33篇,出版专著7部,主编、参编教材4部。

湖北第二师范学院

文学院共有专任教师62人,其中中文系专任教师22人,新闻系专任教师27人,下设新闻学教研室、广告学教研室、编辑出版学教研室、实验室。公共课部专任教师7人,思政教师6人,实验员1人,专业教师队伍能满足本科教学的需要,职称、学位、年龄结构相对合理,目前有教授10人,副教授21人,博士23人(含博士后2人),硕士24人。

从2009年至今,文学院教师共发表论文400余篇,主编、参编或独撰著作23部,主持或参与各类课题60余项。先后累计有80多位教师参加校外学术交流活动

80余次,文学院举办校内学术交流会和学术讲座40余次。文学院教师还积极开展教学研究和教学改革,近年来在省级、校级的各类教学、科研评比中荣获奖项10余项,获得教研、教改项目8项。此外,文学院还承担了继续教育地市州级、省级和国家级教师培训任务。

多样化的实践平台。文学院注重理论教学和实践应用紧密结合,为学生实习实训搭建了不同层次的实践平台,建有省级示范实习实训基地1个,建有湖北电视台、湖北日报等校外实习实训基地20余个,校企合作单位3个。2014年,和武汉体育学院联合申报并获批湖北高校大学生实习实训基地(湖北电视台)。与湖北第二师范学院宣传部合作成立大学生创新实践基地。学生编辑出版《晨钟》刊物、《新闻实践报》报纸,不定期编辑出版实践刊物、电子杂志等。2012年,文学院成立了大型现代化媒体实验室——新闻与传播综合实验室,下设四个专业方向的分实验室,即数字虚拟演播室、广播编辑实验室、影视编辑实验室和全媒体实验室。实验室建筑面积800平方米,设备总值500余万元。

荆楚理工学院

文学与传媒学院现有汉语言文学、广播电视编导和网络与新媒体3个本科专业,主要培养德智体美劳全面发展的,能从事中小学语文教育、广播电视节目和网络新媒体策划制作,以及其他文化宣传方面实际工作的高级专门人才。有全日制在校生1200余人。

文学与传媒学院现有教职员工58人,专任教师54名,其中,教授7名,副教授14名,获博士学位3人,获硕士学位39人。1997年、2002年"写作"课程两次被评为省级优质课程,2003年又被评为省级精品课程。《科技日报》2004年5月13日介绍了学院"写作"课程的特色。近年来,文学与传媒学院教师先后有3人分别荣获湖北省普通高校优秀教育成果三等奖、湖北省教师进修教育系统优秀教学一等奖、1995年度曾宪梓教育基金二等奖;有2人分别荣获湖北省劳动模范和湖北省优秀教师称号,1人荣获荆门市职业教育先进个人荣誉称号,1人荣获荆门市劳动模范称号;有10余人被评为校科研十佳或学术带头人,有40余人在校优质课竞赛中获奖。文学与传媒学院已出版专著(合著)10余部,发表论文900余篇,承担、完成省级科研项目20个、校级课题20个。

学院建有视听实验室、摄像实验室、导播实验室、摄影棚、非线编实验室、影视后期合成与特效实验室6个专业实验室,与荆门广播电视台新媒体中心、荆门日报新媒体中心、荆门晚报新媒体中心等新媒体建立了深度合作平台,进行专业实训。

(二)省属高校

汉江师范学院

汉江师范学院文学院已有近40年的办学历史,现有专职教师79人,其中教授12人(二级教授1人,三级教授4人),副教授27人,博士、硕士(含在读)45余人,湖北名师1人,楚天技能名师1人,双师素质教师33人,全省优秀教师1人,青年教学明星2人,十堰市政府特殊津贴专家3人。另聘有中国社会科学院、北京大学、北京师范大学、武汉大学、华中师范大学等知名高校的客座教授80余人。

开设汉语言文学、广播电视编导、新闻采编与制作等5个本、专科专业,其中新闻采编与制作专业为湖北省重点专业。设有新闻、书法、教师职业技能等9个教研室和1个实训基地。在读全日制学生近2400人,先后套读武汉大学、湖北大学中文自考本科的学生近3200人,已形成多层次立体办学模式。

2006至今,文学院共有省级以上教科研项目12项,校级教课研项目25项,在各类学术刊物发表论文400余篇。先后获湖北省教学成果三等奖4项,教育科学研究优秀成果三等奖1项。

（三）独立学院、民办高校

武汉东湖学院

武汉东湖学院传媒与艺术设计学院设有数字媒体艺术、播音与主持艺术等6个本科专业和广告设计与制作专科专业，现有学生近3000名，有毕业于各知名高校的教师120人，其中教授16人，副教授24人，青年教师均有博士、硕士学位，"双师型"教师占30%以上。

学院培养集思想政治素质、文化技能素质、身体心理素质为"一体"，以实践能力和创新精神为"两翼"的高素质应用型专门人才。系统掌握艺术设计和数字新媒体等理论知识，掌握数字创意设计、开发与制作的技能，具备自主运用音频、视频、图形、图像、动画等全媒体信息所需的艺术创作与设计管理能力，具备互联网创意策划、新媒体产品设计、线上设计与管理运营等综合能力，达到移动新媒体、虚拟现实、3D打印、数字城市等行业新领域的要求，适应国家区域经济社会发展、文化创意产业和公共服务发展。

学院建有东湖设计数字艺术创意与制作研究中心，大学生创新创业梦工厂两大教学与科研平台，实验室总面积达3500多平方米，拥有2000余万元的设备资产，实验实训仪器设备共计5000多台套。包含创意与设计孵化中心、虚拟仿真情景再现实训中心、数字媒体编辑实验室、非线性编辑实验室、多功能摄影实验室、录音棚、独立演播厅、东艺美术馆等多个实验实训平台。与武汉美术馆、武汉建筑园林规划设计院、武汉盛世星光品牌设计有限公司、完美世界教育科技(北京)有限公司、武汉一木出工坊等10余家企业和学院达成战略联盟，为学院大学生提供项目支持和实习实训就业创业服务。

学院在教学、科研及国内外设计大赛中成果丰硕，师生屡获国际性、国家级、省级大奖。学生就业率达95%以上。

汉口学院

汉口学院传媒学院成立于2014年，前身为音乐学院播音主持系与广播电视编导系。现设有播音主持艺术、广播电视编导、网络与新媒体、影视摄影与制作4个本科专业，摄影摄像技术1个专科专业。

学院拥有教授和正高职称、副教授和副高职称的教师数名，多名讲师和中级职称教师，也有博士及博士在读教师，其他多数为各重点高校的硕士研究生。聘请业内知名专业技术人员来校任教，有在各类国际大赛获奖的教师，在电台、电视台工作多年的制片主任等。

学院自成立以来，共招收1500余人，学院自建拥有一流传媒与艺术实验教学示范中心，教学设备齐全，建有演播厅、虚拟演播室、录音棚、摄影实验室、电视摄影实验室和计算机房等供师生使用。

传媒学院现有省级精品课程"影视作品鉴赏"，有广播电视艺术特色学科、广播电视业务研究与发展中心，建有"新闻采访与写作"等8门校级精品课程。

武汉工商学院

武汉工商学院文法学院现有"四系四中心"：新闻学系、广告学系、网络与新媒体系和法学系，湖北网络社会发展研究中心、网络法律问题研究中心、广告与媒介经济研究中心、湖北医事卫生法律治理研究中心。拥有湖北省重点培育本科专业（新闻学）、湖北省综合改革试点专业（新闻学）、湖北省重点（培育）学科（新闻传播学）、楚天学者设岗学科（新闻传播学）、中宣部舆情直报点、湖北省舆情研究基地。

学院现有学生1216人，专职教师52人，其中教授7人，副教授20人（含校聘），高级职称占比达53%，博士10人。

学院服务于地方经济社会建设，立足于武汉、湖北，辐射全国，紧盯行业人才市场的多元化要求与动态变化，谋求与行业人才需求的特色化与职业化对接，以"大商科"为背景，凝练并形成本学科"大商科"的学科专业特色。办学坚持"三个方向"（面向本地、面向基层、面向产业），坚持既优先培养学生的生存能力，又注重为学生留下发展空间，要求学生具有"两基"，即基本理论与基础知识、基本社会经验与基本职业技能。

学院实行三学期制，每年安排学生到媒体实习、企业、公检法司律所参加为期3个月的专业训练，使本科毕业前有270天的专业工作经历。

武昌工学院

武昌工学院艺术设计学院现有教师72名，其中专职教师44名，教授1名，副教授14名，讲师27名；"双师型"教师16名，兼职教师26名，签约教授2名。现设有摄影、广告学(设计方向)等 5 个本科专业和广告设计与制作 1 个专科专业。2012 年，学院被评为"湖北省学校艺术教育先进单位"。2016 年，学院被评为"武昌工学院 2016 年目标考核先进集体"。

近 3 年来，学院教师主持省厅级科研项目 28 项，校级教学研究项目 15 项，横向课题 2 项；公开出版教材和专著 32 部，申请专利 7 项；发表有关学术、教研、艺术类的论文 169 篇，其中核心论文 59 篇；举办专家讲座 20 余次；组织学生参加各级学科专业竞赛，获奖奖项达到 70 余项。

学院拥有单独的 7 层艺术大楼。拥有基础教学画室 14 间，设计教室 36 间，配有展厅、艺术长廊、数码艺术工作室、摄影实验室等学习场地。在婺源、瑶里、黄山、太行山等地建立了校外风景写生、摄影、陶艺等教学实习实训基地；与武汉 AAA 数字艺术教育集团、义乌市艺术设计委员会等多家企事业单位签订协议，成立校企合作实习基地。

学院学生在"全国大学生广告艺术大赛""全国高校信息技术创新与实践活动""湖北高校摄影作品展""湖北大学生信息技术创新大赛"等多个大赛中多次获奖。

学院鼓励学生在学业上继续深造，部分毕业生分别报考并被录取为武汉大学、湖北美术学院、湖北工业大学、湖北大学、浙江理工大学等高校硕士研究生；同时，还分别向法国、瑞典、英国、澳大利亚等国家输送了海外留学生，享有良好的社会声誉。近年来就业率达 90% 以上。

文 华 学 院

文华学院人文社会科学学部成立于 2004 年，下设有新闻系、中文系、品牌传播系、法学系 4 个系，现有新闻学、广告学、法学、汉语言文学、网络与新媒体 5 个本科专业，同时，建有湖北省人文社科重点基地湖北品牌发展研究中心(下设湖北媒介品牌研究所、湖北文化品牌研究所、湖北工商品牌研究所、湖北品牌评估与法律保护研究所 4 个研究所)；省文化厅和教育厅共同批准建立的湖北省非物质文化遗产研究中心，主要研究非物质文化遗产的校园传承；以及省商务厅和教育厅共同批准建立的大数据新闻服务外包人才培养基地。

学部现有专兼职教师 55 人，其中，专职教师 34 人(教授、副教授 17 人，讲师 18 人，博士 10 人)。学部青年教师已获得 3 项教育部社科基金课题，4 项湖北省社科基金课题，在同类院校中处于前列；承担、完成过"人民日报新媒体品牌传播研究"等重要课题，出版了数部专著与教材，发表了一系列有影响的学术论文。

新闻学专业拥有湖北省高校一流的教学实验室和 15 个校内外媒体实习基地。该专业与美国密苏里大学新闻学院、台湾朝阳科技大学、台湾建国科技大学、台湾世新大学等院校设立了学生联合培养项目，可为学生提供多种国际化培养模式。网络与新媒体专业依托湖北省人文社科重点研究基地湖北品牌发展研究中心和省级大数据创新团队，先后主持完成了"人民日报新媒体品牌传播研究"和"湖北省新媒体品牌打造研讨会"等。该专业注重实践教学，拥有未来媒体实验室、数字录音实验室、数字编辑实验室等高校一流的实验室，并与大楚网、长江网、一点资讯、九派新闻等地方新媒体机构合作建立了实践平台。

武汉工程科技学院

武汉工程科技学院艺术与传媒学院是学校重点建设的学院之一，现设有环境设计、视觉传达设计、数字媒体艺术、摄影、播音与主持艺术、广播电视编导、广播电视学7个本科专业和艺术设计专科专业（分设环境设计、视觉传达设计、新媒体与交互设计3个专业方向），在校生达1700余人。2010年，艺术设计类专业获批为湖北省独立学院首批重点培育的本科专业；2012年，学院被评选为湖北省学校艺术教育先进单位；2014年，环境设计专业获批为湖北省高等学校战略性新兴（支柱）产业人才培养计划项目；2016年，环境设计专业普通专升本面向全省招生。

学院现有专职教师50余人，全部具有硕士以上学历，其中60%以上具有企业工作或项目实践经验；聘请教授担任学科带头人；聘请企业高级管理及技术人才讲授实践课程；聘请德国包豪斯大学原设计学院院长Siegfried Gronert、欧洲设计学院都灵学院院长Riccardo Balbo、首都师范大学视觉设计与教育研究所所长李中扬、华中师范大学美术系教授魏谦、武汉理工大学艺术与设计学院教授易西多、中央电视台著名编导冷冶夫等专家学者任客座教授。

学院现有建设完备的专业设计室、画室及配套设施；拥有建筑模型、虚拟现实、数字艺术、定格动画、摄影摄像、非线性编辑、影像编辑、图形影像输出8个实验室；摄影棚、录音棚等在建实验室5间；数字动画、环境艺术、视觉传达、造型基础、广播电视5个工作室；还建有陶艺馆、艺术作品展览馆。

学院与深圳市深装总装饰股份有限公司、美颂雅庭装饰集团、嘉禾装饰集团、龙发装饰集团、漫动者数字科技有限公司等10多家大中型企业建有良好合作关系，开展了联合办学、师资互聘、实习实训、定向就业等多种形式的合作，学生在校期间，均有2~3次实践课程或实习在企业完成。

学院与加拿大皇家大学、维多利亚大学、英国斯旺西大学、泰国正大管理学院、韩国又松信息大学等高校建有良好合作关系。近3年来，有50余名师生赴合作高校交流学习，留学途径顺畅。

艺术与传媒类学科被确立为未来几年内学校的重点建设学科，艺术与传媒学院将进入快速发展期。学院非常重视学生的专业学习和实践创新，与深圳市深装总装饰股份有限公司等一批社会知名企业合作建立实习实训基地，同时，正在着手建设商业摄影实验室、录音棚、装饰材料与施工工艺实验室、虚拟演播室、影像剪辑实验室、师生工作室等一批专业实训实验室，为培养高素质应用型人才提供坚实保障。

武昌首义学院

武昌首义学院新闻与法学学院始建于2001年，设有四大一级学科：新闻传播学、戏剧与影视学、中国语言文学和法学，开办有新闻学、广播电视学、广播电视编导、网络与新媒体、汉语言文学等6个本科专业。

学院现有教职工44人，其中正高职称6人，副高职称5人，中级职称25人，初级职称3人。具有硕士学位29人，博士学位1人，正在攻读博士学位4人。近5年来，学院教师承担国家级科研课题2项，省部级教科研课题12项，横向课题9项，校级教科研课题12项。发表学术论文150余篇，其中权威12篇，核心23篇。主编或参编教材、专著15部。

新闻传播学被省教育厅批准为省级重点培育学科，广播电视学获批为2012年湖北省本科高校专业综合改革试点专业，并列入校首批品牌专业建设项目。与湖北网络广播电视台共建实习基地，获批为湖北高校省级实习实训基地。

学院建有设施完备的实验室，包括报刊网络编辑实验室、摄影实验室、广播电视实验室、物证技术实验室、模拟法庭和融媒体传播实验室6个专业实验室，总面积约1000平方米，实验仪器设备共618台(套)，设备总值近700万元。

学院先后同湖北广播电视台、湖北日报、楚天都市报、中国新闻社湖北分社、湖北政府网、荆楚网、湖北日报手机报、洪山区政府、楚才实验中学、洪山区司法局、武昌区司法局、湖北欣安律师事务所等28个单位建立了校外实习基地；学院成立有湖北传媒网和湖北新闻网"荆楚人物"采访记者站及湖北省法律援助中心武昌首义学院工作站，为师生提供了良好的综合实践平台。

学院创有学科建设重点实验平台——"五个一工程"：湖北高校省级示范实习实训基地(一基地)、4G媒体校园新闻网(一网)、先锋视讯网络电视台(一台)、《南湖新报》(一报)、《南湖学园》(一刊)，并设有管理机构——融媒体传播中心。除学校图书馆每年购置大量专业图书，学院还设有专业资料室，共有专业图书13700余种，期刊66种。

武汉学院

武汉学院传播系以"建一流大学，培养行业领军人才"为目标，开设新闻学、网络与新媒体、影视摄影与制作3个专业，其中网络与新媒体为学校特色专业。

传播系高级职称教师比例达46%，博士、硕士以上学历比例达100%，双师型教师比例达26%。

传播系与华中师范大学联合培养专业硕士研究生，是全国同类高校中为数不多的与重点院校联合培养硕士的学科之一。学校独立导师参与研究生培养的全过程，已招收硕士研究生3届共11名学生。深度的校企合作培养实用型人才，特聘多名行业专家为特聘教授系统授课，并指导课程设计、参与学生培养，建立了6个实习实训基地，打造毕业生就业的无缝连接。

新闻学专业聚焦新闻事业发展前沿及其人才需求，培养具备扎实的新闻传播理论基础，突出的全媒体实践技能，能熟练使用如图文编辑、音视频制作与编辑、大数据分析等技能进行媒介融合背景下的信息采集、编辑与传播，能在各类新闻媒体及企事业单位从事新闻业务、宣传、公关、品牌营销与推广等与传媒相关的工作，具有人文素养、创新精神、较强的人际交往与沟通能力的国际化应用型人才。

网络与新媒体专业是学校为适应网络与新媒体的发展而设立的专业，2013年开始招生。专业突出培养学生掌握新媒体实践技能，能够熟练进行图文、视频等内容的采集、编辑、制作及发布，具备一定的新媒体创新思维能力和新媒体综合运用能力，能在各类网络新媒体企业、党政机关及企事业单位、广告文化传播公司等从事网络新媒体相关工作。

影视摄影与制作专业为教育部本科专业目录的艺术类特设专业，拥有一流的师资和价值数百万元的教学科研设备，旨在培养学生德、智、体全面发展，掌握影视摄影、影视特效、网络内容编辑与制作、图片摄影、无人机航拍、VR新媒体影像艺术创作等相关技能，使其能够在政府机关及各门户网站、各级广播电视台、电影制作单位、影视传媒公司、新媒体单位从事视频、图片、新媒体艺术等的拍摄和后期制作工作。

武汉设计工程学院

武汉设计工程学院成龙影视传媒学院是国际著名影星成龙先生在中国设立的唯一一所影视传媒类艺术学院，成龙先生亲任院长。学院在校本、专科生1946人，专任教师49人，其中教授7人，副教授9人，另聘请长江人民艺术剧院、武汉人民艺术剧院、艺术类高校教师为兼职教师，还特聘冯小刚、张国立、徐帆、李冰冰等影视明星、教授学者、企业家、工程师担任教师，并参与学院的教育教学活动和艺术创作。

学院以高端艺术与时尚文化为背景，设有表演、播音与主持艺术、数字媒体艺术等6个本科专业和表演艺术、影视动画2个专科专业。建有数字交互实验室、专业摄影棚及成龙实验剧团，并与影视传媒行业、企事业单位合作共建多个校外实习实训基地。学院于 2016 年获批为湖北省高校改革试点学院，2014 年获批湖北省新兴产业人才培养计划项目，2016 年表演、播音与主持艺术、戏剧影视美术设计 3 个专业获教育部批准，参照独立设置的本科艺术院校艺术类本科专业进行招生。

武汉华夏理工学院

武汉华夏理工学院艺术设计与传媒学院现设有广告学、网络与新媒体等 6 个本科专业，在校生 1500 余人。现有专任教师 69 人，其中教授和副教授 18 人，博士生 11 名（含在读）。学院实验中心建有摄影棚、影像制作、图文制作等 6 个实训室和数字媒体与虚拟艺术实训中心。与华中科技大学出版社、长江日报社、武汉漫维文化传媒有限公司、武汉东方时代广告艺术有限公司等单位建有 10 多个校外实习实训基地。

学院建有"1957 设计中心"、传统工艺制作与实训基地等大学生创新创业实践平台，各专业均设立了工作室，着力培养学生的创新能力和专业应用技能。近年来，学生屡获全国大学生工业设计大赛二等奖、全国大学生广告艺术大赛三等奖、湖北省高校美术与设计大赛银奖、ONE SHOW 中华青年创意营金奖、台湾时报"金犊奖"银奖、IDAA 国际设计美术大赛金奖、中国大学生游艇设计大赛银奖等，在省部级及以上和行业顶级赛事中累计获奖 200 余项，获国家专利 50 余项，湖北省大学生创新成果拍卖会上学生作品备受企业青睐，部分创新成果已转化为企业生产项目。

近几年来，毕业生平均就业率达 92% 以上，自主创业率达 5% 以上，一批优秀毕业生在知名企业和媒体就业。学院先后与湖北工业大学、英国中央兰开夏大学、美国哥伦比亚密苏里大学、台湾亚洲大学等国（境）内外高校开展多种形式合作。

武汉传媒学院

武汉传媒学院下设新闻传播学院、播音与主持艺术学院、电影与电视学院等。

武汉传媒学院新闻传播学院建于 2004 年。多年来，学院一直本着"行素质教育，得真才实学"的教育理念，注重新闻传播的基本理论、基本知识和基本技能的培养，并始终坚持个性化和实用型人才的培养原则来建院。学院现有学生 946 人，有 4 个本科专业和 1 个专科专业，本科专业有广播电视学、传播学（网络传播方向）、广告学、网络与新媒体，专科专业是新闻采编与制作专业，并开设有校级唯一专业特色班级——融合基地班。

学院实践教学成果显著，已与武汉电视台、黄石电视台、黄石传媒集团、荆州日报传媒集团等多家业内单位签订实习基地，并于 2013 年起，选派优秀实习生赴中央人民广播电台、新华社湖北分社、中央人民广播电台湖北记者站、人民网湖北站等媒体实习。

武汉传媒学院播音主持艺术学院下设播音与主持艺术专业，其专业方向分为播音主持方向、口语传播方向、双语主持方向，并开设专业特色班级：2010 级至 2015 级为课题改革班，2017 级为创新拓展班。学院播音与主持艺术专业是中南地区招生规模最大的专业，目前有学生 1633 人，是学校最富特色、最有影响和最具规模的专业之一。自 2011 年独立建院以来，发展迅速，现已有省级精品课程"电视节目主持艺术"，播音与主持艺术专业为省级重点培育专业，并且是省级重点学科之一。2017 年与武汉视飞科技有限公司开设湖北省首个"网络主播兴趣班"，与 FM106.4 和武汉卓唛文化传媒文化有限公司合作制作节目，并进行线上广告和线下商业活动，与农业部管理干部学院签署农业行政执法实例融合媒体教学研究等。

同时，在 2015 中国大学艺术学四星级以上专业排行榜中，学校与中国传媒大学、浙江传媒学院等共同以播音主持艺术专业入围榜单，在 2017 中国民办大学播音与主持艺术专业排行榜中，学校与河北传媒学院、四川传媒学院等共同以播音主持艺术专业入围四星级专业排行榜单。

武汉传媒学院电影与电视学院创建于 2016 年，是全国为数不多的培养电影与电视专门人才的教学基地。学院拥有湖北省重点培育一级学科戏剧影视学，设有广播电视编导、影视摄影与制作、戏剧影视导演、戏剧影视文学和表演 5 个本科专业，以及 1 个戏剧影视表演专科专业。在 50 多名专职和兼职教师队伍中，中青年老师占据较大的比例，其中不少人拥有国内或国外名校的电影或表演相关专业的本科和研究生学历背景。学院还聘请了多名国内外著名影视导演、制片人、演员担任名誉教授、客座教授或兼职教授，定期来学院举办讲座或工作坊，与师生进行密切的专业交流活动。

学院还成立有影视交流与教学实践指导中心，搭建师生影视实践活动的平台，以及与电影、电视业界交流合作的平台。目前，学院已经成为武汉地区国产新电影首映和观众见面会的定点单位。学院注重影视教育领域的国际交流，目前已经与加拿大多伦多电影学院、澳大利亚迪肯大学、韩国的汉阳大学建立了合作交流关系，其中和汉阳大学的表演专业和舞台美术设计签署有"2+2"本科生交流协议。

学院拥有较为完善的影视创作的实验条件。表演专业可用的大小剧场 2 个，表演教室 8 间，形体练功房 3 间，影视摄制和导演的相关专业可用的演播厅和摄影棚 4 个，4K 标准电影放映厅一个。学院组建有戏剧表演工作室、剧本创作工坊、创意策划工作室等多个师生课外实践团体，与省市级电视台、影视制作机构、演出团体和剧场保持较密切的合作关系。

武汉晴川学院

武汉晴川学院传媒艺术学院目前共开设4个本科专业——新闻学、播音与主持艺术、广播电视编导专业、影视摄影与制作，共有在校生1315人，其中新闻学383人，播音与主持艺术专业370人，广播电视编导专业507人，影视摄影与制作专业55人。

传媒艺术学院依托武汉大学的相关学科优势，共享武汉大学新闻与传播学方面的教学资源和相关师资力量，在共享中逐步建立和完善传媒艺术学院的学科构架与独立的教学体系。在师资队伍建设方面，传媒艺术学院始终坚持专家治学的理念，一方面聘请武汉大学等重点高校的教授、副教授等专家来担任兼职教师，提升传媒艺术学院各个专业教学水平；另一方面持续引进和招聘专业能力强且具有一定教学经验的专职教师，形成了一支专兼职教师相结合的人才队伍。

传媒艺术学院现有专兼职教师55人，其中专职教师48人，具有高级职称教师13人，青年教师均具有博士或硕士学位，"双师型"教师占30%以上。

学院不断改善专业教学条件，投资近千万元，建设总面积达1000平方米，学生整体覆盖率达100%的教学实验基地，其中包括1间非线性编辑实验室、2间教学演播厅、1间节目录制导播间、1间摄影摄像室、5间普通语音室、1间形体室、1间专业化妆间以及完备的传媒实验设备。紧跟行业发展与教学实际需求，新采购27套摄影摄像器材，满足专业学习中的各方面需求。

学院先后与武汉教育电视台、武汉当代明诚文化股份有限公司等单位建立长期实习实训合作关系。同时，学院为打造"双师型"教师队伍，与武汉晨报、武汉广播电视台合作，推荐优秀教师到新闻单位开展挂职交流工作。

湖北大学知行学院

湖北大学知行学院人文与社会科学系设置有汉语言文学、新闻学、广播电视编导、广告学等6个本科专业，新闻采编与制作1个专科专业，全日制在校生1600余人。

人文系硕博研究生的教师比例达到96%，中高级职称的教师比例达到85%，其中有10%的教师为"双师型"，有丰富的行业从业经验。

人文系教师主参编教材10余部，承担省政府重大调研课题、省级人文社科基金项目、省级教研课题等30余项，在国内各种刊物上发表论文200余篇。部分教师在湖北省高等学校教学成果评奖、湖北省普通话大赛、湖北省教学比赛等重大赛事中屡获大奖。

人文系目前拥有非编实验室、新闻综合实验室、摄影实验室、影视特效机房、办公自动化、模拟法庭等多个专业实验室；与省内新闻媒体、教育及出版行业等共建30多个实习实训基地，为培养专业基础扎实、专业技能过硬、专业素质较高的应用型人才提供了有力保障。

历届毕业生有200多人应届考取武汉大学、华中科技大学、浙江大学、上海交通大学等省内外高校的研究生，有多名学生被爱丁堡大学、谢菲尔德大学等国外高校录取。

三峡大学科技学院

三峡大学科技学院文法学部现有专任教师37名，主要承担学院大学英语、广播电视学专业、播音主持艺术专业、网络与新媒体等专业的教学，其中新闻学教授与副教授各1名。

网络与新媒体专业培养系统掌握网络与新媒体传播理论，具备新媒体创意思维能力和新媒体技术应用能力，满足全媒体时代媒介融合工作需要，能够在各类门户网站、网络传播公司、手机等新媒体传播机构，广播电视、移动电视、数字电视等传统媒体或新媒体部门，政府及企事业单位的网络传播部门，从事新闻采编、网络运营与推广、媒体设计与制作等相关工作的应用型、复合型高级专门人才。

广播电视学专业培养具有较强的广电新闻采访、编导、策划、摄录、制作、主持等多种业务能力的学生，能在广播电视及其他新闻宣传部门，从事新闻报道与写作、新闻编辑与采访、媒介经营与管理等方面的工作。

播音与主持艺术专业主要培养学生具有新闻学、文学、语言学、播音学、艺术学等多学科知识；毕业生主要面向广播、影视媒体、网络媒体、文化传播公司及各大中型企事业单位，从事广播电视普通话播音与主持、新闻报道播音与主持、各类节目主持、影视配音及演播及语言传播和公关策划。

长江大学文理学院

长江大学文理学院人文与传媒系现有在校生1500余人，开设广播电视学（含新媒体）、广播电视编导、法学等6个本科专业和语文教育1个专科专业。其中，汉语言文学专业和广播电视学专业是学院立项建设的重点专业，广播电视学专业是学院设立的应用型人才培养模式改革试点专业之一。

人文与传媒系目前拥有专职和兼职教师近百人，外聘专家10多人，其中具有教授和副教授职称者38人，博士和硕士学位者近46人。78%以上的教师具有硕士学位以及在国外或境外学习、访问、交流、讲学经历。

人文系具有较好的教学条件，实验设施齐备，拥有省内同类高校中先进的专业演播厅、广播电视非线性编辑实验室、录音室、摄影实验室、形体训练室、琴房、音乐教室、绘画室等，总面积1000多平方米，实验设备400多台（套），设备总资产近千万元。人文系以实验室为依托，创办了校内实训平台——校园电视台。同时，在校外建立了一批稳定优质的实习实践基地，形成了"课堂实验+课外实训+合作教育+毕业实习"四级实践教学体系，有力地提升了学生的实践应用能力。

湖北工业大学工程技术学院

艺术设计系设有广告学、平面设计专业、动画专业等专业，设有基础教学专业5个教研室。现有专职教师66人，其中副高级以上职称15人，中级职称6人。多名教师获得省级立项课题。

艺术设计系学生作品多次在国家级、省级大赛中喜获各种殊荣。艺术设计系在2009年湖北地区独立院校学生作品展览上获得一等奖2名、二等奖5名、三等奖17名，在独立院校中享有较高的声誉。2010年，学生作品在湖北省第二届高校摄影作品展中获得铜奖，同时该系获得"最佳组织奖"，同年学生作品《大电影之应聘》在第三届金龙泉杯大学生DV大赛中获最佳创意奖。

艺术设计系与九一文化传媒、两点十点动漫、红喜饰装饰等多家设计公司建立有实习基地，为学生实习实训提供有利条件。

湖北民族大学科技学院

文化与传媒学院目前本科专业有汉语言文学、编辑出版学、广播电视编导和英语。在校本科生近2000人，形成了以本科生教育为主体、职前职后教育为补充的高等教育教学体系及开放式的立体办学格局，是武陵山区乃至全国少数民族地区颇具影响力的人文社会科学教育教学基地。中国语言文学是校级重点建设学科，学院教学配套设施较为完备，能够满足教学需要。

文化与传媒学院以育人为本，坚持教学与科研并重。现有专任教师26人，非专任教师14人，实验技术员1人，管理人员4人，外聘教师12人。其中教授2人，在读博士5人，硕士学历22人。近年来，承担省级、校级、院级课题50余项，出版学术专著、教材10余部，发表论文100余篇。

学院充分利用文化与传媒学院深厚的人文底蕴，培养学生的人文素养，增强学生创新、创意和持续发展能力；利用地域特色办学，学校地处武陵山区腹地，浸染恩施浓郁的地方文化特色。在教学中注重引导学生将视野投向地方社会与文化，逐渐形成学生勤勉踏实的工作作风和贴近实际的创作风格。注重民族特色，学校所处之鄂西南是土家族、苗族等各族聚居区，有着丰富的民族文化资源，这是广播电视编导专业学生宝贵的创作源泉，学生大量获奖作品，与其所传播的独具特色的民族民间文化息息相关。

广播电视编导专业面向当下丰富的社会生活实际，有效开展教学、实践活动。形成了"以技术应用为龙头，全方位容纳社会，经技术通达艺术"办学理念，以技术、应用通贯整个教学过程的人才培养模式。

湖北经济学院法商学院

新闻与传播学系开办有播音与主持艺术本科专业，在校生161人。现有专任教师13人，其中教授3人，副教授4人，全部具有硕士及以上学历学位。

该系注重实践教学，提供优质师资和良好的实践教学设备设施。现有普通话机测室、语音实验室、演播实验室；特聘湖北省传媒业资深编辑和播音教学专家担任专业课程的实践教学工作；专业课教师指导学生参加专业竞赛和校园文化活动。

在人才培养上，新闻传播学系本着"以新立本，以文化人"的教育理念，培养具有新闻传播学、广播电视播音学等多学科知识及语言表达能力，熟悉我国新闻宣传政策与法规，拥有扎实的播音主持功底和文化底蕴，思维活跃，临场反应能力强，能在各级传媒机构及其他企事业单位从事播音与主持工作的复合型应用人才。

武汉体育学院体育科技学院

播音与主持艺术专业培养目标：培养具备广播电视新闻传播、语言文学、播音学以及艺术、美学、体育学等多学科知识，能够在相关体育企事业单位和各种大众传播文化公司中从事广播、电视节目主持、播音、采编、制作及宣传工作的专门人才。

广播电视编导专业培养目标：培养具有过硬的广播电视节目策划、创作、制作、编导等方面的专业知识，具有比较宽厚的自然和人文学科知识背景，能在信息产业、广播电影电视系统和文化部门独立从事广播电视编导、影视节目制作、艺术摄影、影视文案撰写、广播电视新闻等方面工作的应用型人才。

新闻学专业(体育新闻方向)培养目标：本专业培养具备系统的新闻学知识和技能、宽广的文化与社会科学知识，熟悉我国新闻、宣传政策法规，掌握媒体发展前沿动态，并具有体育传播专长、实践动手能力突出的新闻传播高素质应用型人才。

网络与新媒体专业培养目标：具备数字媒体设计应用、网站开发与编辑、互联网信息管理、媒体调查与分析、媒体经营管理、网络媒体设计与开发的能力，主要从事信息传播和数字网络内容的应用、开发、运营和管理等工作的应用型人才。

湖北师范大学文理学院

隶属于文理学院人文学部，设有广播电视学、广告学专业。

湖北文理学院理工学院

湖北文理学院理工学院人文艺术系成立于2003年，是全省独立学院中较早开办艺术类专业的单位，现有专任教师40人，设有广播电视编导专业、环境设计专业、视觉传达设计专业、产品设计专业、服装与服饰设计专业（含服装表演与设计方向）5个本科艺术类专业，汉语言文学专业、广播电视新闻学、法学专业3个本科专业，聘请湖北文理学院的高级职称教师30人。目前在校本科学生1300余人。

秉承"文艺融汇，技艺领先"的办学思路，全系各专业特色较为鲜明突出，已形成多专业、多学科的教学体系。建设有服装工艺实验室、影像制作实验室，艺术类专业十余年来为社会培养了一大批设计专门人才，教师和学生的作品在校内外各层次艺术设计大赛中屡获佳绩，在设计行业中取得了较好的声誉。

艺术系与襄阳广播电视台、湖北满庭芳装饰设计有限公司、湖北平安居装饰有限公司、云南丽江古城、湖南凤凰古城、西安古城等建有校内外实习实训基地。合作方式呈现多样化，有校企共建实习实训基地、校企联合培养引进企业教学和管理模式、应届毕业生深入企业顶岗实习等。

目前艺术设计专业群已经成为学院特色专业群的示范典型之一。学生在省级以上及行业顶级比赛中累计获奖100余项，其中国家级奖励20项，省部级奖项80余项。近几年毕业生就业率均达96%以上，30余名学生考入华中师范大学、武汉理工大学、广西艺术学院等。

湖北工程学院新技术学院

湖北工程学院新技术学院语言文学系是湖北工程学院新技术学院最早建立的教学系之一，现设有广告学、环境设计、视觉传达设计、播音与主持艺术等7个本科专业。

目前有全日制普通本科生近千人，专任教师79人，其中具有高级职称的教师32人，硕士及以上学历的教师54人。多位教师具有国外留学、访学经历，常年聘请外籍教师授课。语言文学系拥有良好的办学条件，有现代化的多媒体教室、艺术设计工作室、数字语言实验室、数字传媒实验室、录播室、画室、制图室、广告实验室等专业实验室，为学生提供良好的实践平台。2013年被授予"湖北高校大学生思想政治教育工作先进基层单位"荣誉称号。就业方面，历届毕业生就业率均在95%以上。

江汉大学文理学院

人文艺术学院设有艺术设计系、广告系和新闻传播系；开办了动画、视觉传达设计、广告学、传播学、网络与新媒体5个本科专业和新闻采编与制作1个专科专业。

学院现有教职工46人，其中教授4人，副教授6人，讲师27人；2人次获得学校青年教师讲课比赛一等奖，1人次获得学校教学质量一等奖；近年来教师参与市级课题4项，院级课题24项，科研获奖4项，专业竞赛获奖25项，发表文章60余篇，建立校级精品课程2门，出版教材9本。定格动画、平面设计、摄影、后期合成、画图、录音等实践课程工作室若干。师生艺术创作家园、学生创新创业实训基地、校企产学研合作平台三位一体的和润艺术中心1座。

人文艺术学院重视学生综合素质的培养，近年在大学生广告大赛中获得全国一等奖1个，全国二等奖2个，全国三等奖1个，全国优秀奖3个，省级三等奖3个，省级优秀奖17个，在全国大学生广告艺术节学院奖中获19个佳作奖、13个优秀奖和2个最佳组织院校奖。

（聂远征供稿）

学术研究成果概览

近三年来湖北省新闻传播研究情况

作为中部地区传媒产业发展大省和新闻传播教育重镇,湖北省的新闻传播研究一直处于前沿。近三年来,在"互联网+"及媒介融合等新语境下,湖北省的新闻传播领域和空间面临诸多变革,这也促使新闻传播研究发生巨大的变化。本文从获奖论著、调查报告、蓝皮书以及新书撰录四方面,对2016—2018年三年间的新闻传播研究进行梳理。

一、获奖论著

获奖论著一方面体现了学者们对整体新闻传播发展方向的把握,另一方面,也代表着社会和政府对新闻传播领域方向标的指引。通过对湖北省近三年来获奖论著的分析,可以看出,大部分获奖论著属于传媒产业实践的发展探析,从类似《湖北日报"东方之星"沉船事件报道周年反思》这类事件性的研究,到对武汉广播电视台《电视问政》这类节目实践思考的研究;从对传统媒体(电视、报纸、广播)在新媒体语境下的分析,再到对全媒体的研究,内容涉及十分广泛。

序号	作者	论著名称	主要内容	获得奖项	发表刊物名/出版社	发表时间
1	胡汉昌 周呈思	灾难报道的平衡与超越——湖北日报"东方之星"沉船事件报道周年反思	以《湖北日报》对东方之星沉船事件的报道为样本,分析灾难报道如何能做到内容和尺度上的平衡,秉持人道主义的精神记录现场、记录历史	第34届湖北新闻奖论著奖一等奖	新闻前哨	2016年第6期

续表

序号	作者	论著名称	主要内容	获得奖项	发表刊物名/出版社	发表时间
2	顾亦兵	电视问政：构建城市公共治理平台——武汉广播电视台《电视问政》实践中的思考	《电视问政》内含政府、媒体、公众之间平等对话的三角关系。三者之间相互作用形成的张力，推动解决"谁在问""问什么""怎么问"三个维度问题，进而实现最优化模式：构建城市公共治理平台。以冲突的调动建构问政宽度，以循环的对话建构问政深度，武汉《电视问政》变得更有章法、更加严谨	第34届湖北新闻奖论著奖一等奖	新闻战线	2016年第23期
3	李菁菁 周振玲	指媒广播制胜方略浅析	指媒广播是传统广播与移动互联网结合孕育出的新生代声音传媒。打造指媒广播，需要延伸和重塑广播产业链，将节目—受众—广告主营销模式扩展至节目—受众—衍生产品—用户（消费者、广告主）。淘汰落后传媒产能，加强供给侧结构性改革，生产出细分化、差异化、移动化的文化精品。在生产链条扩张和内容节点夯实的基础上，构筑平等开放、多方共赢的指媒广播生态圈	第34届湖北新闻奖论著奖一等奖	中国广播	2016年第10期
4	赵良英 徐晓林	加快构建中国国家战略公共传播体系	基于"战略传播"新理念，提出中国国家战略公共传播体系建设的构想。在传播理念上，要重视协同传播，以受众需求为目标，强化双向互动传播；在传播机制上，要建立跨部门联动机制和扁平化管理模式，完善议程设置；在传播系统上，应包括公共外交、网络舆论、媒体外宣和国防传播；在传播内容上，应重点传播我国的战略主张和核心利益，我军和平、合作、开放、透明的形象，中方参与全球治理的努力，社会主义核心价值观和中华优秀传统文化；在传播策略上，应包括"重点突破、内外一体、融通中外、借船出海"；在传播效果上，应建立可操作的评估和问责机制	第34届湖北新闻奖论著奖一等奖	中国行政管理	2016年第9期

续表

序号	作者	论著名称	主要内容	获得奖项	发表刊物名/出版社	发表时间
5	廖秉宜	广告经营与管理	构建了系统的广告经营与管理学科知识框架体系，全书共分为三篇：上篇是基本概念与一般原理，重点探讨广告经营与管理概述、广告经营机制、广告代理制、广告经营环境；中篇是广告产业与广告经营，重点探讨广告产业组织、大数据与广告产业、广告产业制度、国际广告产业；下篇是广告公司的经营与管理，重点探讨广告公司的类型与组织结构、广告公司的业务运作流程管理、广告公司的核心竞争力、广告公司的人力资源管理、广告公司的财务管理与资本运作、媒介广告公司的经营管理、企业内部广告公司的经营管理、媒介购买公司的经营管理、程序化购买广告公司的经营管理	第34届湖北新闻奖二等奖	西安交通大学出版社	2016年
6	卢霜 顾伟华 唐珊	全媒体中的"现象级传播"探析——以傅园慧走红事件为例	以傅园慧走红事件为例，分析了全媒体中的"现象级传播"的背景、原因和实践启示	第34届湖北新闻奖论著奖二等奖	新闻前哨	2016年第9期
7	陈剑文 张晓峰	新闻好文风来自脚力、眼力、脑力、笔力	文风，是衡量新闻报道品质的重要标尺。党报文风折射作风、反映党风，体现党媒"为了谁、依靠谁"的政治立场。改进文风，是党报政治意识的具体体现，是新闻工作者践行群众路线的必然要求，必须作为业务建设、人才培养的重要抓手	第34届湖北新闻奖论著奖二等奖	新闻战线	2016年第23期
8	陈栋 王丽明	主流媒体打造新型智库的五大优势	互联网时代，媒体作为唯一信源的优势正在丧失。但生产系统、全面、专业的高智力产品是主流媒体突破互联网困境、实现转型发展的有效途径。打造媒体型智库，是一种创新，也是一次革命，更是一项系统工程，虽不是一朝一夕能够完成，但却是引领传统媒体转型发展、融合发展的重要方向	第34届湖北新闻奖论著奖二等奖	中国记者	2016年第7期

续表

序号	作者	论著名称	主要内容	获得奖项	发表刊物名/出版社	发表时间
9	李登清 李 佺 孙浩凯	论广播电视节目名称的商标权危机与应对	从2015年江苏卫视《非诚勿扰》和湖北卫视《如果爱》被诉侵犯商标权两案入手，阐释了广电媒体将节目名称作为商标进行规范管理的必要性，并根据实践经验总结了商标危机的三大成因，严重影响节目价值的体现和扩大。对此，广电媒体应当在日常管理中谨慎注意，避免侵权；在发现已侵权时与对方及时协商，避免诉讼；而在诉讼中，应根据案件具体情形，依照法律充分利用救济途径，保护节目名称商标	第34届湖北新闻奖论著奖二等奖	新闻前哨	2016年第11期
10	舒 芳 杨小满 夏 勇	实时路况演播平台设计与实现	以武汉广电实时路况演播平台改造项目为背景，将武汉交管局192路主要路段视频信号传入电视台总控机房，通过平台管理软件、客户端软件、拼接屏控制器等软硬件设备，实现视频流的复制分发、视频解码上墙、多画面显示等功能	第34届湖北新闻奖论著奖二等奖	世界广播电视	2016年第3期
11	肖 曜 梁 锋	区域性市民报融合发展的突围之道探析——以湖北日报传媒集团三峡晚报为例	通过对三峡晚报利用"利益+关系"挖掘主题宣传价值、"传媒+演艺"模式为文化产业融合发展探路、"体验+传播"售报活动增强报纸传播力、影响力进行研究，对区域性市民报实现媒体融合发展的路径进行了思考	第34届湖北新闻奖论著奖二等奖	新闻前哨	2016年第3期
12	谌达军 刘芳玲	跨国寻访也是一种民间外交——"武汉上空的鹰"系列报道的背后	长江日报《武汉上空的鹰——寻访苏联空军志愿队烈士》跨国寻访系列报道历时3年，跨越70多年时间和64万公里空间，立体彰显了反对法西斯、捍卫第二次世界大战胜利成果、维护国际公平正义的历史价值和国际政治意义。鉴于该系列报道的贡献，2015年5月，俄罗斯总统普京向长江日报编辑部签发了"1941—1945卫国战争胜利70周年"纪念奖章	第34届湖北新闻奖论著奖三等奖	新闻与写作	2016年第7期

续表

序号	作者	论著名称	主要内容	获得奖项	发表刊物名/出版社	发表时间
13	刘文泉 朱小明	《荆门晚报》凝心聚力的社会公益探索实践	作为责任媒体,如何"成风化人,凝心聚力"?本文站在践行社会主义核心价值观的高度,以地方晚报参与社会公益事业为切入点,从"组建团队、搭建平台、承办实体、发挥功能"四方面进行了探讨	第34届湖北新闻奖论著奖三等奖	中国记者	2016年第8期
14	吴世文 张雪君	全球性恐怖媒介事件的自媒体传播	基于恐怖分子发布在社交媒体的视频,从内容生产和传播的角度,探讨恐怖分子生产全球性恐怖媒介事件的策略和利用新媒体传播事件的逻辑,为洞察恐怖主义传播、消解其负面影响提供引导,亦为理解媒介恐慌提供思考	第34届湖北新闻奖论著奖三等奖	对外传播	2016年第8期
15	吴 珊	高校校报加强新闻报道策划的"四个维度"	作为象牙塔里的传统媒体,高校校报围绕高度、深度、角度和广度四个维度来开展新闻报道策划,生产和加工优质的、有深度的校园新闻,是创新校报办报思路、提高其传播力的有效途径	第34届湖北新闻奖论著奖三等奖	新闻知识	2016年第4期
16	万 敏	融媒时代广播评论发展问题研究——以湖北之声《万有引力》栏目为例	融媒体时代,多数媒体都在"抢第一落点"时,广播评论节目到底需不需要抢"第一时间"?传统的评论形式又如何能适应新时代的新要求呢?文章以湖北广播电视台湖北之声的《万有引力》栏目为例对这两个问题做探讨	第34届湖北新闻奖论著奖三等奖	新闻前哨	2016年第12期
17	毛 勇 张文科	"向死而生"的电视传媒——新媒体发展的两个维度解读	从符号传播与媒体经济学的角度分析了电视媒体可能遭遇的命运,以及产业革新的方向	第34届湖北新闻奖论著奖三等奖	新闻前哨	2016年第7期
18	肖 思 费新洋	广播融合发展中的取胜之道	面对新媒体的冲击,地市广播媒体不能盲目追求"大而全",利用地缘优势精耕本土、拥抱新媒体取长补短的"精而美"才是胜出之道	第34届湖北新闻奖论著奖三等奖	新闻前哨	2016年第11期

续表

序号	作者	论著名称	主要内容	获得奖项	发表刊物名/出版社	发表时间
19	赵良英	美国国家战略传播体系研究	从形成、目标、组织构架等方面详细阐述了美国国家战略传播体系及其运作,在此基础上,提出构建中国国家战略传播体系构想和顶层设计参考意见,以应对当前意识形态斗争和国际环境的新形势	第35届湖北新闻奖一等奖	武汉大学出版社	2017年
20	杨俊伦 毛勇	政治生态的建设者——央视《新闻联播》近几年报道内容分析	通过内容分析法从政治社会化角度解读《新闻联播》的变革与创新之源	第35届湖北新闻奖一等奖	电视研究	2017年第9期
21	李策	回归本我,深挖潜能——电视新闻融合创新的另一种思路	电视新闻创新在借鉴新媒体长处的同时,更应该回归本我,深挖潜能和优势,实现从形态创新到语态创新、从反常性选择到感染力追求、从反映者到建设者的转型升级,从而进一步提高传统主流媒体的影响力、公信力和感染力,制作推出更有作为、更有意义、更受欢迎的新闻作品	第35届湖北新闻奖一等奖	中国广播电视学刊	2017年第4期
22	赵洪松 张小燕	用互联网思维指导内容生产——"煎饼姐"融媒体报道的样本意义	"煎饼姐"的报道是融媒体报道的一次成功尝试。它产生的良好效果,增强了传统纸媒人推进媒体融合的信心。这组贯穿融媒体报道思维、由视频直播引爆,包括图文、纸媒稿件、直播预告海报、H5产品等多种产品形态共同组成的系列报道,让媒体融合的推进路径开始变得清晰	第35届湖北新闻奖二等奖	新闻前哨	2017年第4期
23	朱建华	《长江日报》:以移动直播为入口推动党报全媒体化	移动直播成为新的入口,不少媒体都在进行这方面的布局。2017年,移动直播已成为《长江日报》新闻生产的一种常态。移动直播关乎传播力、影响力,党报要以移动直播为入口推动全媒体化,既要从制度层面做好设计,还要调动记者积极参与其中	第35届湖北新闻奖二等奖	中国记者	2017年第7期

续表

序号	作者	论著名称	主要内容	获得奖项	发表刊物名/出版社	发表时间
24	陈晓蓉 龚劼	把握核心，找准入口，重建连接——长江日报媒体融合的创新实践与思考	近几年，在转型与融合的道路上，中央和地方主流媒体都围绕如何重建用户连接进行了积极有效的探索。2017年，武汉市委、市政府积极践行网上群众路线，为长江日报融合转型提供了难得机遇。长江日报以"武汉城市留言板"为入口，搭建平台，布局政务服务，推进政府机关在网上为民办事，用特色服务实现主流媒体对信息、资源、用户的连接，提升入口与平台的价值	第35届湖北新闻奖二等奖	新闻战线	2017年第15期
25	陈昶洁 张圆圆 陈力峰	如何理性看待"网络围观"	在新媒体时代海量信息面前，网络逐渐成为人们获取资讯的主要渠道，与此同时，虚假信息、肆意诋毁、侵犯隐私、伦理失范等问题也相伴而生，网络上确实产生了大量"围观者"和"吃瓜群众"。如何应对网络民意，正确引导网络舆情，本文从四个方面分析了应理性看待"网络围观"现象，认为不能简单一禁了之	第35届湖北新闻奖二等奖	新闻前哨	2017年第7期
26	陈娟	"青记"发展史	中国青年新闻记者学会(简称"青记")1937年11月8日成立于上海，1941年4月，总会在重庆被国民政府查封。"青记"致力于中国新闻事业的积极发展和宣传抗日战争。1987年，经新闻界泰斗方汉奇等开会论证，认定中国记协的前身就中国青年新闻记者学会。2000年，国务院将"青记"的成立日期11月8日确定为中国的"记者节"	第35届湖北新闻奖二等奖	新闻前哨	2017年第11期
27	王丽 张斌	广播工作室激活广播	广播工作室是电台主动适应市场应运而生的产物，其发展和演进有着自身的规律性。为广播工作室提供与其发展阶段相匹配的制度安排，是广播工作室稳步发展的重中之重	第35届湖北新闻奖二等奖	中国广播	2017年第5期

续表

序号	作者	论著名称	主要内容	获得奖项	发表刊物名/出版社	发表时间
28	梁延 孙曼莉 易星	融媒时代"微广播剧"探索	移动互联网的加速发展正在改变和颠覆着传统媒体的市场格局,"微广播剧"应运而生,发展迅猛。这是在广播传统文艺产品"广播剧"的基因上更新迭代出的新品种,具有较强的移动场景结合性,是最早实现将不同介质的媒体融合起来的产品之一,从而使传播效果和产品价值最大化。融媒体时代,微广播剧成为各大广播电台颇为青睐的产品,其生产方式、传播渠道、消费对象、收听终端乃至商业模式等也不断得到创新发展	第35届湖北新闻奖二等奖	新闻前哨	2017年第3期
29	高翔 刘志国 牛莉萍	纸媒的风险管控与冲突管理——襄阳日报传媒集团近11年对出版环节风险管控的探索与实践	出版节奏的加快和内容含量的急剧膨胀,加上网上来稿带来的相应问题,使纸媒面临的出版风险倍增。加强风险管控,需要从制度层面进行创新和规范。襄阳日报传媒集团经过多年探索,建立了与时俱进的风险控制制度,同时注重缓冲内部由此产生的矛盾,形成了全过程、全员乃至全社会参与出版质量管理的局面,培养了编辑部人员精益求精的工匠精神,整体把关能力得到提高,使报纸出版质量稳定在较高水平	第35届湖北新闻奖三等奖	新闻战线	2017年第9期
30	高秉喜	让"中央厨房"为提升"四力"助威——对全国部分地市报"中央厨房"建设的调查与思考	媒体融合发展战略,是党中央做出的战略决策部署,是主流媒体转型发展的紧迫任务。我们注意到,以习近平总书记为核心的党中央高度重视传统媒体和新兴媒体融合发展,总书记在党的新闻舆论工作座谈会上明确指出,传统媒体和新兴媒体融合要尽快从相"加"阶段迈向相"融"阶段,从"你是你、我是我"变成"你中有我、我中有你",进而变成"你就是我、我就是你"	第35届湖北新闻奖三等奖	中国地市报人	2017年第3期

续表

序号	作者	论著名称	主要内容	获得奖项	发表刊物名/出版社	发表时间
31	陈新	地市党报主题宣传的"梯次策划"	主题宣传是党报的重头戏,是报人的一个重要而紧迫的业务探讨课题。地市级党报在技术设备、人力资源有限的前提下,需注重把握主题宣传节奏,集中力量,提前介入,梯次推进,凸显主流媒体的舆论强势	第35届湖北新闻奖三等奖	中国记者	2017年第2期
32	代志武 杨章池	"三破三立"打造新闻梦工厂	改革的重头戏是重组媒体内部管理结构,将五大编辑部进行拆分重组,打破原有建制和格局,实行管理结构创新。具体做法是颠覆传统管理架构,在整合中求融合。推进出版流程标准化是媒体融合链条上至关重要的一环。集团重新设计了融媒体采编规程,以标准化生产的要求,对具体运行的每个环节进行严格规范	第35届湖北新闻奖三等奖	中国报业	2017年第5期
33	丁浩宇 许立菊	《仙桃日报》:以"五好工作室"激发创新热情	2016年以来,仙桃日报社成立"五好工作室",发挥典型引路作用,大胆创新报道方式,新闻佳作迭出,社会反响良好,为办一张鲜活的地方党报提供了范例	第35届湖北新闻奖三等奖	中国记者	2017年第1期
34	施华	"三驾马车"推进媒体转型发展——《中国水运报》的实践与思考	如果将新闻传播比喻成一个人体的话,那么,内容就是大脑,媒体融合就是四肢,而服务就是人的作为。媒体人的目标就是:让大脑思维能力更优,让四肢协调运转更快,让服务经济社会发展的能力更强。当下,《中国水运报》深入贯彻落实新发展理念,加快推进供给侧改革,以"内容提升、融合提速、服务提质"为重点,让内容、融合、服务"三驾马车"并驱前行,全力打造服务型主流媒体	第35届湖北新闻奖三等奖	传媒	2017年第23期

续表

序号	作者	论著名称	主要内容	获得奖项	发表刊物名/出版社	发表时间
35	刘路	本地性，差异性，贴近性——时事新闻二次挖掘谈	新媒体时代，传统媒体遭遇前所未有的冲击，时事新闻版面首当其冲。作为报纸每天的重要组成部分，《三峡晚报》通过落地处理，让发生在外埠的新闻更有服务性、独特性和贴近性，差异化呈现时事新闻内容，给读者提供了更多的阅读空间	第35届湖北新闻奖三等奖	新闻前哨	2017年第2期
36	郝滢	传统媒体如何打造新闻"网红"	传统媒体如何创新内容、形式、方法、手段等，使主题报道动真情写实感，增强表现力，体现传播力？本文通过案例分析认为，传统媒体在全媒体传播"深融"探索中，要努力培养自己的网红主持人，创新方式，借力符号化操作，丰富主题报道的引导力，体现把握的判断力，以融合报道增强表达的传播力	第35届湖北新闻奖三等奖	新闻前哨	2017年第8期
37	魏艳文	融合背景下的电视盈利模式创新	新技术衍生的新媒介形态和新产业形态，打破了单一的盈利模式和原有的传播格局。传统电视媒体纷纷调整经营范围和经营活动，进入新的利润区，创造新的市场机会。新的产业链媒介融合导致电视内容跨屏化。同一电视栏目或内容进入网络视频、手机客户端或户外大屏，导致受众观看视频的跨屏化。同时，受众观看视频的时长也发生变化。微信等移动端的广泛应用使内容呈移动化、碎片化趋势，带来了内容生产的短视频化	第35届湖北新闻奖三等奖	新闻战线	2017年第19期
38	万建 周桢 张万超	广播电视网络互联隔离的安全分析	随着我国广播电视网络信息技术的不断发展和对广播电视网络安全要求的不断提升，以及广播电视网络制作、播出、媒资、综合信息的分离，广播电视网络的各个分网之间互联的安全显得尤为重要。本文主要对广播电视制作、播出、媒资、综合信息、外部数据网络互联的安全进行分析，对各个网络之间的互联安全隔离进行比较	第35届湖北新闻奖三等奖	广播与电视技术	2017年第6期

续表

序号	作者	论著名称	主要内容	获得奖项	发表刊物名/出版社	发表时间
39	余功辉	地市级电视台开展纪录片创作与传播的可行性探讨	国家对纪录片产业的政策扶持，促进了纪录片创作与传播的快速发展。然而，与央视和省级卫视对纪录片生产传播所呈现的"热度"相比，作为基层的地市级电视台却表现"冷淡"，这无疑是纪录片产业一种的缺憾。目前，地市级电视台虽然在纪录片创作与传播方面存在一些困难，但在创作题材选择、低成本生产、台与台之间协作互动等方面也具有一定优势，只要加以利用，仍将有所作为	第35届湖北新闻奖三等奖	郧阳师范高等专科学校学报	2017年第2期
40	黄万	对地市级交通广播创新的思考	在媒体竞争日益激烈的情况下，地市级交通广播发展的出路只有一条，那就是创新。文章在分析现状和困惑的基础上，建议创新的路径为：内容的供给侧改革、平台的"交广+"链条及产业的高效营运	第35届湖北新闻奖三等奖	中国广播	2017年第9期
41	顾亦兵	武汉《电视问政》：构建城市公共治理平台	武汉电视台的《电视问政》栏目创新了民众参与新闻传播的电视方式，为民众广泛参与公共事务提供了可操作的电视手段。党委政府主导机制、策划机制、问政内容及官员选择机制、问政嘉宾遴选机制、直播专班组建机制、整改督办问责机制、考评机制共同构成电视问政的工作机制；获取问政短片拍摄线索、拍摄问政短片、策划直播的内容和流程、进行模拟彩排等形成电视问政富有特色的操作流程。在具体实践中，栏目组充分尊重电视规律，较好地解决了"谁在问""问什么""怎么问"的问题，构建起推动城市发展的公共治理平台	第27届中国新闻奖三等奖	新闻战线	2016年第12期

二、调查报告

调查报告是通过对某些问题或事件进行详尽调研后,对其结果加以系统化整理,最终揭示其本质,总结规律的重要成果,是学术研究重要的组成部分。在2016年至2018年湖北省新闻传播研究领域的相关调查报告中,专门性的实证调查论文的数量不多,大多数的调查报告都是中国媒体发展研究报告,在内容上也是倾向于新媒体环境下各种新技术对新闻传播领域的影响。

序号	作者	名称	内容	发表刊物	发表时间
1	程曼诗 廖声武	新媒体环境下高校校报改革创新的路径——部分高校校报传播效果调查分析	随着新媒体的迅猛发展,高校校报受到强势挤压。校报自身的不足被放大,其发展短板日益显现。校报应增加深度报道、专题报道、新闻评论的版面,与校园新媒体和其他院校增加交流互动,更新话语风格,增强服务意识和百姓情怀,在加强信息性的同时,增加文化的成分,以此赢得受众的青睐	新闻前哨	2016年
2	杨翠芳 杨焱雯	湖北省微信使用现状和特点调查研究报告	对湖北省居民微信使用的情况进行了整体调查,调查包括微信使用的基础情况及受访者微信使用的行为和态度情况,并对使用微信时呈现出的特点与趋向进行了总体分析	湖北第二师范学院学报	2018年第4期
3	钟曼丽 杨宝强	社会智库成果传播能力及影响机理分析	智库传播渠道多种多样:对于高层领导人,最好的方法是在小型会议上亲自向领导呈上研究成果;对于中层官员,可通过会议、研讨会、文件及相关政策简报等联系;对于学者,可通过精心撰写的调查报告和学术著作沟通;而对于普罗大众,一般通过网络和新闻媒介进行传播。在创造影响力方面,智库除了组织调查、进行分析、发现政策问题或是分享政策理念之外,还可以扩展其角色	情报杂志	2017年第8期

续表

序号	作者	名称	内　容	发表刊物	发表时间
4	姚　曦 李　娜	湖北传统媒体广告经营调查与现状分析	面对互联网的冲击，湖北传统媒体积极调整策略，适应新媒体发展趋势，但与北上广等一线城市相比，湖北传统媒体广告经营相对落后，普遍存在向新媒体转型相对滞后、经营思维和经营模式固化以及创新性缺乏等问题，湖北传统媒体需要立足于实际情况从大众传播向数字传播转型，并以互联网思维整合和创新广告经营模式，打造独具特色的媒介品牌形象和品牌风格	中国媒体发展研究报告	2016年
5	武汉大学跨文化传播研究中心	2016年跨文化传播事件评析	广泛搜集了2016年全球范围内的文化交流与文化冲突案例，从中筛选出11起具有典型性的跨文化事件，运用跨文化传播的理论与视角对这些事件进行评析与阐释，将事件放置在文化交流的广阔脉络之中，尝试发掘出冲突性事件背后的深层文化因素	中国媒体发展研究报告	2017年
6	谷　萍 冈　津 林　砾	"一带一路"跨国探访报道中记者的跨文化认知与反思	以参与2016年《长江日报》"一带一路"跨国探访系列新闻报道的9名记者为访谈对象，结合记者们在跨国探访报道中的工作细节和个人体验，以访谈法为主要研究方法，展现记者们对"一带一路"中国企业采访和报道中的思考与记者群体的跨文化认知。本文归纳了"一带一路"跨国探访报道的跨文化价值，从记者视野整体呈现了中国企业的跨文化实践，梳理了新闻采访与报道中记者的跨文化体验与认知，进而提出了"一带一路"新闻报道的跨文化反思	中国媒体发展研究报告	2017年

续表

序号	作者	名称	内　容	发表刊物	发表时间
7	郑　闯 曹　婷	在蒙中资企业面临的跨文化挑战与应对策略	通过对蒙古国社会的历史认知、地缘忧虑、媒体舆论以及对中国商业行为的刻板印象等进行调查，梳理出中资企业面临的诸多跨文化信任挑战，并在此基础上，有针对性地通过案例分析，提出了若干应对策略建议	中国媒体发展研究报告	2017年
8	单　波 周夏宇	Quora社区的中国文化分享	通过对回答和评论的话语与情感分析发现，非华人网民对中国文化的态度主要有四种类型：抗拒、共情、肯定和正名。影响非华人网民对中国文化看法的因素主要有五个：教育、文学作品、事件、亲身体验、互联网	中国媒体发展研究报告	2017年
9	肖　珺 胡跃跃 秦博昱	"丽江女游客被打"事件中的"第五权力"研究与反思	通过对"丽江女游客被打"事件网络舆情的抽样话语分析，回答两个研究问题：个人如何实现"第五权力"？"第五权力"的传播过程有何特点？本文发现，话语权、监督权是个人实现"第五权力"的基础；"第四权力"与"第五权力"的合作性生产，解放的权力到权力的无序，内部分化、转向与再次聚焦，是"第五权力"的传播特点。本文认为，"第五权力"呈现权力的动态变迁和"双向赋权"，其风险具有规避的可能性	中国媒体发展研究报告	2017年
10	王　琼 王文超	数据新闻内容生产的探索与商业模式——基于对财新网、澎湃、新华网、DT财经的访谈	访谈主要围绕2016年中国大陆地区的数据新闻发展现状展开。研究发现，受访团队的规模均有所扩大，对具备数据分析能力的编辑需求较大；内容生产的重心从数据可视化转向对数据的分析与解读；数据开放程度有限、数据积累不够等问题依然普遍存在；商业模式方面，除传统广告模式外，为政府和企业提供数据可视化内容服务以及数据产品的再包装与开发服务等模式得到进一步发展	中国媒体发展研究报告	2017年

续表

序号	作者	名称	内容	发表刊物	发表时间
11	洪杰文 兰 雪 李 程	中国新闻机器人现象分析：数据与技术困境下的填字游戏	通过对我国四个主要新闻机器人（Dreamwriter、Xiaomingbot、快笔小新、DT稿王）进行分析，从而窥探出当下我国机器新闻发展的现状及难点，并在此基础上探讨机器新闻未来的发展趋势以及对我国新闻业生产的启示	中国媒体发展研究报告	2017年
12	王朝阳 黄嘉琪 梁 骥 凌 晨 许筱珂 于惠琳 郑作龙	无人机技术在我国传统媒体中的应用现状	从三个方面展开研究：其一，梳理国家、地方政府、新闻出版部门以及各级媒体的政策支持和规划设计；其二，探究无人机技术的具体应用现状；其三，分析新媒体技术发展对传统媒体的影响	中国媒体发展研究报告	2017年
13	夏忠敏 强月新	2014—2015年度中国媒体发展盘点	2014—2015年，传媒业发展保持增长态势，增长点主要在新媒体这一块，电视行业和报纸行业面临着前所未有的危机。新媒体在不断的调整中崛起，传统媒体被倒逼转型以期自我超越，二者在竞争中合作趋向融合发展。政府宏观的规制加强对各行业的监管，推动新旧媒体发展。未来的中国媒体发展转向质量效率型集约增长	中国媒体发展研究报告	2016年
14	谢湖伟 高 超	2015年我国广电媒体融合研究	2015年广电的市场和政策环境经历了比较重大的变动，各大卫视也随之在内容编排、内容生产、技术革新、产业经营等方面进行了调整，在自身优势的基础上，将传统媒体思维与互联网思维进行结合，以更加主动、更加开放的姿态应对挑战	中国媒体发展研究报告	2016年
15	廖秉宜	大数据时代中国程序化广告产业发展研究报告	重点分析广告程序化购买的基本原理与运作流程、中国程序化广告产业生态及其优化、中国程序化广告产业的经营战略	中国媒体发展研究报告	2016年

续表

序号	作者	名称	内容	发表刊物	发表时间
16	姚曦 李斐飞	2016年广告公司生存与发展访谈报告	通过对10余家知名广告公司20余位广告公司高层管理者和资深从业者进行深入访谈，对2016年广告市场、广告客户以及广告公司的生存与发展状况进行了深度剖析	中国媒体发展研究报告	2016年
17	冉华 窦瑞晴	媒介融合的制度供给与现实路径	在梳理媒介融合制度和总结媒介融合现实路径的基础上提出：媒介融合激励性政策供给仍相对不足、传媒产业竞争优势要适度重构和传统媒体的增量改革势在必行	中国媒体发展研究报告	2016年
18	刘润峰	我国数字营销产业的并购研究——基于国内上市公司28宗典型并购案例的分析	以2014—2016年国内上市公司并购数字营销公司的28宗典型案例为研究样本，通过描述并购的规模与方式、并购双方在并购重组前后的经营状况指出，数字营销产业正步入快速增长期，并购活动成为相关企业外延式扩张的重要手段，产业资本化运作成为产业发展的重要推手，并购重组与产业整合使我国数字营销产业表现出明显的外延扩张态势	中国媒体发展研究报告	2016年
19	阮毅	困境与转型：大数据时代中国广告产业的发展	回顾中国广告产业的粗放式增长历程，进一步分析产业发展模式和核心价值层面始终存在的历史隐忧和现实困境，由此提出大数据技术与应用将成为产业"新常态"发展的核心推动力。广告产业应全面升级为以大数据的管理、分析、价值增值为核心服务的"全息"数据服务产业，逐渐实现以"创意"为核心向以"数据驱动"为核心的价值再造，实现自身的转型升级与新常态发展	中国媒体发展研究报告	2016年

续表

序号	作者	名称	内 容	发表刊物	发表时间
20	周丽玲 陶如意 李 聪	中国互联网广告效果监测发展报告（2003—2016）	系统梳理了我国互联网广告效果监测的发展脉络，通过对2003年至今我国互联网广告监测行业发展历史的回顾，提出按监测内容将之划分为移植期、全流程期和跨屏期三个阶段，按监测机构的发展重心与策略，划分为工具化、数据化和生态化三个阶段。在此基础上，文章从数据资源、监测技术、行业标准与行业发展机制等方面，对我国互联网广告效果监测行业的制约因素和未来发展趋势进行了进一步的探讨	中国媒体发展研究报告	2016年
21	陈瑜嘉	大数据时代人与技术的互动——行为定向广告及其价值与争议	通过对已有文献与网络公开资料的研究，对行为定向广告的含义、类型、发展进行了梳理。在相关理论视域下对行为定向广告进行审视，指出行为定向广告与传统广告相比存在的价值，探讨该广告形态所存在的争议。从技术与人的关系的角度出发，对行为定向广告的发展进行了思考与展望	中国媒体发展研究报告	2016年
22	周茂君 闫泽茹	VR营销：传统营销的颠覆者？——2016年VR营销发展调研报告	VR营销在四个方面颠覆了传统营销，同时技术的不成熟，带来体验不佳、互动性缺乏与内容瓶颈等诸多问题，又限制了它的进一步发展。总之，VR营销被业界普遍看好，可谓前景无限，但在当下它还只是一个实际内容不多的概念，需要更多人的努力与投入	中国媒体发展研究报告	2016年
23	柳庆勇	整合营销传播背景下广告公司发展问题研究	从分工理论视角来看，在整合营销传播背景下，是广告产业的组织形态导致广告公司陷入发展危机，但是，产业集群能创新广告产业组织形态，并推动广告公司发展	中国媒体发展研究报告	2016年

续表

序号	作者	名称	内容	发表刊物	发表时间
24	姚 曦 李 娜	湖北传统媒体广告经营调查与现状分析	面对互联网的冲击，湖北传统媒体积极调整策略，适应新媒体发展趋势，但与北上广等一线城市相比，湖北传统媒体广告经营相对落后，普遍存在向新媒体转型相对滞后、经营思维和经营模式固化以及创新性缺乏等问题，湖北传统媒体需要立足于实际情况从大众传播向数字传播转型，并以互联网思维整合和创新广告经营模式，打造独具特色的媒介品牌形象和品牌风格	中国媒体发展研究报告	2016年
25	杨树坤 赵 真 李晓慧 周 辉	汉派服装企业官方微博的运营现状与发展策略研究	通过对典型汉派服装企业官方微博运营情况的定量分析，辅以外资知名品牌企业的微博运营现状的对比，对现有汉派服装企业官方微博运营缺失提出了一些建设性意见与改进策略	中国媒体发展研究报告	2016年
26	刘建明 徐 恬	2015年国内五大视频网站自制视频内容分析	以各大视频网站的自制视频内容为分析对象，主要针对2015年国内五大视频网站（爱奇艺、优酷土豆、乐视、搜狐视频、腾讯视频）自制节目、网剧以及电影的情况进行数据统计与量化分析，探讨自制视频节目、网剧与电影的发展及其对传统媒体格局的影响。研究发现，视频网站仍然奉行内容为王，出现了跨行业联合制作迹象，也给电视媒体带来挑战	中国媒体发展研究报告	2016年
27	徐同谦 晏圣古	中国大学生运动社交媒体使用调查及其对运动卷入度与身体自尊的影响研究	通过获取250份有效样本数据，研究中国大学生运动社交媒体的使用状况，并进一步分析中国大学生使用运动社交媒体对其运动卷入度与身体自尊的影响	中国媒体发展研究报告	2016年

续表

序号	作者	名称	内容	发表刊物	发表时间
28	徐明华 冯亚凡	美国民众的"一带一路"观与中国策略反思——基于中美两国民众世界观调查的实证分析	通过源于华中科技大学国家传播战略协同创新中心2016—2017年大型中美民意调查的数据分析，深入考察了美国民众的"一带一路"观，从全局观、大国观、邻国观、趋势认知四个方面展开分析，并进一步探讨中国战略传播的反思与实践启示	中华文化海外传播研究	2018年

三、蓝皮书

蓝皮书作为一种综合研究报告，自身的属性就决定了其内容，既包含宏观产业整体发展的研究，也有从微观入手的具体内容分析。由单波、王松茂等人发布的《中国媒体发展研究报告》从宏观产业（媒体发展情况、广电媒体融合、广告产业发展情况）到微观传媒产品运作某一环节（视频网站自制视频内容分析、大学生运动社交媒体使用情况等），全面描述整个媒介产业的发展现状。黄晓华（2016）则采取了分类报告与专题报告相结合的方式，对湖北省的文化产业发展做出研究。其中，分类报告从发展环境、趋势、特色、存在的问题、对策五个方面，围绕湖北文化产业的十多个主要门类做分析。专题报告则重点分析投融资状况、文化消费状况、特色文化资源开发状况，并对中部六省的文化产业发展做了详尽的横向比较。

序号	作者	名称	内容	出版时间	出版社
1	黄晓华	湖北省文化产业发展报告（2017）	以2015年、2016年湖北文化产业发展状况为基点，全面总结了湖北文化产业在"十二五"期间的成就，结合中部崛起、"互联网+"、长江经济带等重要战略，对湖北文化产业发展的水平、竞争力等现状做了评估，并对"十三五"期间的发展趋势做了严谨预测，提出了一系列对策	2017年	社会科学文献出版社

续表

序号	作者	名称	内　容	出版时间	出版社
2	钟瑛等	中国新媒体社会责任研究报告（2016）	以"新媒体社会责任"为主题，对国内现有主要的新媒体类型进行了全面考察，其中评价篇运用新媒体社会责任指标体系对典型新媒体类型进行社会责任评估；专题篇集中呈现2016年新媒体传播领域的研究热点，以典型现象和重点平台为研究对象，探讨信息传播中呈现的伦理问题；案例篇聚焦社会热点事件，对事件在微博、微信、新闻客户端等新媒体平台传播过程中引发的风险传播、舆情传播和形象传播等问题进行解析，探讨新媒体社会责任问题	2016年	社会科学文献出版社
3	湖北省新闻出版广电局，武汉大学国家文化发展研究院	2015—2016年湖北新闻出版广电事业发展报告	随着中国经济的发展和社会的进步，新闻媒介在民众生活中所起的作用越来越明显。新闻媒体除了传播民众所需的新闻信息之外，在提供娱乐、传播文化方面也起着重要作用。报告选择报纸、广播、电影、电视和网络作为研究对象，以期通过对媒体信息传播状况和相关内容的分析，客观、全面、准确地展示以上几种媒体的文化传播现状，以及它们所体现的传播优势和存在的不足，为中国文化传播的发展和研究提供参考	2016年	武汉大学出版社
4	黄永林 陈汉桥	武汉文化创意产业发展报告（2016）	以"文化创意产业供给侧结构性改革"为主题，梳理了2015年武汉文化创意产业及其相关产业的发展状况，剖析了武汉文化创意产业发展的特点与不足，对文化创意产业供给侧结构性改革进行了从理论到实践的深入研究，在总结区域文化创意产业发展成功经验的同时，概括指出了武汉文化创意产业供给侧的多重矛盾，为武汉文化创意产业供给侧结构性改革提出了科学的建议	2016年	社会科学文献出版社

续表

序号	作者	名称	内容	出版时间	出版社
5	张昆	国家形象蓝皮书：中国国家形象传播报告（2016）	系统研究中国国家形象传播发展状况，分别围绕"热点""国际""专题""案例"和"附录"五个焦点话题，站在国家战略的高度，从热点分析、国际视野、专题考察、案例研究和调研附录的层面，就中国国家形象建构和传播的各种话题，展开比较全面而系统的呈现、论述和阐释，分析了中国国家形象传播的全景式、立体化图景，力图为中国国家形象的建设与提升给予智力层面的启发或支持	2016年	社会科学文献出版社
6	钟瑛等	中国新媒体社会责任研究报告（2017）	对2017年新媒体行业社会责任的履行状况进行了全面总结和系统呈现，着重分析了新媒体社会责任实践的新场景，梳理了国家对新媒体治理的新举措，评估了不同类型新媒体履责的新变化。报告密切关注新媒体领域的新动态，将视频直播网站和网络募捐平台纳入考察范围；对2017年以来新媒体传播中的典型现象、热点议题和重点人群进行了全面讨论	2017年	社会科学文献出版社
7	单波 王松茂	中国媒体发展研究报告	年度报告部分聚焦于媒体发展情况、广电媒体融合、广告产业发展情况等；媒体管理部分聚焦于媒体融合的体制机制问题及解决方案等；产业观察部分聚焦于数字营销产业、广告业转型、互联网广告监测等；媒体创新部分聚焦于行为定向广告（人与技术的互动）、VR营销等；传媒产品则聚焦于视频网站自制视频内容分析、大学生运动社交媒体使用情况等	2017年	社会科学文献出版社

四、新书撰录

对湖北省新闻传播领域的新书撰录情况进行了解,也是分析湖北省新闻传播研究情况的重要渠道。通过对近三年新书撰录的梳理,从数量上看,新书的成果甚是丰富,大部分新书都是针对传媒领域"学"与"研"方面的研究。全媒体时代,社会环境和媒介技术的变革不断改造着新闻传播的内容与形式。传统的传播载体在"互联网+"的融合与转型中不断开展多方位的尝试,传媒领域的媒介教育也需要因之而变动(廖声武,2016.1)。在实践教学方面,"培养理念与整体构想""教学体系检讨""校外实践教育基地建设与实践""来自业界的报告""他山之石"(主要是对国外著名新闻传播院校的课程设置与人才培养的深度解读)和"实践教学成果申报",这六个主题大多是当前困扰我国新闻传播教育界,并亟待解决的重要问题(强月新、周茂君,2017.11)。信息化时代,新闻教育不仅关系到媒介系统的发展和文化的传承,更是直接影响到社会的和谐与人的全面发展,对新闻教育本身的研究也是重要的议题。张昆(2017.8)以自身多年来对传媒教育的新闻人才培养、新闻教学改革、新闻学科建设等多方面的认识,探讨人才培养的一般规律。刘建明(2017.9)、喻继军(2016.1)、谭云明、郑坚、张昆等人(2016.1)、欧阳明(2016.9)、赵振宇(2017.8)通过分析新媒体时代下传媒产业的变化,都对传统新闻传播知识进行重塑,以适应当下高校新闻传播教育的需求。

除了需要对传统媒介理论与实践知识进行重构外,对新型学科建设也必不可少。在2012年,全国共有28所高等院校正式被批准新设专业"网络与新媒体"。尹章池(2017.5)、钟瑛(2016.5)提出必须多角度(既有微观上的网络传播技术、网民及其行为、网络新闻评价与管理,也有中观上的网站类型、网站商业运营,还有宏观上的网络管理、网络舆论、网络传播影响等内容)、多层次(既对初级的互联网历史脉络和网络传播技术等进行梳理,也对深度的网络舆论传播规律、中国特色网络管理机制构建、网络传播研究前沿理论与方法等展开剖析)、跨学科(涉及计算机科学、传播学、社会学、心理学、政治学、法学、经济学、管理学、文化学、伦理学等学科)、立体化地呈现网络传播的基本图景。同时,在互联网技术的不断驱动下,传统营销演变为网络营销,继而蜕变为数字营销。数字营销的诞生不仅在满足市场需求方面有了质的飞跃,而且为实现精准营销提供了现实可能性。这就需要传媒教育遵循数字营销发展的基本逻辑顺序,系统地介绍了数字营销的理论与策划问题。李小曼、李明、余晓莉(2016.9)、程明、钱广贵(2016.9)聚焦数字营销领域,以互联网思维为切入点,以社会化媒体的发展为参照,紧密结合数字营销传播发展的现实与趋势,为传媒教育提供具有代表性和典型性的案例,并在案例呈现和点评中探讨了数字营销传播的基本运作规律,对数字营销传播的发展趋势进行了展望。

序号	作者	著作名	出版社	出版时间
1	张昆	三思新闻教育	华中科技大学出版社	2017年
2	张昆	外国新闻传播史	高等教育出版社	2016年
3	强月新 周茂君	实践教学与新闻传播人才培养创新研究	科学出版社	2017年
4	廖声武	媒介融合环境下的新闻传播教学	世界图书出版公司	2016年
5	谭云明 郑坚 张昆	新闻编辑学	华中科技大学出版社	2016年
6	欧阳明	新闻报道叙事原理研究	华中科技大学出版社	2016年
7	陈先红	中国公共关系学	中国传媒大学出版社	2018年
8	陈先红	现代公共关系学(第2版)	高等教育出版社	2017年
9	舒咏平 鲍立泉	新媒体广告	高等教育出版社	2016年
10	钟瑛	网络传播导论(第2版)	中国人民大学出版社	2016年
11	徐涵	大数据、人工智能和网络舆情治理	武汉大学出版社	2018年
12	姚曦 黎明	互联网时代公共关系的理论与实践	中国建筑工业出版社	2017年
13	李小曼 李明 余晓莉	数字营销策划与创意	中国建筑工业出版社	2016年
14	程明 钱广贵	数字营销传播经典案例教程	中国建筑工业出版社	2016年
15	刘建明	新闻学概论(第2版)	中国传媒大学出版社	2017年
16	周茂君	新媒体概论	西南师范大学出版社	2016年
17	廖秉宜	广告经营与管理	西安交通大学出版社	2016年
18	尹章池	传媒产业概论	武汉大学出版社	2017年
19	尹章池	新媒体概论	北京大学出版社	2017年
20	林莺	中西语言文化对比研究	华中科技大学出版社	2018年
21	喻继军	新闻采访与写作	武汉大学出版社	2016年
22	单波 刘欣雅	国家形象与跨文化传播	社科文献出版社	2017年
23	何清新	神与诗：布岱族群交流的想象与重建	社科文献出版社	2017年

续表

序号	作者	著作名	出版社	出版时间
24	肖珺	跨文化虚拟共同体：连接、信任与认同	社科文献出版社	2016年
25	牛静 杜俊伟	全球媒体伦理规范译评	社会科学文献出版社	2018年
26	牛静 杜俊伟	全球主要国家媒体伦理规范（双语版）	华中科技大学出版社	2017年
27	何志武	对话与协商：电视问政的理念	华中科技大学出版社	2018年
28	何志武	重构："三网融合"对广播电视新闻传播的影响	华中科技大学出版社	2016年
29	邓秀军	新媒体纪实影像叙事文本的解构与话语的重构	中国社会科学出版社	2017年
30	李华君	伦理资本建构：企业非伦理公关行为研究	中国传媒大学出版社	2018年
31	李贞芳	三峡工程公共关系传播效果研究	华中科技大学出版社	2017年
32	李贞芳	公共关系调研与评估	华东师范大学出版社	2016年
33	吕尚彬 梅文慧	快乐长沙——城市形象定位与魅力表达	红旗出版社	2016年
34	陈薇	领导人的公共外交与国家形象传播：以习近平2015年访英活动为例	社会科学文献出版社	2017年
35	陈瑛	媒介女性身体形象的视觉传播研究	华中科技大学出版社	2017年
36	刘友芝	新媒体运营	中国人民大学出版社	2018年
37	陈刚	黑客与网络安全	宁波出版社	2018年
38	洪杰文 归伟夏	新媒体技术	西南师范大学出版社	2016年
39	杨嫚	电子媒介发展史	科学出版社	2018年
40	杨嫚	法律意识的媒介构建及其局限：基于报纸的考察	科学出版社	2016年
41	刘明秀 周丽玲	新媒体营销	西南师范大学出版社	2016年
42	王琼 苏宏元	中国数据新闻发展报告（2016—2017）	社会科学文献出版社	2018年
43	廖秉宜	广告经营与管理	西安交通大学出版社	2016年

续表

序号	作者	著作名	出版社	出版时间
44	何明贵 刘莉 冯先成 孙睿	Web技术原理与应用	西南师范大学出版社	2016年
45	余晓莉	美国广告批判研究	人民出版社	2017年
46	周丽玲 刘明秀	新媒体营销	西南师范大学出版社	2016年
47	黄雪莹 江作苏	记者心语新修：职业伦理与心理取向	中国传媒大学出版社	2018年
48	董中锋	出版理想与文化责任	华中师范大学出版社	2017年
49	孟君	中国当代电影的空间叙事研究	商务印书馆国际有限公司	2018年
50	胡璇	大众传媒视域下的东北喜剧研究	华中师范大学出版社	2017年
51	张瑜烨	媒介融合与报业体制变革	人民出版社	2017年
52	张瑜烨	长江中游区域发展与大众传媒	中国社会科学出版社	2017年
53	芦何秋	社交媒体意见领袖研究：以新浪微博平台为例	武汉大学出版社	2016年
54	吴宁	新传播语境下我国公民新闻研究		2016年
55	张帆	媒体融合背景下我国报业转型的发展策略研究	武汉大学出版社	2018年
56	秦雪冰	基于创新的中国广告产业演化研究	世界图书出版公司	2016年
57	陈刚	共识的焦虑：争议性议题传播的话语变迁与冲突性知识生产	人民出版社	2016年
58	蔡华东	传媒变局与党报改革	湖北人民出版社	2016年
59	刘宝珍	新时期问题报告文学的诞生与勃兴	华中科技大学出版社	2017年
60	薛梅	龙溪心学的传播与《西游记》研究	中国社会科学出版社	2016年
61	邓为	失衡与再平衡——中国新闻网站上市现象研究	人民出版社	2017年
62	丁洁	分化与融合——社会转型期的中国广播	武汉大学出版社	2016年
63	赵良英	美国国家战略传播体系研究	武汉大学出版社	2017年
64	朱建华	传播力+的风口：融媒体时代的党报转型	人民日报出版社	2016年

传媒产业实践方面,尹章池(2017.8)针对传媒产业在进入技术经济(互联网+、媒介融合)视野后的发展,提出产业经济学的基本结论和媒介技术的成果多次哺育孕育传媒新业态,并催生了媒体发展的新型产业链、创新内容以及对策政策等。

廖声武(2016.6)选择报纸、广播、电影、电视和网络作为研究对象,以期通过对媒体信息传播状况和相关内容的分析,客观、全面、准确地展示以上几种媒体的文化传播现状,以及它们所体现的传播优势和存在的不足,为中国文化传播的发展和研究提供参考。秦雪冰(2016.11)以演化经济学为理论分析框架,以创新演化理论为视角,以广告产业为分析单位。分析了外部环境的创新对广告产业的形成及演化所产生的影响及作用方式,广告产业的自组织创新对广告产业的影响及对产业环境的反塑。进而提出了广告产业创新系统、创新发展模式与当前形势下中国广告产业的创新思路,力图丰富广告产业理论并指导广告产业发展实践。张帆(2018.4)针对数字技术和网络技术的飞速发展,给纸质媒体所带来的严重生存危机问题,探讨了我国报业自1995年转型以来,所取得的成绩与不足,深入研究报业转型中面临的主要问题、成因及影响因素,从智媒化、平台化与资本化三个方面探讨了我国报业转型的范式以及盈利途径。也有学者从内容生产的变化着手,关注新媒体内容层面的生产与编辑,以新媒体新闻的采、写、编、译为主线,对网络新闻采访、网络新闻写作、网络新闻标题制作、网络新闻专题制作、网络新闻评论、移动终端新闻编辑等各个具体生产环节进行研究(杨嫚,2016.7)。

除了以某一具体产业为研究对象,也有学者对特定区域的文化产业做出研究。湖北省是长江中游区域举足轻重的部分,研究整个长江中游区域发展与大众传媒的关系,自然也就是对湖北省经济与传媒间关系的探究。张瑜烨(2017.5)以长江中游区域为研究对象,通过分析长江中游区域城市发展与大众传媒的良性互动,来探讨长江中游区域传媒如何通过自身的改革推动区域经济发展。

在新的媒介技术的冲击下,传统新闻传播领域存在着理论局限和范式危机。张昆(2016.6)的《外国新闻传播史》,陈先红的《中国公关关系学》(2018.6)、《现代公关关系学》(2017.9),姚曦、黎明的《互联网时代公共关系的理论与实践》等都是立足于新的媒介环境,对新闻发展史和公关关系等学科进行重新诠释。

新媒体研究方面,周茂君(2016.7)从总论、技术、传播、经营和管理五个方面,对新媒体进行了分析,既剖析了技术发展对传播参与者、传播内容、传播过程和传播效果的影响,又考察了新媒体——网络媒体、手机媒体、数字电视与户外新兴媒体的经营活动和企业的新媒体营销,还观照了新媒体政府规制及新媒体伦理和用户的媒介素养。舒咏平、鲍立泉(2016.2)立足于大数据的媒介背景,研究新媒体广告在大数据下的用户分析、品牌传播的内容设置、自媒体建设与运营、社交媒体开发与互动、数字广告搭载与植入、品牌信息搜索与满足、电商平台展示与沟通、数字营销的促进传播、O2O广告聚合传播、社会化客户关系管理、品牌的新媒体危机管理、新媒体广告的大数据评估等内容。谢湖伟（2016.10）从新闻传播角度，以社会嵌入理论作为研究的理论支撑，对互联网嵌入大众传播、人际传播、政府传播分别进行了深入研究，从传播学角度来分析互联网。此外，也有学者对新媒体的管理政策进行研究。刘锐（2016）通过对2014—2015年的新媒体管理政策进行梳理，提出在未来应当更注意政策的整体性、持续性、透明性，保护市场主体的合法权利。

在舆情研究上，新技术的发展，某种程度上也改变了舆情的存在状态。王彬、尚政民、洪燕等（2015）在《媒体危机传播的角色反思与规律新探》中提出，舆情应对是国家应急管理和危机公关的重要策略之一。新闻媒体作为公关中介，既是政府舆情应对的对象，也是应对工具。在重大突发事件报道中，我国媒体不断反思探索，强化角色认知，逐步从被动适应走向主动作为。积极适应新媒体时代危机传播新特点，探索发挥"时度效"舆论引导规律的主导作用，努力实现舆情引领的理念创新、方法创新和机制再造。对于如何治理舆情，多位学者也从不同的角度进行分析。赵振宇（2017.7）通过对中华人民共和国成立以来我国处理突发事件的历史回顾，运用舆论学、系统论、协商民主理论、协同理论和程序理论，试图厘清突发事件发生的原因，突发事件的转变和过程，以及在突发事件发生后有关舆论的发生、发展、转变的规律，帮助政府和媒体认清当下中国突发事件的一些特征，掌握处理技巧，进而建立一个结构合理、反应迅速、应对科学、富有成效的舆论引导体系。徐涵（2018）则将大数据、人工智能等新技术与网络舆情治理进行结合。江作苏（2016.5）着眼于当代社会转型与传媒转型的背景，从与风险社会伴生的应急传播角度，探讨了传播理念与机制的变化。对于国际传播格局中新出现的伦理背境，以及相应的社会心理反应作了深入剖析。孙发友（2017.7）将新中国新闻典型形象纳入传播学的研究视野，以《人民日报》、新浪微博等媒介样本为基础，以雷锋、焦裕禄、孔繁森、张海迪、南京路上好八连、王进喜、中国女排、袁隆平、郭明义、信义兄弟为个案，分析了中华人民共和国成立以来经典新闻典型的媒介生产、历史变迁及时代价值，并通过调查问卷的形式从传播效果层面窥探了形象建构的建议，在当下媒介生态环境中，为典型形象助力社会主义核心价值观的传播提供参考。

在对外传播研究方面，张昆（2016.1）在《华文传播与中国形象：第九届世界华文传媒与华夏文明国际学术研讨会论文集》中围绕中国形象的多维理论探析、中国对外传播战略与策略、大国崛起中的中国形象、传播史与中国认同、文化产业与国家形象、新媒体与中国形象建构、国家公关与中国形象等主题展开论述，呈现了传统媒体、媒介文明、公共外交、社交媒体与国家形象之间交互影响的宏大图景。刘娜（2017.6）则是通过实证研究，以中国新华新闻电视网、中国国际广播电台和中央电视台的几大对外传播频率或频道以及地方电视台的对外传播现状为主要研究对象，对我国现今广播电视的对外传播进行了细致深入的研究，分析了我国对外传播主体的整体发展景象,提出了如何有效进行对外传播的策略。陈薇(2016.5)在《领导人的公共外交与国家形象传播:以习近平2015年访英活动为例》一书中,通过习近平出访活动等微观事件,来分析整个领导人对外国家形象的传播。陈欧阳(2017.12)同样通过对十五个典型案例的危机阶段回顾、危机情境及宏观诱因分析、舆论分析、应对及效果分析,分析企业对国家形象的传播影响。

(黎明供稿)

政策

湖北省广播电视条例

(2018年5月31日湖北省第十三届人民代表大会常务委员会第三次会议通过)

目 录

第一章 总则
第二章 广播电视播出机构和传输覆盖网
第三章 广播电视节目传送
第四章 节目制作和播放
第五章 公共服务
第六章 法律责任
第七章 附则

第一章 总 则

第一条 为了加强广播电视管理，保障广播电视公共服务，促进广播电视事业繁荣发展，满足人民群众精神文化需求，根据《中华人民共和国公共文化服务保障法》《广播电视管理条例》等法律、行政法规，结合本省实际，制定本条例。

第二条 本条例适用于本省行政区域内广播电视播出机构的设立，广播电视传输覆盖网的建设、使用和保护，节目的制作、播放和传送等活动及其监督管理。

本条例所称广播电视播出机构，包括广播电台、电视台、广播电视台等。

本条例所称广播电视传输覆盖网，包括从事广播电视节目传输业务的无线台站、卫星上行站、卫星收转站、监测台(站)、有线广播电视传输覆盖网等。

第三条 广播电视事业应当坚持以人民为中心，弘扬社会主义核心价值观，丰富人民群众精神文化生活。

第四条 县级以上人民政府应当将广播电视事业纳入国民经济和社会发展规划，建立工作协调机制，研究解决广播电视工作中的重大问题，推动广播电视事业发展。

第五条 县级以上人民政府广播电视行政部门负责本行政区域内广播电视管理和相关公共服务工作。其他有关部门按照各自职责做好相关工作。

乡镇人民政府、街道办事处协助做好广播电视设施保护和相关公共服务工作。

第六条 县级以上人民政府广播电视行政部门应当加强对广播电视相关工作的监督管理，建立健全广播电视监督举报和服务投诉制度，及时处理公众的举报和投诉。

第七条 县级以上人民政府应当鼓励和支持广播电视行业研发、应用网络信息技术，建设智能化、集约化的广播电视技术平台，整合各类传播形式和节目资源，创新节目内容、业务形态和服务模式，实现平台、节目、人才、技术等要素共享融通，推动广播电视媒体与新兴媒体融合发展，提高广播电视服务质量。

第八条 广播电视行业协会以及其他有关行业协会、社会团体在广播电视行政部门指导下，按照其章程开展行业服务、实行自律管理。

广播电视从业人员应当遵守法律法规，恪守职业道德。

第九条 对在发展广播电视事业中做出突出贡献的单位和个人，按照国家有关规定给予表彰和奖励。

第二章 广播电视播出机构和传输覆盖网

第十条 设立广播电视播出机构，应当符合国家有关规定，依法取得广播电视播出机构许可证。

严禁未经批准擅自设立广播电视播出机构。

第十一条 广播电视播出机构应当按照广播电视播出机构许可证载明的事项制作、播放节目。确需变更的，应当经省人民政府广播电视行政部门审核同意后，报国务院广播电视行政部门批准。

广播电视播出机构不得出租、转让播出时段。

第十二条 设立广播电视站，应当符合国家有关规定，经所在地县级以上人民政府广播电视行政部门审核后，报省人民政府广播电视行政部门审批。严禁未经批准擅自设立广播电视站。

广播电视站不得出租、转让、承包给其他单位或者个人。

第十三条 县级以上人民政府广播电视行政部门会同发展改革、建设等部门编制广播电视传输覆盖网专项规划，加强广播电视传输覆盖网建设，加快广播电视传输覆盖网与电信网、互联网的融合发展，推动信息网络基础设施互联互通和资源共享。

第十四条 全省设立统一的有线广播电视传输覆盖网，实行统一规划、建设、运营和管理。

已建成的有线广播电视站、有线广播电视分配网应当按照规划与全省统一的有线广播电视传输覆盖网联网。

城市有线广播电视传输覆盖网地下管线工程应当符合城市地下管线综合规划，

统一纳入地下综合管廊管理。

第十五条 新建、改建、扩建住宅区、公共设施及其他建筑物，其建设主体应当按照国家、省有关规定规划和建设广播电视传输覆盖配套设施，并与主体工程同时设计、同时施工、同时验收。

已建住宅区、公共设施及其他建筑物，没有广播电视传输覆盖配套设施，需要接入广播电视信号的，应当按照规定标准建设广播电视传输覆盖配套设施。

第十六条 工程建设应当避开广播电视设施，并符合国家规定的保护要求。

工程建设暂时影响广播电视设施正常使用的，建设主体应当在施工前十日告知广播电视设施管理单位，并协商制定解决方案。

第十七条 重大工程项目确实无法避开广播电视设施，需要迁建广播电视设施的，政府相关部门应当在批准前征得广播电视行政部门同意。

迁建广播电视设施应当按照先建设后拆除的原则进行，所需费用由造成广播电视设施迁建的单位承担。

第十八条 未经许可，任何单位和个人不得安装、使用卫星电视广播地面接收设施。

在有线电视网络未通达的地区，个人可以申请安装、使用卫星电视广播地面接收设施，接收境内广播电视节目。

第十九条 任何单位和个人不得冲击广播电视播出机构，不得侵占、哄抢、损坏广播电视设施；不得侵占、干扰广播电视专用频率，不得擅自截传、干扰、解扰广播电视信号。

第三章 广播电视节目传送

第二十条 利用有线、无线、卫星等方式从事广播电视节目传送服务，应当按照国家规定取得广播电视节目传送业务经营许可，并按照许可证载明的事项提供服务。

第二十一条 从事广播电视节目传送服务的单位不得利用所拥有的网络、频率或者其他资源擅自开办广播电视节目；不得为非法开办的节目以及来源非法的广播电视信号提供传送服务；不得擅自传送境外卫星电视节目；不得在所传送的节目中插播其他节目和信息。

从事广播电视节目传送服务的无线台站经核准使用的频率、频段不得出租、转让，各项技术参数不得擅自变更。

第二十二条 省人民政府广播电视行政部门应当制定广播电视传送服务质量标准和服务规范。

广播电视传送服务单位应当按照国家和省有关规定建立健全服务质量管理制度，提高传送服务质量。

第二十三条 有线电视基本收视维护费和相关服务收费实行政府定价；有线电视增值业务服务、信息网络传播视听节目服务实行市场调节价。

第二十四条 有线广播电视传送服务单位应当向社会公布其业务种类、服务范围、服务时限和资费标准。

广播电视用户有权自主选择接受依法开办的各项广播电视传送服务。

有线广播电视传送服务单位、信息网络传播视听节目服务单位对所提供的服务应当明码标价，并为用户查询消费明细提供便利条件。

第二十五条 用户申请安装、移装有线广播电视接收设施的，有线广播电视传送服务单位应当在其公布的时限内装机开通。

有线广播电视传送服务单位逾期未能装机开通的，收视服务期应当顺延自开通之日起计算。

第二十六条 有线广播电视传送出现故障，不能在服务协议约定的维修时间内修复的，应当顺延收视服务期；属于广播电视用户设备原因的除外。

有线广播电视传送服务单位应当在用户收视服务期届满前，通过手机短信、电视字幕等方式将收视服务期届满信息告知用户。收视服务期届满后未交费的，应当给予三十日的交费宽限期，宽限期内不得停止广播电视传送服务。

第四章 节目制作和播放

第二十七条 广播电视节目、信息网络视听节目和公共视听载体视听节目应当符合法律法规有关规定，坚持正确的价值导向和舆论导向，贴近实际、贴近生活、贴近群众，弘扬社会主义核心价值观。

第二十八条 任何单位和个人不得制作、播放含有下列内容的节目：

（一）危害国家统一、主权和领土完整的；

（二）泄露国家秘密，危害国家安全，损害国家荣誉和利益的；

（三）煽动民族分裂，破坏民族团结，侵害民族风俗习惯，损害民族优秀文化传统的；

（四）宣扬邪教、迷信，渲染暴力、色情、赌博、恐怖活动，教唆犯罪或者传授犯罪方法的；

（五）歪曲、丑化、亵渎、否定英雄烈士事迹和精神的；

（六）侵害未成年人合法权益或者损害未成年人身心健康的；

（七）诽谤、侮辱他人，或者侵害公民个人隐私等合法权益的；

（八）危害社会公德，扰乱社会秩序，破坏社会稳定的；

（九）法律、法规和国家规定禁止的其他内容。

第二十九条 广播电视节目由广播电视播出机构和依法设立的广播电视节目制作经营单位制作。

广播电视播出机构、信息网络传播视听节目服务单位、公共视听载体运营单位不得播放未取得发行许可的电影、电视剧、动画片等。

第三十条 省人民政府广播电视行政部门设立专项资金，遴选体现时代精神、传承中华优秀传统文化的公益广播电视节目和电影、电视剧等进行补助扶持和推介。

鼓励社会组织依法设立广播电视节目制作经营单位，投资制作优质广播电视节目和信息网络视听节目。

第三十一条 从事信息网络传播视听节目服务应当依法取得信息网络传播视听节目许可。

省、设区的市广播电视播出机构从事信息网络视听节目转播类服务的，应当按照国家有关规定办理备案手续。

信息网络传播视听节目服务单位应当按照许可或者备案的事项开展视听节目服务，并在播出界面显著位置标注经批准的播出标识、名称、信息网络传播视听节目许可证或者备案编号。

信息网络传播视听节目服务，包括互联网视听节目服务和专网及定向传播视听节目服务。

第三十二条 任何单位和个人不得转播、链接、聚合、集成非法的广播电视节目和信息网络视听节目。

任何单位和个人不得向无信息网络传播视听节目许可证或者未经备案的单位提供与信息网络传播视听节目服务有关的代收费以及信号传输、服务器托管等服务。

第三十三条 利用公共视听载体播放视听节目的，运营单位应当在运营开播后十五日内，报所在地县级人民政府广播电视行政部门备案。

公共视听载体，是指固定在广场、建筑物（构筑物）内外以及公共交通工具内，向公众播放节目的视听显示装置，仅发布广告的除外。

第三十四条 广播电视播出机构、信息网络传播视听节目服务单位播放广告应当符合法律法规和国家有关规定，遵循公序良俗；应当保持节目的完整，除在节目自然的间歇外，不得擅自在节目中插播广告；应当对广告时间作出明显提示，不得超出国家规定的广告播出时间比例。

广告应当真实、合法，以健康的表现形式表达广告内容，不得含有虚假或者引人误解的内容，不得欺骗、误导消费者。

禁止以新闻报道形式变相发布广告或者以介绍健康、养生知识等形式变相发布医疗、药品、医疗器械、保健食品广告。

广播电视播出机构、信息网络传播视听节目服务单位、公共视听载体运营单位应当按照规定制作、播放公益性广告。

第三十五条 广播电视播出机构、信息网络传播视听节目服务单位、公共视听载体运营单位应当建立节目审查制度,对其播放的节目内容进行播前审查,重播重审。

广播电视播出机构、广播电视传送服务单位、信息网络传播视听节目服务单位、公共视听载体运营单位负责本单位的安全播出工作,制订应急预案,发现节目中含有违法内容或者有非法信息侵入的,应当立即停止传送、播放,保存传送、播放记录,并向广播电视行政部门报告。

第三十六条　县级以上人民政府广播电视行政部门应当加强广播电视监测平台建设,负责对各类节目信号的实时监控和预警应急处置。

广播电视播出机构、广播电视传送服务单位、信息网络传播视听节目服务单位、公共视听载体运营单位应当依法接受广播电视行政部门监督检查,为节目监控、预警应急等公共管理系统提供信号接入条件,保障相关设备设施的正常运行,并提供相关数据资料;对已经播放的节目,应当按照国家、省有关规定确定的期限完整保存。

第五章　公共服务

第三十七条　县级以上人民政府应当将广播电视公共服务所需经费纳入财政预算,明确广播电视公共服务的内容和标准,保障公众免费收听、收看国家、省和当地一定数量的广播电视节目,并向社会公开。

对纳入广播电视公共服务的免费节目,广播电视传送服务单位应当无偿传送,保障公众免费收听、收看。

第三十八条　县级以上人民政府应当重点扶持农村、革命老区、少数民族地区和边远贫困地区的广播电视事业发展和公共服务能力建设,促进城乡广播电视公共服务均等化。

第三十九条　县级以上人民政府应当统筹运用有线、无线、卫星等传输技术手段,做好广播电视节目无线数字化覆盖工程、应急广播、农村智能广播和广播电视直播卫星户户通等广播电视惠民工程,提高农村广播电视综合覆盖率。

第四十条　县级以上人民政府采取政府购买服务等措施,支持社会力量参与广播电视公共服务。

鼓励社会资本依法投入广播电视公共服务,拓宽公共服务资金来源渠道。

第四十一条　县级以上人民政府广播电视行政部门应当建立覆盖城乡、统一协调、快速高效的应急广播体系,并将其建设、维护、管理纳入当地公共服务范围。

纳入应急广播体系的广播电视播出机构、广播电视传送服务单位以及广播站、广播室,按照规定承担应急广播公共服务任务,负责应急广播电视设施的日常维护工作。

第四十二条　有线广播电视传送服务单位应当按照国家和省有关规定对特困供

养人员、最低生活保障家庭、农村贫困户、优抚对象以及敬老院、福利院等社会福利机构，实行收费减免政策。

第四十三条 广播电视播出机构、广播电视传送服务单位应当按照国家和省有关规定履行提供广播电视公共服务的职责和义务，完善服务制度，提高服务质量，不得侵占、挪用广播电视公共服务资金。

广播电视播出机构、广播电视传送服务单位应当将年度开展广播电视公共服务情况报当地广播电视行政部门。

第四十四条 县级以上人民政府广播电视行政部门应当加强对本行政区域内广播电视公共服务工作的监督检查，建立反映公众需求的征询反馈制度和有公众参与的广播电视公共服务考核评价制度，提高公共服务质量和效益。

第六章　法律责任

第四十五条 违反本条例，法律法规有规定的，从其规定。

第四十六条 违反本条例规定，制作、播放含有禁止内容的节目的，由县级以上人民政府广播电视行政部门责令改正，没收违法所得和节目载体，并处3万元以上5万元以下罚款；情节严重的，依法吊销许可证。

第四十七条 违反本条例规定，未取得信息网络传播视听节目许可，擅自开展信息网络传播视听节目服务的，由县级以上人民政府广播电视行政部门给予警告、责令改正，没收违法所得，可以并处1万元以上3万元以下罚款；情节严重的，依法予以取缔，没收从事违法活动的设备，并处投资总额一倍以上二倍以下罚款。

违反本条例规定，未按照许可或者备案的事项开展信息网络传播视听节目服务的，由县级以上人民政府广播电视行政部门给予警告、责令改正，可以并处1万元以上3万元以下罚款；情节严重的，依法吊销许可证。

第四十八条 违反本条例规定，有下列行为之一的，由县级以上人民政府广播电视行政部门给予警告、责令改正，可以并处1万元以上3万元以下罚款；同时，可以对其主要出资者和经营者给予警告，可以并处5000元以上2万元以下罚款：

（一）未在播出界面显著位置标注经批准的播出标识、名称、信息网络传播视听节目许可证或者备案编号的；

（二）向无许可证或者未经备案的单位提供代收费以及信号传输、服务器托管等服务的；

（三）以虚假证明、文件等手段骗取信息网络传播视听节目许可证的。

有前款第三项规定行为的，依法撤销许可证。

第四十九条 违反本条例规定，转播、链接、聚合、集成非法的广播电视节目和信息网络视听节目的，由县级以上人民政府广播电视行政部门给予警告、责令改正，没收违法所得，可以并处1万元以上3万元以下罚款；情节严重的，依法吊销许可证。

第五十条 违反本条例的规定，广播电视播出机构、广播电视传送服务单位、信息网络传播视听节目服务单位、公共视听载体运营单位有下列行为之一的，由县级以上人民政府广播电视行政部门责令限期改正；逾期不改正的，处1万元以上3万元以下罚款；情节严重的，责令停播整顿或者依法吊销许可证：

（一）未按照规定为节目监控、预警应急等公共管理系统提供信号接入条件，保障相关设备设施的正常运行，并提供相关数据资料的；

（二）未按照规定对已播放的节目予以保存的；

（三）发现节目中含有非法内容或者有非法信息侵入，未立即停止传送、播放，并向广播电视行政部门报告的；

（四）拒绝、阻挠广播电视行政部门依法进行监督检查的。

第五十一条 广播电视播出机构、广播电视传送服务单位未按照国家和省有关规定履行广播电视公共服务的职责和义务的，由县级以上人民政府广播电视行政部门责令改正，对直接负责的主管人员和其他直接责任人员依法给予处分。

第五十二条 国家机关及其工作人员在广播电视管理和相关公共服务工作中违法行使职权或者不依法履行职责的，对直接负责的主管人员和其他直接责任人员依法给予处分。

第七章 附 则

第五十三条 本条例自2018年8月1日起施行。

后　　记

《湖北省新闻传播事业发展研究报告(2019)》是湖北大学媒介研究中心、湖北大学创新研究团队研创推出的成果。

湖北省是媒介大省、新闻传播事业大省。报纸方面，有众多的报业集团，集团之下，群星璀璨，有的报纸品牌不凡，有的报纸拥有超过百万的发行量；广播电视方面，有的广播节目在国内声名卓著，有的电视新闻收视率在国内同类台榜单中长期稳居前列，纪录片、电视剧制作在国内具有重要地位；网络发展在全国有不凡的表现，荆楚网、九派新闻、长江云等蜚声网络传播界，县级融媒体建设也走在全国前列。新闻传播教育方面，湖北在全国拥有举足轻重的地位，部属高校和省属高校形成合力，在科学研究、人才培养、社会服务方面硕果累累。所有这些，都是湖北新闻传播事业工作者真抓实干、奋发图强、撸起袖子干出来的，这为我们研究湖北媒体发展、新闻传播事业提供了广阔的平台和丰富的素材。

《湖北省新闻传播事业发展研究报告(2019)》是对全省新闻传播事业进行全景扫描式研究的结果。它的编撰，旨在摸清湖北新闻传播事业的家底、整理存量：其一，党的十九大开启了中国特色社会主义建设的新时代，湖北的新闻传播事业有了新的发展，出现了新成就、新经验、新问题，需要全方位地、系统地、客观地记录，记录这些，也就是记录湖北当代的新闻传播事业发展史。其二，我们今天正处于一个急剧变化的时代，社会转型、媒介技术发展，传播渠道的变化正在影响着人们的接受习惯与接受内容，媒体工作人员的角色地位发生改变。关注这些变化，并将它们记录下来，为后来者研究今天的现状留下真实的资料。其三，这本《湖北省新闻传播事业发展研究报告(2019)》，我们希望能够连续做下去，一本接一本地出版，这将成为完整全面地记录湖北地区新闻传播事业发展的史料长编。

基于这一旨趣，本书设计了总报告、调查报告、新闻协会和媒体单位简介、新闻名家研究、中国新闻奖获奖名录、新闻传播教育院校简介、新闻研究现状等栏目。全书的编写，本着真实、准确的原则进行。本书第一部分的总报告，由省记协的《中国新闻年鉴》资料中心主任执笔，调查报告、新闻人物由湖北媒介研究中心的研究人员撰写，新闻协会和新闻媒体简介部分由各协会和媒体单位相关人员撰写。为丰富本书的内容，我们收录了湖北日报传媒集团和湖北广播电视集团已发表的年度社会责任报告。

后　记

本书的撰写，要感谢各相关机构和媒体的积极响应和鼎力支持。各相关机构和媒体的负责人对约稿非常重视，指派工作人员撰写文稿，有的亲自撰写文稿，并在我们的截稿时间内如期完成。湖北日报传媒集团和湖北广播电视集团的相关领导也非常慷慨，在我们提出希望能收录他们的年度社会责任报告时立即给予了支持。湖北大学新闻传播学院党委书记边湘义、副书记刘东对本书编撰给予了极大的支持，湖北媒介研究中心的成员杨翠芳、聂远征、黎明老师，博士生郑永涛、刘倩，硕士研究生徐婧雯、贾彤、舒翔、李晓彤、崔世珍、郑好好等在文稿整理校对中做了大量工作，本书编辑更是做了大量细致认真的编校，这里一并表示衷心的感谢。

本书在编撰过程中有一些单位由于各种原因，没能提供资料，有些单位没能联系上相关人员，以致一些单位的简介不在书中，这多少有些遗憾。我们期待下一册能够补上。

这本《湖北省新闻传播事业发展研究报告（2019）》，史料性与学术性并存，由于书中对各单位介绍的篇章都是媒体工作人员对自己所在单位的介绍，这本书就又有了权威性、政策性、时效性的特质。我们希望通过坚持不懈的努力，以这本报告持续的出版，为湖北的新闻传播事业的研究做出绵薄的贡献。

廖声武

2019 年 4 月